STARK

ABITUR-TRAINING GESCHICHTE

Johannes Werner

Geschichte 1

STARK

Umschlagbild: Kaiser Wilhelm II. mit seinen Söhnen: picture-alliance/IMAGNO/Austrian Archives

ISBN 978-3-89449-959-4

www.stark-verlag.de
1. Auflage 2008

Inhalt

Autoren: Dr. Johannes Werner, Christine Eckl

Vorwort

Liebe Schülerinnen und Schüler,

seit dem Jahr 2007 wird in Nordrhein-Westfalen das schriftliche Abitur in Form zentral gestellter Aufgaben durchgeführt. Der vorliegende Band Geschichte 1 soll Ihnen eine gezielte und effektive **Vorbereitung auf Klausuren** und alle **Prüfungen des Zentralabiturs** im Fach Geschichte ermöglichen. Hierzu werden die wichtigen prüfungsrelevanten Themen „Das ‚lange' 19. Jahrhundert" sowie „Der Erste Weltkrieg" und „Die nationalsozialistische Diktatur" aus dem Bereich „Das ‚kurze' 20. Jahrhundert" übersichtlich und prägnant dargestellt.

- Die Kapitel enthalten das in der Abiturprüfung vorausgesetzte **Basiswissen an Fakten** in zusammenhängender und strukturierter Form. Einstiegsbilder zu jedem Kapitel ermöglichen eine inhaltliche Annäherung vor der ersten Lektüre und erleichtern den Einstieg.
- Die darstellenden Textpassagen sind klar strukturiert und übersichtlich gegliedert. Zusammenfassende Bewertungen auf dem neuesten Stand der fachwissenschaftlichen Forschung leiten das jeweilige Thema und sollen dem Bearbeiter eine grundlegende Orientierung ermöglichen.
- **Zeittafeln** und ein **Stichwortverzeichnis** ermöglichen Ihnen einen schnellen Überblick und den sicheren Zugriff auf relevante Informationen.
- Zusammenfassende **Schaubilder** erleichtern das Lernen und bieten Ansätze für eigene **Präsentationen** von geschichtlichen Zusammenhängen.
- Mit den vielfältigen **Übungsaufgaben** am Ende jedes Kapitels und **materialgestützten Aufgaben im Stil des Abiturs**, die als Basis alle in den Prüfungen verwendeten Quellenarten von Texten über Karikaturen bis hin zu Fotografien enthalten, können Sie das Gelernte selbstständig anwenden.
- Der umfassende **Lösungsteil** am Ende des Bandes gibt Ihnen schließlich die Möglichkeit, Ihren Wissensstand schnell und einfach zu überprüfen. Die wichtigsten Bewertungen, Zusammenhänge und Fakten werden dort noch einmal zusammenfassend aufbereitet.

Ich wünsche Ihnen viel Erfolg bei der Arbeit mit diesem Buch!

Johannes Werner

Dr. Johannes Werner

Industrielle Revolution und Soziale Frage

Unter **Industrialisierung** versteht man den Wachstums- und Wandlungsprozess, der im späten 18. Jahrhundert (England, Frankreich) und vor allem im 19. Jahrhundert in den von ihm betroffenen Ländern Wirtschaft, Gesellschaft, Politik und Kultur innerhalb einer kurzen Zeitspanne grundlegend veränderte. Dieser Prozess ist gekennzeichnet durch den Übergang der Güterherstellung von der Einzelfertigung im Handwerksbetrieb oder der Manufaktur zur **Massenproduktion in Fabriken**. Anstelle der Handarbeit der vorindustriellen Produktion brachte der Maschineneinsatz eine größtmögliche Arbeitssteigerung und Spezialisierung im Fertigungsprozess.

Die **„Industrielle Revolution"** bezeichnet die Phase der Geschichte, in der diese schnelle, letztlich alle Gesellschaftsbereiche erfassende Entwicklung von einer agrarisch geprägten Wirtschaft in ein von der Technik und Massenproduktion geprägtes Industriezeitalter erfolgte. Die technologischen Neuerungen und Erfindungen revolutionierten nacheinander alle Bereiche der Wirtschaft, zunächst die Kohle- und Stahlproduktion, dann die Chemietechnik, die Elektrotechnik bis hin zur Entwicklung von Computern.

Die Industrialisierung entwickelte sich in der zweiten Hälfte des 19. Jahrhunderts auch in Deutschland aus einem Zusammenspiel mehrerer Bedingungen und Folgen, die sich gegenseitig dynamisierten und zu einem explosiven **gesellschaftlichen und wirtschaftlichen Modernisierungsprozess** führten. Die negative Seite dieses Prozesses wurde vor allem in der Verelendung der neuen „Klasse" der Industriearbeiter sichtbar, deren miserable Arbeits- und Lebensbedingungen als **„Soziale Frage"** eine Lösung forderten.

Man unterscheidet mehrere Industrialisierungsphasen:

- Trotz des großen Modernisierungsrückstands des zersplitterten alten Reichs gegenüber England und Frankreich entwickelten sich seit 1750 bis etwa 1840 erste Strukturen einer **Vor- oder Frühindustrialisierung**, die sich vor allem durch ein starkes Bevölkerungswachstum auszeichneten.
- Die eigentliche **„Industrielle Revolution"** mit einem wirtschaftlichen „take off" ereignete sich zwischen 1840 und der Reichsgründung 1871.
- Die Ära des Kaiserreichs bezeichnet man wirtschaftlich bereits als **Hochindustrialisierung**, in der sich Deutschland zu einem führenden Industriestaat entwickelte.

1 Die Entstehung der Industriegesellschaft

1750–1840	Vor- und Frühindustrialisierung
1808	Aufhebung der Leibeigenschaft in Bayern
1810	Endgültige Aufhebung der Leibeigenschaft in Preußen
1840–1871	Industrielle Revolution
1871–1914	Hochindustrialisierung

1.1 Das alte System: Grundherrschaft und Gutsherrschaft

Die bisherige Feudalordnung kannte zwei Formen der Herrschaftsorganisation: die Grund- und die Gutsherrschaft. Bei der **Grundherrschaft** übte der Grundbesitzer das Eigentumsrecht über die landwirtschaftlichen Nutzflächen aus, ohne sie selbst zu bewirtschaften. Er vergab das Nutzungsrecht an Bauern, die ihm dafür Abgaben in Form von Geld oder Naturalien und dazu häufig Frondienste leisteten. Die Frondienste umfassten in der Regel Hand- und Spanndienste, d. h., die Bauern mussten sich ihm zu bestimmten Zeiten des Jahres zur Verfügung halten. Der **Bauer** auf grundherrlichem Hof war im 18. Jahrhundert meist **persönlich frei** oder unterlag einer abgeschwächten Form der Leibeigenschaft, sodass er jederzeit die Bauernstelle verlassen durfte, wenn er eine andere fand.

Die **gutsherrliche Ordnung** hatte sich vor allem auf geschlossenem Grundbesitz in Ostelbien, also in den östlichen Provinzen Preußens, herausgebildet. Der Gutsherr übte im Gegensatz zum Grundherrn das Nutzungsrecht über einen Teil seines Landes selbst aus, indem er einen Gutshof betrieb. Der andere Teil war an Bauern vergeben, die in Dörfern lebten. Diese Bauern bewirtschafteten nicht nur ihr Lehen und leisteten die daran geknüpften Abgaben, sondern sie mussten als Frondienste auch noch alle Arbeiten auf dem Herrenhof verrichten, während ihre Kinder zum Dienst im Herrschaftshaus herangezogen wurden. So konnte der Gutsherr seinen gesamten Herrensitz ohne weiteres Personal führen. Die gutsherrlichen Bauern waren meist auch in ihren Persönlichkeitsrechten eingeschränkt. Sie durften ohne Erlaubnis ihres Herrn nicht wegziehen, häufig nicht einmal heiraten und ihre Kinder durften ein anderes Dienstverhältnis nur dann eingehen, wenn die Gutsherrschaft auf ihre Gesindedienste ausdrücklich verzichtete. Somit waren die **Gutsuntertanen** nicht nur dinglich wie die grundherrlichen Bauern, sondern auch persönlich gebunden und galten als **unfrei**.

Beim Feudalherrn konnte auch die niedere Gerichtsbarkeit als Patrimonialgerichtsbarkeit und die örtliche Polizeigewalt liegen. So übte er im Extremfall gegenüber dem Bauern und seiner Familie die Rechte des Grundherrn, des Leibherrn, des Gerichtsherrn und der Polizeiobrigkeit aus. Auf den preußischen Adelsgütern östlich der Elbe war das sogar die Regel.

Mit den feudalherrlichen Rechten verband sich auf der anderen Seite die **Schutzpflicht**. Das heißt, der Grund- oder Gutsherr musste seinen Untergebenen im Falle persönlicher oder wirtschaftlicher Not Hilfe leisten: bei Krankheit oder Arbeitsunfähigkeit den Lebensunterhalt sichern, bei Missernten Nachlass bei den Abgaben gewähren, bei Zahlungsunfähigkeit die Steuern übernehmen. Weiterhin durfte er die Existenzgrundlage seiner Bauern weder durch Erhöhung der Leistungsforderungen schmälern noch durch Einziehen oder Verkauf des Hofes gar vernichten. So stand auf bäuerlicher Seite einer dinglichen und persönlichen Bindung der Schutz vor sozialer Not gegenüber.

Bindungen war der Bauer des 18. Jahrhunderts schließlich auch in der Wirtschaftsweise unterworfen: der **mittelalterlichen Dreifelderwirtschaft**, dem **Flurzwang**, der die Bauern eines Dorfes in der Feldbestellung auf ein gemeinsames Vorgehen festlegte. Zudem war der einzelne Bauer an seine Rechte am gemeinsamen Weideland, der Allmende, gebunden, was ihm Beschränkungen in der Viehhaltung auferlegte. Der Bauer des Feudalzeitalters konnte also weder über den Getreideanbau noch über die Viehhaltung und damit letztlich weder über die Nutzung des Landes noch über die Produktionsweise frei entscheiden.

Dem gegenüber stand am Ende der Industrialisierung eine völlig neu formierte, moderne Industriegesellschaft, die sich von der bis dahin feudal und agrarisch bestimmten Gesellschaft deutlich unterschied.

1.2 Das Bevölkerungswachstum als dynamisches Element

Die ersten Ansätze der Industrialisierung zeigten sich in Deutschland nach 1750. In dieser Phase begann ein starkes Bevölkerungswachstum: Von 1780 bis 1875 in zunehmend steilerem Anstieg von 21 auf 43 Millionen, bis 1913 auf ca. 65 Millionen. Die Bevölkerungsexplosion verschärfte die soziale Misere der Unterschichten (Pauperismus, Verelendung), schuf aber gleichzeitig eine große Dynamik bei den gesellschaftlichen und wirtschaftlichen Wandlungsprozessen. Ursachen des Bevölkerungswachstums waren:

- ein deutlicher **Rückgang der Sterblichkeit** durch die Verbesserung der landwirtschaftlichen Produktion, sodass die Menschen Hunger und Krankheiten mehr Widerstandskraft entgegensetzen konnten. Die Industrialisierung der Landwirtschaft (Düngemittel, Rationalisierung, Maschineneinsatz) mit ihrer Leistungssteigerung verstärkte diesen Prozess;

- der zügige **Ausbau des Verkehrswesens** (Eisenbahn, Dampfschifffahrt) nach 1835, mit dessen Hilfe regionale Missernten durch eine Verschiebung von Nahrungsmitteln ausgeglichen werden konnten;
- das Zurückdrängen der großen Seuchen (Pest, Pocken) durch **medizinische Fortschritte** (Impfung);
- die **Zunahme der Arbeitsplätze** in der Industrie nach 1850, die immer mehr und jüngeren Menschen die Gründung einer Familie ermöglichte.

Bevölkerungsentwicklung 1815–1915 (in Mio.)

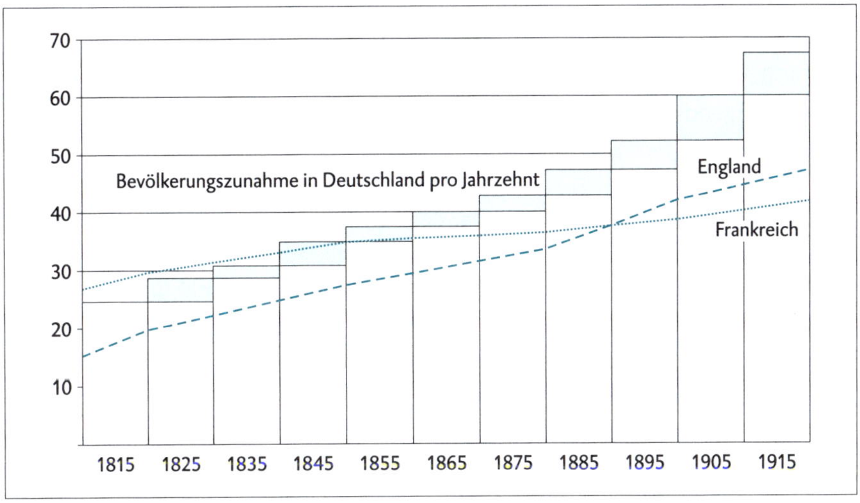

1.3 Die Umwandlung der Agrargesellschaft

Die Reform der bestehenden Agrargesellschaft war die größte Herausforderung der aufgeklärten Regierungen um 1800. Die sog. **Bauernbefreiung** beseitigte die Abhängigkeiten, denen die bäuerliche Bevölkerung im Feudalsystem unterworfen war; sie bestand aus folgenden Prozessen:

- Umwandlung der Frondienste und Naturalabgaben in Geldleistungen,
- Aufhebung der persönlichen Bindungen (1807/1810 endgültige Aufhebung der Leibeigenschaft in Preußen, in Bayern in der Konstitution von 1808)
- Auflösung der Gemeinheiten, Umwandlung in Privatbesitz und Abbau von wirtschaftlichen Behinderungen und Bindungen,
- Aufhebung der Patrimonialgerichtsbarkeit und der grundherrschaftlichen Polizeigewalt,
- Verleihung des Eigentums in Verbindung mit einer Ablösung der Leistungen.

Die Bauernbefreiung veränderte die Wirtschafts- und Gesellschaftsordnung auf dem Land: Gewinner der Reform waren die großen Grund- und Gutsherren. Sie hatten zwar einerseits Grund und Berechtigungen an die Bauern verloren, andererseits war ihnen aber ausreichend und vor allem meist das bessere Land oder Ablösezahlungen verblieben; sie nutzten Tagelöhner oder Pächter, vergrößerten vielfach ihr Land, nahmen Rationalisierungsmaßnahmen vor oder stiegen in das aufkommende Kapitalgeschäft ein.

Die **Bauern** kamen mit den veränderten Verhältnissen sehr unterschiedlich zurecht. Am besten konnten sich die ehemaligen Inhaber großer Bauernstellen behaupten. Kleine Bauern mussten häufig ihr Eigentum aufgeben und sich als landwirtschaftliche Tagelöhner oder als Pächter eine Stelle suchen.

Das Bevölkerungswachstum und die Rationalisierungsmaßnahmen erhöhten das Angebot an Arbeitskräften; die **Armut in den ländlichen Regionen** wuchs, sodass viele Menschen in die neuen Industriezentren abwanderten.

Bevölkerungsbewegungen (Binnenwanderung, Auswanderung)

Die Abwanderung vom Land in die neuen Industriezentren nennt man **Binnenwanderung**; ihr Ergebnis war die Verstädterung und Entstehung von Großstädten mit neuen sozialen und kulturellen Systemen. Um das Jahr 1800 lebten noch 90 Prozent der Bevölkerung Deutschlands in Dörfern oder ländlich geprägten Ortschaften mit weniger als 5000 Einwohnern, und selbst von den verbleibenden 10 Prozent entfiel die Hälfte auf Kleinstädte; nur Berlin und Hamburg übertrafen mit ihrer Einwohnerzahl die 100000. 1871 aber hatte bereits fast jeder zweite Deutsche seinen Wohnsitz in einer Ortschaft mit mehr als 5000 Einwohnern. 1880 war in Berlin die Million überschritten, und weitere zehn deutsche Städte zählten mehr als 100000 Einwohner (darunter auch München als die viertgrößte Stadt Deutschlands). Regional betrachtet verloren konsequenterweise die Agrargebiete, wie etwa die süddeutschen Staaten und insbesondere die preußischen Ostprovinzen, fortlaufend Menschen an die wachsenden Industriegebiete im Rheinland, in Sachsen und Schlesien oder an den sich sprunghaft entwickelnden Großraum Berlin.

Neben die Binnenwanderung trat die **Auswanderung**, vor allem in die USA. Gründe waren die Armut in der Vormärzzeit, die Hoffnung bei Menschen mit etwas Vermögen, in Nordamerika wirtschaftlich erfolgreich zu sein oder die politische Verfolgung von Demokraten und Sozialisten nach der gescheiterten Revolution von 1848/49: Zwischen 1820 und 1900 wanderten etwa 5,5 Millionen Deutsche aus.

1.4 Gesellschaftsgruppen

Die Wandlungsprozesse der Industrialisierung veränderten im 19. Jahrhundert auch die gesellschaftliche Struktur. Die sozialistisch orientierte Mehrheit der neuen Klasse der **Industrie-Arbeiter** formierte sich nicht nur politisch, sondern auch gesellschaftlich eigenständig. Gewerkschaften, Freizeit- und Bildungsvereine gaben den Arbeitern das Gefühl, nicht nur „Fabriker", sondern auch Menschen mit solidarischer Moral und geistigen Interessen zu sein. Vielen schwebte aber dennoch ein kleinbürgerlicher Lebensstil mit einer beschränkten Anzahl Kinder, einer Ehefrau, die nicht arbeiten muss, und einem bescheidenen materiellen Wohlstand vor.

Zum **Kleinbürgertum** gehörten vor allem Handwerker, Geschäftsleute, Beamte und Angestellte mit verhältnismäßig niedrigem Einkommen. Trotzdem bemühte man sich in diesen Kreisen um einen bürgerlichen Lebensstil. Bei der Freizeitgestaltung spielte das Vereinsleben eine große Rolle. Viele beteiligten sich aktiv am Leben ihrer Kirchengemeinde, in Gesangs- und Sportvereinen und auch, anders als die sozialistisch eingestellten Arbeiter, in patriotischen Organisationen (z. B. Kriegervereinen). Kennzeichnend für das Kleinbürgertum waren die „deutschen Tugenden", Zuverlässigkeit, Fleiß, Sparsamkeit, Aufstiegsstreben, eine nationalbewusste, konservative Einstellung und Loyalität zum Obrigkeitsstaat.

Wenig Veränderungen gab es hingegen bei der Lebensführung von Bauern und Adligen: Die **Bauern** behielten meistens ihre traditionelle, konservative Lebensform bei. Der **Adel** war bemüht, sich in seinem Lebensstil als Oberschicht zu repräsentieren. Da die Einkünfte vieler seiner Angehörigen mit denen des Großbürgertums nicht Schritt halten konnten, kam es oft zur Verschuldung und manchmal zu Heiraten mit Frauen aus dem Großbürgertum. Damit verstärkte sich die Tendenz einer Verschmelzung beider Gruppen zu einer neuen **„feudalisierten" Oberschicht**.

Zu den im 19. Jahrhundert neu entstandenen Gesellschaftsschichten gehörten der Mittelstand und das industrielle Großbürgertum. Zum **Mittelstand** rechnete man Selbstständige, Beamte und Angestellte mit hinreichendem und gesichertem Einkommen. Akademisch gebildete, materiell aber eher weniger wohlhabende Gruppen (Ingenieure, Ärzte, Lehrer usw.) nennt man **Bildungsbürgertum**.

Die Gewinner der Industrialisierung waren die Unternehmer, Bankiers und reichen Kapitalbesitzer, eine relativ kleine, aber einflussreiche Gruppe, die sich als **Großbürgertum** zunehmend von den anderen bürgerlichen Gruppen abhob. Dazu diente ein repräsentativer Lebensstil, der sich am Adel orientierte

(Feudalisierung). Die Häuser vieler Großbürger waren Schlössern, Stadtpalästen, manchmal sogar Burgen nachempfunden. Die Erhebung in den Adelsstand („Nobilitierung“) empfand man in diesen Kreisen als große Ehre.

Gesellschaftspyramide

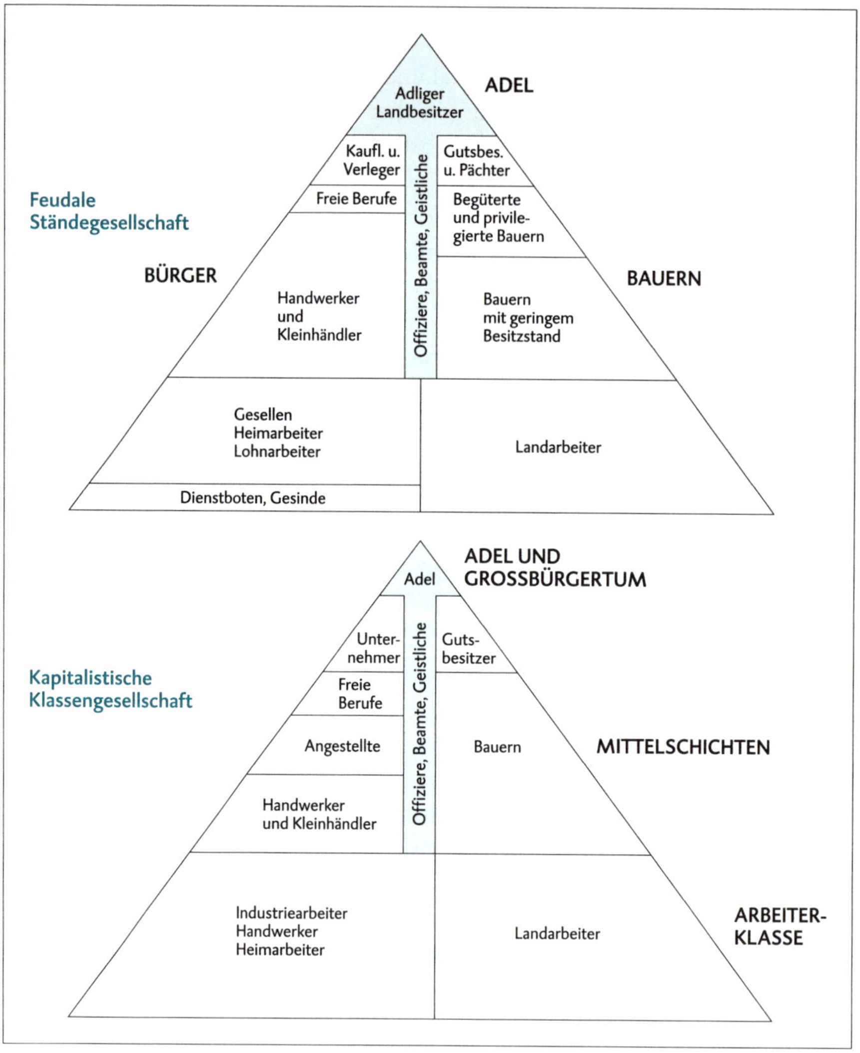

Aufgabe 1 Erläutern Sie anhand des deutschen Beispiels den Begriff „Industrielle Revolution“. Beziehen Sie dabei die wichtigsten Aspekte des sozialen Wandels mit ein.

2 Politische, wirtschaftliche und technologische Strukturen der Industrialisierung

1.1.1834	Inkrafttreten des Deutschen Zollvereins
1840–1871	Industrielle Revolution
1871–1873	„Gründerjahre“
1871–1914	Hochindustrialisierung
18.1.1871	Gründung des Deutschen Reiches
Okt. 1873	„Berliner Börsenpanik“
25.5.1877	Patentschutzgesetz; Gründung des Reichspatentamts
11.1.1911	Gründung der „Kaiser-Wilhelm-Gesellschaft“

Auf der Basis des Bevölkerungswachstums und der Auflösung der feudalen Agrargesellschaft konnte sich der Industrialisierungsprozess auch in Deutschland mit zunehmender Macht durchsetzen. Er lässt sich durch die folgenden Bedingungen und Kennzeichen beschreiben.

2.1 Politische Impulse

Mit dem Inkrafttreten des **Deutschen Zollvereins (1834)** und der **Reichseinigung (1871)** unter preußischer Führung wurden die Hemmnisse der territorialen Zersplitterung langsam überwunden. Die Einfuhr ausländischer und die Ausfuhr einheimischer Waren stiegen an und führten zu einer Zunahme der inländischen Produktion und einer Vergrößerung der Produktpalette. Der Staat hatte die Rahmenbedingungen für die Industrialisierung geschaffen, sie selbst war aber ein autonomer Vorgang und lief in den verschiedenen Sektoren sehr unterschiedlich ab.

Die Reichsgründung von 1871 war der politische Katalysator für die Beschleunigung des Prozesses zur Hochindustrialisierung: Der Wirtschaftsraum wurde durch die Anpassung der Währung, Maße, Gewichte und ein deutsches Handelsrecht vereinheitlicht (s. S. 70).

In der zweiten Hälfte des 19. Jahrhunderts zahlten sich vor allem in Preußen die **Bildungs- und Hochschulreformen** vom Anfang des Jahrhunderts aus. Im technisch-naturwissenschaftlichen Bildungswesen (Technische Hochschulen, Fach- und Berufsschulen) und in der Forschung errang Deutschland eine weltweit führende Rolle. Forschung in den Unternehmen und Hochschulen war eine der wichtigsten Voraussetzungen für den technologischen Fortschritt. 1911 gründete man unter der Schirmherrschaft von Kaiser Wilhelm II. die „Kaiser-Wilhelm-Gesellschaft zur Förderung der Wissenschaften“ (seit 1948 „Max-Planck-Gesellschaft“).

2.2 Die Entstehung eines modernen Kapitalmarkts

Die zur Entwicklung und Einführung technologischer Innovationen nötigen Finanzmittel wurden zu einem erheblichen Teil von Aktiengesellschaften aufgebracht, deren Zahl seit 1870 rapide zunahm, nachdem Beschränkungen zu ihrer Gründung im neuen Reich aufgehoben worden waren. So entstanden von 1871 bis April 1873 in Deutschland über 100 Aktienbanken, 25 Eisenbahngesellschaften und ca. 200 Bau- und Montanunternehmen. Weitere Finanzierungsmittel flossen der deutschen Wirtschaft 1871 bis 1873 durch die französische Kriegsentschädigung in Höhe von fünf Milliarden Goldfrancs (ein Drittel des gesamten deutschen Volkseinkommens von 1870) zu, von der ca. die Hälfte sofort in Umlauf gebracht wurde **(„Gründerjahre" 1871–1873)**.

Nach der ersten großen Wirtschaftskrise, eingeleitet durch die „Berliner Börsenpanik" (Ullmann) im Oktober 1873 **(„Gründerkrise")**, mussten sich die Betriebe, um konkurrenzfähig zu bleiben, modernisieren: durch rationellere Betriebsanlagen, die Verwendung besserer und billigerer Roh- und Werkstoffe und die Rationalisierung der Geschäftsführung durch moderne Nachrichtentechnik. Im Konkurrenzdruck gewann die anwendungsorientierte Forschung eine wachsende Bedeutung. Zudem sicherte das Reich Erfindungen durch ein Patentschutzgesetz; 1877 wurde das Reichspatentamt gegründet.

2.3 Wichtige technische Innovationen

In allen Wirtschaftszweigen setzten sich Innovationen durch. Justus von Liebig begründete um 1830 die moderne Agrikulturchemie durch Einführung der Mineraldüngung. Der Chemiker August Kekulé von Stradonitz veröffentlichte 1865 die Strukturformel des Benzols (Benzolring). Diese ermöglichte die planmäßige Synthese von Farbstoffen und Heilmitteln. Werner von Siemens erfand auf dem Gebiet der Elektrotechnik ab 1846 den elektrischen Zeigertelegrafen, gesicherte Kabelleitungen und die Dynamomaschine (1866).

Im **Kohlebergbau** wurden Produktivität und Sicherheit beträchtlich erhöht. Dies gelang vor allem durch Pressluftbohrer, Schnellschlagbohrgeräte, Sprenggelatine, Gefrierverfahren für den Schachtbau in wasserreichem Gebirge, elektrische Pumpen, Ventilatoren und Grubenlampen, Untertag-Transport durch elektrische Grubenbahnen und Schüttelrutschen.

Bei der **Eisenerzförderung** ermöglichte die Erfindung des Thomasverfahrens (1879) die Verhüttung phosphathaltigen Eisenerzes aus Lothringen, was zunehmend zum Verbund von Ruhr- und Saarkohle mit dem lothringischen Eisenerz führte. Aus dem anfallenden Phosphat gewann man Kunstdünger.

In der **Eisen- und Stahlindustrie** wurde durch Verbesserung und Vergrößerung der Hochöfen bis 1900 der Koksverbrauch gegenüber 1850 halbiert. Besonders wirtschaftlich war das Siemens-Martin-Verfahren (seit 1864) durch die Nutzung der Abgaswärme und die Verwendung von Schrott. Der dadurch gewonnene Stahl besaß einen bis dahin unerreichten Reinheitsgrad.

Beim **Maschinenbau** ersetzte man die feinmechanische Handarbeit weitgehend durch die Verwendung präziser Werkzeugmaschinen. Ihr Antrieb wurde bald von Transmissionsanlagen auf Elektromotoren umgestellt, die Teile der neuen Werkzeugmaschinen wurden. Das führte zur Verbesserung der Präzision und zur Verringerung der Unfallgefahr.

Eine starke Umgestaltung erfuhr das **Verkehrswesen**. Mit dem Eisenbahnbau – die erste Strecke zwischen Nürnberg und Fürth wurde 1835 eröffnet – entstand eine enorme Nachfrage nach Maschinen, Schienen sowie nach Eisen und Kohle. Das Schienennetz versechsfachte sich zwischen 1845 und 1870 auf knapp 20 000 km. Der **Eisenbahnsektor** wurde der Trieb- und Leitsektor für die Industrialisierung in Deutschland. Mit dieser **„Transportrevolution"** stieg das Transportvolumen sprunghaft an, seine Kosten sanken, Rohstoffe und Energie waren nun unabhängig von den natürlichen Gegebenheiten an den gewählten Produktionsstätten verfügbar, Arbeitskräfte wurden „mobil" und Nahrungsmittel bzw. Produkte der heimischen Industrie konnten einfacher befördert werden.

Zudem ermöglichten elektrische Straßenbahnen und später Omnibusse die Verdichtung des Massenverkehrs in den Städten, Verbrennungsmotoren die Individualisierung des Kraftverkehrs, zugfester Schiffsbaustahl, energiesparende Dampfmaschinen u. a. den Bau immer größerer, schnellerer und rentablerer Dampfschiffe.

1876 erfand Nikolaus August Otto den nach ihm benannten Viertaktmotor. 1879 führte Werner von Siemens die erste Elektro-Lokomotive vor, 1881 baute er in Berlin die erste elektrische Straßenbahn der Welt. 1886 bewährte sich ein von Gottlieb Daimler erbauter Personenkraftwagen erstmals in der Praxis. 1897 erfand Rudolf Diesel den nach ihm benannten Verbrennungsmotor, der mit Rohöl betrieben wurde und dadurch im Betrieb wirtschaftlicher, in der Herstellung aber kostspieliger war. Daher wurde er vor allem in Lokomotiven, Omnibussen, Lastautos, Schiffen und im Gewerbe verwendet.

Beim **Schiffsbau** ging man zwecks Kostensenkung und Verringerung des Wasserwiderstandes von der Vernietung zur Verschweißung der Stahlplatten über. Durch Einführung der Dreifachexpansions-Dampfmaschine (ab 1881) sank der Kohleverbrauch auf 30 Prozent.

Im **Bauwesen** ermöglichte der Stahlbetonbau die Errichtung von Gebäuden bisher nicht bekannter Größe und Höhe. Man verwendete ihn u. a. auch im Tiefbau, beim Bau von Brücken, Hafenanlagen und Schleusen.

Die **Nachrichtentechnik** machte vor allem Fortschritte durch die Kabeltelegrafie (seit 1840), die 1877 durch die Fernsprechtechnik und 1897 durch die drahtlose Telegrafie verdrängt wurde.

Neue Industriezweige

Der gewaltige Bedarf an Elektroartikeln aller Art, der Auf- und Ausbau von Elektrizitätswerken und eines Elektrizitäts-Versorgungssystems führten zu einem raschen Entstehen und Wachstum der Elektroindustrie. In Deutschland errangen zwei große Firmen, Siemens und AEG (Allgemeine Elektricitäts-Gesellschaft), mit etwa der Hälfte aller in dieser Branche Beschäftigten eine Spitzenposition. Bereits um 1900 hatte die deutsche **Elektroindustrie** zusammen mit den USA die Führungsposition in der Weltproduktion inne.

Industrielle Entwicklung 1850–1910

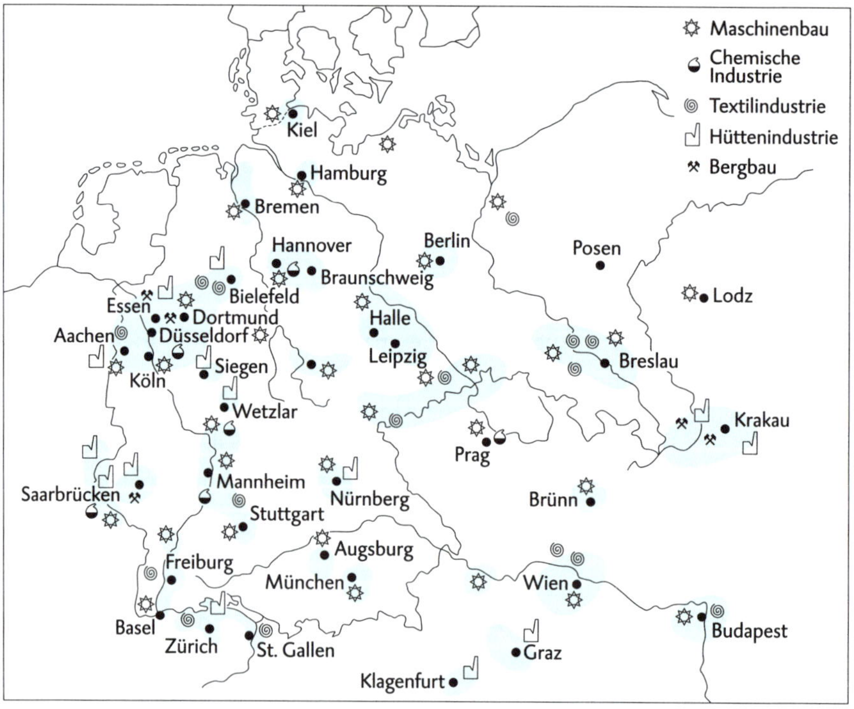

Die Gründung großer **chemischer Werke** begann Mitte der 1860er-Jahre. Dort wurden synthetische Farbstoffe aus Teer, einem Abfallprodukt bei der Verkokung der Steinkohle, Kunstdünger, Kunststoffe, z. B. Bakelit, Kunstseide und Zellophan, Explosivstoffe für Militär, Bergbau und Bauwesen sowie Arzneimittel hergestellt. Die chemische Industrie Deutschlands lieferte 1913 etwa 80 Prozent der Weltproduktion.

Die Entstehung der **optischen Industrie** war v. a. durch wachsende qualitative und quantitative Anforderungen der stark expandierenden naturwissenschaftlich-technischen Forschung und Lehre sowie der Fotografie bedingt. Hier kam es zu einer erfolgreichen Zusammenarbeit zwischen Wissenschaftlern und Praktikern. Am bekanntesten ist die Kooperation zwischen dem Optikunternehmer Carl Zeiss, dem Naturwissenschaftler Ernst Abbe und dem Glasfabrikanten Friedrich Otto Schott, die zum Weltruhm der Zeiss-Werke und des Jenaer Glaswerkes Schott und Genossen führte.

Die Industrieproduktion in Deutschland wuchs von 1871 bis 1913 um das Fünffache und übertraf seit der Jahrhundertwende die britische.

Auswirkungen der technologischen Innovationen

Die gewaltigen Kosten zahlreicher Innovationen führten in vielen Wirtschaftszweigen zu einer überproportionalen Zunahme der Großbetriebe. Jedoch ermöglichten die Elektro- und Verbrennungsmotoren durch ihre kleine Dimensionierung auch den industriellen Klein- und Mittelbetrieben sowie den Handwerkern, am technischen Fortschritt teilzunehmen und damit konkurrenzfähig zu bleiben. Außerdem schuf das zunehmend komplizierter werdende Wirtschaftsgeschehen für Klein- und Mittelbetriebe zahlreiche **„ökonomische Nischen“**. Daher konnten sich, im Ganzen gesehen, die Kleinbetriebe halten.

In den Wirtschaftszweigen mit einem starken Konzentrationsprozess trat keine dauerhafte Verelendung der Arbeiter ein, wie Karl Marx es vorhergesagt hatte. Vielmehr brachte die zunehmende Erfordernis spezieller Kenntnisse und Fähigkeiten bei Einkauf, Planung, Produktion und Vermarktung einen wachsenden Bedarf an qualifizierten und entsprechend bezahlten **Fachkräften** mit sich. Aber auch bei den einfachen Arbeitern aller Wirtschaftszweige stieg von 1870 bis 1913 das Realeinkommen im Durchschnitt um 25 Prozent, bei einer gleichzeitigen Verkürzung der durchschnittlichen Arbeitszeit von 12 auf 9,5 Stunden.

Aufgabe 2 Geben Sie einen Überblick über wesentliche technische Entwicklungen im industriellen Bereich bis etwa 1840. Welche Industrien trugen maßgeblich zum Aufstieg Deutschlands zur führenden Industriemacht um 1900 bei?

3 Ansätze zur Lösung der Sozialen Frage

Das Wachstum der Bevölkerung Deutschlands (Verdoppelung zwischen 1825 und 1900, s. Grafik S. 5), die Freisetzung von Arbeitskräften in der Landwirtschaft und die neue Mobilität lösten eine sich immer weiter beschleunigende **Wanderung vom Land in die Stadt** aus. Die Industrie benötigte für die schnell wachsenden Betriebe (Beschäftigte der Firma Krupp im Ruhrgebiet 1835: 62, 1873: 16 000, 1914: 38 000) Arbeiter, die sich in der Nähe der Produktionsstätten ansiedelten und die mittelalterlich geprägten Städte in Industriestädte verwandelten.

In diesem Zusammenhang bildete sich der Stand der Industriearbeiter bzw. des **Industrieproletariats** (lat. *proles:* kinderreich). Kennzeichnend war, dass der Einzelne weder Produktionsmittel noch anderes Eigentum besaß, das ihn hätte ernähren können. Er musste daher seine Arbeitskraft an den Unternehmer verkaufen, dessen Interesse aber einzig in der Maximierung seines Profits lag. Da das Angebot an Arbeitskräften hoch war, bestimmte der Unternehmer die Bedingungen: niedrige Löhne, lange Arbeitszeit, keine soziale Absicherung gegen Invalidität und Arbeitslosigkeit, keine Garantie des Arbeitsplatzes.

Besonders bei der großen Zahl ungelernter Arbeitskräfte wirkte sich der rasante Bevölkerungszuwachs und der Zustrom von Arbeitssuchenden auf das Lohnniveau aus. Das Einkommen für den Lebensunterhalt konnte oft nur dadurch aufgebracht werden, dass **Frauen und Kinder mitarbeiteten**. Deren Löhne waren aber noch niedriger, da ihre Arbeit als minderwertig galt. Die fehlende soziale Absicherung brachte Armut und Not über die Familie, wenn das Familienoberhaupt durch Krankheit oder Unfall arbeitsunfähig wurde.

Die Lage der Arbeiter und Ansätze zur Lösung der Sozialen Frage

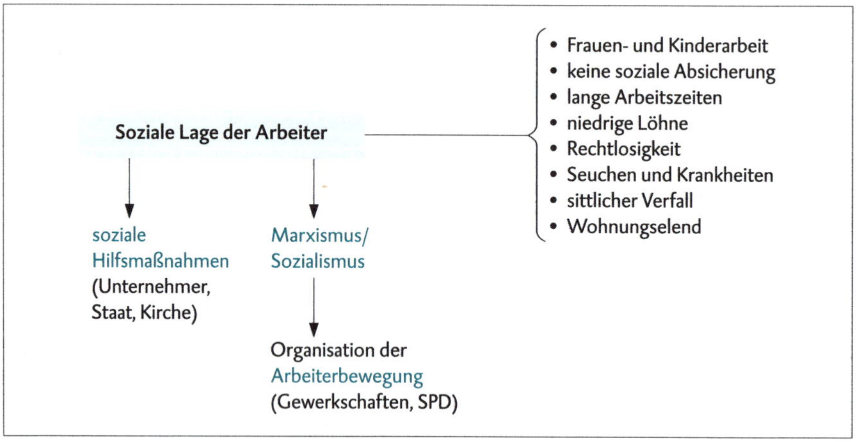

Bei den **Arbeitsbedingungen** wurde keine Rücksicht auf die Gesundheit der Arbeiter genommen. Lange Arbeitszeiten (bis zu 17 Stunden), fehlende Sicherheitseinrichtungen, schlechte Luft und Beleuchtung ließen viele Arbeiter zu Frühinvaliden werden. Oft war der Alkohol die einzige Möglichkeit, dem Alltag für kurze Zeit zu entrinnen, was einerseits der Familie den Lebensunterhalt weiter entzog, andererseits Gesundheit und Arbeitskraft gefährdete.

Das **Wohnungselend** verschlechterte die Lage der Arbeiter zusätzlich. Der Neubau von Wohnungen konnte nicht mit dem Zustrom in die Städte Schritt halten; zudem wurden Wohnhäuser wie Fabriken als Kapitalanlage angesehen, die Profit bringen mussten. Die Mieten stiegen aufgrund der großen Nachfrage stark an und konnten von den Arbeitern nicht mehr bezahlt werden. Die Folgen waren billigste Bauweise, einfachste Einrichtung, katastrophale Überbelegung und schlechte sanitäre Ausstattung der Wohnungen. Typisch für diese Entwicklung sind die sog. „Mietskasernen" mit mehreren Hinterhöfen.

3.1 Unternehmerische Ansätze

Die Unternehmer waren unmittelbar mit dem Elend ihrer Arbeiter konfrontiert. Ethisches Denken und unternehmerischer Weitblick brachten einige Industrielle zur Einsicht, dass leistungsfähige und leistungswillige Arbeiter von Vorteil seien und dass radikalen sozialistischen Ideen nur durch die Verbesserung der Lebensbedingungen der Arbeiter vorgebeugt werden könne.

Friedrich Harkort

Das Ziel des Unternehmers Friedrich Harkort war die Eingliederung des Lohnarbeiters in die bürgerliche Gesellschaft als **„Arbeiterbürger"**. Er fand dafür folgende Ansatzpunkte: Die Gemeinden sollten **Krankenkassen** als genossenschaftliche Selbsthilfeorganisation mit Beitrittspflicht für alle Arbeiter des Ortes errichten, wie er sie selbst bei seinem Betrieb eingerichtet hatte. Sie erstattete die Arzt- und Arzneikosten, gewährte ein Krankengeld für die Dauer von sechs Monaten und sogar ein Sterbegeld. Die Beiträge kamen ausschließlich aus der Arbeiterschaft, die über ihre Verwendung auch selbstständig entschied. In ähnlicher Weise sollten die Lohnarbeiter und ihre Familien vor Not im Falle von Alter und Invalidität geschützt werden.

Zur Senkung der Lebenshaltungskosten empfahl Harkort die Errichtung von **genossenschaftlichen Konsumvereinen**, die durch Einkauf in großem Stile und Wegfall der Gewinnspanne des Einzelhändlers Lebensmittel zu günstigen Preisen anbieten könnten. Und schließlich hielt er die Errichtung von **Arbeitersparkassen** mit der Chance einer Vermögensbildung für wichtig.

Weiterhin forderte Harkort vom Staat Maßnahmen zur Unterstützung des Grunderwerbs und Siedlungsbaus, dazu die Errichtung eines modernen Nahverkehrsnetzes und eine gesetzlich geregelte Höchstgrenze der Arbeitszeit, damit der Arbeiter sein Haus auch bewohnen und sein Stück Land bebauen könne. Für seine Betriebsangehörigen ließ er Wohnungen errichten.

Geradezu revolutionär erschienen Harkorts Vorstellungen bezüglich einer neuen **Betriebsverfassung**. Er wollte den Arbeiter in begrenztem Umfang am Gewinn und an der Betriebsgestaltung beteiligen, wobei er beim Mitspracherecht nur an eine rein beratende Funktion dachte.

Der Staat sollte auch die **Grundbildung der Arbeiter** sicherstellen: durch den Ausbau des Volksschulwesens, die Einführung des Schulzwangs und das Verbot jeder beruflichen Kinderarbeit in Industrie und Landwirtschaft.

Alfred Krupp

Alfred Krupp gehörte zu jenen frühen Industriellen, die sich in **patriarchalischer Weise** für ihre Arbeiter verantwortlich fühlten. Er entwickelte ein System von Wohlfahrtseinrichtungen, um eine qualifizierte Stammbelegschaft für seine Firma zu gewinnen. Die Krupp'schen **Betriebskrankenkassen** (seit 1836) griffen den späteren staatlichen Krankenkassen voraus. 1858 verpflichtete sich die Firma zur Zahlung von 50 Prozent der Mitgliedsbeiträge für die Absicherung von Krankheit und frühem Tod.

1858 führte Krupp die **Arbeiterpension** in Form einer Rente ein, die aus den Beiträgen zur Kranken- und Sterbekasse geleistet wurde. Den Pensionsanspruch erwarben die Betriebsmitglieder mit 20, bei schwerer Arbeit schon mit 15 Dienstjahren. Nach einem Betriebsunfall mit dauernder Arbeitsunfähigkeit bezog der Arbeiter weiterhin den vollen Lohn. Witwen der Betroffenen erhielten zwei Drittel der Pensionsbezüge ihrer verstorbenen Männer.

Als vorbildlich gilt bis heute die **Wohnungsfürsorge** Alfred Krupps. Bereits Anfang der 1860er-Jahre ließ er die ersten Werkswohnungen bauen, um einen Teil seiner Arbeiter in der Nähe der Fabrik zu haben. Es entstanden die ersten Wohnkolonien. 1874 hielt Krupp für seine Arbeiter mehr als 3 200 firmeneigene Familienwohnungen bereit, die er zum Selbstkostenpreis vermietete.

Um den Werksangehörigen den wichtigsten Lebensbedarf in guter Qualität und preiswert zu beschaffen, erwarb Alfred Krupp in Essen eine **Konsumanstalt**. Sie umfasste mehrere Abteilungen für verschiedene Waren, eine eigene Schneiderei, Schusterei, Metzgerei und Bäckerei. Die Preise wurden knapp kalkuliert. Der Verkauf erfolgte ausschließlich an Werksangehörige und nur gegen Barzahlung. Etwaige Überschüsse gingen zum Ende des Geschäftsjahres als Rabatt an die Kunden zurück.

Ernst Abbe

Der Arbeitersohn, Professor für Mathematik, Physik und Optik an der Universität Jena und Unternehmer der optischen Industrie, Ernst Abbe, wollte die Soziale Frage ähnlich wie Harkort durch Eingliederung der Lohnarbeiter in die Gesellschaft lösen, wählte dafür aber einen radikaleren Weg.

Abbe wandelte 1889 als Alleininhaber der „Optischen Werke Jena" das Privatunternehmen in die „Carl-Zeiß-Stiftung" um, in der er nur noch als Geschäftsleiter fungierte. Die **sozialpolitische Leistung** Abbes ist in dem Stiftungsstatut zu sehen, in er die tägliche Arbeitszeit auf neun Stunden festlegte; 1900 führte er sogar den **Acht-Stunden-Tag** ein. Gleichzeitig räumte Abbe allen Mitgliedern der Belegschaft das Recht auf Urlaub ein, erzwungene Überstunden oder Feiertagsarbeit verbot er.

Besonders fortschrittlich waren die Bestimmungen zum Schutz des Arbeitsplatzes, der Entlohnung und zur sozialen Sicherheit in Notlagen. Lohnkürzungen durften auch bei Herabsetzung der Arbeitszeit nicht vorgenommen werden. Nach fünf Jahren stand den Mitarbeitern des Stiftungsbetriebes bzw. ihren Hinterbliebenen ein klagbarer Anspruch auf Pension im Falle von Alter, Krankheit oder anderweitig unverschuldet entstandener Dienstunfähigkeit oder im Todesfall zu. Bei Kündigung durch den Betrieb bestand ein Anspruch auf Entschädigung in der Höhe eines Halbjahresverdienstes.

Weiterhin legte das Statut ein System der **Gewinnbeteiligung** fest: Von den Einkommensüberschüssen wurde ein Teil für die kulturellen Verpflichtungen der Stiftung und einen betrieblichen Reservefonds abgezogen, der als Rücklage für die Bezahlung der Gehälter in Krisenzeiten gedacht war; der Rest ging an die Betriebsangehörigen zurück. Besonders ungewöhnlich war die Begrenzung der Höchsteinkommen: Die höchsten Beamten in der Geschäftsleitung durften nicht mehr als das Zehnfache des durchschnittlichen Arbeiters verdienen.

3.2 Christliche und kirchliche Reformansätze

Auch von christlicher Seite wurden Theorien und Einrichtungen zur Lösung der Sozialen Frage entwickelt. Diese stützten sich auf eine religiöse Erneuerung der bestehenden Gesellschaft, begründeten aber auch die kirchliche Sozialarbeit und forderten den Staat zu einer arbeiterfreundlichen Sozialpolitik auf.

Franz Xaver von Baader

Franz Xaver von Baader, Professor der Philosophie in München, vertrat eine **christlich-organische Staatslehre**, seine theoretischen Einsichten waren von der praktischen Erfahrung bestimmt.

Baader verglich 1835 die Lage der Proletarier mit dem Dasein der Sklaven früherer Zeiten: Sie seien in einer nach Geld und Besitz geordneten Gesellschaft den Reichen und Mächtigen, das heißt im Falle der Industriearbeiter den Fabrikherren, schutzlos ausgeliefert.

Baader forderte das Recht der **„Repräsentation durch Advokatie"**; die Arbeiter sollten ihre Bitten und Beschwerden in Ständeversammlungen vortragen dürfen (Petitionsrecht). Dazu forderte er das Recht des Zusammenschlusses in Gewerkschaften **(Koalitionsrecht)**. Priester als Beistand und Berater sollten die Arbeiter dem Einfluss der sozialistischen „Demagogen" entziehen und sie wieder an die Kirche als das Fundament einer christlich orientierten Gesellschaft zurückführen.

Wilhelm Emanuel Ketteler

Wilhelm Emanuel Ketteler, der spätere Bischof von Mainz, forderte 1848 eine Erneuerung der Gesellschaft aus dem Geist des Christentums. Er entwickelte die **katholische Soziallehre** entscheidend weiter und führte die katholische Kirche zu einem zukunftweisenden Sozialprogramm.

1864 forderte Ketteler neben der kirchlichen Heilslehre, der christlichen Ehe und den Taten der Nächstenliebe ganz konkrete soziale Institutionen wie Anstalten für arbeitsunfähige Arbeiter, das katholische Vereinswesen, namentlich die Handwerker- und Gesellenvereine, und schließlich Produktiv-Assoziationen, deren Entstehung er sich durch die Initiative von Katholiken erhoffte.

1869 bekannte er sich vor Arbeitern in Offenbach zu den lange Zeit verbotenen Gewerkschaften, zu ihren Forderungen und zum Streik als Kampfmittel, sofern sie die Grenzen christlicher Ethik nicht überschritten.

Noch im gleichen Jahr forderte er außerdem eine **staatliche Sozialpolitik:** das Verbot der Kinderarbeit, getrennte Arbeitsplätze für Frauen und Männer, die Schließung gesundheitsgefährdender Betriebe, gesetzliche Regelung der Arbeitszeit, den freien Sonntag, Entschädigung bei Invalidität, gesetzliche Sicherstellung und Förderung gemeinnütziger genossenschaftlicher Einrichtungen, staatliche Kontrolle über die Einhaltung der Arbeiterschutzgesetze.

Papst Leo XIII.

Papst Leo XIII. erließ 1891 die **Sozialenzyklika „Rerum novarum"**, in der er den Standpunkt der katholischen Kirche in der Arbeiterfrage offiziell festlegte. Dabei berief er sich ausdrücklich auf Ketteler. Der Papst lehnte die sozialistischen Forderungen nach Abschaffung des Privateigentums ab, weil sie gegen das natürliche Recht auf jede Art von Eigentum verstoße. Man dürfe dem Arbeiter das Recht auf Besitz nicht nehmen, sondern müsse ihm zu Besitz verhelfen.

Zur **Reform der Gesellschaft** empfahl er die Rückbesinnung auf die göttlichen Grundsätze; diese verpflichteten die Arbeiter zu versöhnlicher Haltung gegenüber den Unternehmern, die Arbeitgeber zur Achtung der persönlichen Würde des Arbeiters, zu gemeinnützigem Gebrauch des Eigentums und zur Hilfe für Bedürftige.

Die Aufgabe des Staates sah der Papst vor allem darin, durch Gesetzgebung und Verwaltung zum Wohle des einzelnen Bürgers und der Besitzlosen zu wirken. Der Papst unterstrich auch die Bedeutung von genossenschaftlichen Arbeitervereinigungen als Selbsthilfeorganisationen gegen materielle Not.

Johann Hinrich Wichern

Aus der Reihe der evangelischen Sozialreformer erlangte besonders Johann Hinrich Wichern mit seinem Konzept der **Inneren Mission** Bedeutung. Für Wichern waren die sozialen Missstände des 19. Jahrhunderts in erster Linie ein religiös-sittliches Problem. Staat und Gesellschaft sollten deshalb religiös erneuert werden, alle Sozialarbeit mit der Verkündigung und Verwirklichung der Botschaft Christi beginnen, denn von da aus würde sich die soziale Tat von selbst als Tat der christlichen Nächstenliebe ergeben. Solche unmittelbare Hilfe für den notleidenden Nächsten gab es unter den evangelischen Christen schon vielerorts unter dem Namen „Innere Mission“.

In diesem Sinne bildete sich kirchenweit der „Central-Ausschuß für die Innere Mission der deutschen evangelischen Kirche“. Dieser schuf soziale Einrichtungen wie Wöchnerinnenvereine, Kindergärten, Kindergottesdienste, Sonntagsschulen, christliche Vereine, Bibelkreise, Krankenpflege und Altenfürsorge, Erholungs- und Heilstätten, Ausbildungsheime, christliche Zeitschriften, Büchereien und Ausbildungsstätten für kirchliche Sozialarbeiter.

3.3 Die Theorie des Marxismus

Die Maßnahmen der Unternehmer und Kirchen gegen das materielle Elend der Arbeiter und ihrer Familien wendeten sich gegen die Auswüchse des kapitalistischen Systems, stellten die Ordnung als solche jedoch nicht infrage. Dies tat allerdings der Sozialismus als neue politische und wissenschaftliche Strömung seit der ersten Hälfte des 19. Jahrhunderts.

Der frühe Sozialismus, basierend auf den radikaldemokratischen Gleichheitsvorstellungen der Französischen Revolution, verlangte die Aufhebung des Privateigentums an den Produktionsmitteln. Sie sollten in den Besitz der Gesellschaft **(„Vergesellschaftung“)** überführt werden. Der frühe Sozialismus fand allerdings keine einheitliche Theorie.

Dies leisteten schließlich **Karl Marx** und **Friedrich Engels**. Sie verwarfen die sozialrevolutionären Modelle der frühen Sozialisten als „utopisch“, also als wirklichkeitsfremd; sie entwickelten den **„wissenschaftlichen Sozialismus“**, für den sich der Name „Marxismus“ durchgesetzt hat.

Dialektischer Materialismus

Marx’ Theorie stützt sich erstens auf die Philosophie Georg Wilhelm Friedrich **Hegels**. Nach Hegel verwirklicht sich im Weltgeschehen ein gottgleicher **„Weltgeist“** in immer höheren Stufen von Vernunft und Freiheit nach den Gesetzmäßigkeiten der Dialektik: These, Antithese und Synthese des Weltgeistes treiben die Weltgeschichte voran.

Die zweite wichtige Grundlage des Marxismus bildet die Philosophie Ludwig **Feuerbachs**. Feuerbach lehrte den **Materialismus**, der in der stofflichen Materie den Ursprung und Antrieb allen Weltgeschehens sieht: Nicht ein göttlicher Geist habe die Welt als seine Schöpfung verwirklicht, sondern die materielle Welt habe den Menschen geschaffen und dieser hätte Gott erdacht.

Die Lehre des Historischen Materialismus

Mit dem dialektischen Materialismus glaubten Marx und Engels, auch den Ablauf der Menschheitsgeschichte deuten und die künftige Entwicklung vorhersagen zu können. Diese Logik entwickelten sie wie folgt:

Geschichte werde durch die materiellen Bedürfnisse des Menschen bewegt. Da die materiellen Güter zu allen Zeiten von der Wirtschaft bereitgestellt wurden, komme den **Produktionsverhältnissen** (Boden, Arbeitsgeräte), die Marx und Engels mit den Eigentumsverhältnissen gleichsetzten, die entscheidende Rolle zu.

Die ungleiche Verteilung des Eigentums begünstige in jeder historischen Epoche eine herrschende Klasse. Diese entwickle eine jeweils herrschende Ideologie als Rechtfertigung der bestehenden Ordnung, als ihren „ideologischen Überbau“. Die benachteiligten gesellschaftlichen Gruppen wünschten gleichzeitig in jeder Epoche eine Veränderung der Verhältnisse.

Mit der Herausbildung neuer **Produktionskräfte** (besserer Fertigungstechniken) würden sich die jeweiligen Produktionsverhältnisse ändern, bis sie schließlich im Widerspruch zur bestehenden Wirtschafts- und der davon abhängigen Gesellschaftsordnung stünden. Im Zuge dieser Entwicklung würde die benachteiligte Klasse immer unzufriedener und stärker; gleichzeitig wachse eine neue Ideologie heran. Die Unterdrückten erhöben sich, stürzten die herrschende Klasse und verhälfen einer neuen Gesellschaftsordnung zum Sieg, die aber wiederum dem gleichen Mechanismus unterliege.

So sahen Marx und Engels die **Geschichte** als eine **Kette von Klassenkämpfen**, in der nach dem Gesetz der Dialektik ökonomisch begründete Revolutionen immer neue Wirtschafts- und Gesellschaftsordnungen herbeiführten.

Den Kapitalismus deuteten sie als die vorletzte Ordnung in der Geschichte; mit ihr setzten sie sich in ihrer marxistischen Volkswirtschaftslehre oder „**Politökonomie**“ auseinander.

Die Theorie vom Mehrwert

Der Kapitalismus hat demnach zwei kennzeichnende und entscheidende Gesellschaftsklassen hervorgebracht, die **Kapitalisten** sowie die Lohnarbeiter oder **Proletarier**. Die Kapitalisten verfügen über die Waren und die Produktionsmittel zu deren Herstellung, also über Rohstoffe, Grund und Boden, Maschinen, Werkzeuge und Kapital. Die Lohnarbeiter dagegen besitzen nichts als ihre Arbeitskraft und müssen diese an einen kapitalistischen Unternehmer verkaufen, um leben zu können. Der Unternehmer kauft sie als Ware nach ihrem Wert, der, wie bei jeder anderen Ware auch, durch den zu ihrer Produktion nötigen Aufwand bestimmt ist. Der Aufwand errechnet sich bei der **Ware „Arbeitskraft“** aus den Lebenshaltungskosten für den Arbeiter, weiter aus den Ausbildungskosten und schließlich aus den „Fortpflanzungskosten“, die aufgebracht werden müssen, damit die Arbeiter sich vermehren und abgenützte Arbeitskräfte durch nachwachsende frische ersetzt werden können. Um diesen Aufwand abzugelten, muss der Arbeiter bei einem bestimmten Lohn eine bestimmte Zeit arbeiten. Die darüber hinaus gehende Leistung streicht der Unternehmer als **Mehrwert** beim Verkauf seiner Produkte ein. Auf diesem Prinzip beruhen auch die anderen kapitalistischen Einkommen. Der Grundbesitzer erzielt den Profit über Pachtverträge, der Geldverleiher über Zinsen.

Die Theorie der Verelendung

Aus der Theorie vom Mehrwert ergeben sich Konsequenzen für die gesellschaftliche Entwicklung im kapitalistischen Industriezeitalter. Das Ziel des Unternehmers ist stets die **Steigerung seines Profits**. Dazu bieten sich grundsätzlich zwei Möglichkeiten, nämlich

- die Verlängerung der Arbeitszeit und
- die Steigerung der Produktivität durch die Verbesserung der Produktionstechnik mithilfe von Maschinen.

Da sich die erste durch die begrenzte physische Belastbarkeit des Menschen bald erschöpft, wird der Unternehmer vor allem auf die zweite Möglichkeit zurückgreifen und seinen Betrieb mit immer mehr und leistungsfähigeren Maschinen ausstatten.

Diese Tatsache aber wirkt auf die Lohnarbeiterschaft zurück. Die **Mechanisierung des Produktionsprozesses** führt zu einer fortschreitenden Teilung der Arbeit in immer einfachere Funktionen. Damit kann die Industriearbeit mehr und mehr von ungelernten Kräften und auch von Frauen und Kindern geleistet werden. Daraus ergibt sich als erste Konsequenz eine Wertminderung der Arbeit und damit eine Herabsetzung der Löhne. Die zweite Konsequenz ist Arbeitslosigkeit, weil das Angebot an Arbeitskräften das der freien Stellen in immer stärkerem Maße übersteigt. Dieses Ungleichgewicht auf dem Arbeitsmarkt bringt die Arbeiter gegenseitig in eine Konkurrenzsituation, was einen weiteren Druck auf die Löhne nach sich zieht.

Arbeitslosigkeit und **Lohndruck** erfahren aber eine zusätzliche Verschärfung durch jene kleinen Unternehmer, die dem Konkurrenzdruck der Großunternehmer im Zuge der kapitalintensiven technischen Neuerungen erliegen, zur Besitzlosigkeit herabsinken und damit den Überschuss an Arbeitskräften, die **„industrielle Reservearmee"**, noch verstärken. Die letzte Konsequenz ist schließlich eine zunehmende **Verelendung des Proletariats**, die in absehbarer Zukunft zu einer proletarischen Revolution führt.

Die Theorie der Entfremdung

Während die Lehren vom Mehrwert und der Verelendung in erster Linie die gesellschaftliche Problematik der Sozialen Frage ansprechen, beschreibt Marx in der Entfremdungstheorie die **Bewusstseinslage des Proletariers** und ihre Folgen. Nach Marx ist der Mensch ein Wesen, dessen Selbstverständnis und Glück sich eng mit der Arbeit verknüpfen. Die Arbeit muss daher vier Voraussetzungen erfüllen, damit sie dem Menschen die **Selbstverwirklichung** erlaubt. Sie muss erstens bewusste und schöpferische, zweitens freiwillige Tätigkeit sein, drittens die Gesamtheit seiner Fähigkeiten entwickeln und viertens im Zusammenwirken mit anderen vor sich gehen, denn der Mensch ist in eine Gesellschaft eingebunden.

Hier setzt die Marx'sche Analyse und Kritik des kapitalistischen Wirtschafts- und Sozialsystems ein. Sein Grundübel, aus dem alle anderen Übel erwachsen, ist das Privateigentum an den Produktionsmitteln. Dieses zieht die **Trennung von Kapital und Arbeit**, die Besitzlosigkeit und Armut der Proletarier, die erzwungene Lohnarbeit der Besitzlosen, die Arbeitsteilung und die Maschinenarbeit mit ihren weiteren nachteiligen Auswirkungen nach sich. Aus diesen Faktoren ergeben sich verschiedene Formen menschlicher Entfremdung: Zum einen wird der Arbeiter dem Produkt seiner Arbeit entfremdet, weil es der Unternehmer unmittelbar nach der Fertigstellung verkauft und zu Kapital macht, dem Endergebnis aller Arbeit.

Dieser Aspekt beinhaltet die zweite Form der **Entfremdung**, nämlich die des Arbeiters von seiner Arbeit. Wenn er produziert, legt der Arbeiter immer auch etwas von seinem Wesen in das Produkt. Wenn man ihm dieses entzieht, nimmt man ihm folgerichtig auch einen Teil seines Lebens weg. Zum gleichen Ergebnis führt im materiellen Bereich die Tatsache, dass er in einem **System der Ausbeutung** durch seine Arbeit zwar Reichtümer hervorbringt, gleichzeitig aber selbst immer mehr in Armut gerät. Zudem hat die Fabrikarbeit den Arbeiter zu einem bloßen Zubehör der Maschine herabgedrückt, an der man von ihm nur noch einfachste und eintönigste Handgriffe verlangt. So wird ihm sein Tun fremd, er fühlt sich bei der Arbeit unglücklich.

Schließlich folgt die dritte Form der Entfremdung: Ein Mensch, der die Identifikation mit seiner Arbeit und ihrem Produkt verliert, wird sich selbst fremd.

Die individuellen Formen zur Entfremdung führten nach Marx zur Entfremdung der Menschen untereinander, mit Folgen für Politik und Gesellschaft: Es tritt eine **Polarisierung der Gesellschaft in zwei feindliche Klassen**, den Unternehmer und den Arbeiter, ein, die sich im Zuge der Industrialisierung immer mehr verschärft.

Die kommunistische Utopie

Mit der Entfremdungstheorie kam Marx von einer weiteren Seite her zu der Prognose, dass der Kapitalismus einer gewaltsamen und radikalen Veränderung zustrebe: Das System des Kapitalismus wird von der internationalen Arbeiterschaft gestürzt. Sie errichtet eine **„Diktatur des Proletariats“** und mit ihr den **Sozialismus**, indem sie die Produktionsmittel in öffentliches Eigentum überführt. Der Sozialismus mündet schließlich in eine „klassenlose Gesellschaft“, den **Kommunismus**, der jede Art der Entfremdung aufhebt und einen „neuen Menschen“ schafft. Damit steht dem irdischen Glück aller Menschen nichts mehr im Wege.

Bewertung der marxistischen Theorie

Wir verstehen heute die sozialistische Theorie von Marx und Engels als gedankliches Gebäude, in dem die Probleme des neuen kapitalistischen Industriezeitalters nach Ursache und Wirkung gedeutet werden, das aber in seiner Gültigkeit an eine bestimmte historische Situation gebunden ist. Denn sie wurde in der Geschichte in wesentlichen Aspekten widerlegt: Es kam weder zur gewissenlosen Ausbeutung des Proletariats im Sinne der Mehrwerttheorie noch zu seiner Verelendung, sondern die materielle Lage der Arbeiter besserte sich allmählich. Ebenso führte der Kapitalismus nicht zur Polarisierung der Gesellschaft in Arme und Reiche. Es bildete sich vielmehr eine neue Mittelschicht heraus, in der auch die gut verdienende Elite der Arbeiterschaft Aufnahme fand. So entstand in den entwickelten Industriestaaten insgesamt keine revolutionäre Situation.

Als Marx und Engels 1848 das **„Kommunistische Manifest“** verfassten, glaubten sie an die rasche Verwirklichung ihrer Theorien. Aber das internationale Proletariat nahm ihre Ideen nicht spontan auf, und ihr Einfluss blieb in den einzelnen Ländern sehr unterschiedlich. In Deutschland allerdings schlossen sich mit Wilhelm Liebknecht und August Bebel jene zwei Arbeiterführer der Sozialdemokratie ihren Lehren an, die den Kurs der sozialistischen Arbeiterbewegung am nachhaltigsten bestimmten. So war der **deutsche Sozialismus** im letzten Drittel des 19. Jahrhunderts weitgehend vom Marxismus geprägt.

Aufgabe 3 Erklären Sie kurz den Begriff „Soziale Frage“ und skizzieren Sie die wesentlichen Ansätze zur Lösung der Sozialen Frage in Deutschland im 19. Jahrhundert. Bewerten Sie kurz die Tragweite der unterschiedlichen Ansätze.

Aufgabe 4 (materialgestützt)

a) Fassen Sie die Thesen Rottecks zusammen und vergleichen Sie seine Auffassungen mit denjenigen von Karl Marx.

b) Interpretieren Sie die Tabellen im Hinblick auf darin deutlich werdende Entwicklungen in der industriellen Gesellschaft und überprüfen Sie, inwieweit Rottecks Voraussagen bis zum Vorabend des Ersten Weltkriegs eingetroffen sind.

M 1: Carl von Rotteck, Lexikonartikel zum Begriff „Maschinen“, 1840

Die menschliche Arbeit, und zwar vorzugsweise die rohere oder gemeine, ist das trefflichste, ja ein unentbehrliches Mittel zur Vertheilung des Reichthums, und zur Herstellung einiger Ausgleichung zwischen Besitzern und Nichtbesitzern. Nur wenn der Besitzer gleichmäßig des Nichtbesitzers (d. h. seiner Dienste oder Hülfsarbeiten) bedarf, wie dieser des Besitzers (nämlich seines Vermögens), verschwindet die anscheinende Härte der Eigenthumsrechte, und vermag die Productions- und Nationalreichthumsvermehrung zur Erhöhung des Wohlstandes Aller beizutragen. Setzen wir aber, daß der Reiche sein Capital ohne den Beistand des arbeitenden Armen weiter fruchtbringend anwenden kann: so wird er selbst zwar in steigendem Verhältniß immer reicher und noch reicher werden; aber der Arme bleibt sodann ohne Verdienst, folglich ohne Theilnahme an den Früchten des Capitals oder überhaupt an dem Besitzthume des Reichen, und wird bald völlig außer Stand sein, seinen Lebensunterhalt zu erschwingen. Jetzt aber entsteht eine feindselige Spaltung in der Nation zwischen den beneideten und gehaßten Reichen einerseits und den verachteten und gefürchteten Armen anderseits, und die bürgerliche Gesellschaft trägt einen gefährlichen Keim der Auflösung in ihrem Schooße. [...]

Freilich, so lange für die durch die Maschinen in steigender Menge hervorgebrachten Erzeugnisse ein solcher (einheimischer oder auswärtiger) Absatz vorhanden ist, daß der Maschinenbau und die Maschinenbedienung so viel oder mehr Arbeiter in Anspruch nehmen, als früher die betreffende Production selbst: so ist der Vortheil klar. Wenn aber – was bei der Concurrenz der einzelnen Unternehmer und der Nationen in einiger Zeit kaum vermeidlich ist – der unverhältnismäßig vermehrten Maschinenproduction nicht mehr die entsprechende Consumtion zur Seite geht, sonach kein weiteres Steigen der ersten, sondern vielmehr ein Fallen derselben eintreten muß; so wird dann nothwendig eine Menge von Arbeitern brotlos. [...]

Ein großer Theil der Menschen wird immerdar sein, welcher blos zu gemeiner oder roher, d.h. mehr nicht als Körperkraft und etwas Uebung voraussetzender Arbeit tauglich ist. Mangelt diesen Leuten nun die Gelegenheit zu einer solchen beschränkter Fähigkeit entsprechenden, lucrativen Beschäftigung, d.h. werden sie entbehrlich der Maschinen wegen: so muß man sie entweder auf öffentliche Unkosten erhalten, oder es werden die Eigenthumsrechte, überhaupt die ganze sociale Ordnung dem Umsturz ausgesetzt.

Diese wenigen Bemerkungen sind – wie Jeder erkennen wird – keineswegs gegen die Maschinen überhaupt gerichtet, deren unermeßlich wohlthätige Wirkungen vielmehr im Eingange dankbar gepriesen wurden[1], sondern nur gegen das Uebertriebene der einseitigen und unbedingten Anrühmung ihrer Folgen. [...]

Auch verlangen wir natürlich kein polizeiliches[2] Einschreiten der Staatsgewalt gegen solche Vermehrung, sondern blos eine weise Sparsamkeit in positiver Begünstigung derselben; so wie wir überhaupt in der Sphäre der Nationalwirthschaft und insbesondere der industriellen Production den Zustand des allmäligen und steten Voranschreitens für glücklicher und den höheren Interessen günstiger achten, als jenen des Culminirens oder des dem Culminationspunct überschnell zueilenden Wachsthums.

Carl von Rotteck: Maschinen, in: Staats-Lexikon oder Encyklopädie der Staatswissenschaften in Verbindung mit vielen der angesehensten Publicisten Deutschlands herausgegeben von Carl von Rotteck und Carl Welcker, Band 10, Altona 1840, S. 379–384.

1 hier nicht zitiert
2 polizeilich: hier im Sinne von „wirtschaftspolitisch"

M 2: Daten zur Einkommensentwicklung in Preußen, 1896 und 1912

Einkommensstufen (Jahreseinkommen in Mark)	Anteil der Zensiten* der einzelnen Einkommensstufen an der Gesamtzahl der Zensiten in Prozent	
	1896	1912
unter 900	75,08	51,97
900–3 000	22,04	43,04
3 000–6 000	1,88	3,49
6 000–9 500	0,50	0,71
9 500–30 500	0,41	0,63
30 500–100 000	0,08	0,13
über 100 000	0,01	0,03
alle	100,00	100,00
Index der Industrieproduktion (Deutschland, 1913 = 100)	52,90	98,90

* Zensiten: Personen, die prinzipiell zur Zahlung der Steuer verpflichtet waren, einschließlich derer, die weniger als 900 Mark pro Jahr verdienten und deshalb von der Zahlung der Steuer befreit waren.

Nach: Die preußische Bevölkerung nach Einkommensstufen 1896 und 1912, in: Gerhard Hohorst, Jürgen Kocka und Gerhard A. Ritter: Sozialgeschichtliches Arbeitsbuch, Band II, Materialien zur Statistik des Kaiserreichs 1870–1914. C.H. Beck Verlag, München 1978, S. 106.

M 3: Daten zu Vermögen über 6 000 Mark und zur Verteilung dieser Vermögen in Preußen 1896 und 1911

	1896	1911
Gesamtsumme der Vermögen in Milliarden Mark	63,9	104,1
Anteil der Vermögenseigentümer einschließlich der Familienangehörigen an der Gesamtbevölkerung	14 %	16 %
Anteil der reichsten 1 % der Vermögenseigentümer an der Gesamtsumme der Vermögen	28 %	31 %
Anteil der reichsten 80 % der Vermögenseigentümer an der Gesamtsumme der Vermögen	98 %	97 %

Nach: Personelle Vermögensverteilung in Preußen, 1895–1911 (Vermögen über 6 000 Mark), in: Hartmut Kaelble: Industrialisierung und soziale Ungleichheit. Europa im 19. Jahrhundert. Eine Bilanz. Vandenhoeck & Ruprecht, Göttingen 1983, S. 52.

Nationalstaatsgedanke und Nationalismus

1 Deutschland zu Beginn des 19. Jahrhunderts

25. 2. 1803	Reichsdeputationshauptschluss
12. 7. 1806	Gründung des Rheinbundes mit Napoleon als Protektor
6. 8. 1806	Niederlegung der Kaiserkrone durch Franz II.; Ende des Alten Reiches
9. 10. 1807	Oktoberedikt: Aufhebung der Erbuntertänigkeit der Bauern in Preußen
1807–1816	Preußische Reformen unter Stein und Hardenberg
1812	Russlandfeldzug Napoleons
12. 6. 1815	Gründung der deutschen Burschenschaft in Jena
16.–19. 10. 1813	Völkerschlacht bei Leipzig
Sept. 1814–Juni 1815	Wiener Kongress
8. 6. 1815	Deutsche Bundesakte
22. 6. 1815	Zweite Abdankung Napoleons nach der Niederlage bei Waterloo (Erste Abdankung am 6. 4. 1814)
26. 9. 1815	„Heilige Allianz“ zwischen Russland, Österreich und Preußen
18./19. 10. 1817	Wartburgfest
1818–1820	Konstitutionelle Verfassungen in Bayern und Baden (1818), in Württemberg (1819) und in Hessen-Darmstadt (1820)
20. 9. 1819	Karlsbader Beschlüsse
1830/31	Unruhen als Folge der französischen Julirevolution
27.–30. 5. 1832	Hambacher Fest
22. 3. 1833	Gründung des Deutschen Zollvereins (Inkrafttreten: 1. 1. 1834)

1.1 Das „lange 19. Jahrhundert“ als Weg in die Moderne

Die Geschichtswissenschaft hat sich bei der Untergliederung der Neuzeit auf das sogenannte „lange 19. Jahrhundert“ als **europaweit gültigen Epochenbegriff** verständigt: Dies ist die Zeitspanne von der Französischen Revolution bis zum Ersten Weltkrieg. Die Französische Revolution als Versuch der Verwirklichung der Ideen der Aufklärung (Volkssouveränität, politische Repräsentation, Nation, Verfassung) und deren Export in weite Teile Europas durch die napoleonische Hegemonialpolitik markieren dabei ebenso eine epochale Zäsur wie der Erste Weltkrieg, der der weltpolitischen Dominanz Europas ein Ende setzte.

Charakteristische Merkmale der ersten Jahrhunderthälfte sind fundamentale Umwälzungen in Politik, Gesellschaft und Wirtschaft ebenso wie das Fortbestehen und die Vermischung von Altem und Neuem. Der Beginn der Epoche gilt als **„Zeitalter der Revolutionen“** bzw. konkreter als Zeitspanne der politisch-sozialen und wirtschaftlich-technischen „Doppelrevolution“, in der die „alte Welt“ unterging und die **„Moderne“** entstand. Modernisierung von Herrschaft, sozialer Wandel und Industrialisierung sind dabei die drei wichtigsten Veränderungsprozesse.

Im deutschen Raum erfolgte der politische Anstoß von außen: Die Grundprinzipen der Französischen Revolution wurden für die meisten Deutschen erst in den napoleonischen Kriegen reale Erfahrung. Denn alle deutschen Staaten, sofern sie fortbestehen wollten, waren nach den ersten militärischen Erfolgen Napoleons gezwungen, den im Vergleich zum revolutionären Frankreich entstandenen Entwicklungsrückstand durch eine **„defensive Modernisierung“** auszugleichen. So wurden die Herrschaftsform (vom Absolutismus zur konstitutionellen Monarchie und später zum Parlamentarismus) und die Verwaltung modernisiert sowie durch die Einführung der allgemeinen Steuer-, Schul- und Wehrpflicht, der Rechtsgleichheit und Mobilität eine neue Form von staatsbürgerlicher Gleichheit geschaffen. Der deutsche Weg der staatlichen, **„von oben“ geleiteten Modernisierung** ohne Massenbeteiligung hatte eine verspätete und nur schwache Revolution 1848 zur Folge.

Parallel dazu verlief die Auflösung der seit dem Mittelalter bestehenden Ständegesellschaft: Staatliche Reformen wie die Ablösung von Guts- und Grundherrschaft auf dem Land **(Bauernbefreiung)** und die Abschaffung der Zünfte in der Stadt **(Gewerbefreiheit)** setzten große Teile der Bevölkerung von paternalistischen Bindungen frei (s. S. 3 ff.). Mittelalterliche Gemeinschaftsformen der Großfamilie, der Dorf- und Religionsgemeinde sowie des kleinen Territorialstaats wurden aufgelöst. Im 19. Jahrhundert dominierten **bürgerliche Leitbilder:** Individualisierung und Emanzipation, von der Vernunft bestimmte Lebensplanung und Lebensführung sowie Leistungs- und Fortschrittsorientierung. Eine weiter expandierende Bürokratie und Industrialisierung erleichterten den gesellschaftlichen Aufstieg, Besitz und Bildung begründeten das soziale Prestige, durch die neue **„bürgerliche Öffentlichkeit“** in Presse und Literatur, Clubs und Vereinen wurde zumindest der Anspruch auf politische Partizipation erhoben.

Auch **wirtschaftlich** war Deutschland bis zur Jahrhundertmitte nicht auf der Höhe der Zeit: Großbritannien, seit dem ausgehenden 18. Jahrhundert Mutterland der Industriellen Revolution, strahle aber als Vorbild auf den Kontinent ab: Technische Erfindungen und kapitalistische Wirtschaftsweise setzten eine immense Dynamik von Wachstum und Wandel in Gang (s. S. 10 ff.). Obwohl das industrielle Zeitalter in Deutschland erst nach der Jahrhundertmitte anbrach, gilt die Zeit bis dahin als Anlaufperiode, in der die Weichen für den rasanten **„Take off“ nach 1850** gestellt wurden. Verantwortlich dafür waren neben staatlichen Reformen vor allem Fortschritte in der Landwirtschaft und im Heimgewerbe, ein beschleunigtes Bevölkerungswachstum und das Zusammenwachsen des Wirtschaftsraums durch Zollverein und Eisenbahn (s. S. 4 ff.).

1.2 Veränderungen infolge der Französischen Revolution und der napoleonischen Kriege

Das Alte Reich überlebte den Ansturm der Französischen Revolution nicht. Bereits 1795 musste es nach dem Zweiten Koalitionskrieg Gebiete links des Rheins an die französische Republik abtreten. Schnell zeigte sich, dass die Großmächte, allen voran Preußen, andere Interessen verfolgten und nur dann bereit waren, sich für das Reich zu engagieren, wenn ihre eigenen Belange betroffen waren. Aber auch die mittleren Reichsstände strebten aus der Enge des Alten Reichs heraus zur Staatssouveränität; zudem trachteten sie danach, bisher verstreute Gebiete in einem geschlossenen Territorium (Flächenstaat) zusammenzufassen. Um die Fürsten für ihre linksrheinischen Verluste zu entschädigen, wurden **geistliche Fürstentümer säkularisiert** und kleinere **weltliche Gebiete mediatisiert**, also anderen Staaten einverleibt. Vor allem süddeutsche Staaten wurden dadurch zu arrondierten und politisch lebensfähigen **Mittelstaaten** aufgewertet und vergrößert (z. B. Bayern, Württemberg, Baden, Hessen-Darmstadt). Die als Reichsdeputationshauptschluss 1803 verabschiedete territoriale „Flurbereinigung" hatte epochale Auswirkungen: Sie beschleunigte den langen Entwicklungsprozess vom hierarchisch gegliederten Reich zum föderalistischen Bund.

Vor allem **Napoleon** (seit 1799 Erster Konsul der Republik, seit 1804 Kaiser der Franzosen) war interessiert an einer politischen Klientel von Mittelstaaten in Deutschland und an der Bildung eines **„Dritten Deutschlands"** als Gegengewicht zu den Großmächten Preußen und Österreich. Beide mussten als Folge ihrer Niederlagen gegen Frankreich zwischen 1797 und 1806 die Zurückdrängung aus dem Westen und der Mitte Deutschlands hinnehmen. Durch die Erhebung mehrerer Fürstentümer zu Königreichen stärkte Napoleon die Mittelstaaten und band sie enger an Frankreich: So z. B. Bayern, das 1806 vom Kurfürstentum zum Königreich, quasi „von Napoleons Gnaden", erhoben wurde.

Nach der **Bildung des Rheinbundes**, dem bis Juli 1806 unter erheblichem französischen Druck 16 deutsche Klein- und Mittelstaaten beitraten, und der **Auflösung des Alten Reiches** in der Abdankungserklärung von Kaiser Franz II. im August **1806** wurden die rechtlichen Verhältnisse im Innern der Einzelstaaten auf der Basis von Rechtsgleichheit und Rationalismus grundlegend neu geordnet: Staatsaufbau und Regierung wurden im Geist des **Spät- oder Neoabsolutismus** gestaltet. Die Übernahme des französischen Gesetzbuches, des „Code civil", in vielen Rheinbundstaaten (z. B. Badisches Landrecht von 1809, in Kraft bis 1900) bedeutete einen Modernisierungsschub auch für die Gesellschaft und beschleunigte den Wandel vom feudalen Ständestaat zur bürgerlich-liberalen und leistungsorientierten Zivilgesellschaft.

In **Preußen** zeigte sich nach der Niederlage von 1806 ebenfalls die Notwendigkeit zu einer grundlegenden Neuorganisation, die unter Führung des Reformers **Freiherr vom Stein** und des Staatskanzlers **Friedrich von Hardenberg** als breit angelegtes Reformwerk angegangen wurde. Kerngedanke war die Einbeziehung der Gesamtheit der politisch mitverantwortlichen und gleichberechtigten Bürger, der „Nation", in die staatliche Verantwortung. Auch wenn einige Vorhaben wieder zurückgenommen oder verlangsamt durchgeführt wurden, waren die preußischen **Städte-, Gewerbe-, Bildungs-, Verwaltungs- und Heeresreformen** ein entscheidender Schritt zur staatlichen Modernisierung.

Mitteleuropa stand unter französischer Hegemonie: Das Kaiserreich Frankreich erstreckte sich bis zum Rhein und nach 1810 über weite Teile Norddeutschlands. Der Rest des Alten Reiches war 1806 in drei territoriale Komplexe zerbrochen: Österreich, Preußen und den von Frankreich abhängigen Rheinbund. In den Koalitionskriegen gegen Frankreich standen die beiden deutschen Großmächte vor einer existentiellen Belastungsprobe. Es stellte sich heraus, dass weder Österreich noch Preußen, auf sich allein gestellt, im Kreis der europäischen Großmächte bestehen konnten. In beiden Ländern sowie in den territorial arrondierten Rheinbundstaaten wurde unter französischem Einfluss ein umfassender Modernisierungsprozess in Staat und Gesellschaft in Gang gesetzt, um den Entwicklungsrückstand gegenüber dem revolutionären Frankreich aufzuholen. Die von einer kleinen liberalen Oberschicht geplante und umgesetzte „**Revolution von oben**" blieb im 19. Jahrhundert das deutsche Ideal.

1.3 Die Befreiungskriege 1813/14

So wie in Spanien und Tirol die französische Besatzung das Erwachen einer nationalen Gegenbewegung zur Folge hatte, wuchs auch in Deutschland angesichts der französischen Eroberungen und Besatzungspolitik das Nationalbewusstsein. Hatten die Rheinbundfürsten 1812 ihre Heere noch vertragsgemäß mit Napoleon in den katastrophalen Russlandfeldzug geschickt, von dem nur ein kleiner Teil der „Grande Armée" von 600 000 Soldaten wieder in die Heimat zurückkehrte, so schlossen sich Preußen und Österreich im Frühjahr 1813 einem antinapoleonischen Bündnis an, das im Sommer 1813 um zahlreiche europäische und deutsche Mächte erweitert wurde. Der Sieg in der **Völkerschlacht von Leipzig** (16.–19. 10. 1813) weckte die Hoffnung, mit der Vertreibung der französischen Fremdherrschaft auch die Wiederherstellung des Reiches zu erreichen.

Zum ersten Mal trat das deutsche Volk im Jahr 1813 mit einer politischen Bewegung an die Öffentlichkeit. Der deutsche Widerstand beschränkte sich zu diesem Zeitpunkt nicht mehr auf rhetorische und schriftliche Agitation, sondern es fanden sich Patrioten, die das Vaterland militärisch verteidigen wollten. In den **Befreiungskriegen** 1813/14 sah sich das Lützow'sche Freikorps mit dem Wahlspruch „Ehre, Freiheit, Vaterland“ als Sachwalter der nationalen Idee. Auf die Uniformierung der aus vielen Studenten bestehenden Truppe (schwarze Uniform mit roten Vorstößen und goldfarbenen Messingknöpfen) gehen die heutigen deutschen Nationalfarben zurück. Diese übernahm dann die Jenaer Urburschenschaft; im 19. Jahrhundert galten sie als Symbol für Demokratie.

Deutschland war also „national erwacht“. Die nationale Agitation bekam in der Zeit der französischen Fremdherrschaft eine neue Qualität: Der bedeutendste Publizist der Befreiungskriege, Ernst Moritz Arndt, beschwor in seinem 1813 veröffentlichten Lied mit dem programmatischen Titel „Was ist des Deutschen Vaterland?“ Sprache, Geschichte und Volk als verbindende Gemeinsamkeiten der Deutschen. Diese nationale Befreiungsideologie wurde zur fast religiösen Erfahrung und beinhaltete feindliche Abgrenzung ebenso wie den Anspruch auf Freiheitsrechte.

Rasch entwickelte sich eine lebhafte Erinnerungskultur: Die nationale Bewegung, die vor allem von den Studenten als Mitgliedern und Mitkämpfern der Freikorps und von grenzüberschreitenden Vermittlern der nationalen Idee getragen wurde, feierte 1814 und 1815 den Tag der Völkerschlacht als nationalen Festtag. Die seit 1815 in einer **Deutschen Burschenschaft** organisierten Studenten begingen im Oktober 1817 den vierten Jahrestag der Völkerschlacht und den 300. Jahrestag des Thesenanschlags von Martin Luther als großes **Fest auf der Wartburg** zum Gedenken an die politische und geistige Befreiung Deutschlands. Der Modernisierungswille in den deutschen Staaten sowie der patriotische Schwung der Befreiungskriege wurden jedoch durch die restaurative Epoche des Vormärz massiv abgebremst.

1.4 Wiener Kongress und Restauration

Der Wiener Kongress 1814/15, der die politische Hinterlassenschaft Napoleons regelte, beendete den permanenten Kriegszustand in Europa seit 1792 und sollte eine europäische Friedensordnung sichern. Vor allem **drei Prinzipien** bestimmten die Beratungen und Beschlüsse der europäischen Staatsmänner: Der übergeordnete Gedanke war erstens die **Restauration**, also die Wiederherstellung der vorrevolutionären politischen und sozialen Ordnung, aus der sich zweitens die **Legitimität** von Herrschaft aus der Tradition der fürstlichen Familie (Dynastie) und dem Gottesgnadentum ableitete. Untereinander vereinbarten die Fürsten drittens den Grundsatz der zwischenstaatlichen **Solidarität** im Kampf gegen alle revolutionären Umtriebe. Im Anschluss an den Wiener Kongress wurde vom russischen Zar, dem preußischen König und dem österreichischen Kaiser als Schutzherren der drei wichtigsten christlichen Glaubensrichtungen ein Beistandspakt, die **Heilige Allianz**, vereinbart: Diese sah die gegenseitige Unterstützung und ein Interventionsrecht bei revolutionären Bedrohungen vor. Fast alle europäischen Staaten traten diesem antirevolutionären Bündnis bei. Unter Federführung des österreichischen Außenministers **Metternich** gelang es somit, die Grundsätze der Französischen Revolution – nationale Einheit und politische Freiheit – zurückzudrängen und die Fürstenherrschaft zu stabilisieren.

Diese Prinzipien fanden ihren Ausdruck in der Schaffung eines europäischen Gleichgewichtssystems von fünf Großmächten **(Pentarchie: „Herrschaft der Fünf"):** Österreich, Preußen, Russland, Großbritannien und Frankreich. Letzteres verlor seine napoleonischen Eroberungen, blieb aber nach Wiedereinsetzung der Bourbonen-Dynastie gleichrangiger Verhandlungspartner. Die deutschen Klein- und Mittelstaaten blieben bis auf Sachsen, das seinen nördlichen Teil an Preußen abgeben musste, weitgehend unverändert. Preußen erhielt die Rheinprovinzen und Posen, während Österreich seine Besitzungen in Südwestdeutschland abtrat und im Gegenzug die Lombardei und Venedig bekam. Die territoriale Erweiterung Preußens im Westen durch den starken Wirtschaftsraum am Rhein und die Südostorientierung der Donaumonarchie Österreich waren richtungsweisend für die spätere Lösung der deutschen Frage. Russland erhielt das Herzogtum Warschau („Kongress-Polen").

Im deutschen Raum wurde, im Interesse der europäischen Großmächte ebenso wie im Interesse Preußens und Österreichs, das Alte Reich nicht wiederhergestellt, sondern der traditionelle Partikularismus beibehalten. So entstand nur ein lockeres Bündnis von 35 deutschen Fürsten und vier Freien Städten. Der als lose Klammer gegründete **Deutsche Bund** war als Bollwerk gegen die Ideen von Liberalismus, Demokratie und nationaler Einheit und zugleich als Mittel zur Wahrung des europäischen Gleichgewichts konzipiert. Mit ihm sollte die sich bereits abzeichnende Konkurrenz zwischen Preußen und Österreich (Dualismus) um die Vormachtstellung in Mitteleuropa aufgefangen werden. Wenn sich auch der Traum vieler deutscher Patrioten nach einem Nationalstaat nicht erfüllte, so sicherte diese neue Ordnung dennoch zwei Jahrzehnte lang den Frieden in Europa.

Restauration – eine Rückkehr in die Vergangenheit?

Mit dem **„Europäischen Konzert"** der fünf Großmächte war somit ein kollektives Sicherheitssystem in Europa entstanden. Doch die Friedensordnung scheiterte langfristig an der Beschleunigung der Nationalstaatsbildung und deren

Dynamik durch machtpolitische Interessen und wirtschaftliche Konkurrenz: Das Nationalstaatsprinzip setzte sich im Verlauf des „langen 19. Jahrhunderts" gegen das auf dem Wiener Kongress geschaffene „Europa der Fürsten" durch.

Die Forderung nach einer deutschen Bundesverfassung blieb ebenfalls unerfüllt. Die auf dem Wiener Kongress verabschiedete **Bundesakte**, die erst mit der Auflösung des Deutschen Bundes 1866 außer Kraft trat, beinhaltete zwar das Zugeständnis von „landständischen Verfassungen" in den Einzelstaaten, zielte dabei aber eher auf die traditionellen Mitwirkungsrechte des Adels. In den süddeutschen Staaten enthielten die neuen Verfassungen (Bayern 1818, Baden 1818, Württemberg 1819, Hessen-Darmstadt 1820) aber bereits Elemente eines Repräsentativsystems (Zweikammersystem), wonach neben der traditionellen Adelsvertretung die wahlberechtigte Bevölkerung Parlamente (Kammern) wählen konnte. Den durch Säkularisation und Mediatisierung vergrößerten und vereinheitlichten ehemaligen Rheinbundstaaten gelang es durch den Erlass von Verfassungen, ihre neuen Territorien zu integrieren. Dies war der Beginn des deutschen **Frühkonstitutionalismus**, in dem die Idee der Volkssouveränität und ein neues Nationalbewusstsein in Widerspruch zur konservativen europäischen Friedensordnung Metternichs traten. Die Landtage einzelner Bundesstaaten bildeten im deutschen Vormärz die einzigen Foren für gemäßigte Liberale.

Insgesamt waren die Ergebnisse des Wiener Kongresses besonders für das Bildungsbürgertum und seine liberalen und nationalen Hoffnungen enttäuschend. Die obrigkeitsstaatliche Ordnung war so sehr mit der Person des österreichischen Staatskanzlers Klemens Wenzel Fürst von Metternich verknüpft, dass man von dem **„System Metternich"** spricht. An den Universitäten, in Burschenschaften und in der Presse wurde der Widerstand gegen den restaurativen Konservatismus betrieben und der „Geist von 1813" in Erinnerung behalten. Aber das **Wartburgfest 1817** und die Ermordung des im diplomatischen Dienst Russlands tätigen Staatsrats von Kotzebue durch den Studenten Sand 1819 lieferten der Restauration Anlässe, Unterdrückungsmaßnahmen gegen vermeintliche Umsturzversuche durchzusetzen: Die von Metternich beschworenen „revolutionären Umtriebe" waren ein wirksamer Vorwand, mit dessen Hilfe es gelang, die widerstrebenden Regierungen hinter sich zu bringen.

Mit den 1819 erlassenen **Karlsbader Beschlüssen** wurden Burschenschaften und Turnvereine verboten, die Pressezensur eingeführt, Universitäten überwacht und Oppositionelle als „Demagogen" verunglimpft und verfolgt. Bis 1848 blieben die Karlsbader Beschlüsse die rechtliche Grundlage für die Verfolgung und Unterdrückung der nationalen und liberalen Bewegung.

Enttäuschung und Angst förderten Resignation und den Rückzug ins Private. Im **Biedermeier** erfuhren bürgerliche Kultur, Mode, funktionale Möbel und

Architektur sowie Bildung eine besondere Wertschätzung. Man kultivierte das Privat- und Familienleben, beschäftigte sich intensiv mit Lektüre, Malerei und Hausmusik und entdeckte die Natur als idyllischen und erholsamen Ort. Die Kleinfamilie mit komplementären Geschlechterrollen wurde zur Idealfamilie. Die aufblühende häuslich-private, religiöse und heimatverbundene Kultur sowie die aus der Romantik fortgeführte, verträumte Rückbesinnung auf vergangene Zeiten erweckten aber nur den Anschein von Politikferne; die Stimmung war geprägt von dem Gefühl, in einer Übergangszeit zu leben.

1.5 Vormärz

Als „Vormärz" wird die Zeitspanne zwischen dem Wiener Kongress 1815 und der Märzrevolution 1848 bezeichnet. Sie ist geprägt durch zahlreiche **Oppositionsversuche gegen das restaurative System** des Deutschen Bundes sowie nationale Bestrebungen in Südamerika, Spanien, Portugal, Italien und den griechischen Freiheitskampf gegen die Türken. Diese drei Jahrzehnte sind beeinflusst von Spannungen zwischen den durch den monarchischen Obrigkeitsstaat zementierten **Kräften der Beharrung** und den durch fortschrittliche Ideen der Aufklärung und Französischen Revolution entfachten **Kräften des Wandels**.

Eine Zwischenzäsur bildet die **Juli-Revolution in Frankreich** 1830, die ausbrach, als der französische Bourbonen-König Karl X. die Pressefreiheit aufhob und die Abgeordnetenkammer auflöste. Im Kampf um eine neue Staatsform forderte vor allem die Arbeiterschaft die Errichtung einer Republik, konnte sich aber nicht gegen das Bürgertum durchsetzen. Der liberale Herzog Louis Philippe von Orléans wurde **„Bürgerkönig"**, der an die Verfassung und die Beschlüsse der Volksvertretung gebunden war. Im Gefolge der Juli-Revolution erlangte Belgien seine Unabhängigkeit von den Niederlanden (1830). Ein Aufstand in **Polen** gegen das zaristische russische Regime wurde hingegen niedergeschlagen und Polen als russische Provinz annektiert. Viele polnische Freiheitskämpfer und Intellektuelle flohen aus ihrer Heimat und wurden von den europäischen Liberalen als Freiheitskämpfer gefeiert.

Auch in **Deutschland** wurde die liberale Bewegung durch die Ereignisse in Frankreich gestärkt. Zwar kam es nur vereinzelt zu Aufständen ohne weiter reichende Zielsetzung, doch vor allem in der Rheinpfalz formierte sich die Opposition gegen den reaktionären Staat, und in den süddeutschen Landtagen wurden die **Forderungen nach Grundrechten sowie einer Verfassungs- und Justizreform** erneut erhoben. 1832 wurde ein Jubiläumsfest für die Bayerische Verfassung auf dem Hambacher Schloss zu einer machtvollen Demonstration, als Redner wie Philipp Jacob Siebenpfeiffer und Josef Wirth das Wort für

Freiheit und Demokratie ergriffen. Mit über 30 000 Teilnehmern war das **Hambacher Fest** die erste politische Massendemonstration in Deutschland, auf der die Gründung eines deutschen Nationalstaates auf der Grundlage einer Verfassung gefordert wurde. Das Aufflammen dieser liberalen Ideen wurde allerdings schnell mit verschärfter **politischer Repression** beantwortet: Das Verbot von politischen Vereinen, kritischen Zeitungen und Reden wurde durch polizeistaatliche Überwachung streng kontrolliert.

Trotz Verfolgung und Unterdrückung setzte sich der Protest gegen das restaurative System selbstherrlicher Fürsten weiter fort. In Göttingen verweigerten sieben Professoren dem Monarchen den Huldigungseid (1837) und wurden ihrer Ämter enthoben **(„Göttinger Sieben")**. Kritik wurde im Vormärz nicht mehr offen, sondern mit den literarischen Mitteln der Satire, Ironie und des Spotts in Presse und Literatur geäußert. Auf diese Weise erreichten u. a. Georg Büchner, Heinrich Heine und weitere politisch motivierte Dichter (sogenanntes **Junges Deutschland**) eine immer breitere bürgerliche Öffentlichkeit.

Mit der Politisierung weiter Teile der Bevölkerung kam es zur Ausformung der politischen Ideologien von Konservatismus und Liberalismus. Der **Konservatismus** lehnte die Gedanken der Volkssouveränität und des Nationalstaates ab. Nach seinem Selbstverständnis waren die dynastische Herrschaft der Fürsten und die traditionelle Ständeordnung mit ihren abgestuften Rechten von Gott legitimiert. Gleichheit und Gleichberechtigung wurden interpretiert als Verstoß gegen diese Ordnung. Der **Liberalismus** entwickelte sich hingegen zur stärksten politischen Kraft im Vormärz. Kern dieser Ideologie ist die freie Entfaltung des Individuums, dessen bürgerliche Freiheitsrechte nur in einem liberalen Verfassungsstaat gesetzlich verbrieft und gesichert werden können. Die unterschiedlichen Interpretationen des Gleichheitsprinzips spalteten aber die liberale Bewegung: Während der gemäßigte Flügel die Revolution ablehnte, Reformen durch einen Kompromiss mit den Fürsten erzielen wollte und politische Teilhabe nur für die Oberschichten forderte, die Steuern zahlten, verlangte der radikale Teil die unbedingte Durchsetzung des Prinzips der Volkssouveränität sowie die soziale Gleichheit.

Auch der **Nationalismus** mobilisierte mehr und mehr Bevölkerungsgruppen. Zur Attraktivität dieser anfangs eng mit dem Liberalismus verbundenen Integrations-Ideologie trug bei, dass sie ihren Anhängern Solidarität, Sicherheit und Identität vermittelte. Solche Leistungen wurden in der vormodernen Welt von anderen Gemeinschaften erbracht: von den Kirchen, der Dorfgemeinschaft, den Kleinstaaten. Als diese Sozialgebilde im 19. Jahrhundert an Bindekraft verloren, stiftete der Glaube an die Nation ein neues Wir-Gefühl und neue Sinnerfüllung in durch moderne Verkehrswege und Kommunikation ausgeweiteten

Räumen. Dabei war der Nationalismus in der ersten Hälfte des 19. Jahrhunderts eine stark emanzipatorische Bewegung, weil die Nation das Volk in allen seinen Schichten umfassen und mehr Selbstbestimmung gewähren sollte. Die nationale Erweckung breiter Bevölkerungsschichten war jedoch die Leistung von Intellektuellen: Das Bildungsbürgertum, Burschenschaften und Turnvereine waren die ersten, die angesichts der Fragmentierung Deutschlands in Kleinstaaten den **Begriff der Nation** als oppositionellen politischen Begriff verstanden. Sie wollten freie Deutsche sein und nicht mehr Untertanen von kleinen Fürstentümern mittelalterlicher Prägung.

Die politischen Strömungen im Deutschen Bund

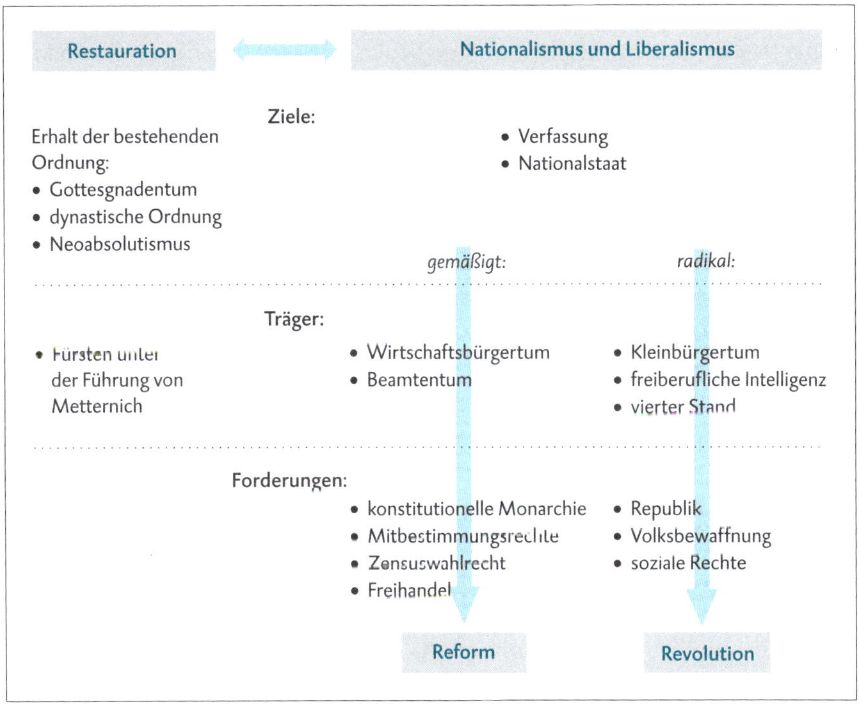

Zwischen den Nationalbewegungen in Europa entwickelte sich eine grenzüberschreitende Solidarität, erkennbar an Philhellenentum und der Polenbegeisterung deutscher Intellektueller, die sich für die griechische und polnische Nationalbewegung engagierten; zugleich existierten aber auch nationalistische Ressentiments, die etwa in der Rheinkrise 1840 im Deutschen Bund und Frankreich offen zutage traten, als Frankreich den Rhein als „natürliche Grenze" einforderte.

Wirtschaftliche Entwicklung

Die Idee der nationalen Einheit war auch für die Wirtschaft attraktiv: Kaufleute, Unternehmer und Bankiers traten für die Schaffung eines größeren und einheitlichen **Binnenmarktes** ohne Zölle und Handelsschranken ein. Diese Forderung von **Friedrich List** aus dem Jahr 1819 wurde unausweichliche wirtschaftliche Notwendigkeit, als das europäische Ausland seine Märkte durch Schutzzölle gegen deutsche Produkte abschottete und mit in der beginnenden Industrialisierung billig gefertigten Waren nach Deutschland drängte. Die Beseitigung der ökonomischen Zersplitterung lag nun auch im Interesse der Einzelstaaten. Preußen setzte sich an die Spitze dieser Bewegung und sicherte mit der Gründung des **„Deutschen Zollvereins"** 1834 seine wirtschaftliche Vormachtstellung in Deutschland (s. S. 9).

Die 1840er-Jahre waren für die bürgerlichen Unterschichten geprägt von Massenarmut und Verelendung **(Pauperismus)**, bedingt durch die demografische und wirtschaftliche Entwicklung: Die Verteilung von Grund und Boden war in weiten Regionen Europas nach wie vor extrem ungleich, eine erhebliche Bevölkerungszunahme verschärfte die Lebensbedingungen auf dem Land zusätzlich. In der Anfangsphase der Industrialisierung waren zunehmend auch die städtischen Unterschichten von Not betroffen, denn der Druck der vom Land in die neuen industriellen Zentren abwandernden Bevölkerung auf den Arbeitsmarkt war groß. Städtische und ländliche Unterschichten entwickelten ihre eigene „moral economy", d. h. Vorstellungen von gerechter Entlohnung und vergangenheitsorientierte Forderungen, vor allem gegen den auch in der Landwirtschaft vordringenden Kapitalismus, gegen verschärfte Konkurrenz am Arbeitsmarkt durch Gewerbefreiheit, gegen die neu entwickelten Maschinen. Kurz vor Revolutionsausbruch kam es zur Überlagerung einer traditionellen Agrarkrise mit einer internationalen Konjunkturkrise neuen Typs. In Europa herrschte 1845/46 die letzte Hungersnot in Friedenszeiten.

Der rasche soziale Wandel führte zu einer Verschärfung der **Sozialen Frage**, einem Kernproblem des 19. Jahrhunderts. Als Soziale Frage bezeichnet man die Summe existenzieller Problemlagen der Arbeiterschaft infolge der Industrialisierung, die im deutschen Raum nach 1850 deutlich sichtbar werden: niedrige Löhne, inhumane Arbeitszeiten und gesundheitsgefährdende Arbeitsbedingungen, fehlende soziale Absicherung, Frauen- und Kinderarbeit, mangelnde Hygiene und Wohnungsnot in den industriellen Ballungszentren sowie – als Folge davon – nur geringe Bildungs- und Aufstiegschancen und soziale Deklassierung (s. S. 14 ff.). Der **Sozialismus** gab seit den 1820er-Jahren die radikalsten Antworten, seine ideologische Entwicklung wurde von den Theorien von Marx und Engels stark geprägt (s. S. 19 ff.).

2 Die Revolution in Deutschland 1848/49

	Vorgeschichte: Frankreich
22.2.1848	Ausbruch der Februarrevolution in Paris, Barrikadenkämpfe, Flucht des „Bürgerkönigs" Louis Philippe nach London
24.2.1848	Ausrufung der Republik in Paris
Dez. 1848	Wahl Louis Napoleons (Enkelsohn von Napoleon) zum Präsidenten
2.12.1851	Staatsstreich Louis Napoleons
2.12.1852	Kaiserproklamation als Napoleon III.
	Vorgeschichte: Baden
12.9.1847	Offenburger Programm der Demokraten
10.10.1847	Heppenheimer „Protokoll" der gemäßigten Liberalen
	Die Revolution in Deutschland
27.2.1848	Mannheimer Volksversammlung formuliert sog. „Märzforderungen"
5.3.1848	Heidelberger Versammlung: Einladung zur Vorbereitung einer Verfassunggebenden deutschen Nationalversammlung
13.3.1848	Barrikadenaufstand in Wien: Metternich muss fliehen
18.3.1848	Barrikadenaufstand in Berlin: Zugeständnisse der Regierungen
31.3.–4.4.1848	Frankfurter Vorparlament: Vorbereitung von Wahlen für eine Verfassunggebende Nationalversammlung
12.4.1848	Ausrufung der Republik durch Friedrich Hecker in Konstanz und revolutionäre Bewegung in Baden
20.4.1848	Niederschlagung des Heckerzuges durch Bundestruppen bei Kandern und Freiburg; Scheitern des radikalen Umsturzversuchs
18.5.1848	Zusammentritt der Verfassunggebenden Nationalversammlung in der Frankfurter Paulskirche
23.8.–3.9.1848	Arbeiterkongress in Berlin: Gründung der „Allgemeinen deutschen Arbeiterverbrüderung"
26.8.1848	Waffenstillstand von Malmö zwischen Preußen und Dänemark
18.9.1848	Septemberaufstand gegen die Nationalversammlung; Scheitern der radikalen Revolution
Okt. 1848	Kaiserliche Truppen erobern das aufständische Wien
Nov. 1848	Preußisches Militär rückt auf Befehl des Königs wieder in Berlin ein
5.12.1848	Auflösung der Preußischen Nationalversammlung, oktroyierte Verfassung in Preußen
21.12.1848	Verabschiedung der „Grundrechte des Deutschen Volkes" durch die Nationalversammlung
27./28.3.1849	Verkündung der Verfassung und Wahl des preußischen Königs Friedrich Wilhelm IV. zum Deutschen Kaiser
28.4.1849	Ablehnung der Kaiserwürde durch Friedrich Wilhelm IV.
Mai–Juni 1849	„Reichsverfassungskampagne" in Sachsen, der Pfalz und Baden
30.5.1849	Umzug des „Rumpfparlaments" nach Stuttgart (Auflösung im Juni)
23.7.1849	Kapitulation der Festung Rastatt; Rückkehr zur reaktionären Politik

2.1 Vorrevolutionäre Entwicklung: Offenburg und Heppenheim

Die Revolution von 1848/49 war ein **gesamteuropäisches Ereignis**. Nicht nur in Frankreich, auch in Österreich, Preußen und den deutschen Mittelstaaten, in Ungarn, Böhmen, Italien und Polen kam es zu einer Kettenreaktion von Protesten und revolutionären Aktionen, über die mit der neu entwickelten Telegrafie in alle Städte Europas berichtet wurde. In den Geschehnissen bündelten sich drei Hauptprobleme: die **politische**, die **soziale** und die **nationale Frage**. Ihren Ausgang nahmen die Ereignisse mit dem Aufstand gegen den französischen Bürgerkönig Louis Philippe in **Paris** im Februar 1848, der Absetzung des Königs und der Ausrufung der Französischen Republik. Aufgrund der räumlichen Nähe und der engen Anbindung griffen die Unruhen zuerst auf Südwest-Deutschland über. In der Folge spielte der Rhein-Neckar-Raum eine vorbildhafte Rolle.

Bereits im Vorfeld der Märzereignisse von 1848 offenbarte sich eine tiefe **Spaltung der liberalen Bewegung**. Am 12. September 1847 kamen in **Offenburg** auf Initiative von Hecker und Struve, zwei sich radikalisierenden Abgeordneten des Badener Landtages, die „entschiedenen Freunde unserer Verfassung" zusammen. Sie formulierten **„13 Forderungen des Volkes"**, darunter die Lossagung von den Karlsbader Beschlüssen, die Garantie der Menschenrechte und der politischen Freiheiten, die Einführung von Geschworenengerichten (und damit eine Demokratisierung der Justiz) sowie die Bildung eines Volksheeres, das auf die Verfassung vereidigt werden sollte. In diesen Forderungen, mit denen ihre Urheber weit über die der Liberalen hinausgingen, zeichnete sich bereits das Programm einer republikanisch-sozialistischen Umwälzung ab.

Wenig später, am 10. Oktober 1847, trafen sich Liberale der süddeutschen Landtage in **Heppenheim**, um als lang geplanten Schachzug das Programm einer organischen Entwicklung hin zur deutschen Einheit zu formulieren. Den meisten Mitgliedern der Landtage war ein Gespräch mit den Regierenden wichtig. Die Versammlung gilt als erster Kongress zur Erörterung der offenen nationalen deutschen Frage, während die Offenburger Versammlung eine wesentlich größere Resonanz in der Öffentlichkeit hatte und auf revolutionäre Umwälzung zuzusteuern schien. Das Programm der Heppenheimer Versammlung enthält nichts substantiell anderes als das Programm der Offenburger: Im Vordergrund stand die Notwendigkeit der deutschen Einigung in Freiheit und politischer Gleichberechtigung durch Grundrechte und bürgerliche Mitbestimmung.

Zusätzlich wurde der Zweiten Kammer in Karlsruhe am 12. Februar 1848 von dem Mannheimer Abgeordneten Friedrich Bassermann ein Antrag auf die Schaffung einer deutschen Nationalvertretung beim Deutschen Bund vorgelegt, also eines gewählten gesamtdeutschen Parlaments.

2.2 Die „Märzereignisse“

Zeitungen, Telegrafen, Eisenbahnen, Dampfschiffe – moderne Kommunikations- und Transportmittel ermöglichten eine rasante Ausbreitung revolutionärer Ideen in ganz Europa. Anfang März entluden sich in einer ersten Revolutionswelle die aufgestauten sozialen und politischen Spannungen. Alle Staaten und Städte des Deutschen Bundes wurden von Massendemonstrationen erfasst. Die revolutionäre Bewegung zeichnete sich anfangs durch schichtenübergreifende Geschlossenheit und Dynamik aus: Der in der Erhebung von **„Märzforderungen“** gebündelte Protest hatte mehrere Antriebsmomente: konkrete Reformbestrebungen in den Einzelstaaten, eine gesamtdeutsche konstitutionelle und nationale Bewegung sowie **Sozialproteste** der Unterschichten, v. a. in Form von Barrikaden- und Straßenkämpfen in den Städten Wien und Berlin.

Die revolutionäre Situation war durch **Problemakkumulation** entstanden. Entscheidend war die schichtenübergreifende pessimistische Einschätzung der Steuerungsfähigkeit des Ancien Régime. Den Ausschlag gaben aber außenpolitische Krisenherde: 1847 erfolgreiche Aufstände in Polen und in der Schweiz, im Januar 1848 die sizilianische Erhebung gegen die Fremdherrschaft der Bourbonen. Die Initialzündung in Deutschland erfolgte mit der **Februarrevolution** und dem Ende der Monarchie in **Paris**. Die Revolution erfasste die Massen.

Die deutsche Revolutionswelle ging von Baden aus, wo bereits im Vormärz die liberale Diskussion am heftigsten geführt wurde, was auf die weitgehende Redefreiheit in der Zweiten Kammer der badischen Landstände zurückgeführt werden kann. In Baden, wo die Organisation der Liberalen besonders weit fortgeschritten war, war sie bereits in **Radikale** und **Gemäßigte** gespalten.

Auftakt der revolutionären Bewegung war unmittelbar nach der Pariser Februarrevolution die **Volksversammlung in Mannheim** vom 27. Februar, die mit der Forderung nach Pressefreiheit, Volksbewaffnung, Geschworenengerichten und der Berufung liberaler Minister, nicht zuletzt aber nach Wahlen zu einem deutschen Parlament das Kernprogramm der Märzbewegung vorformulieren sollte. Die Mannheimer Versammlung richtete eine Petition an die Badener Landstände in Karlsruhe, die am 1. März in einer Großdemonstration überreicht wurde. Der Großherzog gab nach und berief prominente Liberale in seine Regierung **(„Märzminister“)**. Ähnlich verlief es in zahlreichen anderen Kleinstaaten: Viele Forderungen der Demonstranten wurden durch kalkulierte Zugeständnisse rasch erfüllt. So konnten die Fürsten durch eine geschickte Politik der Risikovermeidung ihre Throne bewahren.

In Berlin und Wien konnten die Fundamentalpolitisierung und revolutionäre Bewegung aber nicht so schnell abgefangen werden. Zwar gab der König in

Berlin nach langem Zögern den Forderungen nach, eine Demonstration am Stadtschloss schlug aber in Gewalt um, als das Militär zu schießen begann. Um noch größeres Blutvergießen abzuwenden, huldigte der König den 230 „Märzgefallenen" und erreichte damit ein Ende der **Barrikadenkämpfe**. Allerdings war sein Nachgeben nur Taktik, um die revolutionären Ausschreitungen einzudämmen. In **Wien**, der Hauptstadt eines Vielvölkerstaates, überlagerten sich mehrere Konflikte: Durch den Staatskanzler Metternich war Wien zum Zentrum der Restauration geworden. Wien war wie Berlin eine Großstadt mit sozialen Problemen in den Vororten, hinzu kam in der Donaumonarchie das Unabhängigkeitsstreben anderer Nationalitäten, insbesondere der Ungarn. Metternich floh unter dem Eindruck der Massenproteste nach London. Sowohl der preußische als auch der österreichische Monarch versprachen den Aufständischen eine Verfassung.

Um neben liberalen Reformen in den Einzelstaaten auch gesamtdeutsche Ziele durchzusetzen, beschlossen die Liberalen aus Baden eine weitere Zusammenkunft Ende März in Frankfurt. In der deutschen Tagespresse wurde eine Einladung an führende Liberale aller deutschen Länder zu einem „Vorparlament" veröffentlicht, um auf breiterer Basis die zukünftige Form eines deutschen Nationalstaates zu beschließen.

Das **„Vorparlament"** tagte vom 31. März bis 4. April 1848 in **Frankfurt**. Unter Führung des hessischen Liberalen Heinrich von Gagern strebte es allerdings keinen revolutionären Umbruch an, sondern suchte für die **Wahl einer Verfassunggebenden Nationalversammlung** die Übereinstimmung mit den Regierungen der Einzelstaaten.

Hier zeigte sich zum ersten Mal die tiefe Spaltung des Liberalismus: Die **radikalen Demokraten** unter der Führung Gustav Struves aus Mannheim forderten die Errichtung einer demokratischen Republik, soziale Rechte und die Aufhebung der erblichen Monarchie. Bis zum Zusammentreten der gewählten Nationalversammlung sollte das Vorparlament permanent tagen. Die **gemäßigten Liberalen** lehnten diese Forderungen ab und hielten an der Monarchie als Regierungsform fest, forderten aber ihre Einbindung in eine Verfassung mit politischer Partizipation. Gemeinsam war ihnen die Forderung, die deutsche Kleinstaaterei zugunsten eines deutschen **Nationalstaates** zu überwinden.

Daraufhin organisierten Hecker und Struve am 12. April von Konstanz aus einen bewaffneten Volkszug, den **„Heckerzug"**, und testeten den Weg des basisdemokratischen Umsturzes. Sie konnten aber nicht, wie erwartet, die Massen mit sich reißen. In einzelnen Gefechten schlugen ein schnell angefordertes Regiment des Deutschen Bundes sowie reguläre badische Truppen den radikalen Umsturzversuch nieder, die Anhänger Heckers flohen in die Schweiz.

Ein zweiter Versuch der **radikalen Revolution** scheiterte ebenfalls, als Struve im September 1848 in Lörrach die deutsche Republik ausrief, aber nach wenigen Tagen von den Bundestruppen geschlagen wurde.

Der Bundestag blieb trotz Aufhebung der Überwachungsgesetze, Billigung der gesamtdeutschen Wahlen und weiterer taktischer Zugeständnisse militärisch handlungsfähig und konsequent in der Niederschlagung basisrevolutionärer Aufstände. Das Scheitern der radikalen Bewegung wirkte sich im revolutionären Gesamtzusammenhang jedoch verheerend aus: Die „Aprilrevolution" weckte Ängste im Bürgertum vor Anarchie und der „roten Republik"; sodass es das brutale Vorgehen der Militärs gegen die revolutionäre Gewalt der Demokraten und Unterschichten billigte.

2.3 Die Verfassunggebende Nationalversammlung in der Frankfurter Paulskirche

Der deutsche „Völkerfrühling" (ein Schlüsselbegriff der National- und Freiheitsbewegung) war durch die Niederschlagung der Basisrevolution eingedämmt, dennoch wurden demokratische Forderungen eingelöst: Am 18. Mai trat in der **Frankfurter Paulskirche** die Verfassunggebende Nationalversammlung als erstes frei gewähltes gesamtdeutsches Parlament zusammen. Ihre Hauptaufgaben sah sie in der Überwindung der Einzelstaatlichkeit durch die Einsetzung einer **zentralen Regierungsgewalt** und in der **Ausarbeitung einer Verfassung** für das vereinigte Deutschland. Den Beinamen **„Professoren-Parlament"** erhielt die Nationalversammlung wegen ihrer Zusammensetzung: Neben zahlreichen Juristen und Professoren waren nur eine Handvoll Handwerker und Bauern vertreten, mehr als drei Viertel der Abgeordneten hatten einen Universitätsabschluss. Für den Tagungsort Frankfurt sprachen nicht nur seine zentrale Lage und seine lange bürgerliche Tradition als „Freie Reichsstadt", es war vor allem seit dem 16. Jahrhundert Ort der Krönung der meisten römisch-deutschen Könige und seit 1815 Sitz des Deutschen Bundes (Bundesversammlung).

Die Parlamentssitzungen wurden als öffentliches Forum wahrgenommen: Die Frankfurter nahmen regen Anteil und drängten sich an den Sitzungstagen auf den Besucherrängen und Emporen der Paulskirche (mit Plätzen für 2 000 Besucher) und mischten sich durch Zwischenrufe ein; der Alltag wurde bunter durch politische Feste und Versammlungen. Zum Tagesgeschäft kamen über 5 000 Petitionen aus ganz Deutschland, die das Parlament bearbeitete. Die Presse erstattete rege Bericht und kommentierte jede politische Entscheidung. Politik gewann an Transparenz – im krassen Gegensatz zur Kabinettspolitik des Absolutismus und der Restauration.

In den Parlamentsdebatten über die **zukünftige Struktur Deutschlands** bildeten sich politische Gruppierungen, die zunächst – wie die Clubs der Französischen Revolution – nach ihren Tagungslokalen benannt wurden: Die Konservativen tagten im Café Milani, die Liberalen im Kasino und im Württemberger Hof, die Demokraten im Deutschen Hof. Die Sitzordnung in der Nationalversammlung prägte die Bezeichnungen für die politischen Richtungen: Rechts saßen die Konservativen, links die republikanisch gesinnten Demokraten, in der Mitte, in sich gespalten, die Liberalen.

Die **Konservativen** vertraten weiterhin den Gedanken der föderalistischen Ordnung, also den der Beibehaltung der Einzelstaaten. Die **Demokraten** forderten die Auflösung der Einzelstaaten zugunsten einer zentralistischen deutschen Republik. Das rechte **liberale Zentrum** wollte die Bundesstaaten in die konstitutionelle Ordnung einbinden, während das linke Zentrum die Rolle des Parlaments im zentralistischen Staat noch weiter zu stärken suchte.

Mit der Wahl des österreichischen Erzherzogs Johann zum **Reichsverweser** wurde zwar die Frage der künftigen **Zentralgewalt** vorübergehend gelöst, doch weder er noch die gleichfalls gewählten Minister waren mit wirklichen Machtmitteln ausgestattet. Der Bundestag übertrug seine Befugnisse an den Reichsverweser, der bis zum Ende der Verfassungsarbeit der Nationalversammlung die provisorische Zentralgewalt ausüben sollte. Das Hauptproblem war, dass Militär und Verwaltung weiterhin den Fürsten der Einzelstaaten unterstanden und somit Reichsverweser und Paulskirchenparlament ohne institutionelle Macht und Durchsetzungsmittel blieben.

2.4 Grundzüge des Verfassungsentwurfes von 1849

Unter den Beratungen zur Reichsverfassung nahm die Diskussion über die **Grundrechte** breiten Raum ein. Die Erstellung eines Grundrechtskatalogs bildete ein Hauptanliegen der liberalen Mehrheit und wurde daher der Verfassungsarbeit vorangestellt. Als Ziele wurden die Gleichheit vor dem Gesetz, die Unverletzlichkeit der Wohnung, das Briefgeheimnis, die Pressefreiheit sowie die Meinungs-, Glaubens- und Gewissensfreiheit und die Unverletzlichkeit des Eigentums formuliert; eine funktionierende Gewaltenteilung sollte diese Freiheiten absichern. Soziale Rechte, wie z. B. das Recht auf Arbeit oder soziale Absicherung, wurden hingegen nur kurz debattiert und nicht kodifiziert.

Die Ausarbeitung einer **Reichsverfassung** begann im Oktober 1848 und drängte im Winter und im folgenden Frühjahr 1849 einer Entscheidung entgegen, denn die Gegenrevolution in Österreich und Preußen beschnitt die Paulskirche zunehmend in ihrer Freiheit und Souveränität. Zudem war die Verfassungsarbeit so außergewöhnlich schwierig wie in keinem anderen europäischen Vergleichsfall: Die zentralen und heiß umstrittenen Fragen betrafen das Reichsgebiet, die Machtverteilung **(Zentralismus oder Föderalismus)** und das Staatsoberhaupt. Dabei war die **nationale Frage** Ausgangsbasis und neuralgischer Punkt aller Debatten, sie schien schier unlösbar: Die deutsche Frage war überlagert von der **österreichischen Frage:** Im Vielvölkerstaat Österreich erhoben sich Ungarn, Tschechen und Italiener für ihre nationalen Selbstbestimmungsrechte, im deutschen Raum konkurrierten Österreich und Preußen um die Vormachtstellung. Beides erschwerte konsensfähige territoriale Lösungen, insbesondere weil sich Österreich 1849 auf eine Obstruktionshaltung versteifte und die Aufnahme seines gesamten Staatsgebiets in den zukünftigen deutschen Staat forderte. Zudem behinderte der traditionelle deutsche Partikularismus eine einheitliche Willensbildung und zentrale Machtausübung.

Schließlich wurde ein Formelkompromiss für den **Geltungsbereich** der Verfassung gefunden: Das **„Deutsche Reich“** sollte die Staaten des ehemaligen Deutschen Bundes unter Einschluss aller preußischen Provinzen und Schleswig-Holsteins, aber unter Ausschluss aller österreichischen Gebiete umfassen, denen der spätere Beitritt offengehalten wurde; das Reich sollte ein **Bundesstaat** sein. An seiner Spitze war ein von der Nationalversammlung gewählter **Erb-„Kaiser der Deutschen“** vorgesehen, der die Spitze der Exekutive bildete. Gegenüber den vom Reichstag beschlossenen Gesetzen hatte er lediglich ein aufschiebendes Veto. Die von ihm ernannte Regierung sollte die Außen- und Handelspolitik führen. Beim Kaiser verblieb dagegen der Oberbefehl über die Streitkräfte.

Der **Reichstag** bestand aus **zwei Kammern**, dem „Staatenhaus“ aus den Vertretern der Regierungen der Einzelstaaten und dem direkt gewählten „Volkshaus“. Er hatte das Recht der Gesetzgebung und der Haushaltsbewilligung für das Reich und kontrollierte die Reichsregierung, da die Reichsminister dem Reichstag gegenüber verantwortlich waren.

Die **Rechtsprechung** verblieb im Wesentlichen bei den Einzelstaaten, aber Reichsrecht stand über dem Landesrecht. Das Reichsgericht, dessen Richter unabhängig und nur dem Gesetz verpflichtet waren, wäre nur in Fragen der Reichsverfassung zuständig gewesen.

Die Reichsverfassung war eine **Kompromisslösung** zwischen zentralistischem (unitarischem) und föderalistischem Prinzip einerseits und Demokratie und Monarchie andererseits. Der starken Stellung des Kaisers in der Exekutive und dem Vorrang von Reichsrecht gegenüber dem Recht der Bundesstaaten stand der Einfluss der Staaten auf die Gesetzgebung über das Staatenhaus gegenüber. Zwar stärkte das Erbkaisertum die Rolle des Staatsoberhauptes, aber sein nur suspensives Veto erhöhte das Gewicht des Parlaments.

2.5 Probleme und Scheitern der Nationalversammlung

Die Schwierigkeiten, denen sich die Verfassunggebende Nationalversammlung gegenübersah, wurden allerdings immer größer: Sozialrevolutionäre Tendenzen ließen das Bürgertum vor dem **„Gespenst des Kommunismus“** zurückschrecken (vor allem seit dem Juni-Aufstand der Pariser Arbeiter und seit dem September-Aufstand in Frankfurt gegen die Nationalversammlung).

Als die preußische Regierung den im Auftrag der Nationalversammlung gegen Dänemark begonnenen **Krieg um Schleswig-Holstein** eigenmächtig mit einem Waffenstillstand beendete, zeigte sich die Ohnmacht des Parlaments gegenüber den alten Regierungen. Preußen verzichtete in Übereinstimmung mit den europäischen Großmächten auf eine Fortsetzung des Kriegs, und die Nationalversammlung musste die unpopuläre Entscheidung sanktionieren. Im September 1848 mussten sogar Bundestruppen zu Hilfe gerufen werden, um national und sozial motivierte Barrikadenaufstände in Frankfurt niederzuschlagen.

Bis zum Frühjahr 1849 dauerte der Streit um das Reichsgebiet: Eine **großdeutsche Lösung** war nicht mit dem Fortbestand der österreichischen Monarchie zu vereinbaren, denn die Einbeziehung nichtdeutscher Völker hätte einerseits das Nationalitätenprinzip verletzt und den Staat gesprengt. Andererseits hätte das Aufgehen beider Großmächte in einem neuen Deutschland dieses nur mit deren gegenseitiger Rivalität belastet. Daher zeichnete sich die **kleindeutsche Lösung** ohne Österreich als einzig praktikable ab. Am 28. März wurde der preußische König Friedrich Wilhelm IV. zum deutschen Kaiser gewählt.

Das Ende der Revolution

Als am 3. April 1849 eine Delegation der Nationalversammlung Friedrich Wilhelm von Preußen die Kaiserkrone anbot, hatte sich die Gesamtsituation längst komplett gewandelt. Die vorgetäuschte Solidarität des Preußenkönigs mit der Revolution war einer offen reaktionären Politik gewichen. Preußische Truppen waren im November 1848 in Berlin einmarschiert und hatten die Bürgerwehren entwaffnet, die preußische Nationalversammlung wurde im Dezember aufgelöst. Auch in Österreich hatte die **Gegenrevolution** gesiegt: Regierungstruppen besetzten Ende Oktober 1848 das aufständische Wien und ließen dabei viele Aufständische hinrichten. **Friedrich Wilhelm lehnte** die angebotene **Kaiserkrone** als „mit dem Ludergeruch der Revolution behaftet“ **ab**, in seinen Augen könne Deutschland nur von Fürsten geeint werden.

Auch die anderen Regierungen, die die Verfassung zuvor unter dem Vorbehalt preußischer Zustimmung angenommen hatten, folgten dem preußischen Beispiel und riefen ihre Abgeordneten aus Frankfurt zurück. Die Anerkennung der Verfassung durch Württemberg (25. April) und Baden (4. Mai) konnte am Zusammenbruch des Verfassungswerks der Nationalversammlung nichts mehr ändern. Einzig das **„Rumpfparlament“**, das fast nur noch aus Vertretern der demokratischen Linken bestand, war zur Fortsetzung der Revolution entschlossen und zog sich im Mai vor heranrückenden preußischen Truppen nach Stuttgart zurück, wo es im Juni vom württembergischen Militär aufgelöst wurde. Dennoch gelang in der vom Rest der Nationalversammlung anerkannten und von Demokraten angeführten **„Reichsverfassungskampagne“** die Mobilisierung einer schichtenübergreifenden Widerstandsbewegung gegen die Konterrevolution; erstmals schlossen sich auch reguläre Truppen an. In der **Pfalz** und in **Baden** kulminierten die Aufstände, die die Durchführung der Reichsverfassung zum Ziel hatten. In Baden wurde eine revolutionäre Regierung gebildet und ein neues Parlament gewählt. Die vom Großherzog herbeigerufene preußische Invasionsarmee schlug die Revolutionstruppen in mehreren Gefechten. Nach erbitterten Kämpfen wurde das ganze Land von preußischen Truppen besetzt. Die **Bundesfestung Rastatt** mit fünf- bis sechstausend Mann Besatzung hielt sich bis zum 23. Juli 1849.

Bewertung der Revolution – Errungenschaften

Bei der Frage nach dem Scheitern der Revolution wird man sich vor zu einfachen und zu eindeutigen Antworten hüten müssen. Gemessen an ihren Maximalzielen ist die Revolution von 1848 überall in Europa gescheitert. Doch viele zukunftsträchtige Entwicklungen hat sie erst angestoßen oder erzwungen: In weiten Teilen Europas konnten **Bauernbefreiung und Agrarreformen** abgeschlossen werden. Im deutschen Raum erhielt vor allem das Streben nach **politischer Einigung**, nach einem deutschen National- und Verfassungsstaat, enormen Auftrieb.

1848 gilt als **Geburtsstunde der Parteien in Deutschland:** Nach Aufhebung der Zensur und Freigabe des Vereins- und Versammlungsrechts artikulierte sich eine breite politische Öffentlichkeit, in Städten organisierten sich verschiedene Interessengruppen, in der Paulskirche formierten sich Fraktionen. Im Inneren verstärkte also die Revolution den langfristig wirksamen Kommunikations- und Politisierungsprozess, der die politische Reaktion überdauerte. Sie trug entscheidend zur Formierung von fünf politischen Richtungen in Deutschland bei, die Parteiengründungen erfolgten in den 1860er-Jahren: Arbeiterbewegung – Liberalismus (zwei Gruppierungen) – politischer Katholizismus – Konservative.

Obwohl „1848“ eine bürgerlich geprägte Revolution war, brachte auch die **Arbeiterschaft** ihre Ansprüche zum ersten Mal in Deutschland zu Gehör. Im Revolutionsjahr vernetzte und organisierte sich die bis dahin sehr heterogene

Arbeiterschaft: Im Sommer 1848 fanden ein Handwerker-Kongress in Frankfurt und ein Arbeiter-Kongress in Berlin statt. Dort gründete der Schriftsetzer Stephan Born die erste politische Arbeiterorganisation, die **„Allgemeine deutsche Arbeiter-Verbrüderung"**, der sich mehr als 15 000 Männer in 230 Ortsvereinen anschlossen. Diese war reformpolitisch orientiert: Im Zusammenwirken mit der Paulskirche wollte man der Forderung nach sozialen Rechten Gehör verschaffen, darüber hinaus versuchten die zahlreichen Ortsvereine, die Lage der Arbeiter durch Solidarität und Selbsthilfe zu verbessern.

Radikal und sozialrevolutionär ausgerichtet war der von einer zahlenmäßig sehr kleinen Gruppe von Handwerkern und Intellektuellen im Ausland gegründete **„Bund der Gerechten"**, aus dem 1847 der „Bund der Kommunisten" hervorging. Im Winter 1847/48 verfassten **Karl Marx** und **Friedrich Engels** die Programmschrift, die im Februar 1848 in London veröffentlicht wurde: „Proletarier aller Länder, vereinigt euch!" lautete die Kernbotschaft dieses **„Manifests der kommunistischen Partei"**, die damit zum internationalen Klassenkampf aufrief. Marx war im Revolutionsjahr als Herausgeber der „Neuen Rheinischen Zeitung" in Köln tätig, er blieb aber politisch im Hintergrund, weil in seinen Augen die bürgerliche Revolution eine notwendige Vorstufe der proletarischen Revolution war.

Aufgrund der ideologischen Widersprüchlichkeit blieb die Arbeiterbewegung 1848 daher ohne klare Gesamtstrategie und ohne durchschlagenden Erfolg. Ihr blieb jedoch die lehrreiche Erfahrung, dass eine selbstständige Interessenorganisation machbar und nötig war, denn das Bürgertum verfolgte eigene Ziele und versuchte sich nach unten abzugrenzen. Trotz des Verbots von Borns Arbeiterverbrüderung 1854 durch ein Bundesgesetz wurde der Diskurs um die Soziale Frage fortgesetzt.

Erst 1875 schlossen sich verschiedene Richtungen der politischen Arbeiterbewegung zusammen: Die deutsche **Sozialdemokratische Partei** war die erste moderne und effizient strukturiere Massenorganisation in Europa.

Die Revolution 1848 war nicht nur Männersache, europaweit gab es auch **Proteste von Frauenseite**. Bis dahin wurde der Frau ein dem Mann nachgeordneter Platz zugewiesen. In Ansätzen bereits im Vormärz, aber stärker noch in der Revolution suchten Frauen Anschluss an die allgemeine politische Bewegung und traten aus dem Hintergrund heraus. Wo es um revolutionäre Freiheit und Gleichheit ging, fühlten sich insbesondere sie angesprochen: Kritische Äußerungen und öffentliche Aktionen verdeutlichen, dass viele Frauen mit „1848" als männlichem Projekt nicht zufrieden waren.

Im unterbürgerlichen Milieu unterstützten die Frauen ihre Männer bei militanten Auseinandersetzungen als Kombattantinnen. Doch es waren vor allem

Frauen aus dem Bürgertum, die erstmals die **Frauenfrage** stellten und sich öffentlich in Frauenvereinen, Bildungsvereinen und Frauenzeitungen für die noch verweigerte Mitwirkung von Frauen im Bereich der Politik und für den Abbau gesellschaftlicher Diskriminierung engagierten. Die Schriftstellerin Luise Otto-Peters gilt als Vorkämpferin der Frauenbewegung in Deutschland. Teilnahme am politischen Leben wurde ebenso wie **Gleichberechtigung** im öffentlichen und privaten Bereich als Grundvoraussetzung für die Emanzipation der Frau eingefordert. Die regelmäßige Publikation von vier Frauenzeitschriften mit radikaldemokratischen bis bürgerlichen Positionen, nach 1852 jedoch wieder verboten, trug viel dazu bei, erforderlichenfalls auch gegen männliche Vorbehalte und Widerstände ein neues Frauenbild, basierend auf gleichen Rechten und Chancen, zu entwerfen.

Starke Impulse erhielt die Industrialisierung, da sich das politisch enttäuschte Bürgertum nach 1849 verstärkt in der Wirtschaft engagierte. Langfristige Auswirkungen hatte die Erarbeitung eines **Katalogs von unveräußerlichen Grundrechten als Basis für spätere Verfassungen** (Weimarer Reichsverfassung und Grundgesetz) ebenso wie die Erfahrung der Transparenz politischer Entscheidungen durch **Parlamentarismus**. In der Folgezeit ermöglichten auch die unter **Modernisierungsdruck** gesetzten obrigkeitsstaatlichen Regierungen kontrollierte Reformen und Modernisierungsprozesse, zuerst im Bereich der Wirtschaft, dann auch dosierte politische Zugeständnisse. Eines davon war das allgemeine Männerwahlrecht im Norddeutschen Bund 1867 und in der Reichsverfassung von 1871.

Bewertung der Revolution – Gründe für das Scheitern

Die Gründe für das Scheitern dieser Revolution sind vielschichtig. Vor allem die Notwendigkeit, gleichzeitig einen Nationalstaat und eine parlamentarische Verfassung aufzubauen, überforderte die Nationalversammlung.

Daneben führte die **politische Unerfahrenheit der Abgeordneten** dazu, dass sie die machtpolitischen Verhältnisse in Deutschland, aber auch in Europa falsch einschätzten. Zu schnell wurde das Nachgeben der Fürsten im März 1848 als Erfolg, als Durchbruch gewertet, daher wurden die Machtstrukturen nicht angetastet. Hinzu kamen **Interessengegensätze:** Die Revolution sollte sich nach dem Willen der liberalen Mehrheit auf dem Verhandlungsweg vollziehen und nicht mit Gewalt durchgesetzt werden. Das ist vor allem mit der sozialen Herkunft der Mehrzahl der Abgeordneten der Nationalversammlung zu erklären, die als Vertreter von Großbürgertum und Intelligenz vor gewaltsamer Veränderung zurückschreckten. Dazu kam die Angst vor den Folgen einer sozialen Umwälzung. Eine logische Folge dieser Furcht war, dass das Bürgertum sich lieber mit den alten Mächten einigte als sich auf ungewisse revolutionäre Experimente einzulassen.

In der **Schleswig-Holstein-Frage** unterschätzten die Parlamentarier Belange der Realpolitik der europäischen Großmächte, die eine Machtverschiebung auf dem Kontinent nicht hinnehmen wollten.

In einer zweiten Revolutionswelle im Herbst wurde die Spaltung der Revolutionsfront offensichtlich: Demokraten und Unterschichten demonstrierten gegen die bürgerliche Interessenpolitik der Nationalversammlung. Eine erhebliche Schwächung der revolutionären Bewegung war bereits durch **Agrarreformen und eine günstige Konjunktur 1848/49** und die damit verbundene Entschärfung des Konfliktpotenzials erreicht worden.

Maßgeblich für die bleibende Stärke der alten Mächte war die fortbestehende **Loyalität** insbesondere die des Heeres **gegenüber den Regierungen**. Nur so konnte die preußische Armee im November 1848 ohne Widerstand Berlin besetzen und die österreichische Armee das aufständische Wien im Oktober 1848 zurückerobern sowie mit kroatischer und russischer Hilfe die ungarische Nationalbewegung 1849 niederschlagen.

Folgen der Revolution

Die Folgen der Revolution waren eine **Rückkehr zur reaktionären Politik** der alten Mächte („Reaktions-Jahrzehnt" von 1849 bis 1859) und die Abwendung des deutschen Bürgertums von der Politik. Nach dem Scheitern der Pläne und Forderungen vom März 1848 engagierte sich das Bürgertum verstärkt im kulturellen Leben und vor allem in der Wirtschaft. Viele enttäuschte Demokraten wanderten nach Amerika aus, wo sie mehr politische Freiheit fanden und das öffentliche Leben prägten (sog. „Forty-Eighters"). Die gleichfalls vom Politisierungsprozess erfasste Arbeiterschaft hatte hingegen die Erfahrung gemacht, dass ihre Forderungen nach sozialen Reformen und Gleichberechtigung nicht vom Bürgertum unterstützt wurden.

Ausdruck der politischen Restauration in Deutschland war die **Wiederbelebung des Deutschen Bundes** im Dezember 1850 und die **Aufhebung der Grundrechte** im August 1851 durch den Bundestag, das Organ des Bundes. Der Deutsche Bund stand jedoch stärker als zuvor unter Einfluss der österreichisch-preußischen Rivalität, die Österreich zunächst durch die Beibehaltung des Vorsitzes im Bund für sich entscheiden konnte. Zudem standen die Regierungen unter Modernisierungsdruck und öffneten sich insbesondere im wirtschaftlichen Bereich für Reformen. Die zwei Jahrzehnte vor der Reichsgründung waren die Durchbruchsjahre der „industriellen Revolution" in Deutschland.

Die Ideen von 1848 blieben in der Folgezeit nur in stark reduzierter Form im öffentlichen Diskurs, zuvorderst die drängende **Lösung der deutschen Frage**. Das Deutsche Kaiserreich von 1871 befriedigte die nationalen Erwartungen, allerdings unter Hintanstellung der Freiheitsfrage und unter den Vorzeichen des Obrigkeitsstaats. Die erfolgreiche Reichsgründung unter Bismarcks Regie begünstigte die Verfestigung der Strukturen des autoritären Staats und der **„Reformen von oben"** (s. S. 66 ff.).

Mit dem Scheitern der Revolution setzt die Konstruktion eines **Sonderwegs** ein, der Deutschlands „langen Weg nach Westen" (H. A. Winkler; gemeint ist die Stabilisierung von freiheitlich-demokratischen Verhältnissen) erheblich und mit grauenvollen Folgen verlängert und verkompliziert hat. Tatsache ist, dass der Verfassungsstaat und die Nationalstaatsgründung 1848 nicht zustande kamen, diese Ziele wurden angesichts der Vielzahl und Komplexität der Probleme noch nicht erreicht. Trotzdem konnten die Erfahrungen, Handlungsmuster und neuen politischen Inhalte des „tollen Jahres" nicht revidiert oder gelöscht werden.

ufgabe 5 Eine der bekanntesten deutschen Nationalgeschichten beginnt mit den bedeutungsschwangeren Worten: „Am Anfang war Napoleon." (Thomas Nipperdey, Deutsche Geschichte 1800–1866, München 1983, S. 11) Erläutern Sie wesentliche von Frankreich ausgehende Impulse auf den deutschen Raum, indem Sie auf Napoleons Politik gegenüber dem Alten Reich und deren Folgen eingehen.

ufgabe 6 Diskutieren Sie, ob 1815 die Gründung eines deutschen Nationalstaats denkbar gewesen wäre.

ufgabe 7 Geben Sie einen Überblick über die wichtigsten politischen Bewegungen im Vormärz.

ufgabe 8 Stellen Sie die Ursachen der Revolution von 1848/49 stichpunktartig dar.

ufgabe 9 Zeigen Sie wichtige, von der Revolution von 1848 angestoßene Entwicklungslinien im deutschen Raum auf.

Aufgabe 10 (materialgestützt)

a) Interpretieren Sie die Karikatur vom April 1848 vor dem Hintergrund der „Märzereignisse“ des Jahres 1848.

b) Überprüfen Sie, inwieweit die in der Karikatur dargestellten Konflikte für das Scheitern der Revolution von 1848/49 eine zentrale Rolle gespielt haben. Beziehen Sie in Ihre Überprüfung weitere Gründe für das Scheitern ein.

Karikatur vom April 1848

Die Unterschrift lautet:
Der deutsche Michel ist uneinig mit sich auseinander gegangen, wird sich aber bald wieder zusammenfügen!

Das Kaiserreich

Das zweite deutsche Kaiserreich (nach dem 1806 aufgelösten Heiligen Römischen Reich deutscher Nation) wurde 1871 gegründet und fand in der Revolution von 1918/19 sein Ende. Es umfasste als „kleindeutsche" Lösung alle deutschen Einzelstaaten mit Ausnahme Österreichs. Als Reichsgründer lässt sich der preußische Ministerpräsident und erste Reichskanzler (1871–1890) Otto von Bismarck bezeichnen, unter dessen Führung Preußen in mehreren „Einigungskriegen" gegen Dänemark (1864), Österreich (1866) und Frankreich (1870/71) die Reichsgründung militärisch „mit Eisen und Blut" erzwang.

Durch seine kriegerische Einigungspolitik überwand Bismarck auch die innenpolitische Blockade Preußens: Nach der gescheiterten Revolution von 1848/49 war der strukturelle Konflikt zwischen dem liberalen Bürgertum und der monarchischen „Reaktion" im preußischen „Heereskonflikt" (1862) eskaliert. Der Landtag blockierte mithilfe seines in der oktroyierten Verfassung von 1848 gewährten Budgetrechts eine weitgehende Heeresreform. Mit den Erfolgen Preußens bei der nationalen Einigung Deutschlands ging die Spaltung der Liberalen einher, deren nationalliberaler Teil jetzt Bismarcks Politik der nationalen Einigung und der Stärkung des monarchischen Prinzips unterstützte.

Außenpolitisch konnte Bismarck den Machtzugewinn Preußens durch seine auf Ausgleich und Erhalten des Status quo gerichtete Politik austarieren. Nach 1890 versuchte die deutsche Führung aber, die **halbhegemoniale Stellung** in Europa durch eine aggressive Außen- und Aufrüstungspolitik auszubauen und zur Weltmacht zu werden.

Man unterscheidet auch in der inneren Entwicklung des Kaiserreichs zwei Phasen: Die erste Phase umfasst die Regierungszeit Wilhelms I. (1871–1888), in der Bismarck weitgehend ungestört die politische Führung innehatte; die Regierungszeit Wilhelms II. (1888–1918), der Bismarck 1890 entließ und in einem „persönlichen Regiment" selbst die politische Führung des Reichs übernahm, wird allgemein als **„Wilhelminismus"** bezeichnet. Diese ist vor allem durch einen rückwärtsgewandten, nationalistischen und militaristischen – eben wilhelminischen – Zeitgeist gekennzeichnet.

Die gesellschaftliche Entwicklung des Kaiserreichs wurde durch den schnellen Aufstieg Deutschlands zu einem der führenden Industriestaaten der Welt bestimmt. Dieser Wandlungsprozess wurde von großen Teilen der Bevölkerung als eine tief verunsichernde **Modernisierungskrise** empfunden, auf die man mit einem tief greifenden gesellschaftlichen Wertewandel reagierte:

- Für die neue Klasse der Industriearbeiter bot sich das **marxistische Modell** der klassenlosen sozialistischen Gesellschaft an,

- in der bürgerlichen und ländlichen Bevölkerung entwickelte sich ein aggressiver, sich gegen andere Länder und Kulturen abgrenzender **Nationalismus**,
- der **Antisemitismus** wurde in einer modernen Form wiederbelebt: Die Klischees des ausbeutenden Unternehmers wurden mit den frühneuzeitlichen antijüdischen Klischees des „parasitären Schädlings" verknüpft.
- Besonders verbreitet – nicht nur in Deutschland – war der rassistische **Sozialdarwinismus**, der die Evolutionstheorie Darwins vereinfachend auf das Vorhandensein unterschiedlicher menschlicher Rassen übertrug: Diese Rassen befänden sich demnach in einem Überlebenskampf, in dem das Recht des Stärkeren gelte. Die imperialistische Eroberung und Kolonialisierung in Afrika und Asien wurden von allen industrialisierten Mächten so gerechtfertigt; sozialdarwinistisches Denken vergiftete aber auch das Zusammenleben der Nationen in Europa und führte hier zu einer **Militarisierung** des Denkens, einer aggressiven Außenpolitik und der Bereitschaft zur Lösung von Konflikten durch kriegerische Gewalt.

Die verfassungs- und innenpolitische Entwicklung Deutschlands konnte jedoch nicht mit dem wirtschaftlichen und gesellschaftlichen Wandlungsprozess Schritt halten: Die traditionellen Eliten in Adel, Militär, Bürokratie und Justiz verhinderten eine Demokratisierung des Reiches, die einer modernen Industriegesellschaft (wie in den westlichen Industriestaaten Großbritannien, Frankreich und USA) entsprochen hätte. In einem „**deutschen Sonderweg**" erhielt sich nach 1890 eine fast neoabsolutistische konstitutionelle Monarchie, die weitgehend unkontrolliert das wachsende Potenzial Deutschlands zu einer riskanten Außen- und Aufrüstungspolitik (Imperialismus, Kolonial- und Flottenpolitik) nutzte, mit der sich Deutschland in Europa isolierte und ein mächtiges Gegenbündnis, bestehend aus Russland, Frankreich und Großbritannien („Triple-Entente"), heraufbeschwor.

Zuletzt lässt sich die wilhelminische Gesellschaft in ihrem Kern als gespalten beschreiben: Einer hochmodernen, technologisch führenden Wirtschaft mit der entsprechenden gesellschaftlichen Schichtung standen ein überholtes politisches System und feudale kulturelle Muster gegenüber, die die innere Dynamik des Landes nicht kanalisieren und bändigen konnten.

1 Der Weg zur Reichsgründung (1848–1871)

13. 7. 1848	Auflösung des Bundestags in Frankfurt
9. 11. 1848	Hinrichtung Robert Blums in Wien
21. 11. 1848	Felix Fürst zu Schwarzenberg Ministerpräsident in Österreich
2. 12. 1848	Regierungsantritt Franz Josephs I.
5. 12. 1848	Oktroyierte Verfassung in Preußen
1849–1862	Reaktionszeit
4. 3. 1849	Oktroyierte Verfassung in Österreich; Frankfurter Paulskirchenverfassung für ein kleindeutsches Kaiserreich
28. 4. 1849	Ablehnung der Kaiserkrone durch Friedrich Wilhelm IV.
18. 6. 1849	Gewaltsame Auflösung des Rumpfparlaments in Stuttgart
20. 3.–29. 4. 1850	Erfurter Unionsparlament
29. 11. 1850	Vertrag von Olmütz zwischen Preußen, Österreich und Russland
23. 8. 1851	„Bundesreaktionsbeschluss“
1854	„Bundes-Vereinsgesetz“
18. 10. 1861	Regierungsantritt König Wilhelms I.
1862	Konflikt um die preußische Heeresreform
23. 9. 1862	Berufung Bismarcks zum preußischen Ministerpräsidenten
18. 11. 1863	Dänische Novemberverfassung: Annexion Schleswigs
1864	Deutsch-Dänischer Krieg
14. 8. 1865	Vertrag von Gastein: Teilung der Verwaltung Schleswigs (Preußen) und Holsteins (Österreich)
1866	Deutscher Krieg: Entscheidung bei Königgrätz (3. 7. 1866) unter v. Moltke
23. 8. 1866	Friede von Prag: Auflösung des Deutschen Bundes
3. 9. 1866	Indemnitätsvorlage Bismarcks
1. 7. 1867	Zusammenschluss deutscher Staaten zum Norddeutschen Bund
1870/71	Deutsch-Französischer Krieg
13. 7. 1870	Emser Depesche
19. 7. 1870	Französische Kriegserklärung an Preußen
1./2. 9. 1870	Schlacht bei Sedan
18. 1. 1871	Gründung des Deutschen Reiches in Versailles
10. 5. 1871	Frieden von Frankfurt: Abtretung Elsass-Lothringens an das Deutsche Reich

Die deutsche Reichsgründung von 1871 revolutionierte das europäische Mächtesystem und schuf einen starken, von der Bevölkerungsmehrheit ersehnten **deutschen Nationalstaat unter der Führung Preußens**. Seine Entwicklung bestimmte das Schicksal Europas und der Welt in der Folgezeit entscheidend.

Der Initiator der Reichsgründung war der **„konservative Revolutionär“** Otto von Bismarck, der mithilfe der Reichsgründung und dem preußischen Militär aus Preußen eine europäische Großmacht schuf und gleichzeitig die preußische Monarchie in ihrer Rolle als deutsches Kaisertum stabilisierte. Dabei nutzte er mit dem deutschen **Nationalismus** eine ursprünglich bürgerliche Kraft und stellte sie in den Dienst des preußischen Macht- und Militärstaats, mit dramatischen Folgen in der Zeit nach 1890.

Bismarck fand jedenfalls nach der gescheiterten Revolution von 1849 mit seiner Einigungspolitik einen genialen Ausweg aus dem zentralen politischen Konflikt in der Zeit der gegenrevolutionären „Reaktion" (1849–1862): dem Gegensatz zwischen der reaktionären Monarchie und dem wirtschaftlich erstarkten Bürgertum, das auf eine demokratische Reform Preußens setzte. Bismarck gelang es, diese Reform abzuwenden und die bürgerlich-liberale Bewegung in eine nationalliberale und eine demokratische zu spalten; den nationalliberalen Flügel konnte er für seine Machtpolitik und das Fortbestehen der starken monarchischen Herrschaft gewinnen.

1.1 Das Wiedererstarken der monarchischen Herrschaft nach 1849

Das Scheitern der bürgerlichen Revolution

Die bürgerliche Revolution von 1848/49 scheiterte nicht erst mit der **Ablehnung der Kaiserkrone** durch den preußischen König Friedrich Wilhelm IV. am 28. April 1849. Schon vorher war es den Monarchien in allen großen deutschen Ländern (der „Reaktion") gelungen, die militärische Macht zurückzuerlangen.

In **Österreich** hatte die Armee bereits im Sommer und Herbst 1848 die aufständischen Völker (Tschechen, Ungarn) und die demokratischen Revolutionäre in Wien niedergeworfen. Dabei wurde einer der wichtigsten demokratischen Politiker der Paulskirche, Robert Blum (1808–1848), ungestraft standrechtlich erschossen. Im November wurde Felix Fürst zu Schwarzenberg Ministerpräsident, der die Wiederherstellung des zentralistisch geordneten Kaiserreichs erfolgreich betrieb. Er verwarf die Pläne der deutschen Nationalversammlung, Österreich in einer kleindeutschen Lösung aus Deutschland herauszudrängen. Er stand auch hinter dem Thronwechsel im Dezember: An die Stelle Ferdinands I. trat sein achtzehnjähriger Neffe **Franz Joseph I.** Das Habsburgerreich wurde auf einer neoabsolutistischen Basis wiederhergestellt; es stützte sich auf die Dynastie, eine kaisertreue Armee und eine zentralistische Verwaltung.

In **Preußen** wagte im Herbst 1848 auch **Friedrich Wilhelm IV.** den entscheidenden Schlag gegen die Revolution: Er entließ das liberale Ministerium und ersetzte es durch ein konservatives, beorderte Truppen nach Berlin, löste die preußische Nationalversammlung auf und erließ schließlich im Dezember von sich aus eine Verfassung.

Oktroyierte Verfassungen in Österreich und Preußen

Die von Friedrich Wilhelm IV. im Dezember 1848 oktroyierte Verfassung wurde 1850 revidiert und blieb in Preußen bis 1918 in Kraft. Wie auch die österreichische vom März 1849 war sie Ausdruck des alleinigen Willens des Monarchen und nicht einer demokratisch-parlamentarischen Diskussion.

Die gesamte **Exekutivgewalt** lag beim **König**; er ernannte und entließ die Minister, ihm allein waren sie verantwortlich. Alle Regierungsakte des Königs bedurften zu ihrer Gültigkeit der Gegenzeichnung eines Ministers, der damit die Verantwortung übernahm. Bei Verstößen gegen das Gesetz konnten die Minister vor dem obersten Gericht des Staates angeklagt werden. Der König entschied auch über Krieg und Frieden und führte den Oberbefehl über die Armee. Er hatte das Recht, die Kammern zu berufen und zu schließen, zu vertagen und vorzeitig aufzulösen. Im Falle der vorzeitigen Auflösung mussten nach spätestens 60 Tagen Neuwahlen erfolgen und nach spätestens 90 Tagen die neuen Kammern berufen werden.

Die **Legislative** teilte sich der König mit **zwei Kammern**. Jeder der drei Instanzen stand das Recht der Gesetzesinitiative zu. Für ein Gesetz (auch den Staatshaushalt) bedurfte es der Zustimmung beider Kammern und des Königs. Abgelehnte Gesetze konnten in der laufenden Sitzungsperiode, das heißt innerhalb eines Jahres, nicht wieder vorgelegt werden.

In der ersten Kammer **(Herrenhaus)** saßen die volljährigen Prinzen des Königshauses, die Häupter der ehemals reichsunmittelbaren Geschlechter von Preußen, vom König erblich oder auf Lebenszeit ernannte Personen sowie 90 direkt gewählte Vertreter der höchsten Steuerklasse und 30 aus den größten Städten des Landes. Insgesamt durften die gewählten Mitglieder in der Zahl von den anderen nicht übertroffen werden. Alle Kammermitglieder hatten sich als Vertreter des ganzen Volkes und nicht eines Standes oder einer anderen Interessengruppe zu verstehen.

Die Abgeordneten der zweiten Kammer **(Abgeordnetenhaus)** wurden nach dem „Dreiklassenwahlrecht" ermittelt. Es handelte sich dabei um ein indirektes Wahlrecht. Sogenannte „Urwähler" bestimmten „Wahlmänner" und diese in einem eigenen Wahlakt erst die Abgeordneten. Zudem lag diesem Wahlrecht das Steuerprinzip zugrunde. Urwähler waren alle steuerzahlenden männlichen Bürger vom vollendeten 25. Lebensjahr an. Jeder gehörte einer der „Wählerklassen" an, die je nach einem Drittel des Gesamtsteueraufkommens und nach der Steuerleistung der Einzelbürger gebildet wurde. Wer in die Gruppe jener reichen Bürger fiel, die als stärkste Steuerzahler ein erstes Drittel der staatlichen Steuereinnahmen aufbrachten, gehörte der obersten Wählerklasse an. Nach dem gleichen Prinzip entstanden eine zweite und eine dritte Wählerklasse aus

Bürgern mittlerer und niedriger Steuerleistung. Weil es für ein Drittel des Steueraufkommens relativ weniger starker, aber vieler schwacher Steuerzahler bedurfte, waren die drei Wählerklassen zahlenmäßig sehr unterschiedlich besetzt. Weil aber andererseits jede Wählerklasse gleich viele Wahlmänner bestimmte, hatten die Stimmen der reichen Bürger ein deutlich stärkeres Gewicht. Das preußische Dreiklassenwahlrecht war also ein **Zensuswahlrecht**.

Mit der Unabhängigkeit und Unabsetzbarkeit der Richter folgte die Verfassung den damals bereits allgemein üblichen Rechtsprinzipien. In der Garantie der Grundrechte wich sie nur wenig von der Paulskirchen-Verfassung ab.

So ging die oktroyierte Verfassung Preußens in den freiheitlichen Zugeständnissen über die Konstitutionen des frühen 19. Jahrhunderts hinaus, wie ein Vergleich mit der bayerischen Verfassung von 1818 zeigt. Gemessen am Verfassungsentwurf der Paulskirche aber bedeutete sie einen Rückschritt in Richtung einer **neoabsolutistischen Herrschaft des Königs**.

Abgesichert wurde die Macht der Monarchen durch den sog. **Bundesreaktionsbeschluss** von 1851, der staatliche Maßnahmen gegen den „Missbrauch der Pressfreiheit" ermöglichte und damit ein Instrument der Zensur gegen liberale Forderungen darstellte. Gegen die Bildung politischer Parteien schritt das „**Bundes-Vereinsgesetz**" von 1854 ein, indem es nur Vereine zuließ, die

Die Verfassung Preußens von 1849/1850

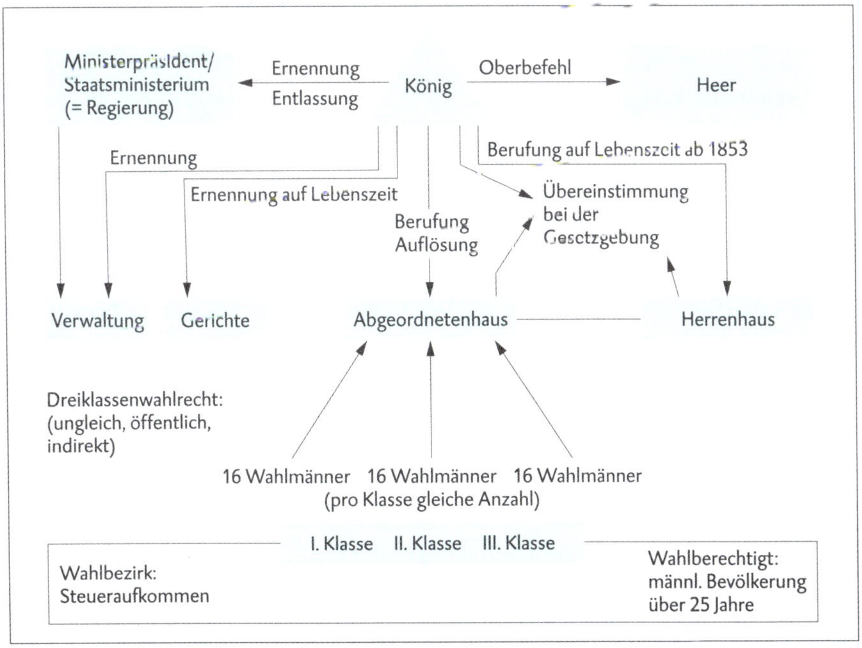

nachweisen konnten, dass sie die öffentliche Ordnung und Sicherheit nicht gefährdeten, also nach dem damaligen Verständnis der Obrigkeit unpolitisch waren. Besonders wirkungsvoll war in diesem Zusammenhang auch das Verbot der Verbindung einzelner Vereine untereinander, das den Aufbau einer überregionalen Organisationsstruktur unmöglich machte und damit eine politische Breitenwirkung verhinderte.

Entwicklung der liberalen Bewegung nach 1849

Die gescheiterte Revolution von 1848/49 und die sich anschließende Reaktionszeit hatten die politische Position des Bürgertums entscheidend geschwächt. Die bürgerlichen Politiker waren nunmehr bereit, die politischen Ansprüche auf das Erreichbare zu beschränken. Das Bürgertum suchte nun die Zusammenarbeit mit den reaktionären Regierungen, um die Forderungen nach nationaler Einheit und einer Demokratisierung des politischen Systems auf dem Weg der Reform zu erreichen.

Gleichzeitig stieg in der fortschreitenden Industrialisierung die gesellschaftliche Bedeutung des besitzenden und gewerbetreibenden Bürgertums. Es war aber zunehmend auch zu Kompromissen mit dem monarchischen Staat bereit, um die wirtschaftlichen Erfolge gegen die neu entstehende sozialistische Arbeiterbewegung abzusichern.

Im preußischen Landtag besaßen die Liberalen aufgrund ihrer Mehrheit ein politisches Machtzentrum.

Der preußische Verfassungskonflikt

Eine angestrebte **Militärreform** führte **1862** in Preußen zu einem schweren Konflikt zwischen König Wilhelm I. und der liberalen Landtagsmehrheit. Die Regierung wollte die Dienstzeit in der preußischen Armee von zwei auf drei Jahre erhöhen und die von bürgerlichen Offizieren geführte Landwehr beschränken.

Die Liberalen waren nicht bereit, den Machtzuwachs des Königs hinzunehmen, und lehnten die Bewilligung der notwendigen Gelder im Landtag mithilfe des Budgetrechts ab. Es kam zur Staatskrise: Die Regierung wollte gegen die verfassungsmäßigen Rechte des Landtags die Heeresreform nicht durchführen und der König daraufhin abdanken; aber der Kronprinz lehnte die Nachfolge ab.

In dieser schwierigen Situation erklärte sich der preußische Diplomat **Otto von Bismarck** (1815–1898) zur Durchführung der Heeresreform ohne die Finanzbewilligung bereit und erhielt das Amt des Ministerpräsidenten mit weitgehenden Vollmachten; er regierte in der Folgezeit ohne einen verfassungsmäßigen Haushalt. Bismarck rechtfertigte den Verfassungsbruch mit der sog.

„Lückentheorie“: Ein Fall wie der Konflikt um die Heeresreform zwischen Monarch und Parlament sei in der Verfassung nicht vorgesehen, deswegen dürfe der König als Verfassungsgeber ohne Zustimmung des Landtags die erforderlichen Gelder erheben. Die Landtagsmehrheit lehnte Bismarcks Vorgehen ab und blockierte das politische System Preußens.

Das Verhalten Bismarcks in der Verfassungsfrage markierte einen Grundsatz seiner Politik: den Vorrang des mithilfe der Macht Durchsetzbaren gegenüber verfassungsrechtlichen Erwägungen, als **„Realpolitik“** bezeichnet.

Im Innern war Bismarcks Strategie schließlich erfolgreich: Der preußische Landtag nahm nach dem gewonnenen Krieg von 1866 eine **„Indemnitätsvorlage“** an, in der Bismarck das Budgetrecht des Landtags bestätigte, dafür aber für seinen Verfassungsbruch gleichfalls amnestiert wurde, indem der Landtag die Heeresreform nachträglich billigte. Die Annahme der Vorlage führte zur Spaltung der Liberalen in eine bismarckfreundliche „nationalliberale“ und eine oppositionelle „fortschrittliche“ Partei.

1.2 Der preußisch-österreichische Dualismus und die Einigungskriege (1864–1870)

Wiedererrichtung des Deutschen Bundes

Nachdem der preußische König 1849 die Kaiserkrone abgelehnt hatte, zog Österreich seine Abgeordneten aus der Paulskirche zurück. Andere Regierungen folgten, bis nur noch ein **Rumpfparlament** unter dem Einfluss der demokratischen Linken übrig blieb. Diese riefen zum Aufstand auf und verlegten das Parlament nach Stuttgart, wo es im Sommer 1849 durch württembergisches Militär gewaltsam aufgelöst wurde. Erhebungen von Radikalen in Sachsen, Baden und in der Pfalz blieben erfolglos. Damit war der Versuch, den nationalen und liberalen deutschen Gesamtstaat aus der Kraft des Volkes zu schaffen, fehlgeschlagen.

Es scheiterte in der Folge auch ein preußischer Plan zu einem Staatenbund mit dem Namen „Deutsche Union“. Als **Exekutive** war ein **Fürstenrat** unter dem erblichen Vorsitz Preußens vorgesehen, als **Legislative** ein **Bundesparlament** mit zwei Kammern, wobei das **„Staatenhaus“** von den Regierungen der Einzelstaaten beschickt und das **„Volkshaus“** nach dem Dreiklassenwahlrecht von der Bevölkerung der Einzelstaaten gewählt werden sollte. Die Deutsche Union wurde 1849 gegründet, ihr traten 24 deutsche Fürsten bei. Da diese auf die kleindeutsche Lösung unter preußischer Führung hinauslief, brachte Österreich sie im Zusammenspiel mit Russland zum Scheitern: Preußen musste im **Vertrag von Olmütz** (29. 11. 1850) auf die Unionspläne verzichten und in den Bundestag zurückkehren, in dem Österreich die Führungsrolle innehatte.

Bismarcks Strategie

Die folgende außenpolitische Entwicklung bis zur Reichsgründung 1871 wurde maßgeblich durch die Zielsetzung und die überlegene politische Strategie Bismarcks bestimmt: Als preußischer Patriot wollte Bismarck die kleinste der europäischen Mächte mithilfe eines von Preußen dominierten kleindeutschen Reichs zu einer gleichwertigen europäischen Großmacht ausbauen. Dazu musste er Österreich als Führungsmacht des Deutschen Bundes ausschalten und die süddeutschen Staaten für sich gewinnen.

Bismarck konnte dabei mit der nationalen Begeisterung des liberalen Bürgertums rechnen und so den inneren preußischen Konflikt zwischen Königtum und Landtag durch die Einigungspolitik auf die Außenpolitik verlagern (und letztlich gewinnen).

Deutsch-Dänischer Krieg (1864)

Bismarck spielte die nationale Karte das erste Mal im Krieg gegen Dänemark 1864 aus: Schleswig und Holstein waren seit 1460 mit dem Königreich Dänemark in Personalunion vereint. Aufgrund unterschiedlichen Erbrechts schien sich vor der Revolution 1848/49 die Loslösung des überwiegend deutschsprachigen Schleswig-Holsteins anzubahnen. Darüber kam es zu einem Krieg zwischen Dänemark und Preußen, das aber aufgrund einer englisch-russischen Interventionsdrohung den Kampf abbrechen musste. 1850 und 1852 einigten sich die fünf europäischen Großmächte auf die zwei sogenannten **Londoner Protokolle**. Dort garantierte der dänische König Österreich und Preußen die Selbstständigkeit und Zusammengehörigkeit der beiden Herzogtümer.

1863 verleibte sich Dänemark dennoch Schleswig ein, dessen nördlicher Teil von Dänen bewohnt war und das im Gegensatz zu Holstein nicht zum Deutschen Bund gehörte. Darauf forderte die national denkende öffentliche Meinung Deutschlands die gewaltsame Loslösung beider Länder von Dänemark und ihren Anschluss an den Deutschen Bund. Dänemark lehnte die Forderung ab, die vertraglich verbotene Einverleibung Schleswigs rückgängig zu machen. Es verlor deshalb die Unterstützung der neutralen Großmächte und wurde 1864 von Österreich und Preußen durch einen Feldzug zur Abtretung der beiden Herzogtümer gezwungen (Frieden von Wien, 30. 10. 1864).

Der deutsche Krieg (1866)

Nach dem Sieg kam es zwischen Österreich und Preußen zu Meinungsverschiedenheiten über die **Zukunft Schleswig-Holsteins**. Bismarck wollte die beiden Herzogtümer in einen preußischen Satellitenstaat, Österreich in ein souveränes Mitglied des Deutschen Bundes umwandeln. Man einigte sich schließlich 1865

(Gasteiner Abkommen) auf eine provisorische Verwaltungsteilung: Österreich erhielt Holstein, Preußen Schleswig.

Nach schweren Spannungen zwischen den Mächten wegen des Status der Provinzen legte Österreich die Entscheidung über die Zukunft Schleswigs und Holsteins unter Nichtbeachtung des Gasteiner Abkommens in die Hand des Deutschen Bundestags. Preußen sah dies als Provokation und besetzte einen Teil des von Österreich verwalteten Holsteins (Juni 1866). Wegen dieses Gewaltaktes erreichte Österreich im Deutschen Bundestag die Mobilmachung gegen Preußen. Preußen seinerseits erklärte die Bundesakte für „gebrochen" und damit den Deutschen Bund für „erloschen" und griff Österreich und seine Verbündeten an. Bereits nach zwölf Tagen entschied die **Schlacht bei Königgrätz** (3. 7. 1866) in Böhmen den Krieg zugunsten Preußens.

Bismarck setzte in der preußischen Führung den Verzicht auf die Annexion österreichischer Territorien durch, dafür stimmte Österreich der Auflösung des Deutschen Bundes, der Annexion von Hannover, Kurhessen, Nassau, Schleswig-Holstein und Frankfurt durch Preußen und der Gründung eines **Norddeutschen Bundes unter preußischer Führung** (1867) zu.

Der Norddeutsche Bund

Damit schied Österreich aus Deutschland aus und orientierte sich außenpolitisch fortan nach Südosten. Preußen wurde ein mächtiger geschlossener Länderblock von Saarbrücken bis zur Memel. Die internationale Unabhängigkeit Bayerns, Württembergs und Badens musste Bismarck auf Verlangen Frankreichs aber anerkennen.

Der Deutsch-Französische Krieg (1870/71)

Der französische Kaiser Napoleon III. wurde nach 1860 durch eine starke liberale und republikanische Opposition bedrängt und versuchte, seine Herrschaft durch außenpolitische Erfolge zu stabilisieren. 1866 hatte er deshalb Bismarck die Neutralität Frankreichs gegen erhoffte territoriale Kompensationen an seiner Ostgrenze zugesagt. Nach dem preußischen Sieg verweigerte Bismarck Frankreich aber territoriale Gewinne, das u. a. an der bayerischen Rheinpfalz interessiert war. Die süddeutschen Staaten konnte Bismarck in dieser Situation zum Abschluss eines Defensivbündnisses (**„Schutz- und Trutzbündnisse“**) mit dem Norddeutschen Bund gegen Frankreich bewegen.

Bismarck forcierte nun den Konflikt mit Frankreich: Er unterstützte die angebotene Übernahme des spanischen Königsthrons durch Leopold von Hohenzollern-Sigmaringen, einer katholischen Seitenlinie der preußischen Hohenzollern. Frankreich sah darin die Gefahr einer Umklammerung durch Preußen und drohte mit Krieg. Daher veranlasste Wilhelm I. Leopold zum Verzicht, doch der französische Botschafter drängte Wilhelm I. in Bad Ems zu einer weiteren Verzichtserklärung, die dieser höflich zurückwies; in der **„Emser Depesche“** (13. 7. 1870) berichtete er Bismarck über die Aufdringlichkeit des französischen Botschafters. Bismarck veröffentlichte die Depesche in verkürzter, Napoleon III. bloßstellender Form, woraufhin Frankreich Preußen den Krieg erklärte (19. 7. 1870). Der Norddeutsche Bund und die süddeutschen Staaten traten auf Preußens Seite, Frankreich aber fand bei den anderen europäischen Großmächten keine Verbündeten. Bereits nach sechs Wochen musste Napoleon III. mit einem Großteil seiner Truppen in Sedan kapitulieren (2. 9. 1870). Eine republikanisch-französische Regierung versuchte vergeblich, den Krieg fortzusetzen.

Im Frieden von Frankfurt (Mai 1871) verpflichtete sich Frankreich zur Zahlung von fünf Milliarden Goldfrancs Kriegsentschädigung und trat Elsass-Lothringen ab, dessen vorwiegend deutschsprachige Bevölkerung 200 Jahre lang in den französischen Staat eingegliedert gewesen war. Für Deutschland war die Abtretung der Grenzländer die Krönung der nationalen Einigung und die Umkehr der Geschichte seit dem 17. Jahrhundert, für Frankreich eine Frage der nationalen Identität. Damit war ein **Konfliktpotenzial** geschaffen, das das deutsch-französische Verhältnis in der Zukunft massiv belastete.

Gründung des Kaiserreichs

In der nationalen Begeisterung über den militärischen Erfolg gelang es Bismarck, die süddeutschen Fürsten für die Gründung eines Deutschen Reichs unter preußischer Führung zu gewinnen. Am 18. Januar 1871 wurde die Reichsgründung in einem feierlichen Staatsakt im Spiegelsaal des Versailler Schlosses vollzogen.

fgabe 11 Skizzieren Sie die Entwicklung Preußens zur deutschen Vormacht vom Beginn der 1850er-Jahre bis 1871.

fgabe 12 (material-gestützt) Interpretieren Sie die Karikatur vor ihrem historisch-politischen Hintergrund.

M 1: Karikatur aus dem „Kladderadatsch", 1868

„Nur nicht ängstlich!" — sagte der Hahn zum Regenwurm u. s. w.

- Seht doch nur, jetzt kommt Er, jetzt kommt Er!
- Fällt mir gar nicht ein! Es ist nur für den Fall, dass doch das Wetter im Westen heraufzieht, damit ihr bequemer herüberkommen könnt!

Anmerkung: Das Wolkengebilde am linken oberen Bildrand trägt die Züge Napoleons III. von Frankreich.

2 Die Reichsverfassung von 1871

18.1.1871	Kaiserproklamation in Versailles
3.3.1871	Erste Reichstagswahl
16.4.1871	Inkrafttreten der Verfassung des Deutschen Reichs

Die Verfassung des Deutschen Reichs von 1871 ist im Wesentlichen die leicht modifizierte Verfassung des föderalistisch organisierten Norddeutschen Bundes von 1867. Nach der **Kaiserproklamation** in Versailles am 18. Januar 1871 und der ersten Reichstagswahl am 3. März 1871 trat die neue Verfassung des **„Deutschen Reichs"** am 16. April 1871 in Kraft.

Das Deutsche Reich war ein **Bundesstaat**, die Staatsgewalt lag nicht bei einer „Nation" oder beim Volk, sondern bei dem Bund der 22 Monarchen (vier Königreiche, sechs Großherzogtümer, fünf Herzogtümer und sieben Fürstentümer, die jeweils ein Recht auf eigene Gesandtschaften hatten), drei Freien Städten und dem Reichsland Elsass-Lothringen.

Die Verfassung wies **vier Verfassungsorgane** auf: Bundesrat, Kaiser, Reichskanzler und Reichstag.

Die Reichsverfassung von 1871

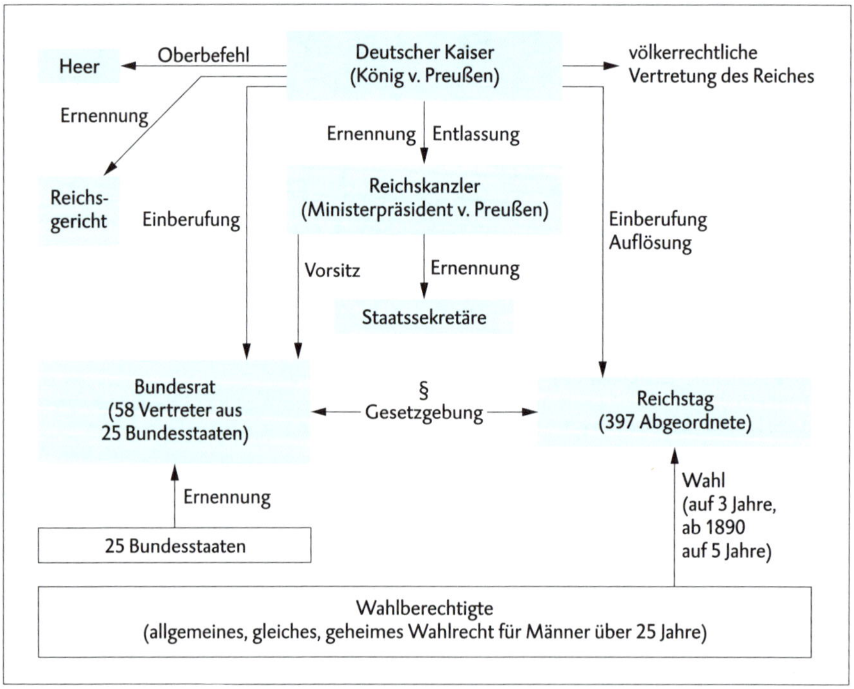

Der Bundesrat

Die Reichsgründung war eine „**Revolution von oben**", die von den deutschen Fürsten unter der Führung Preußens ohne Mitwirkung des Volkes vollzogen wurde; die Verfassung spiegelte dieses Machtverhältnis wider.

Das staatsrechtliche Verhältnis zwischen Reich und Bundesstaaten war **föderalistisch**. Letzteren blieben wichtige staatliche Kompetenzen erhalten: so die Staatshoheit über die eigene Verwaltung, Justiz und Kultur. Bayern und Württemberg bekamen darüber hinaus **Reservatrechte** im Militär- und Postwesen zugesprochen. Die Bundesstaaten behielten des Weiteren ihre eigene politische Ordnung. Ihre Länderverfassungen waren meist konstitutionell geprägt, mit zwei Kammern, einem gewählten Abgeordnetenhaus und einer zweiten Kammer aus berufenen Mitgliedern. Das Wahlrecht war beschränkt und ungleich, wie beim vorherrschenden Dreiklassenwahlrecht, das die Stimmengewichtung stark vom Einkommen der Wähler abhängig machte.

Das **Reich** hatte die Verfügungsgewalt über die Streitkräfte, das Zollwesen, den Handel, den Verkehr und das Postwesen, soweit dem nicht Reservatrechte entgegenstanden. Die daraus anfallenden Einkünfte flossen dem Reich zu. Da diese jedoch dessen Ausgaben, vor allem für die Streitkräfte, nicht deckten, leisteten die Bundesstaaten sogenannte **Matrikularbeiträge**. Das Reich war deswegen finanziell von den Bundesstaaten abhängig.

Entsprechend der zentralen Rolle der Bundesstaaten war der **Bundesrat** verfassungsrechtlich das **oberste Reichsorgan**. Dieser wurde von den Bundesstaaten mit weisungsgebundenen Vertretern beschickt, sodass die Länderfürsten direkten Einfluss auf die Politik des Reichs behielten. Im Sinne des föderalistischen Prinzips standen den 17 preußischen Stimmen 41 der anderen Bundesstaaten gegenüber, obwohl etwa zwei Drittel der Bevölkerung und der Landfläche des Deutschen Reiches zu Preußen gehörten. Da der Bundesrat aber mit 14 Stimmen Änderungen der Reichsverfassung ablehnen konnte, verfügte Preußen ebenso wie Bayern, Württemberg und Sachsen zusammen in diesem wichtigen Bereich über eine **Sperrminorität**.

Der Bundesrat konnte Gesetzesvorschläge beim Reichstag einbringen. Alle vom Reichstag beschlossenen Reichsgesetze bedurften der Zustimmung des Bundesrats, ebenso die Auflösung des Reichstags sowie Kriegserklärungen und Friedensschlüsse durch den Kaiser. Ferner kontrollierte der Bundesrat die Einhaltung der Reichsgesetze und der von ihm selbst beschlossenen Reichsverwaltungsvorschriften durch die Exekutive.

In der Praxis verwirklichte der Bundesrat seine starke Stellung kaum, er wurde durch Kaiser und Reichskanzler in den Hintergrund gedrängt.

Der Kaiser

Als **Staatsoberhaupt** des Reichs fungierte der Deutsche Kaiser. Dieses Amt hatte der jeweilige König von Preußen inne. Er vertrat das Reich außenpolitisch und er konnte ohne Zustimmung anderer Verfassungsorgane Verträge, darunter auch Bündnisse mit anderen Staaten, schließen. Er erklärte, sofern der Bundesrat zustimmte, im Namen des Reiches Krieg und Frieden. Er führte den Oberbefehl über das Bundesheer und die Reichsflotte. Ohne Mitwirkung von Bundesrat und Reichstag konnte er Offiziere und Reichsbeamte sowie den Reichskanzler ernennen und entlassen; diese Gruppen waren ihm persönlich verpflichtet.

Gegenüber dem Reichstag besaß der Kaiser mit dem Recht der vorzeitigen Parlamentsauflösung mit anschließenden Neuwahlen ein wichtiges Druckmittel, um eigene Gesetze im Parlament durchzusetzen. Damit verfügte der Kaiser über die stärkste Stellung im Reich, zumal er als König von Preußen auch den mächtigsten Bundesstaat kontrollierte.

Der Reichskanzler

Der **Reichskanzler** stützte sich allein auf das Vertrauen des Kaisers. Er war weder dem Reichstag verantwortlich noch konnte er von diesem entlassen werden. Die Verfassung legte fest, dass Kaiser und Reichskanzler gemeinsam die Richtlinien der Politik bestimmten. Der Reichskanzler unterzeichnete die Regierungsakte des Kaisers und übernahm damit die **politische Verantwortung** gegenüber Reichstag und Öffentlichkeit. Da der Reichskanzler den Vorsitz im Bundesrat führte, konnte er dort unerwünschte Gesetzesvorhaben des Reichstags blockieren lassen. Gleichzeitig war er aber auch auf die Mehrheit im Reichstag angewiesen, wenn es galt, Regierungsvorlagen als Gesetz zu beschließen. Insofern war der Reichskanzler de facto das Bindeglied zwischen den einzelnen Verfassungsorganen.

Der Reichstag

Das Reich war eine konstitutionelle Monarchie, entsprechend schwach war die Stellung des Parlaments als Kontrollorgan der vom Kaiser beherrschten Exekutive. Der **Reichstag**, das demokratische Element der Reichsverfassung, wurde durch eine allgemeine und gleiche Wahl auf drei Jahre, ab 1888 auf fünf Jahre gewählt. Wahlberechtigt waren alle Männer über 25 Jahre. Dem Reichstag standen die **Gesetzesinitiative** und Beschlussfassung über Gesetzesvorlagen zu; in Kraft traten Gesetze aber erst nach Zustimmung des Bundesrats. Alleinige Angelegenheit des Reichstags war die **Bewilligung des Staatshaushalts**, den die Reichsregierung jährlich vorlegen musste. Ausgenommen von dieser Regelung waren jedoch die Militärausgaben, die etwa vier Fünftel des Reichshaushalts ausmachten. Sie wurden bis 1887 für jeweils sieben, ab 1893 für jeweils fünf Jahre festgelegt. Dies bedeutete eine empfindliche Einschränkung des Budgetrechts. Zur Auflösung des Reichstags mit anschließenden Neuwahlen war ein Beschluss des Bundesrats unter Zustimmung des Kaisers erforderlich.

Der Reichstag war die wichtigste **Bühne der öffentlichen Meinung** und der Opposition gegenüber der Monarchie. Es gelang den Demokraten (Liberale, Zentrum, Sozialdemokraten) im Reichstag jedoch nicht, den Parlamentarismus auf dem Weg der Reform durchzusetzen, z. B. das Recht zu erkämpfen, den Reichskanzler bzw. die Reichsregierung zu berufen und abzusetzen. Das hatte zur Folge, dass die politischen Spitzenpositionen nicht von den Parteien, sondern von der vom Kaiser abhängigen Bürokratie besetzt wurden. Darin bestand der Hauptunterschied zwischen der Verfassung des deutschen Kaiserreichs und jener der west- und nordeuropäischen Industrieländer sowie Italiens. Man bezeichnet diese **gescheiterte Parlamentarisierung** als verfassungspolitischen **„Sonderweg" Deutschlands**.

ufgabe 13 Kaiser Wilhelm II. hat dem historischen Zeitraum seiner Regierungsjahre den Namen gegeben: Beschreiben Sie die entscheidenden Aspekte der Stellung des Deutschen Kaisers in der Reichsverfassung von 1871.

ufgabe 14 Vergleichen Sie die Stellung des Kaisers in der Verfassung von 1871 mit der Position des Reichspräsidenten in der Weimarer Verfassung von 1919.

3 Bismarcks Innenpolitik

23. 5. 1863	Gründung des „Allgemeinen Deutschen Arbeitervereins"
10. 12. 1871	Kanzelparagraph
11. 3. 1872	Einführung der staatlichen Schulaufsicht
4. 7. 1872	Jesuitengesetz
Mai 1873	„Maigesetze"
6. 2. 1875	Einführung der Zivilehe
22. 4. 1875	„Brotkorbgesetz"
Mai 1875	Gothaer Kongress: Bildung der „Sozialistischen Arbeiterpartei" (SAP)
21. 10. 1878	Gesetz gegen die gemeingefährlichen Bestrebungen der Sozialdemokratie (bis 1890)
15. 6. 1883	Krankenversicherungsgesetz
27. 6. 1884	Unfallversicherungsgesetz
24. 5. 1889	Gesetz über die Invaliditäts- und Altersversicherung
1890	Umbenennung der SAP in Sozialdemokratische Partei Deutschlands (SPD)

Die Reichsgründung war v. a. ein Ergebnis der Strategie und Ziele Bismarcks:

- Als preußischer Patriot wollte er die latente Schwäche Preußens als kleinste europäische Großmacht durch die Schaffung eines preußisch geführten Deutschen Reichs überwinden.
- Als Monarchist versuchte er, den strukturellen inneren Konflikt zwischen Monarchie und wirtschaftlich erstarkendem Bürgertum durch ein nationales Kaisertum zugunsten des monarchischen Prinzips zu lösen.
- Als dem protestantischen Pietismus nahe stehender Politiker bewegte er sich in den Vorstellungen eines protestantischen Kaisertums.

Das neu gegründete Reich erschien Bismarck als instabiles Gebilde, dessen Festigung (**„innere Reichsgründung“**) zum Hauptziel seiner Innenpolitik wurde. Seine wichtigste Methode zur inneren Stabilisierung war die Definition einzelner politischer oder gesellschaftlicher Gruppen als **„Reichsfeinde“**, gegen die Bündnisse im Reichstag geschmiedet wurden, um sie verfassungsgemäß mit rechtlichen Mitteln bekämpfen zu können. Diese systematische Ausgrenzungspolitik gegen missliebige Gruppen nennt man **„negative Integration“**.

Bismarck arbeitete in der ersten Phase seiner Innenpolitik eng mit den bürgerlichen Liberalen zusammen, der zunächst stärksten politischen Gruppe im neuen Reichstag. Die Liberalen sahen mit der Reichseinheit eines ihrer wesentlichen Anliegen erfüllt und glaubten an eine Demokratisierung des Reichs auf dem Wege der Reform. Bismarck kam ihnen aber nur auf der wirtschaftspolitischen Ebene entgegen: Es wurde ein an liberalen Prinzipien (Vereinheitlichung der Währung, Schaffung einer Zentralbank, Abbau der Außenzölle, einheitliches Strafgesetzbuch und -ordnung) orientiertes Wirtschaftssystem eingeführt.

3.1 Der Kulturkampf gegen den politischen Katholizismus

In der Auseinandersetzung mit Aufklärung und Liberalismus im 19. Jahrhundert orientierten sich viele aktive Katholiken am Papsttum in Rom; man nannte diese politische Bewegung deshalb **„Ultramontanismus“** („ultra montes“).

Ihren Ausdruck fand das päpstliche Weltbild 1864 im „Syllabus errorum“, in einem Verzeichnis von Irrtümern, vor denen die katholische Kirche warnte; dazu rechnete sie auch den aufgeklärten Liberalismus und den Nationalismus. 1870 verkündete der Vatikan zudem die päpstliche Unfehlbarkeit als Dogma.

In Deutschland verschärfte die etwa gleichzeitige Gründung der **Zentrums-Partei** als Sammelbecken des politischen Katholizismus den Konflikt mit den Ultramontanen. Das Zentrum vereinigte im neuen Reichstag neben vielen süddeutschen Katholiken auch Polen, Elsässer und Welfen: Die Polen konnten sich nur schwer damit abfinden, dass sie von preußischen zu Bürgern des kleindeutschen Nationalstaates geworden waren, die Elsässer, dass man sie gegen ihren Willen dem Deutschen Reich einverleibt hatte, während die Welfen die Wiederherstellung des 1866 von Preußen annektierten Königreichs Hannover anstrebten. Vorsitzender des Zentrums wurde Ludwig Windthorst, ein herausragender Politiker und Redner und zuvor Minister des Königreichs Hannover.

Bismarck sah im Zentrum einen Reichsfeind, der in seiner Orientierung an Rom das neue Reich gefährdete. Dabei unterstützten ihn die Liberalen bei zahlreichen Maßnahmen:

- 1871 verbot der **Kanzelparagraph** das politische Engagement von Priestern;
- das „**Jesuitengesetz**" (1872) machte in Deutschland die Tätigkeit dieses Ordens nahezu unmöglich;
- in Preußen ersetzte man zur Verminderung des kirchlichen Einflusses die geistliche **Schulaufsicht** durch die **staatliche** (1872).
- Die „**Maigesetze**" (1873) machten die Anstellung Geistlicher vom Bestehen eines staatlichen „Kulturexamens", d. h. vom Staat, abhängig. So kam es, dass nach drei Jahren ein Fünftel der katholischen Pfarrstellen unbesetzt war.
- Als der Papst 1875 jeden Katholiken, der sich an die preußischen Kulturkampfgesetze hielt, mit der Exkommunikation (Ausschluss aus der Kirche) bedrohte, stellte der preußische Staat alle finanziellen Leistungen an die katholische Kirche ein **(„Brotkorbgesetz")**.
- Im Reich verloren die Kirchen gleichzeitig die bisher alleinige Befugnis, rechtsgültige Eheschließungen vorzunehmen. Ehen werden seitdem als „**Zivilehen**" vor weltlichen Standesämtern geschlossen.

Trotz einer massiven Verhaftungswelle gegen Priester und Bischöfe scheiterte Bismarck zuletzt: Die Katholiken schlossen sich enger zusammen und das Zentrum wurde von 1881 bis 1912 zur stärksten Reichstagsfraktion.

1878/79 beendete Bismarck zudem seine Zusammenarbeit mit den Liberalen und näherte sich den Konservativen an; zur Bildung einer neuen Reichstagsmehrheit benötigte er aber das Zentrum. Mit dem versöhnlichen Papst Leo XIII. (1878–1903) einigte sich das Reich deswegen auf die Zurücknahme der meisten „Kampfgesetze" bis auf den Kanzelparagraphen, die staatliche Schulaufsicht, die Zivilehe und das Jesuitengesetz. In Süddeutschland wurden kirchlich geführte „Bekenntnisschulen" erlaubt.

3.2 Die konservative Wende Bismarcks nach 1878

Nach Bismarcks Abwendung von den Liberalen begann mit Schutzzöllen und staatlicher Sozialpolitik der Weg in den **Interventionsstaat:** nun wurde die von billigen Getreideimporten bedrohte preußische Großlandwirtschaft gefördert und die Macht der konservativen Bürokratie gestärkt.

Die Beamtenschaft war nach 1849 immer konservativer geworden, weil liberale Beamte zuerst in Preußen, dann im Reich systematisch aus ihren Positionen gedrängt wurden. Bürokratie und Justiz wurden zum Garanten konservativer politischer und ideologischer Kontinuität, die sich über die Revolution von 1918 hinaus erhielt und zum Scheitern der Weimarer Republik beitrug.

Den Parteipolitikern gegenüber fühlten sich die hohen Beamten überlegen: Sie glaubten, eine dem „Reich" verpflichtete Stellung zu besitzen, während die Parteien nur den Interessen einzelner Gruppen folgen würden. Eine Demokratisierung des Systems wurde von den homogenen konservativen Eliten im Staatsdienst abgelehnt, das monarchische System des Kaiserreichs stärkte zudem die Macht der nur dem Kaiser verantwortlichen Bürokratie.

Für die Liberalen bedeutete die Abwendung Bismarcks von ihren wirtschaftspolitischen Prinzipien einen entscheidenden Machtverlust, der zu einer Spaltung der Bewegung in **Linksliberale** und **Nationalliberale** führte: In der Folge lehnten die Linksliberalen die Sozialistengesetze ab und bemühten sich verstärkt um eine Demokratisierung des Reichs, die Nationalliberalen unterstützten weiter Bismarck und versuchten so, die Interessen der Industrie gegen Arbeiterbewegung und konservative Landwirtschaft zu sichern. Diese Spaltung in einen linksliberalen und einen wirtschaftsliberalen Flügel schwächte die liberale Bewegung in der Folge; der Gegensatz dieser Parteiflügel ist bis heute ein Kennzeichen der Liberalen.

3.3 Der neue „Staatsfeind": die Sozialdemokratie

Entstehung der Arbeiterbewegung

Die sich dynamisch beschleunigende Industrialisierung Deutschlands ließ auch die Arbeiterbewegung als Interessenvertretung der neuen Klasse der Industriearbeiter erstarken; sie wurde von allen etablierten Gesellschaftsgruppen zunehmend als Bedrohung empfunden.

- 1863 gründete Ferdinand Lassalle (1825–1865) den **Allgemeinen Deutschen Arbeiterverein** (ADAV),
- 1875 erfolgte der Zusammenschluss mit der Sozialdemokratischen Arbeiterpartei in Gotha unter Wilhelm Liebknecht (1826–1900) und August

Bebel (1840–1913) zur **Sozialistischen Arbeiterpartei** (SAP); 1890 wurde sie in „Sozialdemokratische Partei Deutschlands" (SPD) umbenannt.

In ihrem **Gothaer Programm** 1875 formulierten die Sozialisten marxistische, revolutionäre Grundsätze und gerieten so zu den etablierten politischen Kräften in Widerspruch:

- zu den Liberalen wegen der Forderung nach sozialistischen Produktionsgenossenschaften und der Propagierung des Klassenkampfs gegen die bürgerlichen Unternehmer,
- zu Konservativen und der monarchischen Staatsführung wegen ihrer revolutionären (marxistischen) und radikaldemokratischen Ansichten,
- zu den Nationalisten in allen Lagern wegen der Orientierung an einem proletarischen Internationalismus, in dem sich die Arbeiter aller Länder zur bestimmenden politischen Kraft vereinigen sollten.

Erst nach 1890 entwickelte sich die SPD allmählich zu einer mehrheitlich an den Prinzipien der parlamentarischen Demokratie ausgerichteten Partei; dies änderte aber an ihrem Gegensatz zur monarchischen Führung des Reichs nichts.

Sozialistengesetze

Als die „Sozialistische Arbeiterpartei" 1877 zwölf Reichstagsmandate errang, nahm Bismarck zwei Attentate auf Kaiser Wilhelm I., mit denen die Partei nachweislich nichts zu tun hatte, zum Anlass, politisch gegen die Sozialisten vorzugehen. 1878 beschloss der Reichstag das (bis 1890 gültige) **„Gesetz gegen die gemeingefährlichen Bestrebungen der Sozialdemokratie":** Es verbot die Sozialistische Arbeiterpartei und alle ihre Organisationen. Sozialistische Versammlungen und Druckschriften wurden untersagt, Verstöße dagegen mit Gefängnis oder mit Ausweisung aus den jeweiligen Wohnorten geahndet. Die Partei- und Gewerkschaftsarbeit wurde so lahmgelegt, ohne die Sozialdemokratie als Ganzes zu verbieten; die Partei konnte sich weiterhin an den Wahlen beteiligen, ohne aber Wahlkampf führen zu dürfen. Die Parteiführung ging in den Untergrund, um der Verfolgung zu entgehen.

Bei den Reichstagswahlen verdreifachte die SAP dennoch ihren Stimmenanteil bis 1890, danach erhielt sie in allen Reichstagswahlen die meisten Stimmen. Die Sozialdemokraten wurden aber erst 1912 stärkste Fraktion, weil sie durch die Wahlkreiseinteilung erheblich benachteiligt wurden: 1871 benötigten die Konservativen für ein Mandat durchschnittlich 9 600, die SPD 62 000 Stimmen.

Nach dem Sturz Bismarcks 1890 wurden die Sozialistengesetze nicht mehr verlängert, da sich der junge Kaiser Wilhelm II. (1888–1918) als volksnaher Kaiser auch gegenüber der Arbeiterschaft profilieren wollte.

3.4 Bismarcks Sozialgesetzgebung

Bismarck reagierte auf die Wirkungslosigkeit der Repression gegen die Sozialdemokratie mit einer staatlichen Sozialpolitik. Um die Sozialisten zu schwächen und die Arbeiter an den Staat heranzuführen, wurde das erste staatliche Sozialversicherungssystem der Welt eingeführt:

- 1883 die **gesetzliche Krankenversicherung:** Zwei Drittel der Beiträge brachten die Versicherten auf, ein Drittel die Unternehmer. Neben die bestehenden Betriebskrankenkassen trat als neue Einrichtung die Ortskrankenkasse mit genossenschaftlicher Selbstverwaltung durch die Arbeitnehmer.
- 1884 folgte die **Unfallversicherung**; die Beiträge mussten die Unternehmer allein aufbringen.
- Seit 1889 sah die **Alters- und Invaliditätsversicherung** eine Rente für Arbeitnehmer nach dem 70. Lebensjahr und im Fall der Arbeitsunfähigkeit eine Invalidenrente vor, deren Höhe sich nach dem vorangegangenen Arbeitseinkommen und der Versicherungsdauer richtete. Den größten Teil der Versicherungslasten trugen Arbeitgeber und Arbeitnehmer zu gleichen Teilen; der Staat gewährte Zuschüsse.

Diese Sozialgesetze galten trotz ihrer relativ geringen Leistungen als richtungsweisend für jede staatliche Sozialpolitik; ihr politisches Ziel, den Einfluss der Sozialdemokratie zu mindern, konnte Bismarck aber nicht erreichen. Das politische Selbstbewusstsein der Arbeiter war zu sehr erstarkt.

Nach 1890 wurde unter Reichskanzler Caprivi die Fabrikarbeit für Kinder unter 13 Jahren verboten. Die Arbeitszeit der Frauen wurde auf 11 und die für Jugendliche unter 16 Jahren auf 10 Stunden täglich begrenzt. Doch auch dieses Entgegenkommen änderte nichts an der grundsätzlichen Opposition der Arbeiterbewegung zum monarchischen Staat: Wilhelm II. und sein Umfeld verstanden nicht, dass die „soziale Frage“ nicht mit staatlicher Fürsorge, sondern nur durch politische Teilhabe in einem demokratischen System zu lösen war.

Aufgabe 15 Erklären Sie die wichtigsten Ziele Bismarcks nach 1871 und leiten Sie davon den Begriff „negative Herrschaftsintegration“ ab.

Aufgabe 16 Stellen Sie an den wichtigsten Fällen dar, wie Bismarck „negative Herrschaftsintegration“ betrieb.

fgabe 17
naterial-
gestützt)

a) Erschließen Sie die wesentlichen Inhalte, die historischen Bezüge, die Aussageabsicht und die politische Position der Karikatur (M 1).
b) Beurteilen Sie – auch im Blick auf die Entwicklung der deutschen Sozialpolitik nach Bismarck (bis heute) –, ob die Einschätzung der Karikatur zutrifft.

M 1: Karikatur aus der Zeitschrift „Der wahre Jakob“, 1891

Merkwürdige Frage.

Engländer: Was ist das?
Der wahre Jacob: Das ist Bismarck's Sozialreform.

4 Die Innenpolitik Wilhelms II. (1888–1918)

1876	Gründung des Centralverbands deutscher Industrieller (CDI)
19.12.1887	Bildung der „Deutschen Kolonialgesellschaft“
20.3.1890	Entlassung Bismarcks
9.4.1891	Gründung des „Alldeutschen Verbands“
18.2.1893	Gründung des Bunds der Landwirte (BdL)
30.4.1898	Gründung des „Deutschen Flottenvereins“
Juni/Juli 1919	Bildung des „Allgemeinen Deutschen Gewerkschaftsbunds“

4.1 Das persönliche Regiment Wilhelms II.

Zum zentralen innenpolitischen Problem der Zeit nach der Regierungsübernahme durch Wilhelm II. wurden die Stellung und das Selbstverständnis des charakterlich sprunghaften jungen Kaisers, der aufgrund des frühen Todes seines Vaters Friedrich mit 29 Jahren auf den Thron kam. Gestützt von der starken Stellung des Kaisers in der Verfassung und getrieben von einer anachronistischen Vorstellung des Gottesgnadentums zog er nach Entlassung Bismarcks 1890 die politischen Entscheidungen an sich. Er entwertete die Stellung der zivilen Machtzentren in der Reichs- und der preußischen Regierung, verachtete den Reichstag und schätzte auch die Fürsten der Bundesländer gering. Zudem förderte er die Militärs in seiner Umgebung als Ratgeber und Mitarbeiter und damit den Einfluss des Militärs auf die Politik in entscheidender Weise. Er umgab sich mit einer opportunistischen Clique zweifelhafter Ratgeber, die maßgebend die Berufungen in die hohen Staatsämter mitbestimmten. Begleitet wurde dieses fast neoabsolutistische Herrschaftsverständnis von einem **pompösen Kaiserkult**, der zu einem prägenden Kennzeichen des Wilhelminismus wurde.

Wilhelm II. wurde mit seiner herausragenden innenpolitischen Stellung zu einem Faktor der scheiternden Demokratisierung des Reichs, mit deren Hilfe politische Entscheidungen kontrolliert und die fatalen außenpolitischen Fehlentwicklungen vor dem Ersten Weltkrieg hätten verhindert werden können.

4.2 Militarismus und Sozialimperialismus

Am Hof des Kaisers bestimmten die hohen Militärs nicht nur die Grundlinien der Politik, das **Militärische** wurde auch zu einer Art von **„Leitkultur“** der wilhelminischen Eliten und der bürgerlichen Gesellschaft des Reichs. Die Werte des Militärs, wie die klare Hierarchie, ein überkommener Ehrbegriff sowie die Akzeptanz des Kriegs als Mittel der Konfliktlösung durchdrangen auch die Zivilgesellschaft des Wilhelminismus: Die Allgegenwart der Uniformen, die Existenz eines eigentlich illegalen Duellwesens, die Notwendigkeit für bürgerliche Akademiker, das Reserveoffizierspatent zu erringen, um erfolgreiche Karrieren zu beginnen, sind Aspekte dieser **Militarisierung**.

Der Gegensatz aus Militarismus und gesellschaftlicher Modernisierung zeigte sich auch in einem weiteren Phänomen der wilhelminischen Innenpolitik: Bei den Eliten wurde vor allem der **Aufstieg der SPD** als Bedrohung empfunden; immerhin wurde die jetzt parlamentarisch-demokratisch ausgerichtete SPD 1912 zur stärksten Reichstagsfraktion. Der veränderten politischen Konstellation wollte man in der Reichsführung nicht mit notwendigen demokratischen Reformen begegnen, die einen Machtverlust für Monarch, Militär und Bürokratie bedeutet hätten. Man forcierte vielmehr die **aggressive, imperialistische Außenpolitik:** Das damit einhergehende Aufrüstungsprogramm (v. a. durch die Flottenpolitik) sollte Arbeitsplätze schaffen, die neuen Siedlungskolonien in Afrika den Bevölkerungsdruck mindern, internationale Konflikte – propagandistisch durch die konservative Presse ausgeschlachtet – sollten die Arbeiter hinter der Regierung einen und von den strukturellen inneren Konflikten ablenken **(„Sozialimperialismus“)**. Wirkungsvoll war dieses Vorgehen vor dem Ausbruch des Ersten Weltkriegs nicht, es steigerte aber die Bereitschaft der Führung zur Risikopolitik nach außen, die dann in der Julikrise 1914 eskalierte.

4.3 Die Entwicklung von Parteien, Verbänden, Vereinen und Gewerkschaften

Die ausgebliebene innere Reform des Kaiserreichs führte zu einer entsprechenden Strukturierung des politischen Lebens. Die politischen Parteien organisierten zwar Wahlen und Meinungsbildung, konnten aber keinen direkten Einfluss auf die Politik der kaiserlichen Regierungen nehmen. Möglich war lediglich Zustimmung oder Ablehnung der Regierungspolitik.

Ohne die Möglichkeit, Politik zu gestalten, fehlte ferner der Zwang, Parteiprogramme in praktische Politik umzusetzen und sie in Koalitionen mit anderen Parteien anzupassen, wie es in einem parlamentarischen System notwendig ist. So konnte sich in Deutschland keine produktive Streitkultur entwickeln und die Parteiendemokratie keine breite Zustimmung in der Bevölkerung gewinnen.

Die Parteien blieben im Kern **Interessenparteien ihrer Wählergruppen**, die sich deutlich voneinander abgrenzten. Das betraf vor allem das Bürgertum und die Arbeiterschaft, deren Parteien trotz ähnlicher Interessen nicht gemeinsam agierten. Ihr Charakter als Interessenpartei erschwerte es den Parteien später in der parlamentarischen Weimarer Republik, die nötigen Kompromisse und Koalitionen einzugehen und die Demokratie auf Dauer zu sichern.

Die Lücke, die die relative Machtlosigkeit der Parteien im politischen System schuf, füllten **Interessenverbände und Vereine** aus, die auf außerparlamentarischem Weg Einfluss auf politische Entscheidungen nahmen.

Am erfolgreichsten war dabei der 1893 gegründete **Bund der Landwirte** (BdL), der vor allem die Interessen der adeligen ostelbischen Großgrundbesitzer vertrat und Schutzzölle sowie Subventionen verlangte; der BdL hatte großen Einfluss am Hof, bei Militärs und in der Bürokratie und agitierte gegen Liberale und Sozialdemokraten. Sein militanter Nationalismus und Antisemitismus bereitete den Boden für die spätere „Blut-und-Boden-Ideologie“ der Nationalsozialisten. Die Russlandfeindlichkeit des BdL hatte großen Einfluss auf die antirussische deutsche Außenpolitik nach 1894 (328 000 Mitglieder 1913).

1876 wurde im Interesse der Großindustrie der Centralverband deutscher Industrieller (CDI) gegründet, 1895 mit dem Bund der Industriellen (BdI) ein Verband der klein- und mittelständischen Gewerbetreibenden; aus beiden Verbänden wurde 1913 die **„Vereinigung deutscher Arbeitgeberverbände“**. Die Unternehmerverbände hatten deutlich geringeren Einfluss auf Regierung und Bürokratie als der BdL, aber auch sie versuchten, am Parlament vorbei die Partikularinteressen ihrer Klientel zum Tragen zu bringen.

In der gesellschaftlichen Realität des Kaiserreichs sammelte sich der konservative, aggressive und nationalistische Zeitgeist auch in einer Reihe von Vereinen: Dazu gehörten der **„Deutsche Flottenverein“** (1913 etwa eine Million Mitglieder), der die Tirpitz'sche Flottenpolitik unterstützte, die viel kleinere **„Deutsche Kolonialgesellschaft“** (43 000 Mitglieder 1913) oder der „Alldeutsche Verband“ (18 000 Mitglieder 1913); dieser Letztgenannte war ein Sammelbecken rechtsextremer Einstellungen und Personen, er hatte große personelle und ideelle Kontinuitäten zu den Nationalsozialisten. Das Gleiche gilt für die zahlreichen weiteren **Gruppen „völkischer Radikaler“**, die vor allem vielen Kleinbürgern eine ideologische Heimat innerhalb der Modernisierungskrise der Jahrhundertwende boten.

Auf der linken Seite des politischen Spektrums waren die seit Mitte der 1860er-Jahre entstandenen Gewerkschaften der erfolgreichste Interessenverband: Am wirksamsten erwies sich die Gründung der sozialdemokratisch orientierten **Freien Gewerkschaften** (1913 ca. 2,6 Millionen Mitglieder); sie grenzten sich mit einem reformerischen Programm (Arbeitsrecht, Lohnpolitik, Arbeitsbedingungen, Integration der Arbeiterjugend) von der SPD ab und konnten nach der Jahrhundertwende die soziale Situation der Arbeiterschaft wesentlich verbessern. 1919 wurde aus den Freien Gewerkschaften der **„Allgemeine Deutsche Gewerkschaftsbund“** (ADBG).

5 Die Außenpolitik des Deutschen Reiches (1871–1914)

10. 5. 1871	Frieden von Frankfurt; Abtretung Elsass-Lothringens an Deutschland
22. 10. 1873	Dreikaiserabkommen (Deutschland, Österreich-Ungarn und Russland)
1875	„Krieg-in-Sicht-Krise": Ausdruck deutsch-französischer Spannungen
1876	Ausbruch der Balkankrise nach dem serbisch-türkischen Krieg
1877	Krieg Russlands gegen das Osmanische Reich
13. 6.–13. 7. 1878	Berliner Kongress zur Regelung der Balkanfrage
7. 10. 1879	Zweibund zwischen Deutschland und Österreich-Ungarn
1881	Drei-Kaiser-Vertrag (Deutschland, Österreich-Ungarn und Russland)
20. 5. 1882	Dreibund zwischen Deutschland, Österreich-Ungarn und Italien
22. 2. 1887	„Mittelmeer-Entente" zwischen Großbritannien, Österreich-Ungarn, Italien
18. 6. 1887	Deutsch-Russischer Rückversicherungsvertrag
16. 6. 1888	Regierungsantritt Wilhelms II.
20. 3. 1890	Entlassung Bismarcks
4. 1. 1894	Defensivvertrag zwischen Russland und Frankreich
18. 5.–29. 7. 1899	Erste Haager Friedenskonferenz (18. 10. 1907: Zweite Haager Friedenskonferenz)
8. 4. 1904	„Entente Cordiale" zwischen Großbritannien und Frankreich
1905/06/11	Marokkokrisen
1907	Erweiterung der „Entente Cordiale" um Russland zur Triple-Entente
28. 10. 1908	„Daily-Telegraph-Affäre"
1911	Besetzung von Tripolis (heute Libyen) durch Italien
1912/1913	1. und 2. Balkankrieg

Die Reichsgründung von 1871 veränderte die europäische Mächtekonstellation tief greifend: Deutschland war nun die **stärkste Macht auf dem Kontinent**, deren Position sich durch hohes Wirtschafts- und Bevölkerungswachstum zunehmend festigte. Die deutsche Außenpolitik unter Reichskanzler Otto von Bismarck bemühte sich in den Jahren 1871 bis 1890 um die Aufrechterhaltung des friedenssichernden Mächtegleichgewichts; zur Absicherung des Deutschen Reiches schuf Bismarck ein defensiv verstandenes, komplexes Bündnissystem.

Nach Bismarcks Entlassung **1890** kam es zu einem starken Bruch in der deutschen Außenpolitik: Unter Wilhelm II. wollte das Deutsche Reich zur Weltmacht aufsteigen und **forcierte seine Kolonial- und Flottenpolitik**. Das Kaiserreich gab Bismarcks Zurückhaltung und Bündnissystem auf und drängte mit aggressiver Diplomatie ungewollt die Großmächte Frankreich, Großbritannien und Russland zu einem Bündnis gegen Deutschland. Nur Österreich-Ungarn blieb als wichtigster Partner im „Zweibund". Deutschlands als „Einkreisung" angesehene **Isolation** und der Gegensatz der beiden Bündnisse ließen die gespannte Situation am Vorabend des Ersten Weltkriegs entstehen.

5.1 Die Ausgangssituation

Halbhegemoniale Stellung Deutschlands in Europa

Der schnelle **Aufstieg Preußens** von der schwächsten der fünf europäischen Großmächte zur Führungsmacht in Deutschland weckte im Ausland die Befürchtung, der neue Staat könnte die Machtbalance in Europa gefährden. Der britische Oppositionsführer Disraeli bezeichnete die Reichsgründung als „die deutsche Revolution, ein größeres politisches Ereignis als die Französische Revolution". Das Gleichgewicht der Mächte in Europa sei „völlig zerstört".

Tatsächlich besaß Deutschland nach der Reichsgründung eine **„halbhegemoniale Stellung"** in Europa: Es war die stärkste Militärmacht, einer Koalition mehrerer anderer Mächte aber nicht gewachsen. Die weitere Entwicklung war offen und hing vor allem von der eigenen Positionierung innerhalb der internationalen Mächtekonstellation ab.

Diese war durch die Konflikte der europäischen Großmächte im **imperialistischen Wettlauf** um die Kontrolle der weniger entwickelten Gebiete der Erde und den zerfallenden Herrschaftsbereich des Osmanischen Reichs auf dem Balkan bestimmt (s. S. 99–110). Das Deutsche Reich konnte sich unter Bismarck diesen Auseinandersetzungen trotz des begonnenen Kolonialengagements entziehen; die in den Kolonialgebieten entstandenen Konflikte wurden mit den Nachbarmächten einvernehmlich gelöst. Bis zum Beginn der deutschen „Weltpolitik" profitierte **Deutschland als neutraler Faktor** sogar von den Konflikten der anderen Mächte, sodass mehrere Bündnisoptionen offenstanden.

Gesellschaftliche und geistige Kräfte im Kaiserreich

Als dynamisierendes Element der Außenpolitik wirkte die enorme wirtschaftliche, technische und gesellschaftliche Entwicklung Deutschlands mit hohem Bevölkerungswachstum (von ca. 45 Millionen 1871 auf ca. 65 Millionen 1913; s. Grafik S. 5). Es existierte eine im Durchschnitt junge Bevölkerung mit einem hohen Anteil an jungen Männern, was in jeder Gesellschaft zu Unruhe und Spannungen führt, die kanalisiert werden müssen **(„Youth Bulge"-Theorie)**.

Spätestens nach 1890 spiegelte sich die beschriebene Dynamik in einem tief greifenden **gesellschaftlichen Wertewandel** wider: Die massiven gesellschaftlichen und wirtschaftlichen Modernisierungsprozesse führten vor allem beim Bürgertum zum Erfolg ideologischer Orientierungsmuster wie Nationalismus, Militarismus, Antisemitismus oder Sozialdarwinismus. Politisch organisiert wurden diese Haltungen durch bürgerliche Vereine und Verbände wie dem nationalistisch-antisemitischen „Alldeutschen Verband" (1913: 18 000 Mitglieder), dem „Deutschen Flottenverein" (1913: ca. 1,1 Millionen Mitglieder),

der den Bau einer großen Schlachtflotte unterstützte, und der „Deutschen Kolonialgesellschaft" (1913: 43 152 Mitglieder), die Interessenvertretung der in den Kolonien engagierten Unternehmen und Privatleute.

Diesen politisch einflussreichen Gruppen waren die Selbstüberschätzung sowie die aggressive Attitüde gegen das Fremde und das kulturell Andere gemeinsam: Dazu gehörte bei den politischen Eliten auch die Ablehnung des „westlichen" Konzepts einer steten Demokratisierung des politischen Systems, um innere Konflikte zu kanalisieren und zu bewältigen **(„deutscher Sonderweg")**. Die politischen und militärischen Führer ließen sich dagegen immer stärker von imperialistischen Vorstellungen leiten.

Beherrschende Stellung des Kaisers in der Außenpolitik

Folgenreich war nach 1890 die fast unbeschränkte Verfügungsgewalt des Kaisers über die Militär- und Außenpolitik: Er war oberster Kriegsherr, bestimmte über Heer und Marine und entschied in Militärangelegenheiten allein; dabei stützte er sich auf sein **„Militärkabinett"**, das der parlamentarischen Kontrolle entzogen war. Die Außenpolitik, d. h. die völkerrechtliche Vertretung des Reiches, sollte der Kaiser zusammen mit Kanzler und Auswärtigem Amt gestalten. Aber auch in dieser Konstellation war der Kaiser aufgrund des Rechts, den Kanzler zu berufen und zu entlassen, der entscheidende Machtfaktor.

Die außerordentlich **starke Stellung des Reichskanzlers Bismarck** unter Wilhelm I. (1871–1888) in der Innen- und Außenpolitik war auf das besondere Verhältnis Bismarcks zu Wilhelm I. sowie auf die politische Zurückhaltung des Kaisers zurückzuführen. Wilhelm II. (1888–1918) brach mit dieser Tradition und mischte sich mit Nachdruck in die Außenpolitik ein. Sein sprunghafter Charakter verstärkte das Misstrauen der anderen Mächte gegen Deutschland.

Die Unberechenbarkeit Wilhelms II. und die fehlende parlamentarische Kontrolle waren wesentliche Faktoren für die negative Rolle Deutschlands in den europäischen Krisen vor dem Ersten Weltkrieg: Die **aggressive Haltung Wilhelms II.** und der Militärs in seinem Umfeld verschärfte die europäische Krise und wurde zu einem wesentlichen Grund für den Kriegsausbruch.

5.2 Die Außenpolitik Bismarcks

Bismarcks außenpolitische Konzeption

Die Gründung des Deutschen Reichs hatte das europäische Mächtesystem nachhaltig verändert: Der Aufstieg des Deutschen Reiches zur stärksten Macht in Mitteleuropa wurde von den anderen Großmächten mit Misstrauen beobachtet. Bismarcks Politik musste sich daher in den ersten Jahren darauf konzentrieren, bei den europäischen Mächten Vertrauen in den jungen deutschen Staat zu erzeugen und Besitzstandswahrung zu betreiben. Aus diesem Grund verfolgte er eine Außenpolitik, die den Status quo unbedingt anerkannte und an dem friedenssichernden Kräftegleichgewicht in Europa festhielt.

Bismarck erklärte 1874, **Deutschland** sei **territorial „saturiert"**, gesättigt, und betreibe eine **„Sicherheitspolitik"**, die den Frieden in Europa erhalte. Den Erwerb von Kolonien lehnte er aus diesem Grund zunächst ab. Ausnahme war das koloniale Engagement Deutschlands seit 1884, bei dem es private Erwerbungen von Deutschen in Afrika (Südwestafrika, Togo, Kamerun, Deutsch-Ostafrika) und kleinere Gebiete im Pazifik zu deutschen „Schutzgebieten" machte, ohne damit aber weitergehende strategische Interessen zu verbinden.

Kernpunkt der deutschen Außenpolitik war die **Elsass-Lothringen-Frage**. Bismarck musste mit einem französischen Revanchekrieg rechnen, der diese territoriale Veränderung von 1871 wieder rückgängig machen sollte. Das Hauptziel der Außenpolitik Bismarcks war deshalb die Isolierung Frankreichs. In der **„Krieg-in-Sicht-Krise"** 1875 musste Bismarck jedoch erkennen, dass weder England noch Russland einen Präventivschlag gegen Frankreich unterstützen würden, sondern im Gegenteil darin eine erhebliche Verschiebung des Gleichgewichts auf dem Kontinent gesehen hätten.

Als Idealziel seiner Außenpolitik nannte Bismarck 1877 im **„Kissinger Diktat"** eine Situation in Europa, in der „alle Mächte außer Frankreich unser bedürfen und von Koalitionen durch ihre (gespannten) Beziehungen zueinander nach Möglichkeit abgehalten werden". Spannungen sollten an die Peripherie Europas abgelenkt, Kriege zwischen Großmächten, die auf Mitteleuropa übergreifen konnten, verhindert werden, um den für Deutschland günstigen Status quo nicht zu gefährden.

Bismarcks Bündnispolitik

Bismarck bestimmte bis 1890 die deutsche Außenpolitik praktisch allein. Um die instabile Lage auszutarieren, wählte er eine Bündnispolitik mit vielen Partnern. Das Problem war, dass sich die wesentlichen Bündnisse in ihrer Zielrichtung widersprachen: Zentraler Faktor im Denken Bismarcks war Russland als starker östlicher Nachbar Deutschlands, dessen Bündnis mit Frankreich das Reich vor einen Zweifrontenkrieg gestellt hätte. Ausdruck von Bismarcks Politik war der Abschluss des **Dreikaiserabkommens** zwischen Deutschland, Österreich-Ungarn und Russland 1873. Das Abkommen enthielt aber nur die Verpflichtung zu gegenseitiger Konsultation in außenpolitischen Krisenfällen.

Die durch den serbisch-türkischen (1876) und den russisch-türkischen Krieg (1877/78) ausbrechende **Balkankrise** schien das Verhältnis der Großmächte weiter zu verschärfen. So schuf Russland nach dem siegreichen Krieg gegen die Türkei im Frieden von San Stefano einen neuen, von Russland abhängigen Staat Bulgarien, dem eine Vormachtstellung auf dem Balkan zufiel. Russland schien dadurch indirekt Zugang zum Mittelmeer und eine Möglichkeit des Zugriffs auf die Meerengen zu bekommen. Großbritannien und Österreich-Ungarn widersetzten sich diesem Vorgehen. Auf russischen Wunsch berief Bismarck einen Kongress der europäischen Mächte in Berlin ein. Der **„Berliner Kongress“** (1878) bestätigte zwar Russlands Landgewinn, verkleinerte Bulgarien aber und hielt es vom Mittelmeer fern. Österreich-Ungarn erhielt als Kompensation das Verwaltungsrecht in Bosnien und der Herzegowina sowie das Garnisons- und Straßenbaurecht im Sandschak (Verwaltungsgebiet) Novipazar.

Bismarck rettete auf dem Berliner Kongress den Frieden in Europa und gewann als **„ehrlicher Makler“** das Vertrauen der europäischen Mächte. Russland sah sich jedoch um die Früchte seines Sieges gebracht und warf Bismarck Undankbarkeit für Russlands wohlwollende Haltung während der Einigungskriege (1866 und 1870/71) vor („Ohrfeigenbrief“ Zar Alexanders an Wilhelm I.).

Infolge der russischen Verstimmung über den Ablauf und die Ergebnisse des Berliner Kongresses glaubte Bismarck nun, durch ein zusätzliches festes Bündnis mit Österreich die geostrategischen Nachteile in Mitteleuropa ausgleichen zu können (**Zweibund** 1879). 1882 schloss sich **Italien** dem Zweibund an, wodurch er zum **„Dreibund“** erweitert wurde. Dieses Defensivbündnis verpflichtete Deutschland und Österreich-Ungarn zum militärischen Beistand im Falle eines unprovozierten Angriffs Frankreichs auf Italien; die gleiche Verpflichtung übernahm Italien gegenüber Deutschland im Fall eines unprovozierten französischen Angriffs. Außerdem versprachen sich die Vertragspartner wohlwollende Neutralität, falls einer von ihnen zu einem Präventivkrieg gezwungen werden sollte. Diesem Dreibund schloss sich 1883 auch Rumänien an, das sich durch Russland bedroht fühlte.

Russland gegenüber forcierte Bismarck den Abschluss des **Drei-Kaiser-Vertrags** zwischen Russland, Deutschland und Österreich-Ungarn (1881), der bis 1887 in Kraft blieb. Dieser legte die drei Mächte auf wohlwollende Neutralität im Falle des Krieges mit einer vierten Großmacht fest, nämlich Frankreich gegen Deutschland oder Großbritannien gegen Russland. Zudem sollten Russland und Österreich-Ungarn gegenseitig die Balkaninteressen respektieren.

1887 kam es zwischen **Russland und Österreich-Ungarn** aber erneut zu starken Spannungen, da die Donaumonarchie ihren Einfluss auf Bulgarien ausdehnen wollte. Bismarck machte der Führung des Habsburgerstaates klar, dass er bei einem Kriegsausbruch den Bündnisfall nicht als gegeben betrachte. Zugleich verschlechterte sich jedoch **Deutschlands Verhältnis zu Russland** aus wirtschaftlichen Gründen: 1887 reagierte Deutschland auf russische Industriezölle mit der Erhöhung seiner Zölle auf Getreide, dem wichtigsten Exportgut Russlands. Während der darauf folgenden Wirtschaftskrise in Russland unterstützte Frankreich Russland durch umfangreiche Finanzhilfen, sodass sich die Möglichkeit eines Bündnisses zwischen Frankreich und Russland abzeichnete. Um dies zu verhindern, schloss Bismarck mit der russischen Regierung den geheimen **„Rückversicherungsvertrag"** (1887): Dieser verpflichtete beide Mächte im Kriegsfall zur Neutralität; ausgenommen waren Angriffskriege Deutschlands gegen Frankreich und Russlands gegen Österreich-Ungarn. Außerdem verpflichtete ein „ganz geheimes Zusatzprotokoll" Deutschland zur Neutralität, falls Russland die Meerengen in Besitz nähme.

Der Rückversicherungsvertrag schwächte die Stellung Österreich-Ungarns auf dem Balkan. Deshalb förderte Bismarck noch 1887 die **„Mittelmeer-Entente"** zwischen Großbritannien, Österreich-Ungarn und Italien: Ihr Ziel war die gegen Russland gerichtete Aufrechterhaltung des Status quo im Mittelmeer und im Schwarzen Meer sowie die Erhaltung der Türkei.

Die beiden Bündnisse von 1887 waren der **Höhepunkt von Bismarcks Diplomatie**, sie zeigten aber auch den Grundwiderspruch in seinem Bündnissystem: Bismarck versprach einerseits Russland bei einer Besitzergreifung der Meerengen Neutralität und diplomatische Unterstützung, andererseits gehörte die Verhinderung des russischen Vordringens aber zu den Zielen der von Bismarck geförderten Mittelmeer-Entente. Beide Bündnisse widersprachen sich – das System war also darauf ausgerichtet, dass der „Bündnisfall" nicht eintrat.

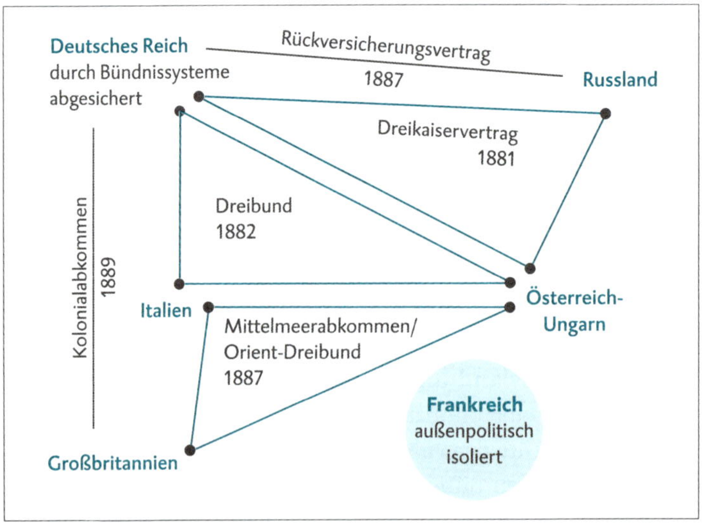

Bismarcks Bündnissystem

5.3 Die Außenpolitik unter Wilhelm II. (1890–1914)

Veränderungen im Deutschen Reich nach 1890

Kristallisationspunkt der deutschen Außenpolitik nach 1890 waren die Persönlichkeit und die politische Macht Kaiser Wilhelms II. (1888–1918); er zog nach dem Rücktritt Bismarcks 1890 auch die Außenpolitik – im Zusammenspiel mit dem neuen Reichskanzler Leo von Caprivi (1890–1894) – weitgehend an sich.

Wilhelms II. pompöses Auftreten, sein ungehemmter Machtanspruch und seine grundlegenden Ansichten entsprachen der „neuen Zeit" des sich radikal wandelnden Deutschen Reiches: Unter Bismarck noch weitgehend agrarisch bestimmt, entwickelte es sich in wenigen Jahrzehnten neben Großbritannien und den USA zu einer der drei wichtigsten industrialisierten Wirtschaftsmächte mit einer Führungsrolle bei den neuen Zukunftstechnologien Chemie und Elektrotechnik.

Damit verschob sich das Gewicht Deutschlands in Europa: Seine nach der Reichsgründung bereits „halbhegemoniale Stellung" verstärkte sich zusehends, das Deutsche Reich wurde dadurch aus der Sicht seiner Nachbarn zu einer Bedrohung. Der **Rücktritt des Stabilitäts-Garanten Bismarck** war vor diesem Hintergrund ein bedeutsames Ereignis. Es war unklar, auf welchem Kurs sich das Deutsche Reich in Zukunft bewegen würde; die Person des neuen Kaisers bot in diesem Zusammenhang eine wenig beruhigende Perspektive.

Der „Neue Kurs" Wilhelms II.

Die wilhelminische Außenpolitik des „Neuen Kurses" setzte die ersten eigenständigen Akzente beim Verhältnis zu Russland: nämlich durch die Nichtverlängerung des „Rückversicherungsvertrags" mit Russland 1890 ohne Not. Stattdessen versuchte Wilhelm II. mithilfe des Abschlusses eines für Russland günstigen Handels- und Zollvertrags 1894 die Einbindung des Zarenreiches in den deutsch dominierten mitteleuropäischen Wirtschaftsraum zu erreichen.

Die deutsche Führung unter Reichskanzler Caprivi (1890–94) glaubte an die Möglichkeit, durch eine Politik der „freien Hand" die eigene Machtstellung am besten vergrößern zu können. Caprivis auf friedliche Koexistenz mit Russland und die wirtschaftliche Hegemonie Deutschlands in Europa ausgerichtete Konzeption scheiterte aber schnell sowohl außenpolitisch als auch innenpolitisch. Erstens schloss **Russland** 1894 ein defensiv ausgerichtetes **Militärbündnis mit Frankreich**, weil es ein antirussisches Bündnis zwischen Deutschland, Großbritannien und Österreich-Ungarn befürchtete. Frankreich befreite sich so aus der durch Bismarcks System bewirkten Isolation, für Deutschland hatte sich aber Bismarcks „Alptraum" einer Zwei-Fronten-Konstellation realisiert. Zweitens rief die Zollpolitik Caprivis die einflussreiche Lobby der konservativen preußischen Großagrarier auf den Plan, die ihre Geschäfte durch die billigeren landwirtschaftlichen Exporte Russlands bedroht sahen. Sie gründeten zur Durchsetzung ihrer Interessen in Parlament und Regierung 1893 den innenpolitisch einflussreichen, russlandfeindlichen „Bund der Landwirte", dessen Agitation in der Folgezeit das deutsche Verhältnis zu Russland nachhaltig belastete.

Die wilhelminische „Weltpolitik"

Seit 1897 änderte sich die deutsche Außenpolitik noch einmal wesentlich: Aus dem „Neuen Kurs" wurde **„Weltpolitik"** mit der Erweiterung der deutschen Machtinteressen im globalen Rahmen. Zeichen für den Wandel war die Ernennung Bernhard von Bülows zum Staatssekretär im Auswärtigen Amt und die des Konteradmirals Alfred von Tirpitz zum Staatssekretär im Reichsmarineamt. Bülow war von 1900 bis 1909 auch als Reichskanzler führender Protagonist der neuen Richtung. Die berühmte Antrittsrede Bülows 1897, in der er einen **„Platz an der Sonne"** für das Deutsche Reich forderte, ist der programmatische Ausgangspunkt der expansiven Neuorientierung. Diese ist nur im Blick auf den **Imperialismus** richtig zu verstehen, dem Wettlauf der führenden europäischen Industriemächte, der USA, Russlands und Japans um Kolonien und Einflusszonen in der ganzen Welt, vor allem in Asien und Afrika (s. S. 99–110). Im Kampf um Handels- und Absatzmärkte, Rohstoffe und Siedlungsplätze bemaß man die Größe und Macht einer Nation am Umfang ihres Kolonialreiches.

Die neue Weltpolitik beinhaltete die Erweiterung und die innere Organisation des deutschen Kolonialreichs in Afrika, in Asien (Enklave Tsingtau 1898 in China) und im Pazifik, eine ehrgeizige **Flottenaufrüstung** (nicht zuletzt, um das Kolonialreich zu schützen), die Ausweitung der eigenen Interessensphäre auf das Osmanische Reich (Türkei) durch den Bau der „Bagdad-Bahn" und umfassende Militärhilfen für die Türkei. Beibehalten wurde dagegen die **„Politik der freien Hand"**, die ohne feste Bündnisse zwischen den europäischen „Flügelmächten" Russland und Großbritannien lavierte.

Dabei blieb die deutsche Außenpolitik in der konkreten Aktion ziellos, unstet und für die anderen Mächte unberechenbar, wodurch tiefes Misstrauen geschürt wurde. So beglückwünschte der Kaiser in seiner **„Krüger-Depesche"** 1896 den Präsidenten der Republik Transvaal (Südafrika), Krüger, zu seinem militärischen Erfolg gegen ein britisches Vordringen; Großbritannien empfand das als Einmischung in die Angelegenheiten des Empire. Das Gleiche gilt für die **„Daily-Telegraph-Affäre"** (1908), die dem Verhältnis zu England weiteren Schaden zufügte: In einem Interview mit einer Londoner Zeitung düpierte Wilhelm II. die britische Regierung, als er über militärstrategische Ratschläge sprach, die er der englischen Königin Victoria gegeben habe, und sich rühmte, während des britischen Burenkriegs (1899–1902) ein Kontinentalbündnis gegen Großbritannien verhindert zu haben.

Deutsche Flottenpolitik

Am nachhaltigsten wurde das **deutsch-britische Verhältnis** jedoch durch die von Admiral von Tirpitz entworfene Flottenpolitik gestört. Tirpitz war von den in der damaligen Weltpolitik sehr einflussreichen Thesen des Amerikaners Alfred T. Mahan („Influence of Sea-Power upon History") überzeugt, der eine starke Kriegsflotte als Voraussetzung einer Weltmachtstellung ansah. Diese Theorie war das Argument für ein kostspieliges deutsches Flottenbauprogramm, durch das Deutschland zur Weltmacht Großbritannien aufschließen und dessen gleichwertiger Gegenspieler in der Weltpolitik werden wollte. Tirpitz' Ansatz war langfristig angelegt:

In der ersten Phase sollte die allmählich wachsende deutsche Flotte durch eine zurückhaltende Außenpolitik geschützt werden. Für die zweite Phase formulierte Tirpitz seine **Risiko-Theorie:** Die deutsche Flotte **(Risikoflotte)** sollte in dieser Phase so stark sein (zwei Drittel der britischen Flotte), dass ein Angriff für Großbritannien ein Risiko darstelle, sodass Großbritannien entweder zum Ausgleich mit Deutschland oder zur Zurückhaltung gegenüber der deutschen Hegemonie in Europa gezwungen werde. Zudem erhoffte sich Tirpitz durch sein Flottenbauprogramm auch günstige innenpolitische Folgen für die Akzeptanz der Weltpolitik. Die staatlichen Investitionen in den Bau von Kriegsschiffen sollten neue Arbeitsplätze schaffen und so die Arbeiter gewinnen, um die wachsende politische Macht der Sozialdemokratie einzudämmen.

Tirpitz' Pläne erfüllten sich allerdings nicht: Weder änderten die Flottenbauprogramme etwas an den Wahlerfolgen der SPD noch gelang es, an Großbritannien aufzuschließen oder es an Deutschlands Seite zu zwingen.

Im Gegenteil: Vor allem die deutsche Flottenpolitik führte dazu, dass Großbritannien die Beilegung seiner Konflikte mit Frankreich und Russland beschleunigte. Zudem wurde die deutsche Flottenrüstung seit 1906 durch ein **englisches Gegenprogramm** abgefangen: dem steuerfinanzierten Bau von übergroßen Kriegsschiffen neuen Typs, den sog. „**Dreadnoughts**", dem das Deutsche Reich finanziell nicht mehr folgen konnte.

Trotz dieses Rückstands wies die uneinsichtige deutsche Führung britische Vorschläge zur Rüstungsbegrenzung beim Flottenbau mehrfach zurück und verschlechterte so das Verhältnis zu Großbritannien weiter. Im Ersten Weltkrieg blieb die finanziell und politisch kostspielige deutsche Flotte militärisch völlig bedeutungslos. Tirpitz' Risikotheorie scheiterte vollständig.

Außenpolitische Selbst-Isolation Deutschlands

Die deutsche Weltpolitik war im Nachhinein gesehen ein schwerer strategischer Fehler. Auf der **ersten Haager Friedenskonferenz 1899** wurde zwar die Errichtung eines internationalen Schiedsgerichtshofes mit Sitz in Den Haag beschlossen, um eine Schlichtungsinstanz für zwischenstaatliche Konflikte zu schaffen, aber die deutschen Vertreter lehnten die vorgeschlagenen Rüstungsbeschränkungen offen ab. Ein **englisches Bündnisangebot** im Gefolge der Faschoda-Krise mit Frankreich (1898 und 1901) wies die Reichsregierung ab, weil sie den Gegensatz zwischen England einerseits, Russland und Frankreich andererseits für unüberbrückbar hielt. Sie glaubte, England durch weiteres Hinhalten zu noch günstigeren Bedingungen zwingen zu können. Die englische Führung musste sich, obwohl es anfangs keine wirklichen Konflikte mit Deutschland und dem Zweibund gab, insbesondere durch die Flottenpolitik des Reichs gefährdet sehen: Denn diese bedrohte den Kern der Weltmachtstellung Großbritanniens, die Dominanz der eigenen Kriegsflotte auf den Weltmeeren. Großbritannien gab deshalb nach 1904 sein Leitprinzip der außenpolitischen „**splendid isolation**“ auf.

5.4 Internationale Krisen

Marokkokrisen (1905/06, 1911)

Die beiden Marokkokrisen sind ein gutes Beispiel für die diplomatisch verheerende Praxis der deutschen Weltpolitik. Ausgangspunkt war die britisch-französische **„Entente cordiale“ von 1904**, welche den Ausgleich zwischen den beiden Kolonialmächten brachte. Großbritannien und Frankreich bereinigten in diesem Abkommen ihre kolonialen Differenzen: Frankreich erkannte Großbritanniens Machtstellung in Ägypten und im Sudan an. Zum Ausgleich versprach Großbritannien Frankreich diplomatische Unterstützung beim Erwerb Marokkos. Dieses Projekt verstieß aber gegen das **Abkommen von Madrid** aus dem Jahr 1880, in dem sich die wichtigsten europäischen Mächte und die USA über die Unabhängigkeit Marokkos geeinigt hatten. Um einige Unterzeichnermächte zu gewinnen, wurde Spanien der marokkanische Küstenstreifen am Mittelmeer zugesagt; Italien erhielt freie Hand, der mit Deutschland befreundeten Türkei Libyen zu entreißen. Frankreich begann mit der „friedlichen Durchdringung“ Marokkos mit französischer Wirtschaft, Politik und Kultur.

Im Herbst 1904 sah die deutsche Führung eine Chance, mithilfe der Marokkofrage die bedrohliche neue Bündniskonstellation zwischen Frankreich und Großbritannien zu sprengen: Russland geriet in einem Krieg mit Japan in wachsende Bedrängnis, woraufhin Deutschland Russland ein Defensivbündnis anbot, dem später Frankreich auf russischen Druck hin beitreten sollte. Das Gelingen dieses Plans hätte die Weichen für eine gegen Großbritannien gerichtete Kontinentalliga zwischen Russland, Deutschland und Frankreich und damit zu einem grundlegenden Wandel der europäischen Bündniskonstellation gestellt. Um diese anzubahnen, wollte Deutschland über die Marokkofrage Druck auf Frankreich ausüben: Es bezeichnete die Verletzung des Madrider Abkommens von 1880 als völkerrechtlich unvertretbar und verlangte die Respektierung deutscher Wirtschaftsinteressen in Marokko. Um dem deutschen Standpunkt Nachdruck zu verleihen, landete Wilhelm II. 1905 in Tanger und begrüßte den Sultan von Marokko als souveränen Herrscher. Daraufhin verlangte Deutschland eine Konferenz der Unterzeichnerstaaten des Madrider Abkommens, die in der südspanischen Stadt Algeciras (1906) mit einer diplomatischen Niederlage Deutschlands endete; die angestrebte „Kontinentalliga“ kam nicht zustande.

Als Folge der deutschen Machtpolitik entstand die defensiv ausgerichtete **„Triple-Entente“** (1907) aus Russland, Frankreich und England. Die deutsche Führung verstand das Abkommen als bewusste „Einkreisung“ und reagierte mit der Festigung des Zweibundes mit Österreich-Ungarn („Nibelungentreue“).

Frankreich konnte nach Ende der 1. Marokkokrise im Jahr 1906 seine Position in Marokko stärken. 1911 verlangte Deutschland als Entschädigung für die Einbindung Marokkos in das französische Kolonialreich das französische Kongogebiet. Um dieser Forderung Nachdruck zu verleihen, wurde das Kriegsschiff „Panther“ (**„Panthersprung“**) zum marokkanischen Hafen Agadir entsandt und Teile der deutschen Presse entfachten eine Kriegsstimmung. Schließlich kam ein für Deutschland ungünstiger Kompromiss zustande. Es erkannte die Besitzergreifung Marokkos durch Frankreich an und erhielt dafür nur einen wertlosen Teil Französisch-Kongos. Großbritannien und Frankreich arbeiteten nun – irritiert durch das deutsche Vorpreschen in der Marokkofrage – konkrete militärische Pläne für den möglichen Kriegsfall mit Deutschland aus.

Die Balkankrisen (1908/09, 1912, 1913)

Die deutsche Außenpolitik verlagerte ihren Schwerpunkt seit dem französisch-russischen Bündnis auf den verbliebenen Partner Österreich-Ungarn **(„Zweibund“)**. Das Verhältnis entwickelte sich nach 1897 mit der zunehmenden Isolation des Deutschen Reiches in der Phase der „Weltpolitik“ zur **„Nibelungentreue“**. Damit verlor das Reich aber außenpolitische Handlungsmöglichkeiten. Das Beispiel der Balkanpolitik zeigt diese Folge am deutlichsten.

Nach 1900 verstärkte sich die innere Schwäche des Osmanischen Reichs („Kranker Mann vom Bosporus“), die schließlich zum Verlust der europäischen Gebiete führte. Im Streit um die Beute eskalierten die Konflikte zwischen den

Balkanstaaten und den mit ihnen verbündeten Großmächten: Russland als Schutzmacht Serbiens auf der einen Seite und Österreich-Ungarn im Bündnis mit Deutschland auf der anderen.

1911 besetzten italienische Truppen Tripolis und gliederten „Tripolitanien", das heutige Libyen, dem italienischen Königreich als Kolonie ein. Das Osmanische Reich unternahm nur einen schwachen Versuch der militärischen Reaktion. Dies nutzten Serbien, Montenegro, Bulgarien und Griechenland zum Angriff auf die europäischen Besitzungen des Osmanischen Reiches bis fast vor Istanbul aus (1. Balkankrieg 1912). Im folgenden Jahr zerstritten sich die ehemaligen Verbündeten über die Verteilung der Kriegsbeute: Serbien, Montenegro, Rumänien und Griechenland verbündeten sich mit der Türkei gegen Bulgarien (2. Balkankrieg 1913), das den größten Teil seiner Kriegsbeute verlor.

Die **Bilanz** der Kriege war für Deutschland und Österreich-Ungarn negativ: Im 1. Balkankrieg wurde die mit Deutschland befreundete Türkei, im 2. Balkankrieg das mit der Donaumonarchie befreundete Bulgarien besiegt. Serbien, das durch die großserbische Propaganda den Bestand des Habsburgerstaats infrage stellte, verdoppelte sein Territorium und arbeitete eng mit Russland zusammen.

5.5 Die Situation in Europa vor dem Ersten Weltkrieg

Die deutschen Interventionen in Marokko und auf dem Balkan verstärkten den **Gegensatz** zwischen den beiden zentralen Bündnissen in Europa: dem **„Zweibund"** aus Deutschland und Österreich-Ungarn einerseits sowie der **„Triple-Entente"** (Großbritannien, Frankreich, Russland) auf der anderen Seite.

Die deutsche Führung empfand dies in erstaunlicher Verkennung der Realität als Einkreisung und zog keine defensiven Konsequenzen aus der neuen Situation: Im Gegenteil, Versuche Großbritanniens, durch eine Beschränkung der

Europäische Bündnissysteme

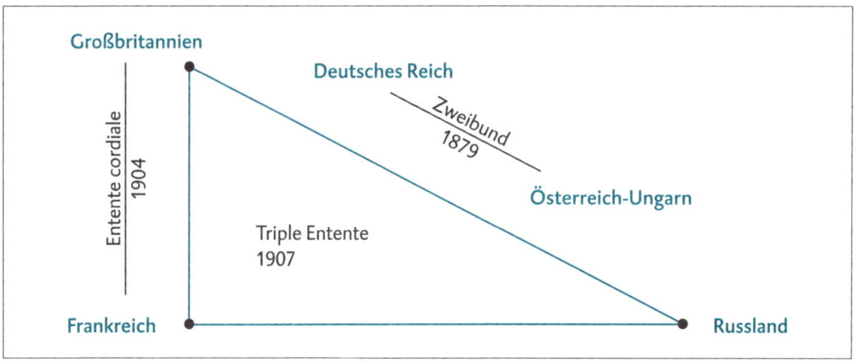

Flottenrüstung den Konflikt mit Deutschland zu beruhigen, wurden von Militär und Kaiser abgelehnt. Als Folge entstand die **Ausgangskonstellation des Ersten Weltkriegs:** die außenpolitische Isolation Deutschlands und seines Zweibundpartners Österreich-Ungarn durch ein strukturell überlegenes Bündnis aus Frankreich, Russland und Großbritannien.

Scheitern von Friedens- und Abrüstungsinitiativen

Friedens- und Abrüstungsinitiativen wären aus dem Blick des heutigen Beobachters die logische Konsequenz der internationalen Lage vor dem Ersten Weltkrieg gewesen. Die Triebkraft der tatsächlichen Abrüstungsbestrebungen in dieser Zeit waren wichtige einzelne Persönlichkeiten und Gruppen, die sich dem internationalen **Pazifismus** verschrieben hatten. Unter „Pazifismus" versteht man die idealistische Bewegung, die aus ethischen und religiösen Gründen jede Form der Gewaltanwendung ablehnt. Deswegen werden auch militärische Gewalt und der Unterhalt von Armeen generell verworfen; abgelehnt werden auch militärische Einsätze zur Friedenssicherung und Verteidigung.

In den **Haager Friedenskonferenzen von 1899 und 1907**, an denen alle wichtigen Staaten der damaligen Welt teilnahmen, fand der Abrüstungs- und Deeskalationsgedanke sogar eine konkrete diplomatische Gestalt. Die Ergebnisse der Konferenzen waren allerdings unbedeutend: Es gab keine bindenden Rüstungsbeschränkungen, lediglich Fortschritte in der Humanisierung der Kriegführung. Wichtig war jedoch die Einführung eines ständig tagenden **„Internationalen Schiedsgerichts"** 1907 in Den Haag, das es heute noch gibt.

In der deutschen Innenpolitik gab es nur vonseiten der Sozialdemokratie Engagement für den Frieden. Deren Friedensidee war entsprechend der marxistischen Grundorientierung vom Klassenkampf und der Vorstellung geprägt, nur eine fundamentale Veränderung der gesellschaftlichen und politischen Situation könnte den Militarismus und des mit ihm untrennbar verbundenen Kapitalismus überwinden; der Aufrüstungspolitik müsse man sich in allen europäischen Parteien im Schulterschluss der Arbeiterklasse verweigern. Doch hielten die europäischen Sozialisten in der Julikrise von 1914 diese Haltung nicht durch; sie unterstützten in allen Staaten mehrheitlich die Kriegspolitik.

Aufgabe 18 Geben Sie einen Überblick über die wichtigsten innenpolitischen Strukturen in der Regierungszeit Wilhelms II. (1890–1914)

Aufgabe 19 Beurteilen Sie die außenpolitische Situation des Deutschen Reiches nach 1871.

Aufgabe 20 Vergleichen Sie die außenpolitischen Konzeptionen von Bismarck und seinen Nachfolgern.

Aufgabe 21 Erläutern Sie die Folgen der Wilhelminischen Außenpolitik für Deutschland und Europa.

Aufgabe 22 (materialgestützt)

a) Erläutern Sie anhand des Textes (M 1), wie Bismarck die deutschen Einigungskriege und die außenpolitischen Interessen des Kaiserreichs unter seiner Führung bewertet.

b) Arbeiten Sie aus dem Text (M 1) die Aussagen Bismarcks heraus, die sich auf das Verhältnis Deutschlands zu Frankreich beziehen. Erklären Sie knapp, welche Rolle Frankreich in Bismarcks außenpolitischem Konzept spielte.

c) Verdeutlichen Sie, welche Absichten Bismarck mit seiner Rede verfolgte.

d) Überprüfen Sie in Bezug auf England die Aussage Bismarcks, es liege kein Grund vor, „gegenseitig nicht das größte Wohlwollen" (Z. 32 f.) zu empfinden, und zeichnen Sie im Überblick die weitere Entwicklung des Verhältnisses zwischen dem Deutschen Reich und England bis 1914 nach.

M 1: Reichskanzler Otto von Bismarck vor dem Reichstag anlässlich der „Boulangerkrise", 11. Januar 1887 (Auszüge)

Die Budgetberatung im Reichstag über die Stärke des deutschen Heeres benutzte der Kanzler zu grundsätzlichen außenpolitischen Betrachtungen, nachdem der Führer der revanchistischen Bewegung in Frankreich, General Boulanger, das Kriegsministerium in Paris übernommen hatte, was dort eine Kriegspsychose und in Deutschland Präventivkriegsgedanken auslöste. Außerdem stand der Wahlkampf zu den Reichstagswahlen bevor.

„[…] Ein glaublicheres Motiv, dass die Regierungen und namentlich die Vertreter des Kaisers ihre Pläne nicht eingestehen, könnte in der Richtung gesucht werden, dass eine Verstärkung des deutschen Heeres etwa gewollt werde aus denselben Gründen, aus denen mancher eroberungs- oder kriegslustige Monarch eine starke Armee erstrebt hat, nämlich der Absicht, demnächst einen Krieg zu führen, sei es um bestimmte Zwecke durchzusetzen, sei es um irgend etwas zu erobern, sei es des Prestiges und des Bedürfnisses wegen, sich in die Angelegenheiten anderer Mächte vorwiegend einzumischen, also zum Beispiel die orientalische Frage von hier aus zu regulieren. Ich glaube aber, auch dies wird als vollständig unbegründet gefunden werden von jedem, der darüber nachdenkt, wie friedliebend die Politik Sr. Majestät des Kaisers bisher seit sechzehn Jahren gewesen ist. Es ist ja wahr, der Kaiser hat sich genötigt gesehen, zwei große Kriege zu führen, aber diese beiden Kriege waren ein uns überkommenes zwingendes historisches Ergebnis früherer Jahrhunderte. Sie werden die Tatsache nicht bestreiten, dass der Gordische Knoten, unter dessen Verschluss die nationalen Rechte der Deutschen lagen, das Recht, als große Nation zu leben und zu atmen, nur durch das Schwert gelöst werden konnte –

(Zustimmung.)

leider, und dass auch der französische Krieg nur eine Vervollständigung der kriegerischen Kämpfe bildete, durch welche die Herstellung der deutschen Einheit, das nationale Leben der Deutschen geschaffen und sichergestellt werden musste. Also man kann daraus nicht auf kriegerische Gelüste schließen. Wir haben keine kriegerischen Bedürfnisse, wir gehören zu den – was der alte Fürst Metternich nannte:

saturierten Staaten, wir haben keine Bedürfnisse, die wir durch das Schwert erkämpfen könnten; und außerdem wenn das der Fall wäre, so blicken Sie doch auf die friedliebende Tätigkeit – und ich sage das ebenso gut nach dem Auslande wie hier ...

Die Frage, wie wir mit Frankreich in der Zukunft stehen werden, ist für mich eine minder sichere. Ich habe nicht das Bedürfnis, alle europäischen Mächte durchzugehen; ich spreche von Italien und England gar nicht, weil gar kein Grund vorliegt, dass wir für beide Regierungen und sie für uns gegenseitig nicht das größte Wohlwollen haben sollten. Unsere Beziehungen zu den beiden sind der Art, dass ich sie hier nicht mit in Betracht ziehe bei der Vermehrung unserer Streitkräfte, – sie sind in jeder Hinsicht freundschaftlich. Zwischen uns und Frankreich ist das Friedenswerk deshalb schwer, weil da eben ein langwieriger historischer Prozess in der Mitte zwischen beiden Ländern liegt: Das ist die Ziehung der Grenze, die ja zweifelhaft und streitig geworden ist von dem Zeitpunkt an, wo Frankreich seine volle innere Einigkeit und Königliche Macht, ein abgeschlossenes Königtum, erreicht hat. [...]

Aber seitdem hat doch kaum eine Generation in Deutschland gelebt, die nicht genötigt gewesen ist, den Degen gegen Frankreich zu ziehen. Und ist diese Epoche des Grenzkampfes mit der französischen Nation nun heute definitiv abgeschlossen, oder ist sie es nicht? Das können Sie so wenig wissen wie ich; es müssten sich der ganze französische Charakter und die ganzen Grenzverhältnisse ändern.

Wir haben unsererseits alles getan, um die Franzosen zum Vergessen des Geschehens zu bewegen. [...]

Mein Rat wird nie dahin gehen, einen Krieg zu führen deshalb, weil er später vielleicht doch geführt werden muss. Er kann vielleicht nach Gottes Willen, wenn er später geführt wird, unter für uns günstigeren Verhältnissen geführt werden, wie das mit Frankreich der Fall gewesen ist. [...]“

Zitiert nach: Schweitzer; Carl Christoph: Die deutsche Nation. Aussagen von Bismarck bis Honecker. Verlag Wissenschaft und Politik, Köln 1976, S. 72 f.

Imperialismus

1 Motive und Ziele imperialistischer Politik

Der Begriff „Imperialismus" leitet sich vom lateinischen „imperium" (Befehlsgewalt, Herrschaftsbereich) ab. Nach 1870 bekam Imperialismus die Bedeutung von **„Großreichpolitik"**. Sie bezeichnet das Vorgehen bereits industrialisierter Großmächte, die aus ihrer Perspektive zivilisatorisch und wirtschaftlich unterentwickelten Regionen von sich abhängig zu machen und sie als **Kolonien** dem eigenen Großreich oder „Empire" einzugliedern. Die Großmächte gingen dabei militärisch vor, benutzten wirtschaftliche Druckmittel und suchten die Bevölkerung des fremden Landes kulturell und ideologisch zu beeinflussen.

Entsprechend folgenreich war die imperialistische Herrschaft für die beherrschten und ausgebeuteten Völker, die in ihrer wirtschaftlichen und kulturellen Entwicklung zurückgeworfen wurden. Die von den Kolonialmächten gezogenen Grenzen, die wirtschaftlichen und die Verkehrsstrukturen dienten vor allem dem Rohstoffexport und erhielten die Abhängigkeit der später selbstständigen Kolonien von der industrialisierten Welt. Von den eingeführten Zivilisations- und Bildungsstandards der Kolonialmächte profitierten fast nur die indigenen (einheimischen) Eliten; sie übernahmen in der Dekolonisation die Herrschaftspositionen der Kolonialherren, demokratische Strukturen konnten sich jedoch nur in wenigen Fällen (vor allem in Indien) entwickeln.

1.1 Imperialistische Herrschaftsformen

Imperialistische Herrschaft gab es in verschiedenen Formen: Man unterscheidet

- **informellen Imperialismus** (Formen indirekter Kontrolle mithilfe einheimischer Eliten wie in Britisch-Indien),
- **formellen Imperialismus** (direkte Verwaltung durch das Mutterland wie im Kolonialreich Frankreichs),
- **Wirtschafts-Imperialismus** (wirtschaftliche Durchdringung und Ausbeutung offiziell selbstständiger Staaten, wie zum Beispiel durch die USA in Lateinamerika oder durch die europäischen Mächte im Osmanischen Reich und durch alle imperialistischen Mächte in China) und
- **Kulturimperialismus** (Durchsetzung der eigenen religiösen und kulturellen Vorstellungen in den Kolonien durch die Kolonialherren).

1.2 Imperialismus-Theorien

Auf dem Höhepunkt des Kolonialismus entstanden aus der kritischen Diskussion über Ursachen und Motive unterschiedliche Imperialismus-Theorien. Die Wirklichkeit dürfte sich jedoch am ehesten im Zusammenspiel aller Ansätze spiegeln, man spricht dann von einem multikausalen Erklärungs-Modell:

- Die schon **zeitgenössischen ökonomischen Imperialismus-Theorien** (Hobson, Hilferding, Lenin, Schumpeter) erklärten die Expansion mit wirtschaftlichen Motiven wie der Suche nach Rohstoffen und Absatzmärkten für die Industrie und profitablen Investitionsmöglichkeiten für das Großkapital.
- **Sozial-ökonomische Theorien** mit dem deutschen Hauptvertreter Wehler und seinem Entwurf des Sozialimperialismus sehen die Absicht, innere Spannungen nach außen abzulenken, als Hauptmotiv des Imperialismus und nennen die deutsche Weltpolitik als Beispiel: Sie sei eine Möglichkeit gewesen, das deutsche Bürgertum für die Monarchie und gegen den wachsenden Einfluss der Sozialdemokratie und ihren Wunsch nach einer Demokratisierung des Reichs zu mobilisieren.
- Die **Theorie des „peripheren Imperialismus“** spricht den Interessen der unmittelbar „vor Ort“ Handelnden (Kaufleute, Siedler, Missionare, Militärs, Beamte) eine entscheidende Rolle bei der Erweiterung und Durchdringung der Kolonien zu; diese Gruppen hätten die jeweiligen Regierungen angetrieben, um eigene wirtschaftliche oder Machtziele durchzusetzen.
- Imperialistisches Handeln wurde aber nicht alleine durch ökonomische oder politische Strukturen und Prozesse erklärt. Hinzu kamen auch pseudowissenschaftliche Theorien, die der Rechtfertigung imperialistischer Politik dienten. Zu diesen Denkweisen gehören der **Sozialdarwinismus** (Recht des Stärkeren als Ersatz für das traditionelle Völkerrecht), **Rassismus** und **männlicher Chauvinismus** der Kolonisten.
- Eine imperialistische Denkform war auch das **zivilisatorische Überlegenheitsgefühl** gegenüber den „wilden“ Kulturen Afrikas oder Asiens, deren jahrhundertealte kulturelle Traditionen (z. B. die 3 000-jährige Geschichte Chinas) dabei entweder übersehen oder gering geschätzt wurden. Eine wichtige Rolle spielte auch das religiöse und kulturelle Sendungsbewusstsein, mit dem ein Überlegenheitsgefühl entwickelt und die Europäisierung der Welt begründet wurde.

ufgabe 23 Erläutern Sie den Begriff und die Motive des Imperialismus.

Die Welt in der Epoche des Imperialismus

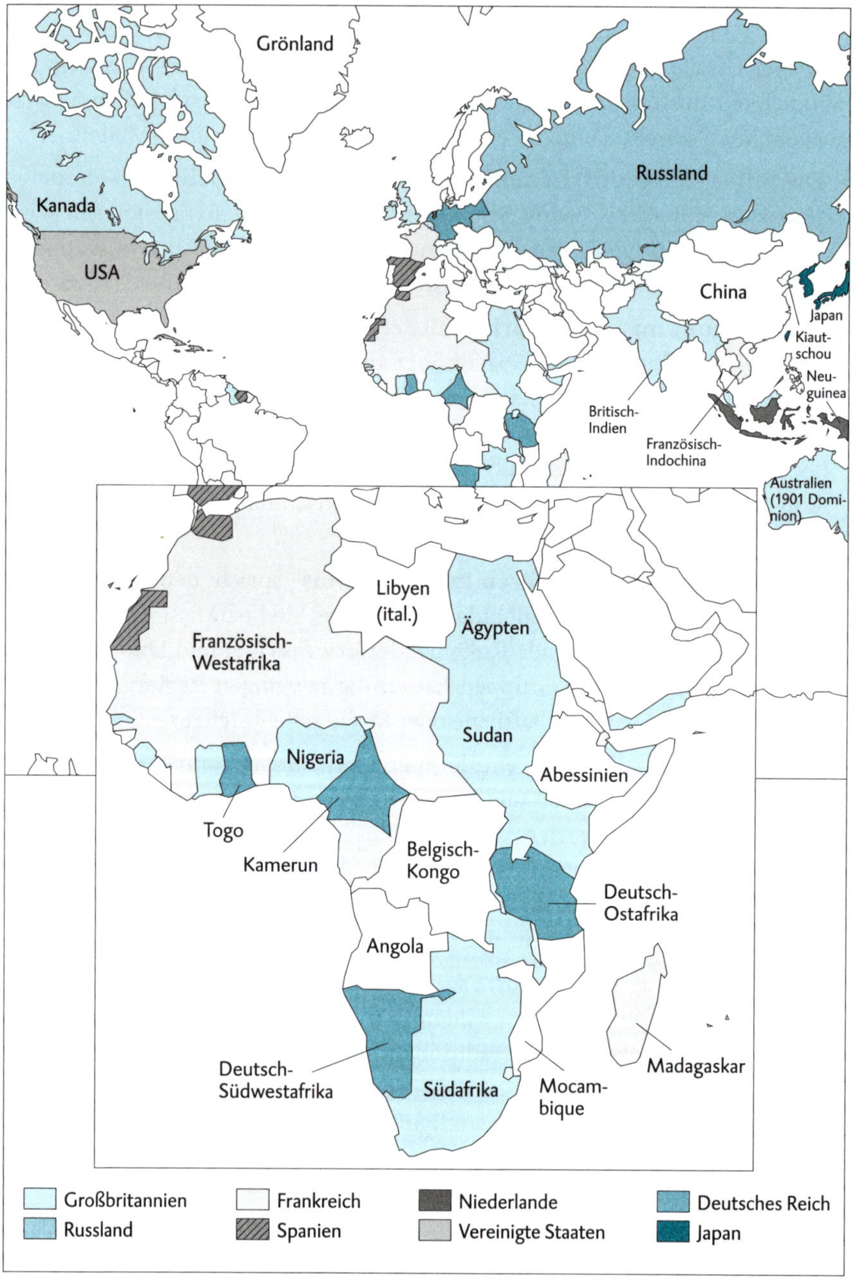

2 Die Großmächte im Zeitalter des Imperialismus

1832	Reformbill
1837–1901	Regierungszeit Queen Victorias
1848–1916	Regierungszeit Kaiser Franz Josephs I.
1853–1856	Krim-Krieg
1859–1869	Bau des Suez-Kanals
1861–1865	Amerikanischer Bürgerkrieg
8. 6. 1867	Österreichisch-Ungarischer Ausgleich (k .u. k Monarchie)
1871–1940	Dritte französische Republik
1881–1894	Regierungszeit Zar Alexanders III.
1891–1901	Bau der Transsibirischen Eisenbahn
1894–1917	Regierungszeit Zar Nikolaus' II.
1898	„Faschoda-Krise" zwischen Großbritannien und Frankreich; Amerikanisch-Spanischer Krieg
1904/05	Russisch-Japanischer Krieg
1904–1907	Herero- und Nama-Aufstände in Deutsch-Südwest-Afrika
8. 4. 1904	„Entente Cordiale" zwischen Großbritannien und Frankreich
1905/06	Erste Marokkokrise

Imperialistisches Vorgehen brauchte als notwendige Basis eine bereits weitgehend industrialisierte Wirtschaft, eine moderne Armee und neue technische Möglichkeiten. Die moderne Schifffahrt verband mit transkontinentalen Verkehrswegen entfernteste Gebiete der Welt, und neueste Nachrichtentechniken wie Telegrafen und Unterseekabel ermöglichten den ständigen Kontakt der Kolonisten zu ihren Heimatländern. Zwischen der rapiden industriellen Entwicklung und dem Kolonialismus bestand jedoch vor allem ein wirtschaftlicher Zusammenhang: Als Ergebnis der Industriellen Revolution brachte die zweite Hälfte des 19. Jahrhunderts den Industrieländern eine **Überkapazität an Produktionsmitteln**. Man suchte dafür in außereuropäischen Regionen Anlagemöglichkeiten. Auch schuf das Überangebot an Konsumgütern in den Industrieländern Absatzprobleme, die der Besitz von Kolonien vermindern sollte. Die rapide Bevölkerungszunahme in Europa verursachte einen wachsenden **Nahrungsmittelbedarf**, und es verknappten sich die vorhandenen **Siedlungsräume**. Die Kolonialmächte wollten dieses Problem durch den Erwerb außereuropäischer Territorien lösen. Dazu waren Ende des 19. Jahrhunderts die Großmächte Europas, die USA und Japan in der Lage. Die alten Großreiche China und das Osmanische Reich wurden aufgrund ihres wirtschaftlichen und gesellschaftlichen Entwicklungsrückstands zum Ziel der Machtpolitik und der Wirtschaftsinteressen der anderen Großmächte.

2.1 Großbritannien

Innere Entwicklung im 19. Jahrhundert

Großbritannien war die am frühesten industrialisierte Macht der Welt; entsprechend schnell wurde es bereits Anfang des 19. Jahrhunderts von den damit verbundenen sozialen Krisen getroffen – verstärkt durch ein immenses Bevölkerungswachstum.

Die innen- und verfassungspolitische Entwicklung verlief in der langen Regierungszeit **Queen Victorias** (1837–1901) trotz heftiger Krisen kontinuierlich hin zu einer immer stärkeren Gleichberechtigung aller Bevölkerungsgruppen und zu einer Parlamentarisierung der konstitutionellen Monarchie: Durch die wichtige **Reformbill von 1832** wurde das starre Wahlrecht zum Unterhaus liberalisiert, sodass sich aus der traditionellen Parlamentsaristokratie allmählich ein moderner Verfassungsstaat herausbilden konnte. Träger der politischen Auseinandersetzung waren die liberale und die konservative Partei (vorher Whigs und Tories). Die sozialistische Arbeiterbewegung (Chartismus) war dagegen weitgehend erfolglos; erst in der zweiten Hälfte des 19. Jahrhunderts gelang es den Gewerkschaften, die Situation der Arbeiter zu verbessern.

Ursachen und Motive des britischen Imperialismus

Die imperialistische Expansion Großbritanniens erklärt sich aus der dynamischen Industrialisierung und der Bevölkerungsentwicklung; der Imperialismus war eine Möglichkeit, innenpolitische Spannungen zu kanalisieren und nach außen abzuleiten **(Sozialimperialismus)**.

Im Zentrum des britischen Kolonialreichs stand **Britisch-Indien**, das die heutigen Staaten Pakistan, Indien und Burma umfasste und bis nach Malaysia reichte. 1877 nahm die britische Königin Victoria sogar den Titel „Kaiserin von Indien“ an. In **Afrika** kontrollierte Großbritannien um 1900 vor allem weite Teile Südafrikas, Kenia, Ägypten und den Sudan.

Zum britischen „Empire“ gehörten auch sogenannte Siedlungskolonien, die einen Teil des britischen Bevölkerungsüberschusses aufnahmen und die mit ihrer weitgehenden Autonomie im Inneren einen politischen Sonderstatus innehatten **(Dominions):** Kanada 1867, Australien 1901, Neuseeland und Neufundland 1907 und die Südafrikanische Union 1910.

Weitere Motivation bezog der britische Imperialismus aus den hohen Gewinnen, die v. a. Indien als Rohstoffbasis und Absatzmarkt abwarf, aber auch aus einem besonderen **puritanischen Sendungsbewusstsein**. Der Schriftsteller Rudyard Kipling („Das Dschungelbuch“) sprach von der „Bürde des weißen Mannes“, der die Aufgabe der „Zivilisierung“ auf sich nehmen müsse.

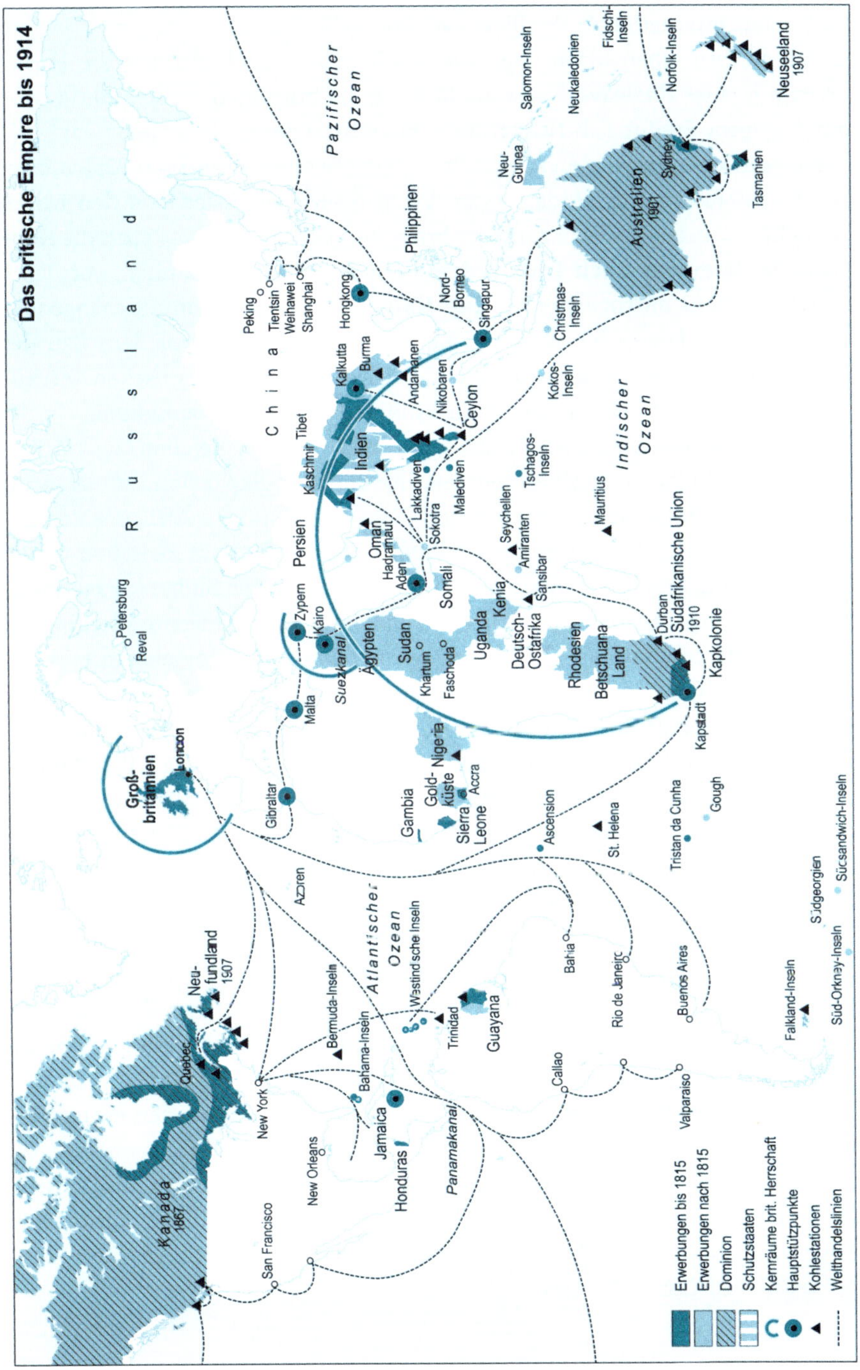
Das britische Empire bis 1914
R u s s l a n d
C h i n a
Pazifischer Ozean
Indischer Ozean
Atlantischer Ozean
Kanada 1867
Neufundland 1907
Quebec
New York
San Francisco
New Orleans
Bermuda-Inseln
Bahama-Inseln
Jamaica
Honduras
Panamakanal
Westindische Inseln
Trinidad
Guayana
Callao
Valparaiso
Rio de Janeiro
Buenos Aires
Bahia
Falkland-Inseln
Süd-Orkney-Inseln
Südgeorgien
Südsandwich-Inseln
Azoren
Großbritannien
London
Gibraltar
Malta
Zypern
Kairo
Suezkanal
Ägypten
Sudan
Khartum
Faschoda
Uganda
Kenia
Deutsch-Ostafrika
Rhodesien
Betschuana Land
Südafrikanische Union 1910
Durban
Kapkolonie
Kapstadt
Gambia
Sierra Leone
Goldküste
Accra
Nigeria
Ascension
St. Helena
Tristan da Cunha
Gough
Somali
Aden
Hadramaut
Oman
Sokotra
Persien
Kaschmir
Tibet
Indien
Kalkutta
Burma
Lakkadiven
Malediven
Ceylon
Andamanen
Nikobaren
Tschagos-Inseln
Seychellen
Amiranten
Sansibar
Mauritius
Petersburg
Reval
Peking
Tientsin
Weihawei
Shanghai
Hongkong
Philippinen
Nord-Borneo
Singapur
Christmas-Inseln
Kokos-Inseln
Neu-Guinea
Salomon-Inseln
Neukaledonien
Fidschi-Inseln
Norfolk-Inseln
Australien 1901
Sydney
Tasmanien
Neuseeland 1907
Erwerbungen bis 1815
Erwerbungen nach 1815
Dominion
Schutzstaaten
Kernräume brit. Herrschaft
Hauptstützpunkte
Kohlestationen
Welthandelslinien

Aufbau und internationale Konflikte des „Empire“

Stütze der britischen Macht war schon seit dem 17. Jahrhundert die Flotte: „Britannia rules the waves“ war die Maxime der britischen Außenpolitik, womit die eigene Stellung als **führende Seemacht** in der Welt gemeint war.

Die britischen Interessen stießen in Indien über den Pufferstaat Afghanistan auf die Interessen Russlands, dessen Vordringen nach Asien von den Briten befürchtet wurde. Zur Sicherung des britischen Besitzes gehörte auch die Kontrolle des **Seewegs nach Indien**. Um diese gewähren zu können, versuchte Großbritannien, die sogenannte **„Kap-Kairo-Linie“**, ein zusammenhängendes Gebiet von Südafrika bis Ägypten, zu beherrschen. Denn vor dem Bau des **Suez-Kanals** (1859–1869) verlief an den Küsten dieser afrikanischen Territorien die Schifffahrts-Route nach Indien mit den nötigen Stützpunkten.

Nach der Fertigstellung des Suez-Kanals mussten in der gleichen Logik Ägypten und der Sudan kontrolliert werden. Die britische Expansion traf dabei auf den Versuch Frankreichs, sich von der West- zur Ostküste Afrikas einen geschlossenen Herrschaftsbereich zu schaffen. Dieser Wettlauf zwischen Großbritannien und Frankreich hätte 1898 im Konflikt um den Sudan **(„Faschoda-Krise“)** fast zu einem Krieg geführt. Danach fanden diese Mächte allerdings in der **„Entente cordiale“** (1904) zu einem Ausgleich ihrer kolonialen Interessen.

Nach dem Bau des Suez-Kanals wurde auch das Mittelmeer Einflussgebiet der Briten, durch das der Seeweg zum Kanal verlief; bereits seit 1704 beherrschte Großbritannien durch die Spanien abgezwungene **Seefestung Gibraltar** den westlichen Zugang zum Mittelmeer. Den Zugang zum Schwarzen Meer durch die Dardanellen sollte weiterhin das Osmanische Reich kontrollieren, um Russland aus dem Mittelmeer fernzuhalten. In dieser Frage bestand ein ständiger Konflikt mit Russland, der schon im Krim-Krieg (1853–1856) eskaliert war.

Um sich den Rücken für ihr Kolonial-Engagement freizuhalten, verfolgten die britischen Regierungen traditionell die Leitlinie der **„balance of power“**. Damit war ein Gleichgewicht der Mächte auf dem europäischen Kontinent gemeint, das eine unmittelbare Gefahr für das Mutterland durch eine einzelne, zu starke Hegemonialmacht verhindern sollte.

Das Deutsche Reich schien nach 1900 mit seiner zunehmenden wirtschaftlichen Stärke und militärischen Aufrüstung, gerade in der Flottenpolitik, zu einer Hegemonialmacht zu werden. Großbritannien betrachtete deshalb Deutschland als Hauptproblem und suchte den Ausgleich mit den traditionellen Gegnern Frankreich und Russland. Für Deutschland bedeutete dies die außenpolitische Isolation in Europa.

2.2 Frankreich

Innere Entwicklung im 19. Jahrhundert

Die Geschichte der **Dritten Republik (1870–1940)** begann mit der Niederlage gegen Deutschland im Krieg von 1870/71 und der Niederschlagung des radikal-sozialistischen Kommune-Aufstands in Paris (30 000 Tote) durch den monarchistischen General de Mac Mahon. Der Gegensatz zwischen linken Republikanern und konservativ-bürgerlichen Monarchisten bestimmte mit wiederkehrenden Unruhen auch die folgende Entwicklung Frankreichs. Eine Restauration der Bourbonen-Monarchie scheiterte aber und die Republik konnte sich wie Großbritannien mithilfe einer sozialimperialistischen Politik der Kolonialexpansion stabilisieren.

Die **wirtschaftliche Entwicklung** Frankreichs war durch die weitgehende, sich aber aufgrund des Bevölkerungsstillstands abschwächende Industrialisierung bestimmt. Die französischen Sparer schufen für die Großbanken einen Kapitalstock, mit dem diese weltweit (Russland, Türkei, China) und in den eigenen Kolonien investierten. Frankreich wurde so zum „Bankier der Welt“ und nutzte seine finanzielle Stärke zur militärischen Aufrüstung in der Zeit vor dem Ersten Weltkrieg. Große Kapitaltransfers nach Russland für die dortige Industrialisierung und den Eisenbahnbau seit den 1890er-Jahren vertieften das neue Bündnis zu diesem Partner.

Das französische Kolonialreich

Frankreich versuchte, nach 1871 den als demütigend empfundenen Machtverlust vor allem durch eine verstärkte imperialistische Politik auszugleichen, und erwarb in kurzer Zeit ein riesiges Territorium **(„Empire français“)**. Die Schwerpunkte der Kolonialherrschaft lagen in **Nordafrika** (Algerien, Tunesien, später Marokko), **Westafrika** und **Indochina** (Vietnam, Kambodscha, Laos); dazu kamen viele einzelne über die ganze Welt verstreute Gebiete. Der Aufbau eines geschlossenen Herrschaftsgebiets in Afrika von West nach Ost gelang im Konflikt mit Großbritannien um den Sudan („Faschoda-Krise“ 1898) aber nicht.

Die Franzosen bauten die eigene Kolonialherrschaft durch eine direkte Verwaltung intensiv aus und sicherten diese **„formelle“ Herrschaft** durch eine Politik der kulturellen Durchdringung ab: Die Kolonialbevölkerung sollte die französische Sprache und Kultur übernehmen und dadurch zu Franzosen werden. Man wollte „so viele Frankreichs wie möglich schaffen!“ (Gabriel Hanotaux). Damit war auch das Ziel einer militärischen Rekrutierung der Kolonialbevölkerung verbunden, um die rückläufige Bevölkerungsentwicklung im Mutterland auszugleichen und Frankreichs Position im Konflikt mit Deutschland („Revanche“ für den Verlust Elsass-Lothringens) zu behaupten.

Seit der Regelung der Sudan-Frage 1899 zugunsten Großbritanniens bahnte sich ein Ausgleich der Kolonialkonflikte mit diesem traditionellen Konkurrenten an, der 1904 in der **„Entente Cordiale“** seinen Ausdruck fand. Diese zuerst lose Zusammenarbeit verstärkte sich in der Eindämmung der offensiven deutschen Außenpolitik bis 1914 zunehmend.

2.3 Das Deutsche Reich

Bismarck hatte lange Zeit Kolonialpläne aus Sorge um Interessenkonflikte mit Großbritannien oder Frankreich abgelehnt. Erst 1884 wurden private Erwerbungen in **Afrika** (Südwestafrika, Kamerun, Togo, Deutsch-Ostafrika) zu deutschen **„Schutzgebieten“**, also zu Bestandteilen des Deutschen Reiches, erklärt. Dieses Ausgreifen über Europa hinaus entsprach im Grunde nicht Bismarcks außenpolitischen Vorstellungen, dennoch ließ er sich von der Gunst der Stunde und möglicherweise von sozialimperialistischen Überlegungen verleiten, wenn auch ohne besonderes Engagement.

Bismarcks Nachfolger nutzten diese Anfänge zu einer forcierten, aggressiven **„Weltpolitik“:** Das afrikanische Kolonialreich wurde ausgebaut und in China und der Südsee um einige kleinere Gebiete erweitert. Die Kolonien dienten auch der Legitimation für eine intensive „Flottenpolitik“ und der Neudefinition der deutschen Stellung in der Welt. Die berühmte Forderung des späteren Reichskanzlers Bülow nach einem **„Platz an der Sonne“** bezeichnet dieses Programm: Es ging um die gleichberechtigte Stellung des Reichs als Weltmacht mit dem Anspruch auf Kolonien und eine starke Flotte. Dieses deutsche Konzept konnte anfangs durch Absprachen und Kooperationen in das internationale System integriert werden.

Der zunehmende Flottenbau und die Erschöpfung der Eroberungsmöglichkeiten lenkten die **imperialistische Aggression** allerdings nach 1904 (1. Marokkokrise, 1905/06) zurück nach Europa. Die deutsche Führung übersah, dass das Deutsche Reich – als stärkste europäische Militär- und Wirtschaftsmacht und als weltweit agierende Seemacht zugleich – eine kaum akzeptable Bedrohung für die europäischen Großmächte sein musste. Es folgten die **Isolierung des Deutschen Reiches** nach 1904 durch das Bündnissystem der „Entente Cordiale“ und dessen Verbindung mit Russland („Triple-Entente“).

Motive und Folgen der deutschen Kolonialpolitik

Folgenreich war die imperialistische Eroberung auch für die betroffenen Völker und Gebiete. Das Beispiel der deutschen Kolonialpolitik lässt die Hintergründe, Formen und Folgen von imperialistischem Vorgehen idealtypisch sichtbar werden. Hoffnung auf wirtschaftlichen Gewinn und Siedlungsmöglichkeiten gingen mit nationalistischem Sendungsbewusstsein sowie rassistischen und sozialdarwinistischen Denkformen einher. Dazu kamen die unmittelbaren Interessen der Siedler und Unternehmen in den Kolonien.

In der brutalen Niederschlagung der **Herero- und Nama-Aufstände** in **Südwestafrika** (1904–1907) kulminierte dieses Gemisch in einem regelrechten Vernichtungskrieg und „Rassenkampf" (General von Trotha), der sozialdarwinistische und rassistische Begriffe, Begründungen und Verhaltensweisen zeigte, die in direktem Zusammenhang mit dem späteren Nationalsozialismus stehen. Von den 80 000 Hereros überlebten nur 17 000 den deutschen Feldzug.

Die kritische Bewertung der kolonialen Projektion von Gewinn und Machterweiterung zeigt für das deutsche Beispiel darüber hinaus ein ernüchterndes Ergebnis: Insgesamt waren die Kolonien ein Verlustgeschäft: Sowohl der wirtschaftliche Nutzen als auch die Zahl der weißen Siedler waren faktisch bedeutungslos, gewaltig waren aber die Ausgaben für die Kolonialkriege und den Ausbau der Infrastruktur in den Kolonien. Die Verluste wurden sozialisiert, die Gewinne privatisiert; Gewinner waren einzelne Privatleute und Unternehmen.

Warum aber dann die große Bedeutung in der deutschen Außenpolitik? Kolonialpolitik war erstens ein **Prestige-Objekt der politischen Führung** um Wilhelm II., die sich die Stellung als Weltmacht ohne Kolonialreich nicht vorstellen konnte. Zweitens wurden Welt- und Kolonialpolitik zunehmend zu einem gesamtgesellschaftlichen Projekt, an dem gerade die bürgerlichen Kreise durch Mitgliedschaft in den entsprechenden Interessenverbänden (Deutsche Kolonialgesellschaft, Flottenverein, Wehrverein, Alldeutscher Verband) Anteil hatten. Die hohe Akzeptanz des imperialistischen Vorgehens in der Bevölkerung lässt den Wandel des gesellschaftlichen Bewusstseins seit dem 19. Jahrhundert erkennen: **Nationalismus** und **Militarismus** hatten die traditionellen liberalen Vorstellungen verdrängt. **Kolonial-Kritiker** waren in der Minderheit: Im politischen Bereich wurden die imperialistischen Auswüchse durch Linksliberale, Teile des Zentrums und die Sozialdemokratie kritisiert, gesellschaftlich durch einzelne Künstler und Intellektuelle.

2.4 Russland

Gesellschaftliche Krise

Russland wurde bis zur Revolution durch die weitgehend unbeschränkte Herrschaft der Zaren (1881–1894 Alexander III., 1894–1917 Nikolaus II.) geprägt. Ansätze einer Liberalisierung seit Mitte des 19. Jahrhunderts verpufften oder wirkten kontraproduktiv. So führte die Befreiung der Bauern aus der Grundherrschaft zu einer Verelendung oder Überschuldung der kleinen Bauern. Wirtschaftlich und politisch dominant blieben bis zur Revolution 1917 die adeligen Großgrundbesitzer. Das Hinterherhinken bei der Modernisierung der Gesellschaft war auch durch die **verspätete Industrialisierung Russlands** bedingt. So entstand nur ansatzweise ein politisch bedeutsames Bürgertum, und der unbegrenzte Kapitalismus nach 1890 ließ die sozialen Probleme in den Großstädten eskalieren.

Mit französischem Kapital („Revanchekapital“ als Affront gegen das Deutsche Reich) und durch Getreideexporte wurde die **Schwerindustrie** und der – auch strategisch bedeutsame – **Eisenbahnbau** finanziert: Berühmt ist der Bau der Transsibirischen Eisenbahn von Moskau nach Wladiwostok (1891–1901).

Die Folgen dieser politischen und wirtschaftlichen Entwicklung waren Hungersnöte auf dem Land sowie eine andauernde **revolutionäre Grundstimmung** bei den sozial vernachlässigten Arbeitern und intellektuellen bürgerlichen Eliten. Seit den 1870er-Jahren entwickelten sich marxistische und anarchistische Gruppen, die durch Terrorismus und die Bildung radikal-sozialistischer Parteien auf die innere Situation reagierten.

Schwere innere Unruhen nach der Niederlage gegen Japan 1905, als erste Russische Revolution bekannt, wurden brutal niedergeschlagen. Als Reaktion ließ der Zar zwar Ansätze einer Konstitutionalisierung der Verfassung zu (Einberufung der „Duma“, des russischen Parlaments, 1906–1917); diese waren aber wenig wirkungsvoll und änderten nichts an der explosiven Lage.

Imperialistische Außenpolitik

Die Zaren hatten seit Iwan IV. (1533–1584), dem Schrecklichen, Sibirien und Zentralasien unterworfen und das größte Kontinentalreich der Zeit gegründet, das im Osten bis an die Grenzen Chinas reichte **(„Kontinentalimperialismus“)**. Die politischen Eliten am Hof und in den Regierungen des Zaren tendierten in der zweiten Hälfte des 19. Jahrhunderts dazu, die gewaltigen inneren Spannungen in eine aggressive imperialistische Außenpolitik abzuleiten. Zentren der Expansion waren **China, Zentralasien** und der **Balkan**.

Um 1900 versuchte Russland, in Ostasien seinen Einfluss auf das nördliche China auszubauen. Als Basis dafür diente der **Bau der Transsibirischen Eisenbahn** von Moskau zum eisfreien Pazifik-Hafen Wladiwostok, die die asiatischen Gebiete Russlands wirtschaftlich und militärisch erschloss. Aufgrund seiner China-Politik geriet Russland in einen Konflikt mit der aufstrebenden asiatischen Industriemacht Japan und erlitt im **russisch-japanischen Krieg** von 1904/05 eine schwere Niederlage. In der Folgezeit konzentrierte sich Russland wieder auf seine zweite Stoßrichtung, den Balkan.

In Asien und im Mittelmeerraum wollte Großbritannien verhindern, dass Russland sich den ungehinderten Zugang zum Mittelmeer durch die türkischen Meerengen sichern und mit seiner Schwarzmeer-Flotte global agieren konnte.

Panslawismus

Als Legitimation der imperialistischen Politik Russlands diente der Panslawismus, dessen Ziel die religiöse, kulturelle und politische Einheit aller griechisch-orthodoxen und slawischen Völker Europas war. Diese Vorstellung beinhaltete den Glauben an die **Überlegenheit der russischen Kultur** und führte zum Versuch, die slawischen Nationen in Ost- und Südosteuropa unter Führung Moskaus, dem **„Dritten Rom“** (nach Rom und Konstantinopel), politisch und kulturell zu einigen. Panslawistisch motiviert war auch die Unterstützung des slawischen und griechisch-orthodox geprägten Königreichs Serbien gegen die österreichisch-ungarische Expansion auf dem Balkan.

2.5 Österreich-Ungarn

Innere Krise des Vielvölkerstaates

Der politische Ausgleich zwischen Österreich und Ungarn 1867 leitete die Phase der k. u. k. Doppelmonarchie ein (bis 1918). Sie wurde von zwei Hauptproblemen geprägt: dem **Nationalitätenkonflikt** innerhalb des Vielvölkerstaates und der **Reformunfähigkeit** der Monarchie.

Ein Grund für die Reformunfähigkeit war die lange Regierungszeit Kaiser Franz Josephs I. (1848–1916). Hinzu kam aber auch die Blockade von Verfassungsreformen und parlamentarischer Realpolitik durch die nationalen Interessengegensätze (Deutsche, Ungarn, Tschechen, Polen, Serbo-Kroaten, Rumänen, Ruthenen, Slowaken, Italiener) im „Vielvölkerstaat“ sowie durch nationalistische tschechische und deutsch-nationale Gruppen.

Seit 1907 verstärkte das allgemeine Wahlrecht zum Reichsrat die Repräsentanz aller Bevölkerungsgruppen, machte das Parlament dadurch aber auch handlungsunfähig. Die Reaktion auf die latente Krise war die fast absolutistische Führung der kaiserlichen Regierungen und der Verwaltung mit einem „Fortwursteln“ durch Verfassungskonflikt und innenpolitische Blockade, gestützt auf die Macht von Polizei und Armee. Ähnlich wie in Deutschland trug ein unausgesprochenes Bündnis aus altem Adel und neu entstandenem industriellem Großbürgertum diese Politik. Auf der anderen Seite entstand eine starke, revolutionär ausgerichtete sozialistische Bewegung in den Wirtschaftszentren.

Das Hauptproblem des Nationalitätenkonflikts war die **offene „Slawenfrage“**, d. h. die Frage, in welcher Form die Slawen als dritte große Gruppe (neben Deutschen und Ungarn) im Reich politisch vertreten sein sollten. Die tschechischen Nationalisten strebten die völlige Unabhängigkeit von Österreich-Ungarn an, die sie schließlich nach dem Ersten Weltkrieg im Vertrag von St. Germain-en-Laye (1919) erreichten. Der österreichische Thronfolger Erzherzog Franz Ferdinand versuchte das Problem vor dem Ersten Weltkrieg durch den sog. **„Trias-Plan"** zu klären, der einen eigenständigen slawischen Reichsteil vorsah, um die Monarchie als Ganzes zu stabilisieren; dieser Plan wurde durch die Ermordung Franz Ferdinands in Sarajewo 1914 zunichtegemacht.

Wirtschaftliche Entwicklung

Auch in Österreich-Ungarn wurde die wirtschaftliche Entwicklung von der durchgreifenden **Industrialisierung** und ökonomischen Modernisierung mit den Zentren Wien, Prag und Budapest geprägt. Große **Wanderungsbewegungen** in die neuen Ballungsräume aus dem gesamten Reichsgebiet waren die Folge. Ein wichtiger zusätzlicher Aspekt war die jüdische Einwanderung aus Osteuropa aufgrund der dort stattfindenden antisemitischen Pogrome und Diskriminierungen. In den Ballungsräumen des Reiches entstand ein **„Völkergemisch"**, das als Gegenreaktion Antisemitismus und aggressiven Nationalismus förderte und unter anderem auch den jungen Hitler beeinflusste.

Außenpolitische Entwicklung

Das Zentrum der österreichischen Außenpolitik war seit der Niederlage gegen Preußen (1866) die **Expansion auf dem Balkan**, die durch den allmählichen Rückzug des Osmanischen Reichs aus dieser Region ermöglicht wurde. Im Gegenzug entstanden Konflikte mit dem 1878 gegründeten Königreich Serbien um den Einfluss auf die serbische Bevölkerung im österreichischen Kroatien und in dem seit 1878 besetzten und 1908 annektierten Bosnien-Herzegowina.

Nach 1890 entwickelte sich zudem auf dem Balkan ein schwerer Konflikt mit Russland, das Serbien stützte und unter dem Vorzeichen des „Panslawismus" seine kulturelle und politische Vorherrschaft über die slawischen Nationen aufbauen wollte.

2.6 Japan

Japan hatte bis zur Mitte des 19. Jahrhunderts unter der Herrschaft der Shogun (Generäle) in strenger Isolation von der restlichen Welt gelebt. 1853 erzwangen US-Kriegsschiffe eine Öffnung der japanischen Häfen für den Welthandel. Diesem Schock folgte die Errichtung eines **konstitutionellen Kaisertums**, das den Staat (Verwaltung, Bildung, Wirtschaft) schnell nach westlichen Vorbildern modernisierte und industrialisierte; die religiösen und kulturellen Hemmnisse des alten Japans wurden dabei gekappt.

Die neue Stärke nutzend griff Japan 1894 erstmals militärisch in China ein und erzwang 1895 die **Abtretung Taiwans**, der mandschurischen Halbinsel **Liaotung** und die Unabhängigkeit **Koreas**. Später fiel Liaotung an Russland, das dort 1898 seinen Flottenstützpunkt Port Arthur errichtete. Zur ersten großen Auseinandersetzung zweier Kolonialmächte um China kam es mit dem **russisch-japanischen Krieg** von 1904/05. Der durch amerikanische Vermittlung geschlossene Frieden von Portsmouth zwang Russland, Port Arthur und das südliche Sachalin an Japan abzutreten, die Mandschurei aufzugeben und die japanischen Interessen in Korea anzuerkennen.

2.7 USA

Auch die Vereinigten Staaten hatten nach der Erlangung ihrer Unabhängigkeit (1776) durch Krieg, Kauf und Kolonisation mithilfe einer gewaltigen Einwanderungswelle aus Europa im 19. Jahrhundert die heutige Ausdehnung erreicht. Im Inneren mündeten die großen politischen Konflikte zwischen dem industrialisierten Norden und dem durch Plantagenwirtschaft geprägten Süden der USA in den **amerikanischen Bürgerkrieg** (1861–1865), der mit dem Sieg des Nordens und der endgültigen Abschaffung der Sklaverei endete. Danach verlagerten sich die Energien des Landes auf die Erschließung des Westens und Südwestens Nordamerikas auf Kosten der indianischen Urbevölkerung und Mexikos. Dieses Vordringen verschaffte den USA eine landwirtschaftlich erfolgreiche kontinentale Basis und der ungehinderte Kapitalismus der USA schuf eine große wirtschaftliche Dynamik; auch sie erklärt das baldige imperialistische Ausgreifen der USA über die eigenen Grenzen hinaus.

Die USA erweiterten in einem Krieg gegen Spanien (1898) ihre Einfluss-Sphäre durch koloniale Eroberungen in der **Karibik** und im **Pazifik** (z. B. Guam, Puerto Rico, Hawaii, Philippinen). In Asien erzwangen die USA in der zweiten Hälfte des 19. Jahrhunderts – teilweise im Zusammenspiel mit den europäischen Kolonialmächten – die wirtschaftliche Öffnung und Durchdringung **Chinas**. In **Kuba** sowie in **Mittel- und Südamerika** übten die USA indirekten Einfluss durch ihren **„Dollar-Imperialismus“** aus, d. h., US-Unternehmen beherrschten diese Staaten wirtschaftlich („Wirtschaftsimperialismus“); bei einer Gefährdung von deren Interessen intervenierten die USA militärisch. Die Außenpolitik folgte auf beiden amerikanischen Kontinenten der **„Monroe-Doktrin“** (1823), die sich mit dem Motto „Amerika den Amerikanern“ gegen den europäischen Einfluss in Nord- und Südamerika wandte.

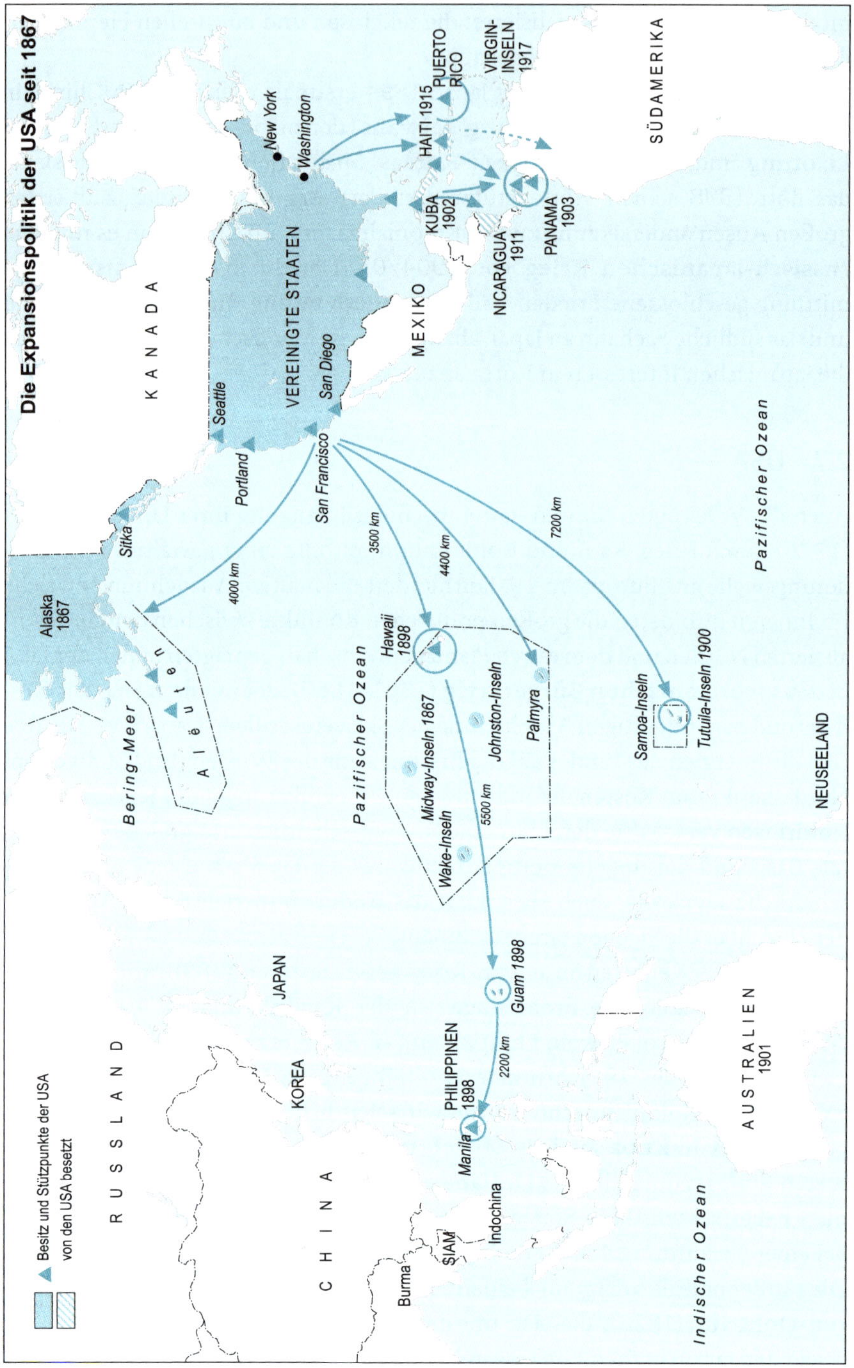

Die Expansionspolitik der USA seit 1867
Besitz und Stützpunkte der USA
von den USA besetzt
K A N A D A
VEREINIGTE STAATEN
New York
Washington
Seattle
Portland
San Francisco
San Diego
Sitka
Alaska 1867
Bering-Meer
A l ë u t e n
M E X I K O
KUBA 1902
HAITI 1915
PUERTO RICO
VIRGIN-INSELN 1917
NICARAGUA 1911
PANAMA 1903
S Ü D A M E R I K A
P a z i f i s c h e r O z e a n
Hawaii 1898
Midway-Inseln 1867
Johnston-Inseln
Palmyra
Wake-Inseln
Samoa-Inseln
Tutuila-Inseln 1900
NEUSEELAND
4000 km
3500 km
4400 km
7200 km
5500 km
2200 km
Guam 1898
PHILIPPINEN 1898
Manila
JAPAN
KOREA
R U S S L A N D
C H I N A
Indochina
SIAM
Burma
A U S T R A L I E N 1901
I n d i s c h e r O z e a n
P a z i f i s c h e r O z e a n

3 Die Auswirkungen des Imperialismus auf China und das Osmanische Reich

1839–1842	Erster Opiumkrieg zwischen Großbritannien und China
1878	Berliner Kongress: Neuordnung des Balkans
1894/95	Erster japanisch-chinesischer Krieg
1900	Boxeraufstand in China
1905	Gründung einer Nationalen Volkspartei (Kuomintang) in China
1911/12	Revolution der „Jungchinesen"
1912/13	Balkankriege
1937–1945	Chinesisch-Japanischer Krieg
1941	Pazifikkrieg zwischen USA und Japan
1949	Ausrufung der „Volksrepublik China" durch Mao Tse-Tung

Eine besondere Form der imperialistischen Politik war die langfristige wirtschaftliche Durchdringung der Großreiche in China und im Nahen Osten (Osmanisches Reich) durch die industrialisierten Mächte. Dieses Vorgehen hat in diesen Regionen bis heute tiefe Spuren hinterlassen, die sich vor allem in der Sichtweise dieser Kulturen auf den Westen erhalten haben.

3.1 China

Die westliche Expansion nach China

Das „Reich der Mitte" geriet schon seit Anfang des 19. Jahrhunderts in das Blickfeld der expandierenden Staaten. Ausgangspunkt der westlichen Expansion nach China war der **„Opiumkrieg"** (1839–1842), in dem Großbritannien China zur Öffnung seiner Märkte und insbesondere zur Duldung des Opiumhandels zwang, den britische Kaufleute mit großem Gewinn betrieben. China wurde nach seiner Niederlage in **„ungleichen Verträgen"** dazu genötigt

- Territorien in Pacht abzutreten (z. B. 1842 Hongkong, 1898 das deutsche Kiautschou/Tsingtau),
- sich für den westlichen Handel zu öffnen,
- ausländischen Handelsstützpunkten in China Exterritorialität zuzugestehen,
- den eigenen Zoll von Ausländern verwalten zu lassen und zu begrenzen, um Importe aus den Industrieländern zu erleichtern,
- den Ausländern in China eine eigene Gerichtsbarkeit zu gewähren,
- das wirtschaftlich bedeutende Jangtsebecken für den ausländischen Handel unbeschränkt zu öffnen
- und die christliche Mission zu erlauben.

Im Norden (Russland), an der Pazifikküste (Japan, Großbritannien) und im Süden (Frankreich) kontrollierten die ausländischen Mächte größere Gebiete; Korea und Formosa (Taiwan) gingen an Japan (Frieden von Shimonoseki 1895) verloren; dies empfanden die Chinesen als besonderen Gesichtsverlust, denn Japan hatte das erste Mal die bis dahin dominierende Nation Asiens besiegt.

Zahlreiche chinesische Aufstände gegen die Fremden, v. a. 1900 der **„Boxeraufstand“**, wurden brutal niedergeschlagen und weitere Privilegien für die ausländischen Mächte erzwungen. 1901 einigten sich diese auf eine **„Politik der offenen Tür“**, die bei der Wahrung der territorialen Integrität Chinas die ungehinderte wirtschaftliche Durchdringung ermöglichte: Billige Produkte aus dem Westen zerstörten nun vollends Handwerk und Gewerbe in China, der Lebensstandard sank, in den rasch wachsenden Hafenstädten entstand ein Proletariat.

Die Zentralregierung in Peking wurde zum Handlanger des ausländischen Kapitals degradiert, sie musste für Rechtssicherheit sorgen und für die Erfüllung der Vertragsbedingungen mit den Industriemächten geradestehen. Für die Erschließung des Landes wurden China hochverzinste Anleihen bei westlichen Geldgebern aufgedrängt, die bei diesen zu hohen Gewinnen führten, den chinesischen Staatshaushalt bis zum Beginn des japanischen Vordringens auf dem chinesischen Festland 1931 jedoch stark belasteten (Gründung des japanischen Vasallenstaats „Mandschukuo“ 1932).

Innenpolitische Entwicklung Chinas

Die Schwäche der kaiserlich-chinesischen **Zentralregierung** führte zu einer **Delegitimierung** ihrer Herrschaft, stieß aber auch die Abkehr vom traditionellen Konfuzianismus und die Industrialisierung Chinas an.

1905 gründete Sun Yat-Sen (1866–1925) eine Nationale Volkspartei (Kuomintang), die sich der nationalen Unabhängigkeit, Demokratisierung und wirtschaftlichen Wohlfahrt verpflichtete und insbesondere unter der westlich gebildeten Jugend aus den Missionsschulen ihre Anhängerschaft fand. 1911/12 beendete die **Revolution der „Jungchinesen“** die 3 000-jährige chinesische Monarchie. Sun Yat-Sen rief in Nanking die Republik aus, musste aber dem Militär die Reichsführung überlassen, um die Einheit Chinas nicht zu gefährden. Dennoch erklärten sich die Mongolei und Tibet für unabhängig. Die Provinzen wurden unter lokalen Machthabern weitgehend selbstständig, was in den 1920er-Jahren zur Herrschaft sogenannter **„Warlords“** in Nordchina führte. Westliche Vorrechte blieben bis zum Chinesisch-Japanischen Krieg 1937 erhalten. In den 1920er-Jahren gelang der Kuomintang unter Sun Yat-Sen und seinem Nachfolger Tschiang Kai-Schek (1887–1975) die Wiedererrichtung der Zentralherrschaft.

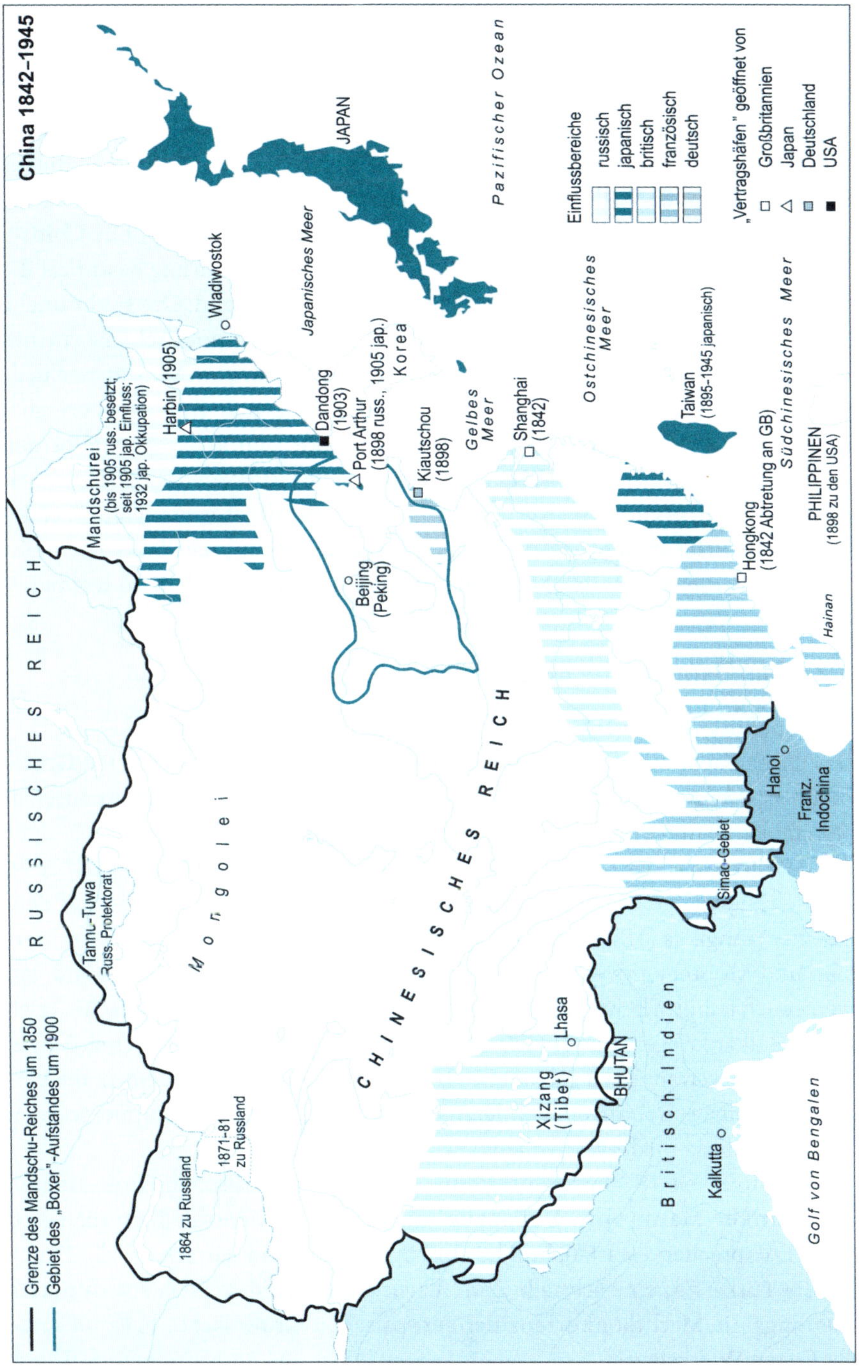
China 1842–1945
Grenze des Mandschu-Reiches um 1350
Gebiet des „Boxer"-Aufstandes um 1900
Einflussbereiche
russisch
japanisch
britisch
französisch
deutsch
„Vertragshäfen" geöffnet von
Großbritannien
Japan
Deutschland
USA
RUSSISCHES REICH
CHINESISCHES REICH
Mongolei
Mandschurei
(bis 1905 russ. besetzt;
seit 1905 jap. Einfluss;
1932 jap. Okkupation)
Harbin (1905)
Wladiwostok
Dandong
(1903)
Port Arthur
(1898 russ., 1905 jap.)
Korea
Kiautschou
(1898)
Beijing
(Peking)
Shanghai
(1842)
Taiwan
(1895-1945 japanisch)
Hongkong
(1842 Abtretung an GB)
PHILIPPINEN
(1898 zu den USA)
Hainan
Hanoi
Franz.
Indochina
Simao-Gebiet
Tannu-Tuwa
Russ. Protektorat
1864 zu Russland
1871–81
zu Russland
Xizang
(Tibet)
Lhasa
BHUTAN
Britisch-Indien
Kalkutta
Golf von Bengalen
JAPAN
Japanisches Meer
Gelbes Meer
Ostchinesisches Meer
Südchinesisches Meer
Pazifischer Ozean

Neben der Kuomintang bildete sich die Kommunistische Partei Chinas, was seit 1927 zu einem langen Bürgerkrieg – mit einer Unterbrechung während des Kriegs gegen Japan (1937–1945) – zwischen den beiden chinesischen Machtgruppen führte. Diesen Bürgerkrieg gewannen letztlich 1949 die Kommunisten unter der Führung **Mao Tse-Tungs** (1893–1976) und riefen 1949 die bis heute bestehende **„Volksrepublik China“** aus; die Reste der Kuomintang zogen sich auf die Insel Taiwan zurück und gründeten dort die „Republik China“.

Die als kollektives Trauma erlebte imperialistische Ausbeutung bestimmt die heutige Außenpolitik der Volksrepublik China entscheidend: Das traditionelle Selbstbild vom „Reich der Mitte“ als dem kulturellen und politischen Zentrum der Welt wurde zerstört und das Verhältnis zu Japan und zum Westen nachhaltig belastet. Unterschwellig wirken die negativen Erfahrungen als leicht erregbares Nationalbewusstsein weiter, das nach den modernen Wirtschaftsreformen entscheidender Teil der chinesischen Staatsideologie geworden ist. Die Demütigungen der imperialistischen Ära erklären auch, warum es vorrangiges Ziel der seit 1978 betriebenen Modernisierung Chinas ist, die nationale Stärke zu mehren und zu einer führenden Macht in Weltpolitik und -wirtschaft zu werden.

3.2 Das Osmanische Reich (Türkei)

Außenpolitische Entwicklung

Das Osmanische Reich war noch in der Mitte des 19. Jahrhunderts eine **Großmacht** mit einem Herrschaftsgebiet, das sich von Bosnien bis zur Arabischen See erstreckte und den gesamten Nahen Osten umfasste.

Die Herrschaft des Osmanischen Reiches auf dem **Balkan** begann 1877/78 mit der Niederlage gegen Russland und der Neuordnung des Balkan auf dem Berliner Kongress (1878) stark zu bröckeln: Die Balkanstaaten Rumänien, Serbien und Montenegro wurden selbstständig, Bulgarien wurde selbstständiges, wenn auch tributpflichtiges Fürstentum. 1912/13 verlor das Osmanische Reich in den Balkankriegen bis auf Ostthrazien endgültig seinen europäischen Besitz. Autonomiebestrebungen gab es auch bei den Arabern und Armeniern; die Unabhängigkeitsbestrebungen der letztgenannten Bevölkerungsgruppe wurden allerdings blutig niedergeschlagen.

Spätestens seit 1878 wurde die Türkei von den europäischen Großmächten als **„kranker Mann vom Bosporus“** angesehen, um dessen Erbe man sich stritt. Entsprechend stark nahm der außenpolitische und wirtschaftliche Druck auf die Türkei zu; eine schnelle Zerschlagung des Vielvölkerstaats verhinderte allerdings die Machtkonkurrenz der europäischen Großmächte bis zum Ende des Ersten Weltkrieges.

Innenpolitische Entwicklung

Das Osmanische Reich mit dem Sultan, zugleich weltlicher und religiöser Führer, an der Spitze hatte sich bereits seit Mitte des 19. Jahrhunderts im Inneren den europäischen Verfassungsstaaten angenähert: Zu nennen sind hier elementare Bürgerrechte (1839), das Wahlrecht für regionale und kommunale Körperschaften (1868) und eine Verfassung (1876). Die Reform des Rechtswesens seit 1890 erhielt ein Nebeneinander von weltlichem und islamischem Recht.

Dennoch organisierte sich seit der Auflösung des neuen Parlaments durch den Sultan 1878 eine „jungtürkische", liberal-westliche, aber auch nationalistische Bewegung, die nach den inneren Unruhen seit 1908 zur stärksten politischen Kraft wurde. Ihre **Türkisierungspolitik** gegenüber den Minderheiten führte zur endgültigen Abspaltung der Bulgaren in den Balkankriegen, im Verlauf des Ersten Weltkriegs zum Völkermord an den Armeniern und zum Überlaufen der arabischen Stämme auf die englische Seite.

Wirtschaftliche Entwicklung

In die Mühlsteine des europäischen Wirtschaftsimperialismus geriet das Osmanische Reich durch einen **Staatsbankrott** 1876. Es folgte die Ausgabe von ruinösen (hochverzinsten) Staatsanleihen an westliche Gläubiger mit der Verpfändung von großen Teilen des Steueraufkommens. Zur Absicherung leiteten internationale Gremien die Staatsschuldenverwaltung und Teile des Zollwesens; zudem hemmten umfangreiche Handels- und Niederlassungsrechte für europäische Unternehmen die wirtschaftliche Entwicklung des Landes. Wie in China investierten westliche Unternehmen mit großen Gewinnen in Eisenbahnbau und Rohstoffindustrie; deutsche Unternehmen engagierten sich etwa seit 1888 beim Bau der berühmten **Bagdadbahn**, die das nahöstliche Herrschaftsgebiet der Türkei erschloss.

Ähnlich wie in China folgte der wirtschaftlichen Durchdringung der Türkei eine **nationale Gegenbewegung (der Jungtürken)**, die nach dem Ersten Weltkrieg zur Gründung der modernen Türkei führte. In den arabischen Herrschaftsgebieten bewirkte der westliche Zugriff zusammen mit den Kolonialisierungsversuchen der Engländer (Völkerbundsmandate Mesopotamien, Palästina) und Franzosen (Mandat Syrien) nach dem Ersten Weltkrieg eine Ablehnung des westlichen Einflusses und eine **Islamisierungsbewegung**. Sie fand in der fundamentalistischen (streng religiöse Richtung der Wahabiten-Sekte) Ausrichtung des Königreiches Saudi-Arabien (seit 1932) ihr Zentrum. Antiwestliche und antimoderne Reaktionen gehörten aber schon seit der Zeit des Imperialismus zu den politischen und kulturellen Konstanten im Nahen Osten und in der arabischen Welt.

Aufgabe 24 Skizzieren Sie die besondere Rolle der einzelnen imperialistischen Mächte.

Aufgabe 25 Beschreiben Sie die Konflikte zwischen den imperialistischen Mächten.

Aufgabe 26 Erläutern Sie am Beispiel Chinas die Folgen der imperialistischen Politik für die betroffenen Staaten.

Aufgabe 27 (materialgestützt)

a) Erarbeiten Sie aus dem Text (M 1), wie der Verfasser die deutsche Kolonialgeschichte Südwestafrikas (Namibia) beurteilt.

b) Die Quelle spiegelt die Bewusstseinslage des „kleinen Mannes" wider: Erläutern Sie, welche imperialistischen Denkweisen sich Lenssen zu eigen machte.

M 1: H.E. Lenssen: Chronik von Deutsch-Südwestafrika

Der Text ist das Nachwort von H.E. Lenssen (1874–1953) zu seiner erstmals 1953 erschienenen „Chronik von Deutsch-Südwestafrika 1883–1915". Lenssen kam als 24-Jähriger 1898 in die deutsche Kolonie „Deutsch-Südwestafrika" (dem seit 1990 unabhängigen Namibia). Er kämpfte bei der Niederschlagung der Aufstände der afrikanischen Stämme gegen die deutsche Kolonialherrschaft (1904–1907) und im Ersten Weltkrieg in der deutschen Kolonialarmee („Schutztruppe") und war Zeuge der deutschen Kapitulation vor den südafrikanisch-britischen Truppen 1915, mit der er seine Chronik beschließt. Lenssen lebte bis zu seinem Tod als Farmer im südafrikanisch verwalteten Südwestafrika; seine beiden Söhne fielen als Freiwillige der deutschen Wehrmacht im Zweiten Weltkrieg in Europa.

Mit dem Abschluß dieses Feldzuges gegen das friedliche Land, dem Ausgang des Weltkrieges in Europa und dem folgenden Versailler Diktat wurde Deutschlands aufbauende, wirklich kultivierende und zivilisierende Kolonialtätigkeit des kurzen Zeitraumes von 33 Jahren gewaltsam beendet. Deutsch-Südwestafrika, durch Landkaufsverträge ehrlich erworben, vorbildlich in fleißiger, kostspieliger und schwerer Arbeit entwickelt, gedüngt mit dem Blut derer, die den Einsatz für Frieden, Recht und Ordnung mit dem Leben bezahlten, dies schon so musterhaft angelegte Kulturland, fiel nun dem Eroberer als reife Frucht in den Schoß. Welch trauriges Zeugnis für den Geist der damaligen Zeit, in der hier in Afrika der eine Weiße dem anderen etwas wegnehmen zu dürfen glaubte!

Aber auch welch ein Zeugnis bester menschlicher Werte, wenn diese Handvoll Waffenträger der angeblich über achtzehnfachen Übermacht länger als ein Jahr standhielt! Die Zeichen der Tapferkeit, Kühnheit, Unerschrockenheit und Ausdauer sind dieser, der deutschen Geschichtsperiode Südwestafrikas unauslöschlich eingebrannt. Möge dieser Geist für immer in unserem geliebten Lande weiterleben!

H. E. Lenssen: Chronik von Deutsch-Südwestafrika. Verlag der Namibia Wissenschaftlichen Gesellschaft, Windhoek 1994 (4. Auflage), S. 251

c) Die Karikatur (M 2) erschien im Juli 1884. Überprüfen Sie, inwieweit sie die Außenpolitik Bismarcks bis zu diesem Zeitpunkt richtig charakterisiert.

M 2: Karikatur aus der Zeitschrift „Kladderadatsch“ von 1884

Der Erste Weltkrieg

Der Erste Weltkrieg begann am 28. Juli 1914 mit der Kriegserklärung Österreich-Ungarns an Serbien und endete am 11. November 1918 mit dem Waffenstillstand zwischen Deutschland und den alliierten Siegermächten Frankreich, Großbritannien und den USA, die mit dem Großteil der restlichen Welt (v. a. Italien, Rumänien, Serbien, Japan) verbündet waren. Russland hatte bereits 1918 den Separatfrieden von Brest-Litowsk mit den „Mittelmächten" Deutschland und Österreich-Ungarn (Verbündete: Bulgarien, Türkei) geschlossen, der aber im Friedensvertrag von Versailles annulliert wurde.

Der Erste Weltkrieg stellt eine bedeutende Zäsur in der Weltgeschichte dar:

- In der **„Urkatastrophe" Europas** schwächten sich die Großmächte gegenseitig, die europäische Dominanz in der Welt begann zu bröckeln. Die „Flügelmächte" Europas, die 1917 entstandene „Russische Sowjetrepublik" und die USA, betraten jetzt mit Macht die weltpolitische Bühne und wurden in den folgenden Jahrzehnten zu *den* Weltmächten der zweiten Hälfte des 20. Jahrhunderts.
- Folgenreich waren auch die innenpolitischen und gesellschaftlichen Wirkungen des Krieges in Europa: Er zerstörte die aristokratisch-großbürgerliche Ordnung der Vorkriegszeit mit ihren starren, aber stabilen Normen; in Deutschland, Österreich-Ungarn und Russland stürzten die Monarchien; sie hatten in der Niederlage und durch die massiven Belastungen der Bevölkerung ihre Herrschaftslegitimation verloren. Aus dem politischen und moralischen **Zusammenbruch der alten Ordnung** entstanden radikale Alternativen: der russische Sowjetkommunismus, der italienische Faschismus und der deutsche Nationalsozialismus. Daraus entwickelte sich ein ideologischer Gegensatz, der die europäische und die Weltgeschichte bis zum endgültigen Zusammenbruch der Sowjetunion 1991 bestimmte.
- Der Erste Weltkrieg war der **erste technisierte und „industrialisierte" Krieg**. Eingesetzt wurden Millionenheere mit modernen Waffen wie Panzern, schwerer Artillerie, Flugzeugen, U-Booten, Maschinengewehren und Giftgas. So entstand eine „Materialschlacht" mit hohen Menschenverlusten.
- Auch die **Zivilbevölkerung** der beteiligten Länder war direkt betroffen: durch die Zerstörungen im Kriegsgebiet, die Zwangsverpflichtung von Arbeitskräften in der Kriegswirtschaft, aber auch durch den deutschen U-Boot-Krieg und die britische Seeblockade, die v. a. bei den Mittelmächten zu schweren Hungerkrisen und Hunderttausenden von Hungertoten führten. Man spricht deshalb auch vom ersten **„totalen Krieg"** der Geschichte.

1 Die Julikrise 1914

28.6.1914	Tödliches Attentat auf den Thronfolger Franz Ferdinand und seine Frau in Sarajewo
5.7.1914	Zusicherung der uneingeschränkten Bündnistreue Deutschlands gegenüber Österreich-Ungarn („Blankoscheck")
23.7.1914	Ultimatum Österreich-Ungarns an Serbien
25.7.1914	Teilmobilmachung Österreich-Ungarns; Abbruch der diplomatischen Beziehungen zu Serbien
28.7.1914	Kriegserklärung Österreich-Ungarns an Serbien
30.7.1914	Russische Gesamtmobilmachung
1./3.8.1914	Kriegserklärung Deutschlands an Russland und Frankreich
4.8.1914	Kriegserklärung Großbritanniens an Deutschland

Als am 28. Juni 1914 die Schüsse eines serbischen Nationalisten den österreichischen Thronfolger **Franz Ferdinand** in Sarajewo töteten, war die österreichische Regierung fest davon überzeugt, dass die serbische Regierung für den Anschlag verantwortlich sei. Die Gelegenheit erschien günstig, zunächst durch einen regional begrenzten Krieg Serbien auszuschalten. Die deutsche Regierung versicherte am 5. Juli dem Bündnispartner ihre Vertragstreue, was von der Geschichtswissenschaft als **„Blankoscheck"**, als eine Rückendeckung bei allen künftigen Maßnahmen, auch für den Angriffsfall, gesehen wird. Das Deutsche Reich unternahm in den kommenden Tagen keinen Versuch, seinen Verbündeten zur Mäßigung aufzufordern und in diesem Konflikt zu vermitteln.

Die serbische Regierung nahm ein österreichisches Ultimatum vom 23. Juli, das einen Verzicht auf wesentliche Souveränitätsrechte bedeutete, wider Erwarten an. Sie bat allerdings um eine Verlängerung der 48-Stunden-Frist, die von österreichischer Seite abgelehnt wurde. Daraufhin begann die serbische Mobilmachung – der erste Schritt in der Kette der **Kriegsvorbereitungen**, die alle Mächte durch die Bündnisvereinbarungen für gerechtfertigt hielten.

Auf die österreichische Teilmobilisierung am 25. Juli antwortete Russland – in Erfüllung seiner Bündnispflichten gegenüber Serbien – ebenfalls mit Kriegsvorbereitungen (26. Juli). Der österreichischen Kriegserklärung an Serbien (28. Juli) folgte am 30. Juli die russische Gesamtmobilmachung. Diese Kriegsvorbereitungen sah Deutschland auch als gegen sich gerichtet an, forderte schließlich ultimativ die Einstellung der russischen Mobilmachung (31. Juli) und die französische Neutralität im Kriegsfall, ordnete die Mobilmachung an und erklärte am 1. August 1914 Russland den Krieg. Das mit Russland verbündete Frankreich verkündete seinerseits die Mobilmachung. Am 3. August erklärte die deutsche Regierung Frankreich den Krieg und deutsche Truppen marschierten in das neutrale Belgien ein.

Der Automatismus der Bündnisse hatte damit innerhalb von sechs Tagen von der österreichischen Kriegserklärung an Serbien den Krieg der Mittelmächte mit Russland und Frankreich nach sich gezogen. Schließlich antwortete Großbritannien als Garantiemacht der belgischen Neutralität auf deren Verletzung mit der Kriegserklärung an Deutschland (4. August). Regierung und Generalität in Deutschland waren sich dieses Risikos voll bewusst.

Kriegsschuldfrage

Die Frage nach der Schuld am Ausbruch des Ersten Weltkriegs ist eine der umstrittensten und bekanntesten **Kontroversen** der deutschen Geschichtswissenschaft. Die erste Antwort auf diese Frage hatte eine große politische Sprengkraft:

- Es war der **„Kriegsschuldartikel" 231** des Versailler Vertrags, der dem Deutschen Reich und seinen Verbündeten die Alleinschuld am Kriegsausbruch zuschrieb. Die deutschen Historiker wiesen diese Bewertung sofort zurück; man behauptete, Europa sei ohne besonderes Verschulden einer einzelnen Macht in den Krieg „hineingeschlittert".
- Diese Meinung zerstörte Anfang der 1960er-Jahre der Hamburger Historiker Fritz Fischer: Er behauptete, gestützt auf wichtige Quellen, die deutsche Führung habe in der Julikrise 1914 den **Krieg bewusst herbeigeführt**, um die Hegemonialstellung in Europa und eine Weltmachtposition („Der Griff nach der Weltmacht") zu erkämpfen; die Gelegenheit sei damals günstig gewesen, weil der Zweibundpartner Österreich-Ungarn die Krise ausgelöst habe und so in den Angriffskrieg mit hineingezogen werden konnte.
- Hans-Ulrich Wehler und Wolfgang J. Mommsen relativierten die „Fischer-These" durch die Erklärung, die deutschen Eliten hätten den **Krieg nicht geplant begonnen**, sondern unter dem Demokratisierungs- und Modernisierungsdruck nach 1912 (Wahlerfolge der Sozialdemokratie) die Aggression nach außen gewählt, um ihre gefährdeten politischen und sozialen Machtpositionen durch den Kriegskonsens („Burgfrieden") zu behaupten.
- Egmont Zechlin, Karl Dietrich Erdmann und Andreas Hillgruber formulierten die Theorie des **„kalkulierten Risikos":** Die deutsche Führung habe unter dem Eindruck der sich verfestigenden „Triple-Entente" („Einkreisung") die Julikrise nutzen wollen, um die Entente durch diplomatischen Druck zu sprengen. Die Krise sollte solange forciert werden, bis Russland die Unterstützung der Verbündeten verloren hätte und damit das Bündnis zerbrochen wäre. Dabei habe die deutsche Führung das Risiko eines europäischen Kriegs bewusst in Kauf genommen, allerdings in der Hoffnung, dass Großbritannien im Ernstfall neutral bleiben werde.

Alle neueren wissenschaftlichen Ansätze sind sich trotz ihrer Unterschiede im Detail darüber einig, dass die **Hauptschuld** am Kriegsausbruch auf die **offensiv agierende deutsche Führung** fiel. Für dieses Verhalten entscheidend war die Bewusstseinslage der deutschen Führung: Sie lässt sich durch

- die „Einkreisungs-Psychose",
- das Gefühl der innenpolitischen Blockade,
- die Angst vor einem übermächtig werdenden Russland
- und durch die eigene Bereitschaft zum Präventivkrieg beschreiben.
- Hinzu kam die Fixierung auf den riskanten **Schlieffen-Plan** (S. 124 f.), der im Konfliktfall mit Russland zwangsläufig einen Angriff Deutschlands auf das an der Balkankrise unbeteiligte Frankreich vorsah und damit eine „Alles-oder-nichts-Situation" erzwang, die zu einem Automatismus der Mobilmachungen führte, der diplomatisch nicht mehr aufzuhalten war. Zusammen mit der traditionellen preußischen Überschätzung der militärischen Möglichkeiten des Reiches und fehlender Kontrollmöglichkeiten des Reichstags führten die genannten Denkweisen zu einem hochriskanten Vorgehen der deutschen Führung, das letztlich Europa in den Ersten Weltkrieg stürzte.

Imperialismus, übersteigerter Nationalismus, Militarismus und sozialdarwinistische Vorstellungen bestimmten zudem das gesellschaftliche und politische Klima in allen Nationen Europas und erzeugten im Vorfeld des Kriegs die angespannte Situation, die von der deutschen Führung verschärft wurde. Allerdings gilt es bei dieser einschränkenden Bewertung zu beachten, dass bereits seit 1900 das Deutsche Reich durch seine konzeptionslose und unstete „Weltpolitik" eine entscheidende Rolle bei der Verschärfung der europäischen Krise spielte.

2 Kriegsverlauf

2.8.1914	Besetzung Luxemburgs durch deutsche Truppen
3.8.1914	Einmarsch deutscher Truppen in Belgien
26.–30.8.1914	Schlacht bei Tannenberg
6.–15.9.1914	Schlacht an den Masurischen Seen
22.4.–25.5.1915	Ypern-Schlacht: erstmalige Verwendung von Giftgas
Feb.–Dez. 1916	Schlacht bei Verdun
31.5.–1.6.1916	Seeschlacht vor dem Skagerrak
Juni–Nov. 1916	Schlacht an der Somme
29.8.1916	Übernahme der OHL durch Hindenburg und Ludendorff
3.3.1918	Frieden von Brest-Litowsk
8.–11.8.1918	Alliierter Panzerangriff bei Amiens
3.11.1918	Waffenstillstand zwischen Österreich-Ungarn und den Alliierten
11.11.1918	Deutscher Waffenstillstand

2.1 Die Ausgangslage

Die Ausgangssituation des Ersten Weltkriegs lässt sich geografisch bestimmen: Die Länder der Mittelmächte bildeten ein zusammenhängendes Gebiet im Zentrum Europas, das jedoch durch die überlegene britische Flotte von den Weltmeeren und damit vom Weltmarkt abgeschnitten werden konnte (Seeblockade). Deutschland und Österreich-Ungarn befanden sich in der Situation einer belagerten Festung ohne ausreichenden Nachschub an Rohstoffen und Lebensmitteln. Die Mittelmächte hatten dagegen den Vorteil der „inneren Linie": Sie konnten mithilfe der Eisenbahn ihre militärischen Aktivitäten in kurzer Zeit zwischen den drei Fronten verlagern. Die Alliierten der **„Triple-Entente"** (Frankreich, Großbritannien, Russland) mussten zuerst auf drei für sie isolierten Kriegsschauplätzen operieren, nämlich in:

- Frankreich und Belgien,
- Russland,
- Serbien-Montenegro.

Das europäische Bündnissystem vor dem Ersten Weltkrieg

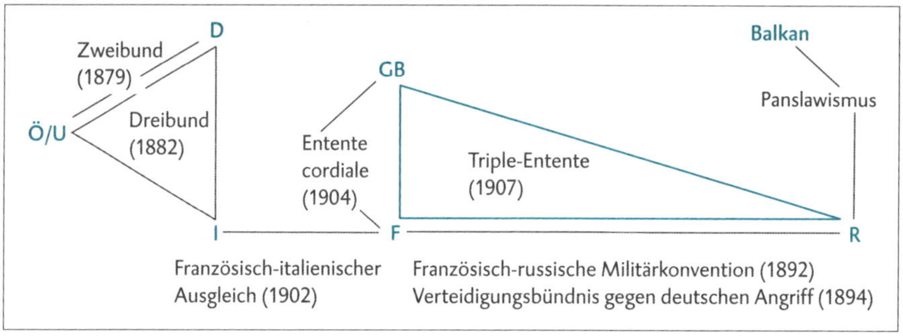

2.2 Scheitern des Schlieffen-Plans, Stellungskrieg und „Materialschlachten" im Westen

Die strategischen Planungen für die deutsche Kriegführung basierten auf dem Schlieffen-Plan, der den **Zweifrontenkrieg gegen Frankreich und Russland** bewältigen sollte: Durch einen schnellen, massierten Angriff auf Frankreich wollte man die Entscheidung im Westen suchen, um Handlungsfreiheit gegen Russland zu bekommen; die Umfassung des französischen Heeres war durch den Angriff über das Gebiet des neutralen Belgien geplant. Danach erst sollten die zunächst an der Ostfront defensiv operierenden Truppen verstärkt werden, um Russland zu bezwingen. Durch das Zusammenziehen der Truppen an jeweils einer Front sollte die zahlenmäßige Unterlegenheit der beiden Mittelmächte Deutschland und Österreich-Ungarn ausgeglichen werden; Voraussetzung war die Mobilität der deutschen Truppen aufgrund des gut ausgebauten deutschen Eisenbahnnetzes.

Die Kriegshandlungen begannen am 2. August 1914 mit der Besetzung Luxemburgs durch deutsche Truppen. Anschließend rückten deutsche Armeen am 3./4. August in das **neutrale Belgien** ein, um die starken französischen Grenzbefestigungen gemäß dem Schlieffen-Plan zu umgehen. Das aber zog die britische Kriegserklärung an Deutschland nach sich.

In der Folge wurden französische Offensiven auf Elsass-Lothringen und in den Vogesen (20. bis 22. August) abgewehrt. Die große Offensive der deutschen Armeen (seit 18. August) erreichte am 30. August die Marne; deutsche Einheiten standen nur noch 60 Kilometer vor Paris. Doch dem deutschen Heer gelang in der **Marne-Schlacht** kein entscheidender Sieg, denn der deutsche Generalstab befürchtete eine mögliche Spaltung der Front und gab den Befehl zum Rückzug – damit war der Schlieffen-Plan gescheitert.

Bis Mitte Oktober eroberten die Deutschen dagegen **Belgien** fast vollständig, das unter **Militärverwaltung** gestellt wurde. Alliierte Gegenoffensiven scheiterten; aber auch der deutsche Vormarsch auf die kriegsentscheidenden französischen Kanalhäfen wurde von Engländern und Franzosen am Yserkanal und vor Ypern zum Stehen gebracht.

Im **Westen** erstarrte der Krieg nun zum **Stellungskrieg:** Von der Kanalküste bis zu den Vogesen entstand eine durchlaufende Front, die mit Feldbefestigungen, Maschinengewehren und Feldartillerie auf beiden Seiten gesichert war. Beim Versuch, gegnerische „Schützengräben" zu stürmen, starben Hunderttausende von Soldaten beider Seiten im Abwehrfeuer auf wenigen Quadratkilometern; das Leben des einzelnen Soldaten verlor für die militärischen Führer so fast jede Bedeutung.

Die militärischen Operationen waren nun von einer bis dahin unvorstellbaren Massierung von Artilleriefeuer auf die gegnerischen Stellungen **(„Materialschlacht")** gekennzeichnet, um den folgenden Infanterieangriff vorzubereiten. Dieser Versuch, feindliche Stellungen zu durchbrechen und zur freien Bewegung der Truppen zu kommen, ist aber nur selten gelungen – auch nicht mithilfe der schrecklichsten Waffe des Ersten Weltkriegs, dem **Giftgas**, das die deutsche Seite erstmals bei Ypern im Frühjahr 1915 einsetzte.

Der Verlauf der Westfront

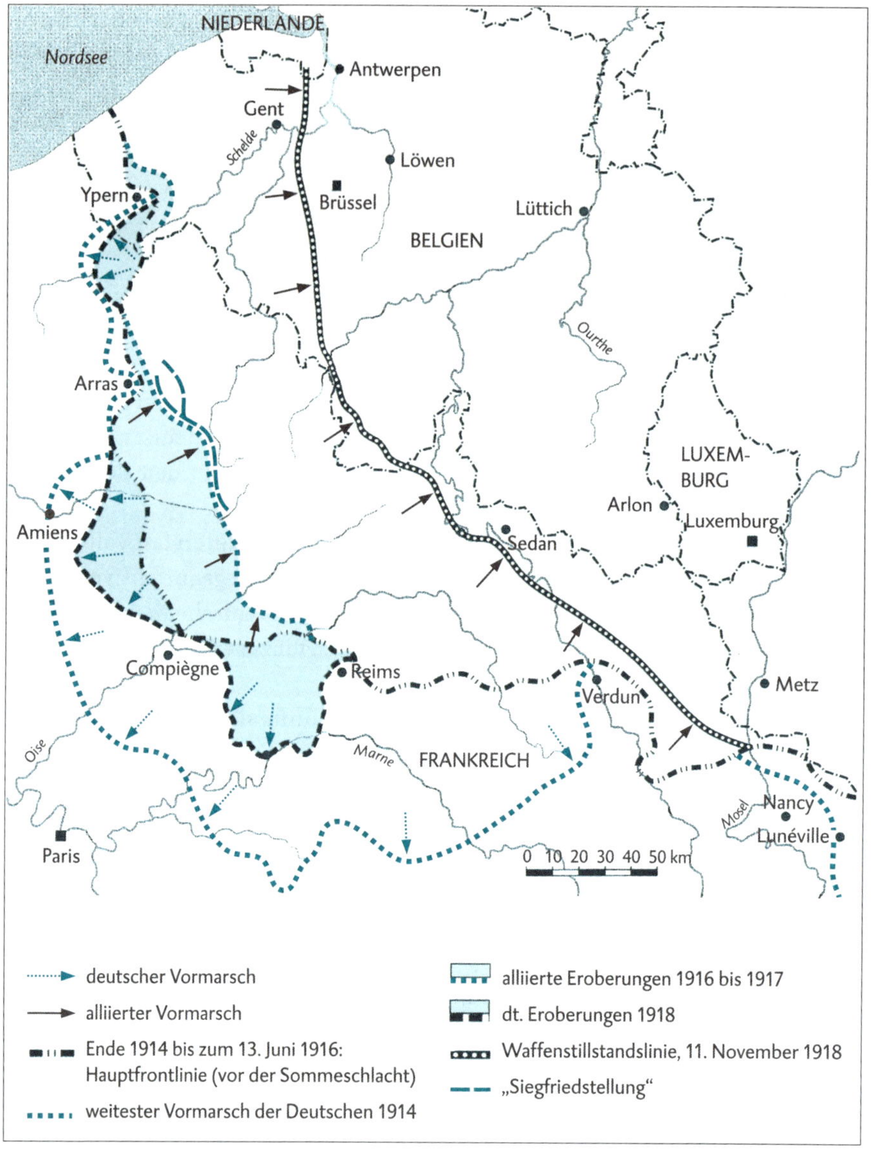

2.3 „Abnutzungsschlachten" 1916/1917 (Verdun, Somme)

Sowohl Deutschland als auch die Entente suchten 1916 erneut mit großen Offensiven die Entscheidung im Westen. Der Krieg entwickelte sich zum sinnlosen **„Abnutzungskrieg"** von Menschen und Material, denn den großen Verlusten standen nur kleine Geländegewinne gegenüber.

Vor der **Festung Verdun**, dem Eckpfeiler der französischen Front, versuchte der deutsche Oberbefehlshaber Falkenhayn im Frühjahr 1916 erfolglos, die Franzosen mit massivem Materialeinsatz zum „Ausbluten" ihrer Armeen zu bringen. Beide Seiten verloren dabei zusammen in kurzer Zeit über 700 000 Mann. In der ähnlich verlaufenden **Schlacht an der Somme** (24. Juni bis 26. November 1916) waren die Verluste mit mehr als 500 000 deutschen, 200 000 französischen und über 500 000 britischen Soldaten noch größer.

Im Februar 1917 zogen sich die deutschen Truppen auf ein befestigtes Verteidigungssystem **(„Siegfriedstellung")** zurück, an dem mehrere Durchbruchsversuche der Engländer und Franzosen scheiterten. Die dabei erlittenen hohen Verluste führten zur offenen Meuterei in der französischen Armee, die erst der neue Oberbefehlshaber Pétain beenden konnte; er ging nun zu einer defensiven Kriegführung über. Bei Cambrai (20. November 1917) setzten die Engländer erstmals Kampfpanzer (Tanks), die später kriegsentscheidende Waffe, ein.

2.4 Britische Seeblockade und deutscher U-Boot-Krieg

Aufgrund der erstarrten Fronten im Westen und der zunehmenden Dauer des Kriegs war die Nachschub- und Versorgungsfrage für die Kriegführung zentral. England erklärte die von seiner Flotte kontrollierte Nordsee zum Kriegsgebiet und errichtete eine umfassende **Seeblockade** gegen die Mittelmächte; die deutsche Flotte konnte diese wegen ihrer geringen Reichweite nicht durchbrechen. Die einzige größere Seeschlacht im Skagerrak (31. 5./1. 6. 1916) brachte keine Entscheidung. Die Mittelmächte waren von Rohstoffen und Nahrungsmitteln abgeschnitten, die Entente konnte sich auf Nachschub aus den USA stützen.

Die in Übersee operierenden deutschen Flottenverbände wurden von der Entente größtenteils versenkt, ohne militärischen Schutz gingen die meisten Kolonien (mit Ausnahme Deutsch-Ostafrikas) schnell verloren.

Der deutschen Marine verblieb nur der **U-Boot-Krieg** gegen die lebenswichtigen Nachschublinien der Alliierten über den Atlantik: Zum Schutz vor Angriffen deutscher U-Boote führten die Alliierten aber bald die Geleitzug-Taktik ein und bewaffneten ihre Handelsschiffe. Die deutsche U-Boot-Flotte war deshalb zuletzt zu schwach, um die alliierten Nachschubverbindungen ernsthaft zu gefährden. Bis 1917 konnte man zudem neutrale, also auch US-Schiffe mit Nachschub für England, aus Furcht vor einem Kriegseintritt der USA nicht versenken. Anfang 1917 drängte die Seekriegsleitung die deutsche Führung dazu, den uneingeschränkten U-Boot-Krieg auch gegen US-Schiffe aufzunehmen, um Großbritannien wirtschaftlich in die Knie zu zwingen. Die Entscheidung dafür bewirkte am 6. April 1917 die Kriegserklärung der USA an Deutschland.

2.5 Die Entwicklung im Osten

Im **Osten** waren russische Offensiven gegen Ostpreußen und das österreichisch-ungarische Galizien zuerst erfolgreich: Zwei russische Armeen wurden aber 1914 in Ostpreußen in der **Schlacht bei Tannenberg** (26. bis 30. August) und an den Masurischen Seen (6. bis 15. September) vernichtet. Um den dort siegreichen deutschen General Paul von Hindenburg entwickelte sich als „Held von Tannenberg“ ein beispielloser Propaganda-Kult. Bis Januar 1916 entwickelte sich der Krieg im Osten nach verschiedenen gescheiterten Offensiven ebenfalls immer mehr zum **Stellungskrieg**; der Frontverlauf veränderte sich bis zum Ausbruch der russischen Februarrevolution 1917 nur wenig.

Ausscheiden Russlands aus dem Krieg

Die militärische Entwicklung im Osten wurde seit 1917 durch die Februarrevolution in Russland bestimmt, die das Zarenregime stürzte; sie führte zu einer erheblichen Schwächung der russischen Kampfkraft. Fast ganz Galizien, die Bukowina und das Baltikum wurden von den Mittelmächten erobert. Nach der bolschewistischen Oktoberrevolution beendete die Revolutionsregierung unter der Führung Lenins den Krieg. Mit dem **Friedensvertrag von Brest-Litowsk** (3. März 1918) erkannte Russland zwar die Unabhängigkeit von Finnland, Estland, Livland, Kurland, Litauen, Polen, der Ukraine, Georgiens und verschiedener kaukasischer Gebiete an, die deutsche OHL beließ aber den größten Teil der Truppen in diesen Gebieten, um den deutschen Hegemonieanspruch durchzusetzen. So konnten die deutschen Truppen in Frankreich nicht nennenswert verstärkt werden, ein weiterer kriegsentscheidender Fehler.

2.6 Der Kriegseintritt Italiens und die Entwicklung auf dem Balkan

1915 trat Italien in der Hoffnung auf Gebietsgewinne (Istrien, Südtirol) auf der Seite der Entente in den Krieg ein. Am Fluss Isonzo nördlich von Triest entwickelte sich zwischen italienischen und österreichisch-ungarischen Truppen ein verlustreicher **Stellungskrieg**. Ende Oktober 1917 gelang den Mittelmächten der Durchbruch nach Oberitalien (Piave-Front), wo sie schließlich erst von englischen und französischen Truppen aufgehalten werden konnten.

1915 kam es auf dem **Balkan** zum Kriegseintritt Bulgariens an der Seite der Mittelmächte; diese eroberten bis Jahresende Serbien, Montenegro und Albanien und stellten so die wichtige Landverbindung zur verbündeten Türkei her. Als Reaktion darauf besetzten Truppen der Entente das neutrale Griechenland. 1916 wurde der größte Teil Rumäniens mit seinen Erdölgebieten von den Mittelmächten erobert. Im Herbst 1918 verloren diese im militärischen Zusammenbruch Bulgariens – nach einer Offensive britischer und französischer Truppen von Griechenland aus – wieder ihre Positionen auf dem Balkan. Rumänien trat erneut in den Krieg ein und bedrohte Ungarn, das seine Selbstständigkeit erklärte und seine Truppen von der Italienfront abzog, die in der Folge zusammenbrach. Gleichzeitig proklamierten Tschechen, Polen und Südslawen ihre Unabhängigkeit. **Österreich-Ungarn** bemühte sich nun um einen Waffenstillstand und **beendete am 3. November den Krieg**. Damit war die deutsche militärische Führung ohne jede strategische Chance, denn von nun an stand den Feinden der Weg über Böhmen und Tirol nach Deutschland offen. Vorher bereits hatten die Briten im Verlauf des Krieges große Teile des Osmanischen Reichs erobert (Ägypten, Arabien).

2.7 Die Kriegsentscheidung im Westen 1918

Im Frühjahr und Sommer 1918 suchte die deutsche Heeresführung im Westen die Entscheidung in mehreren großen Offensiven, um amerikanischen Verstärkungen zuvorzukommen. Diese Offensiven waren zunächst erfolgreich, scheiterten aber zuletzt aufgrund des Mangels an Reserven, Motorisierung und Panzern. Alliierte Gegenoffensiven mithilfe der nun eingetroffenen Amerikaner warfen die Deutschen wieder zurück. Die militärische Entscheidung fiel im **Panzerangriff bei Amiens** (8. bis 11. August), in der 450 alliierte Tanks die deutsche Front durchbrachen.

Der Krieg war nun verloren und die Oberste Heeresleitung (OHL, seit 1916 Hindenburg, Ludendorff) forderte die deutsche Regierung ultimativ auf, dem Zusammenbruch des Heeres zuvorzukommen und auf der Basis der 14 Punkte des US-Präsidenten Wilson einen Waffenstillstand abzuschließen. Hindenburg behauptete aber schon kurze Zeit später entgegen der Faktenlage, die Niederlage sei durch die revolutionären Ereignisse im Innern zu erklären, und schuf so die **„Dolchstoßlegende“**. Der **Waffenstillstand** trat am **11. November 1918** in Kraft. Er war die logische Folge aus dem Versuch der militärischen Führung, vor dem inneren Zusammenbruch den Krieg rasch zu beenden.

Verluste der am Ersten Weltkrieg beteiligten Staaten

Staaten	Bevölkerung (Millionen)	Streitkräfte (Millionen)	in % der wehrfähigen Männer	Tote (Millionen)
Mittelmächte	**142,1**	**25 800 000**	**71 %**	**3 550 000**
Deutschland	67,8	13 200 000	81 %	2 037 000
Österreich-Ungarn	52,6	9 000 000	78 %	1 460 000
Entente	**861,3**	**46 596 000**	**19 %**	**5 296 000**
Frankreich	39,0	8 100 000	81 %	1 327 000
Großbritannien	46,1	6 100 000	53 %	750 000
Britische Kolonien	342,2	2 800 000	3 %	180 000
Italien	36,0	5 600 000	55 %	460 000
Russland	164,0	15 800 000	39 %	1 800 000
USA	98,8	4 750 000	8 %	117 000

3 Innenpolitik

4. 8. 1914	Bewilligung von Kriegskrediten durch den Reichstag („Burgfrieden")
9. 9. 1914	„September-Programm" des Reichskanzlers Bethmann Hollweg
6. 4. 1917	Gründung der USPD
19. 7. 1917	Friedensresolution des Reichstags
2. 9. 1917	Gründung der Deutschen Vaterlandspartei
3. 10. 1918	Ernennung des Prinzen Max von Baden zum Reichskanzler
29. 10. 1918	Beginn der Revolution: Matrosenaufstand in Wilhelmshaven und Kiel
7./9. 11. 1918	Revolution in München und Berlin

In allen kriegführenden Staaten unterstützte anfangs die Bevölkerung die Regierungen. Das galt auch für die sozialistischen Parteien Europas, trotz ihrer Zusammenarbeit in der II. Sozialistischen Internationale. Die Zustimmung änderte sich mit den Kriegsfolgen. In allen Staaten forderten die Parlamente mehr politische Mitsprache und eine Demokratisierung vor allem des Wahlrechts. Durch die Kriegsfolgen und die Niederlage erlitten zuletzt die konservativen **Monarchien** Russlands und der Mittelmächte einen starken **Legitimitätsverlust**, der in der Russischen Oktoberrevolution 1917 bzw. nach der Kriegsniederlage im November 1918 ihr Schicksal besiegelte.

„Burgfrieden" im Innern 1914

In Deutschland unterstützten nach der Mobilmachung Russlands (31. Juli 1914) alle Parteien die Regierung und ihr offensives Vorgehen. Die **patriotische Aufbruchsstimmung** („August-Erlebnis") reichte bis in die Reihen der oppositionellen SPD, die den zur Kriegführung nötigen Krediten in der Reichstagssitzung am 4. August geschlossen zustimmte. Hauptgrund dafür war die antizaristische Grundstimmung der Sozialdemokraten: Sie sahen den Hauptfeind der internationalen Arbeiterbewegung in der autoritären Monarchie Russlands. Der berühmte Ausspruch Kaiser Wilhelms II.: „Ich kenne keine Parteien mehr, kenne nur noch Deutsche" symbolisierte den innenpolitischen „Burgfrieden".

Diktatur der Obersten Heeresleitung seit 1916

Der unerwartet schlechte und lange Kriegsverlauf führte allerdings zu einer **autoritären Herrschaftsausübung der Militärs:**

- Die Verhängung des Belagerungszustands gab den Militärbefehlshabern die Aufrechterhaltung der inneren Sicherheit in die Hände,
- dabei wurde das Vereins- und Versammlungsrecht weitgehend außer Kraft gesetzt und die Presse zensiert.
- Der Reichstag verabschiedete ein **„Ermächtigungsgesetz"**, in dem er auf seine Gestaltungsrechte verzichtete; das Recht, den Kriegskrediten zuzustimmen, übertrug der Reichstag dem Haushaltsausschuss und vertagte sich bis Kriegsende.
- Im Sommer 1916 übernahm die OHL mit Hindenburg und Ludendorff endgültig das Ruder; der Reichskanzler Bethmann Hollweg war politisch schwach und **Wilhelm II.** zog sich in die Rolle eines **„Schattenkaisers"** zurück. Die OHL nutzte die diktatorischen Vollmachten, um den Krieg mit allen Mitteln weiterzuführen. Sie reglementierte die gesamte Wirtschaft und die Lebensmittelversorgung, ohne aber die zunehmende Notlage der Bevölkerung in den Griff zu bekommen.

„Verständigungsfrieden" oder „Siegfrieden"

Die politische Initiative verlagerte sich in den gesellschaftlichen Raum der Verbände und in die innere Auseinandersetzung der SPD, der größten Oppositionspartei des Kaiserreichs: Die **nationalistischen Verbände** (Alldeutscher Verband, Kolonial- und Flottenverein, seit 1917 die Deutsche Vaterlandspartei unter Tirpitz und Kapp) setzten sich – im Interesse von Adel und Großbürgertum – vehement gegen soziale und politische Reformen ein und verlangten den „Siegfrieden" mit weitgehenden Annexionen.

Diese Forderungen übertrafen die Kriegsziele der Regierung, die in Bethmann Hollwegs **inoffiziellem „Septemberprogramm"** (1914) festgelegt waren: Dieses sah die Annexion Luxemburgs und der lothringischen Industriegebiete und ein von Deutschland als europäische Hegemonialmacht beherrschtes Mitteleuropa vor, dem auch Frankreich, Polen und Österreich-Ungarn zugeordnet sein sollten; Russland sollte durch die Bildung neuer Pufferstaaten weiter in den Osten abgedrängt werden.

Mit zunehmendem Zweifel an einem militärischen Sieg Deutschlands formierte sich eine politische Opposition gegen die Regierungspolitik: Die liberalen Parteien, das Zentrum und die SPD richteten 1916 im Reichstag einen ständigen Hauptausschuss, später den „interfraktionellen Ausschuss", ein, in dem die Parlamentsmehrheit 1917 zuletzt eine – allerdings durch die Regierung abgelehnte – Friedensresolution erließ. Der linke Flügel der SPD forderte einen schnellen **Verständigungsfrieden ohne Annexionen**.

3.1 Die Spaltung der SPD

Nach der russischen Februarrevolution und dem Sturz des Zaren Nikolaus II. und aufgrund des Ausbleibens politischer Reformen im Inneren verstärkten sich die Spannungen zwischen der Führung der SPD und ihrem linken Flügel, der den Krieg sofort beenden wollte. Im April 1917 gründete sich die **Unabhängige Sozialdemokratische Partei Deutschlands (USPD)**, der 20 Reichstagsabgeordnete der SPD beitraten. USPD-nahe revolutionäre Obleute organisierten im Januar 1918 aufgrund der miserablen Versorgungslage Streiks. Zugleich formierte sich der noch weiter links stehende **Spartakusbund** (Rosa Luxemburg, Karl Liebknecht), der die SPD mit seiner radikalen Propaganda weiter unter Druck setzte. Die für die Weimarer Republik folgenreiche Spaltung der Arbeiterschaft in eine gemäßigte Mehrheit und eine radikal-sozialistische Minderheit war damit vollzogen.

3.2 Verspätete Reformen

Unter dem Eindruck der sich abzeichnenden Niederlage entschloss sich die Reichsführung doch noch zur politischen Reform. Am 3. Oktober ernannte Wilhelm II. den liberal gesinnten Prinz Max von Baden zum neuen Reichskanzler und stellte das Deutsche Reich verfassungsrechtlich auf eine parlamentarische Grundlage **(„Oktoberverfassung")**. Man kam damit den Forderungen des US-Präsidenten **Wilson** entgegen, der mit seinem **„14-Punkte"-Programm** die Hoffnung der deutschen Führung auf einen maßvollen Friedensschluss geweckt hatte. Wilson hatte im Wesentlichen Folgendes verlangt:

- Freiheit des Handels und der Meere,
- Rüstungsbegrenzung,
- Gründung eines Völkerbunds zur Friedenssicherung,
- Räumung aller von den Mittelmächten besetzten Länder,

- Rückgabe Elsass-Lothringens an Frankreich,
- Abtretung der von Italienern bewohnten Gebiete Österreich-Ungarns an Italien,
- Autonomie für die Völker Österreich-Ungarns und der Türkei,
- ein selbstständiges Polen mit eigenem Zugang zum Meer.

Damit verbunden war die Forderung nach einer durchgreifenden Demokratisierung Deutschlands und nach der Abdankung des Kaisers, in dem Wilson den Hort des preußischen Militarismus sah.

3.3 Der totale Krieg: Wirtschaft und Alltagsleben

Die neue Form des lange dauernden technisierten Kriegs mit Massenheeren, massivem Materialeinsatz und Handelsblockaden hatte auch entscheidende Auswirkungen auf die Wirtschaft und Gesellschaft der kriegführenden Staaten: Der Krieg wurde zum „totalen Krieg", der jeden einzelnen Bürger direkt betraf.

Kriegswirtschaft

In Deutschland besaß die Kriegswirtschaft folgende Struktur:

- Die deutsche Wirtschaft wurde schon seit August 1914 zentral aus Berlin gelenkt, um dem Rohstoff- und Lebensmittelmangel zu begegnen. Die **„Kriegsrohstoffabteilung" (KRA)** im preußischen Kriegsministerium entwickelte sich dabei zur zentralen Schaltstelle, die v. a. chemische Ersatzstoffe für die Salpetergewinnung (Munition, Düngemittel) beschaffen musste.
- Die marktorientierte Wirtschaft blieb im System der bürokratischen Wirtschaftslenkung jedoch bestehen, sodass vor allem die deutsche Rüstungsindustrie riesige Gewinne einstreichen konnte.
- **Sozialpolitische Begrenzungen** wurden dagegen **aufgehoben:** der 10-Stunden-Tag bei einer 60-Stunden-Woche eingeführt, die Einschränkung für Überstunden und Nachtarbeit aufgehoben. Frauen und Jugendliche ersetzten die Männer teilweise als Arbeitskräfte; am Kriegsende betrug der Frauenanteil in den Gewerkschaften 35 %. Ein „Gesetz über den Vaterländischen Hilfsdienst" verpflichtete alle männlichen Deutschen zwischen 17 und 60 Jahren ab Dezember 1916 zur Arbeit. Arbeiter durften nur mit Genehmigung ihre Stellung wechseln.

Vor allem die **Nahrungsmittelversorgung** wurde trotz der Wirtschaftslenkung immer schwieriger (Blockade, Arbeitskräfte-, Maschinen-, Futter- und Düngemittelmangel); die Produktion der Grundnahrungsmittel fiel stark, bei

Kartoffeln um die Hälfte. Die „Ersatzstoffe" für lebensnotwendige Güter waren nur minderwertig.

Auf die Verknappung der Nahrungsmittel reagierte der Staat mit festgesetzten Höchstpreisen und seit 1915 mit der „Bewirtschaftung" der Lebensmittel mithilfe der **„Brotkarte"**, die jedem Bürger einen bestimmten Anteil im Bereich des Existenzminimums zusprach. Es entwickelte sich daraufhin immer stärker ein **„Schwarzmarkt"**, auf dem zu überhöhten Preisen alles zu haben war. Davon profitierten vor allem die grundbesitzenden Bauern und die wohlhabenderen Schichten: Die soziale Schere in der deutschen Gesellschaft vergrößerte sich erheblich.

Große Auswirkungen hatte die Kriegswirtschaft mit ihren riesigen unproduktiven Kriegskosten auch auf die Währungen. In Deutschland verzichtete die Regierung auf Steuererhöhungen und nahm Kredite auf, die nach dem erwarteten Sieg durch die Kriegsgegner zurückbezahlt werden sollten. Die Geldmenge wurde trotz der sinkenden Produktivität erhöht, das führte zu einer Inflation, die Mark verlor die Hälfte ihres Werts. Nach der Niederlage und den daraufhin durch Deutschland zu zahlenden Kriegsentschädigungen beschleunigte sich die Geldentwertung bis zur **Hyperinflation** 1923.

Verlierer der Inflation waren die Arbeiter, deren Lohnerhöhungen von den Preissteigerungen weit übertroffen wurden, in Teilen der Arbeiterschaft näherten sich die Lebensverhältnisse wieder der „Verelendung" in der zweiten Hälfte des 19. Jahrhunderts an. Aber auch Angestellte und Beamten als Lohnempfänger litten unter dem hohen Kaufkraftverlust: So stiegen bei den Angestellten die Löhne zwischen 1914 und 1917 um 18 Prozent, der Lebenshaltungsindex aber um 185 Prozent; die Beamtengehälter wurden gar um fast die Hälfte gekürzt. Beiden Gruppen drohte die soziale Deklassierung.

Kriegsalltag

Der Kriegsalltag der Bevölkerung wurde zunehmend von **Hunger und Mangelernährung** bestimmt; ihren Höhepunkt fand die Krise im sogenannten **„Steckrübenwinter" 1916/17**. Die Folgen waren eine um 50 % höhere Kindersterblichkeit, ernährungsbedingte Krankheiten und Todesfälle (ca. 750 000).

Alltäglich waren auch die materiellen und psychischen Belastungen durch das Fehlen der Männer, die großen Verluste an der Front und die Millionen der heimkehrenden Kriegsinvaliden.

Die schlechte Versorgungslage zwang viele Menschen in die ungewollte Illegalität, wenn sie sich auf dem Schwarzmarkt oder bei Beschaffungsfahrten auf das Land mit zusätzlichen Lebensmitteln eindecken wollten. Der Krieg verschob so das subjektive Rechtsempfinden, was besonders durch das Ansteigen der Jugendkriminalität zu spüren war, auch verstärkt durch den Ausfall der Väter als Erziehungsautorität.

Mentale Folgen

Der Erste Weltkrieg prägte als einschneidendes biografisches Erlebnis der meisten und vor allem der jungen Deutschen deren grundlegende Haltungen zu Gesellschaft und Politik. Diese Erfahrungen bestimmten die Zukunft Deutschlands entscheidend mit.

Wie in allen Krisenzeiten verstärkte sich in Deutschland auch im Ersten Weltkrieg der **Antisemitismus:** Obgleich 12 000 deutsche Juden an der Front kämpften und viele höchste Auszeichnungen erhielten, wurden die Juden pauschal von den nationalistischen Verbänden zum Sündenbock für die Kriegsfolgen und zu „Kriegsgewinnlern" abgestempelt.

Folgenreich war das Fronterlebnis von Millionen junger Männer: Traumatisiert und abgestumpft durch die „Stahlgewitter" (Ernst Jünger) der Materialschlachten hatten viele von ihnen ein eigenes **Wertesystem aus militärischer Ordnung und Kameradschaft** entwickelt, das sie dem zivilen Leben entfremdete. Viele dieser „Frontkämpfer" sammelten sich nach der Demobilisierung in den rechten Freikorps oder in rechten Parteimilizen (wie der SA); ihr Aggressionspotenzial wurde zu einer latenten Bedrohung der Weimarer Republik.

Mit der Erfahrung von Hunger und Mangel bei den meisten Deutschen verlor das überkommene monarchische Herrschaftssystem an Akzeptanz bei der Bevölkerung und damit an Legitimität. Besonders der wirtschaftliche Abstieg der bis dahin staatstragenden, mittleren bürgerlichen Schichten erschütterte das Herrschaftsfundament des wilhelminischen Staates schwer; dazu kam, dass Wilhelm II., in Friedenszeiten im Zentrum eines ausufernden Personenkults, im Krieg als Führungsfigur völlig versagte.

Die Nationalsozialisten zogen im Zweiten Weltkrieg die Lehre aus der Wirkung der schlechten Versorgungslage: Sie plünderten zur Ernährung der Deutschen die besetzten Länder rücksichtslos aus.

Auf der Seite der **Arbeiterschaft** vollzog sich in den mit Gewalt beantworteten Streiks und Protesten gegen die Weiterführung des Kriegs eine bedeutende **Radikalisierung:** Bei den Arbeitern, der größten sozialen Schicht, baute sich eine revolutionäre Stimmung auf, die zur entscheidenden Kraft beim Zusammenbruch des alten Systems im November 1918 wurde.

Aufgabe 28 Beurteilen Sie den Anteil der deutschen Führung am Ausbruch des Ersten Weltkriegs. Begründen Sie Ihr Urteil aus dem Verhalten der deutschen Regierung in der Julikrise.

Aufgabe 29 Beschreiben Sie den neuen Charakter der Kriegführung im Ersten Weltkrieg.

Aufgabe 30 Erläutern Sie, wie der Krieg die Lebenssituation der Zivilbevölkerung in Deutschland bestimmte.

Aufgabe 31 (materialgestützt)

a) 1887 äußerte sich der Reichskanzler Bismarck über die Folgen eines großen Krieges in Europa für die europäischen Mächte: Arbeiten Sie aus dem Text die erwarteten Folgen im Einzelnen heraus.

b) Überprüfen Sie in Bezug auf die tatsächlichen Folgen des Ersten Weltkriegs, inwieweit Bismarcks Prognose eingetreten ist.

M 1: Aufzeichnungen des Reichskanzlers Otto von Bismarck als Grundlage für eine Unterredung mit dem Zaren Alexander III. (Berlin, 10. November 1887)

[…] Monarchie oder nicht, es wird immer ein Krieg mit den Mitteln der Revolution sein; Österreich kann nicht umhin, im Kriegsfalle die polnische Frage wieder aufleben zu lassen. Wir würden das bedauern, aber zwischen diesen beiden Übeln, der Nachbarschaft der Polen und den siegreichen russischen Armeen in unserem Lande, wäre das erste das weniger schwere. In Frankreich würde die Niederlage die Revolution bedeuten […]. Die Niederlage Österreichs würde dieses Reich vernichten, um die Ära der Republiken in den Donau- und Balkanländern zu öffnen. […]

In der Zeit, in der wir leben, mehr noch als zu irgendeiner anderen geschichtlichen Epoche fordert es das Interesse der großen Monarchien, den Krieg zu vermeiden, weil heute die Nationen stets geneigt sind, ihre Regierungen für etwa erlittene militärische Rückschläge verantwortlich zu machen. […] Die italienische oder spanische Monarchie würden einen unglücklichen Krieg nicht überleben, und sogar in Deutschland – wenn wir gegen jede Erwartung geschlagen werden sollten – würden die Aussichten der demokratischen oder sozialistischen Partei durch unsere Niederlage beträchtlich gewinnen. […] Im Ganzen würde der etwaige nächste Krieg viel weniger den Charakter eines Krieges von Regierung gegen Regierung als den eines Krieges der roten Fahne gegen die Elemente der Ordnung und der Erhaltung haben.

Zitiert nach: Bernhard Schwertfeger: Die Diplomatischen Akten des Auswärtigen Amtes 1871–1914. Erster Teil: Die Bismarck-Epoche 1871–1890. Deutsche Verlagsgesellschaft für Politik und Geschichte, Berlin 1924, S. 317 ff.

Die Weimarer Republik

Als „Weimarer Republik“ wird die **erste „echte“ demokratische Epoche deutscher Staatlichkeit** bezeichnet. Sie ging aus der Revolution von 1918/19 hervor und endete am 30. Januar 1933 mit der Machtübertragung an die Nationalsozialisten unter Adolf Hitler. Drei Etappen der Weimarer Republik werden unterschieden:

- Gründung und Nachkriegskrise 1919–1923,
- Stabilisierung 1923–1929 („Goldene Zwanzigerjahre“),
- Weltwirtschaftskrise und Scheitern 1929–1933.

Die erste deutsche Republik wurde deswegen nach Weimar benannt, weil dort die **Nationalversammlung** am 6. Februar 1919 zusammentrat, um den bürgerkriegsähnlichen Kämpfen zwischen regierungstreuen Reichswehreinheiten und linksrevolutionären Milizen in Berlin auszuweichen.

Die Weimarer Republik ist innerhalb der deutschen Geschichte auch deshalb historisch bedeutsam, weil sie Bezugspunkt der 1949 geschaffenen demokratischen Bundesrepublik ist; es finden sich viele direkte verfassungsmäßige, politische und personelle Kontinuitäten zu „Weimar“. So war zum Beispiel der erste deutsche Bundeskanzler (1949–1963), Konrad Adenauer, ein wichtiger Politiker der katholischen Zentrums-Partei in der Weimarer Republik.

Bedeutend ist auch die kulturelle Modernisierung Deutschlands in dieser Zeit; auf fast allen kulturellen Feldern (z. B. Bauhaus-Architektur, Malerei der Neuen Sachlichkeit, episches Theater Brechts, Design als neue Kunstform) setzten sich Künstler und Intellektuelle an die Spitze einer zeitgemäßen Auseinandersetzung mit der industrialisierten Moderne. Kulturelles Zentrum war die pulsierende Weltmetropole Berlin mit ihrer besten Zeit von den „Goldenen Zwanzigerjahren“ bis zur Weltwirtschaftskrise 1929.

Drei wichtige Repräsentanten der Weimarer Demokratie (von links): Gustav Stresemann, der als Reichskanzler und -außenminister Deutschland aus der Isolation geführt hat, Reichsaußenminister Walther Rathenau sowie der erste Reichspräsident Friedrich Ebert.

1 Bestimmende politische und gesellschaftliche Strukturen

1.1 Die Klassengesellschaft

Die gesellschaftliche Struktur der Weimarer Republik entsprach der Klassengesellschaft des Kaiserreichs und war gekennzeichnet durch eine klare Abgrenzung der einzelnen sozialen Klassen voneinander: in erster Linie durch berufliche Stellung und den Grad des materiellen Wohlstands, aber auch durch ein ausgeprägtes Bewusstsein der Zugehörigkeit zur eigenen gesellschaftlichen Gruppe. Damit verbunden waren gemeinsame Überzeugungen, Werte und politische Überzeugungen. Das führte zu einer **Zersplitterung der Parteienlandschaft**, da die einzelnen Parteien v. a. die Interessen ihrer Klasse vertraten (Interessenparteien). Stabile Regierungsmehrheiten waren so nur schwer möglich: Sichtbar ist dies in **häufigen Koalitions- und Regierungswechseln**.

Die wichtigsten Gruppen der deutschen Gesellschaft waren:

- die **Arbeiterschaft** (ca. 40 Prozent der Bevölkerung), seit der Trennung der SPD (April 1917) politisch zerfallen in einen gemäßigteren demokratischen (MSPD) und einen radikaleren sozialistischen Teil (USPD);
- eine Sonderrolle nimmt das sogenannte **Landproletariat** (ca. 25 Prozent) ein, besitzlose Landarbeiter oder Kleinbauern, die häufig radikale Parteien von rechts oder links bevorzugten,
- das **Bürgertum** (ca. 30 Prozent) mit einer Vielfalt der Gruppen vom Kleinbürgertum der Angestellten bis zum Bildungsbürgertum dachte generell national, unterschied sich aber durch eine eher gemäßigt-parlamentarische oder eine rechte, monarchistische Orientierung. Konservativ-monarchistisch eingestellt waren die bürokratischen Eliten des Kaiserreichs in Verwaltung und Justiz. Die Weimarer Republik besaß gerade in dieser Gruppe kaum Zustimmung: Die Auflösung eines politisch stabilen Bürgertums und seine Radikalisierung nach rechts ist einer der Hauptgründe für den Aufstieg des Nationalsozialismus.
- Der **Adel** und das **industrielle Großbürgertum** standen als „alte Eliten“ des Kaiserreichs der Republik grundsätzlich feindlich gegenüber und agitierten innerhalb der rechten Parteien für die Umgestaltung des politischen Systems zurück zu einem vordemokratischen Ständestaat. Wichtige Teile dieser Oberschicht gingen letztlich ein Bündnis mit den Nationalsozialisten und ihrer Massenbasis ein. Protagonist dieser Gruppe war der ehemalige Generalfeldmarschall Paul von Hindenburg, von 1925–1934 Reichspräsident.

- Das industrielle Großbürgertum unterstützte im Wesentlichen die politische Rechte, um die sozialen Reformen der Weimarer Republik zu unterlaufen und die Arbeiterschaft als mitbestimmenden Faktor politisch und im Bereich der Tarifpolitik auszuhebeln. Zuletzt entschlossen sich wichtige Teile der in den demokratischen Wahlen wenig erfolgreichen „alten Eliten" des Kaiserreichs zu einem Bündnis mit den Nationalsozialisten und ihrer Massenbasis.

1.2 Die Modernisierungskrise

Die soziale Wirklichkeit der Weimarer Republik prägte eine Modernisierungskrise: Die Menschen mussten sich in einer Phase stürmischer wirtschaftlicher (Technisierung, Verstädterung), geistiger (Massenmedien, wissenschaftlicher Fortschritt) und sozialer Veränderungen ihrer Lebens- und Arbeitswelten (industrielle Klassen- und Massengesellschaft) zurechtfinden. Die wirtschaftliche Entwicklung wurde bereits damals durch die **Globalisierung** der Weltwirtschaft bestimmt, die sich etwa in der Abhängigkeit Deutschlands von amerikanischen Krediten und Investitionen zeigte. Die Weltwirtschaftskrise von 1929 ist das Symbol für die Gefahren der neuen Entwicklung.

Die atemlose Modernisierung erzeugte aber bei einem Großteil gerade der **bürgerlichen Bevölkerung** eine **Gegenreaktion:** eine angstvolle Rückwendung zu den überholten, scheinbar bewährten Werten und Weltbildern (Heimatkunst, Idealisierung des bäuerlichen Lebens); diese Denkformen nutzten die Rechten und v. a. die Nationalsozialisten ideologisch, um die „Deutungshoheit" über die kulturelle Entwicklung zu gewinnen: Alles Negative wurde – letztlich erfolgreich – dem modernen demokratischen, „entarteten" System zugesprochen, das „gute Alte" den eigenen reaktionären Ideologien. Auch bei bürgerlichen Intellektuellen waren Vorstellungen von einer ständischen, autoritären Ordnung („konservative Revolution") weit verbreitet, mit der gegen die „Gleichmacherei" der Demokratie der Führungsanspruch der traditionellen Eliten behauptet werden sollte. Diese **antidemokratischen Denkweisen** bildeten einen guten Nährboden für die noch radikalere NS-Ideologie.

Aufgabe 32 Fassen Sie in knappen Thesen zusammen, welche Strukturen die Weimarer Republik prägten.

2 Die Revolution von 1918

6.4.1917	Gründung der Unabhängigen Sozialdemokratischen Partei Deutschlands (USPD) – Spaltung der SPD in MSPD und USPD
29.9.1918	OHL verlangt sofortigen Waffenstillstand und Demokratisierung der Reichsverfassung
Okt./Nov. 1918	Deutsche Niederlage im Ersten Weltkrieg Legitimitätsverlust der wilhelminischen Monarchie
28.10.1918	Parlamentarisierung der deutschen Reichsverfassung (parlamentarische Monarchie)
Nov. 1918	Matrosenaufstand in Kiel
3.–9.11.1918	Ausbreitung der Revolution der Arbeiter und Soldaten im Reich
9.11.1918	Ausrufung der Republik in Berlin; Bekanntgabe der Abdankung Wilhelms II. durch Prinz Max von Baden
10.11.1918	Bildung des Rats der Volksbeauftragten
11.11.1918	Unterzeichnung des Waffenstillstands mit der Entente in Compiègne
15.11.1918	Bündnis zwischen Arbeitgebern und Gewerkschaften (Stinnes-Legien-Abkommen)
28.11.1918	Offizielle Abdankung Kaiser Wilhelms II.
16.–21.12.1918	1. Reichskongress der Arbeiter- und Soldatenräte in Berlin
28.12.1918	Austritt der USPD-Vertreter aus dem Rat der Volksbeauftragten
1.1.1919	Gründungsparteitag der Kommunistischen Partei Deutschlands (KPD)
5.–11.1.1919	„Spartakusaufstand" in Berlin
15.1.1919	Ermordung Karl Liebknechts und Rosa Luxemburgs
19.1.1919	Wahl zur Nationalversammlung; „Weimarer Verfassung"

Die Weimarer Republik entstand aus der **ersten gelungen deutschen Revolution**, die in kurzer Zeit das politische System des wilhelminischen Kaiserreiches zu Fall brachte. Der berühmte Soziologe Max Weber erkannte als Hauptursache dieser Entwicklung den **Legitimitätsverlust der Monarchie** bei der Bevölkerung. Er sah dafür drei wesentliche Gründe:

- die Aushöhlung der überlieferten gesellschaftlichen Maßstäbe im langen Ersten Krieg,
- die bis zuletzt für unmöglich gehaltene Niederlage des Kaiserreichs und
- den Zusammenbruch der geregelten materiellen Versorgung der Bevölkerung seit 1916 mit der Ausdehnung „schwarzer Märkte".

Die führende Rolle übernahmen nun die gemäßigten Sozialdemokraten, die sich gegen den Widerstand der Linksextremen mit ihrem Ziel durchsetzten, die Monarchie durch eine **parlamentarische Demokratie** zu ersetzen; sie sollte den politischen Willen aller Bevölkerungsgruppen zur Geltung bringen.

2.1 „Oktoberverfassung“: verspätete Parlamentarisierung des Reichs

Aufgrund des absehbaren militärischen Zusammenbruchs forderte die Oberste Heeresleitung (Ludendorff, Hindenburg) am 29. September 1918 einen sofortigen Waffenstillstand sowie eine Demokratisierung der Reichsverfassung, um auf der Basis der 14-Punkte-Erklärung des US-Präsidenten Wilson in die Friedensverhandlungen eintreten zu können. Ludendorff verlangte

- die Ersetzung des Dreiklassenwahlrechts in Preußen durch ein allgemeines, gleiches und freies Wahlrecht,
- eine neue Reichsregierung aus Vertretern der wichtigsten Parteien und
- das Recht zur Ein- und Absetzung des Reichskanzlers für den Reichstag.

Am 28. Oktober 1918 erfolgte mit dem Erlass der **„Oktoberverfassung“** die Parlamentarisierung der deutschen Reichsverfassung. Die seit 1871 bestehende konstitutionelle Monarchie wurde zu einer **parlamentarischen Monarchie**. Reichskanzler der neuen Regierung war der liberal eingestellte Prinz Max von Baden; seinem Kabinett gehörten wichtige Politiker des Zentrums (Matthias Erzberger) und der MSPD (Philipp Scheidemann) an.

2.2 Die Revolution der Soldaten und Arbeiter

Die Verhandlungen der neuen Regierung mit den USA seit dem 3. Oktober ließen erkennen, dass vor allem der Kaiser der Aufnahme sofortiger Waffenstillstandsverhandlungen im Weg stand. Wilhelm II. weigerte sich jedoch, zugunsten des Kronprinzen abzudanken. In dieser Lage trieb die **Eigenmächtigkeit der deutschen Admiralität** das Geschehen voran. Ohne Wissen der Regierung wollte sie in einer militärisch aussichtslosen Seeschlacht gegen die überlegene britische Flotte den deutschen Widerstandswillen demonstrieren. Doch die Matrosen waren nicht bereit, sich am Ende des verlorenen Krieges opfern zu lassen. In Wilhelmshaven und Kiel begann ihr Widerstand, der sich schnell auf die Garnisonen und die Industrie der deutschen Großstädte ausdehnte. Nach russischem Vorbild wurden **Arbeiter- und Soldatenräte** gewählt.

Am 9. November 1918 erreichte die revolutionäre Bewegung die Reichshauptstadt Berlin. Die dortigen Arbeiter und Soldaten folgten dem Aufruf linker Politiker zu Massenprotesten gegen Kaiser und Regierung. Um die Monarchie zu retten, gab Prinz Max von Baden eigenmächtig die Abdankung des Kaisers zugunsten des Kronprinzen bekannt und übergab das Amt des **Reichskanzlers** an **Friedrich Ebert**, den Vorsitzenden der MSPD.

Politische Positionen der MSPD 1918

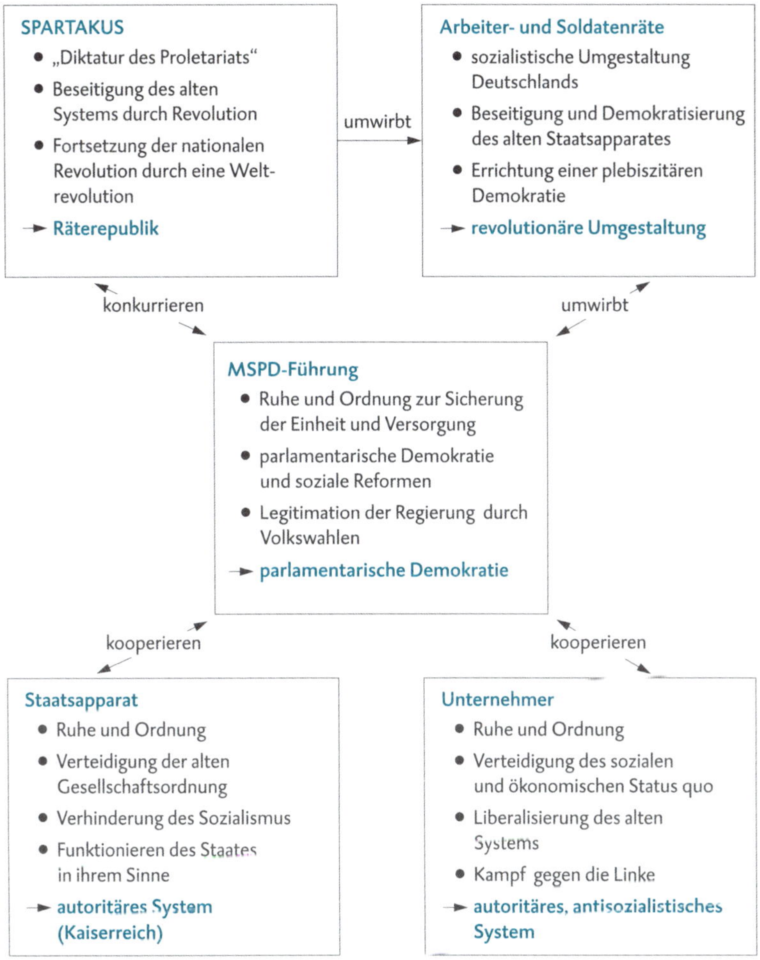

Auch Philipp Scheidemann (MSPD) handelte kurz danach eigenmächtig gegenüber dem neuen Regierungschef: Um einer kommunistischen Aktion zuvorzukommen, proklamierte er vom Reichstagsgebäude aus die **„Deutsche Republik“**. Zwei Stunden später rief Karl Liebknecht (USPD) die **„Freie Sozialistische Republik Deutschland“** aus. Die Führungen von MSPD und USPD einigten sich, um die Kontrolle über das Geschehen zu behalten, am 10. November auf die Bildung einer aus je drei Vertretern beider Parteien bestehenden provisorischen Regierung, den **„Rat der Volksbeauftragten“**. Am selben Tag bestätigten 3 000 Berliner Arbeiter- und Soldatenräte (Vollversammlung) den Rat im Amt. Das Reich hatte jetzt eine revolutionäre sozialistische Regierung.

Ein wichtiges Beispiel für die Zusammenarbeit der neuen Regierung mit den „alten" Eliten ist das am 10. November vereinbarte Bündnis zwischen dem Rat der Volksbeauftragten unter dem Vorsitzenden Ebert und der Reichswehrführung unter Ludendorffs Nachfolger, General Groener **(„Ebert-Groener-Abkommen"):** Die Heeresführung sollte die Regierung absichern, die Regierung dafür eine ordnungsgemäße Rückführung der Fronttruppen gewährleisten.

Am 15. November wurde auch die „Zentralarbeitsgemeinschaft", ein Bündnis zwischen Arbeitgebern (Hugo Stinnes) und Gewerkschaften (Carl Legien) vereinbart: Die Gewerkschaften wurden als Tarifpartner anerkannt, der 8-Stunden-Tag eingeführt und in Betrieben ab 50 Mitarbeitern Arbeiterausschüsse zugelassen. Die Unternehmer hofften nicht zu Unrecht, mit diesen Zugeständnissen der drohenden Verstaatlichung („Sozialisierung") der wichtigsten Industrien vorzubeugen. Das Bündnis war ein Vorläufer der noch heute bestehenden Sozialpartnerschaft zwischen Unternehmern und Arbeitern, auch wenn es bereits 1924 zerbrach.

Wilhelm II. verließ noch am 9. November 1918 Berlin, am 28. November dankte er offiziell ab und ging nach Holland ins Exil. Am **11. November** wurde mit der Unterzeichnung des **Waffenstillstandsabkommens** der Krieg beendet.

2.3 Der Weg zur Nationalversammlung

In den beiden regierenden sozialistischen Parteien gab es erhebliche Meinungsverschiedenheiten über die **Neugestaltung des Deutschen Reiches**. Die MSPD hatte sich im Kaiserreich zu einer parlamentarisch orientierten Partei entwickelt und trat deshalb für die Wahl einer Nationalversammlung durch alle Bürger ein. Dagegen wollten die linken Kräfte in der USPD und der linksradikale Spartakusbund eine revolutionäre Entwicklung wie in Russland einleiten: Arbeiter- und Soldatenräte sollten die Regierung wählen („Diktatur des Proletariats"), die bestehenden politischen, gesellschaftlichen und wirtschaftlichen Strukturen sollten zerschlagen werden.

Die Frage, ob eine Nationalversammlung oder ein Rätesystem die Zukunft Deutschlands bestimmen sollte, wurde auf dem **Reichskongress der Arbeiter- und Soldatenräte in Berlin** (16.–21. Dezember 1918) mit überwältigender Mehrheit zugunsten der Nationalversammlung entschieden.

Die USPD-Vertreter verließen daraufhin den „Rat der Volksbeauftragten", der Spartakusbund und die radikalen Linken in der USPD gründeten am 1. Januar 1919 die Kommunistische Partei Deutschlands (KPD). Vor der **Wahl zur Nationalversammlung,** die auf den 19. Januar 1919 angesetzt war, rief die KPD zum Sturz der MSPD-Regierung auf. Dies führte in Berlin zu einem Generalstreik, zu Massendemonstrationen und zum **„Spartakusaufstand"** linker Milizen (5.–11. Januar 1919). Die kritische Lage konnte der Volksbeauftragte Gustav Noske (MSPD) nur mithilfe von rechtsgesinnten Freiwilligenverbänden **(„Freikorps")** in schweren Kämpfen meistern.

Bei den Kämpfen wurden die KPD-Führer **Karl Liebknecht** und **Rosa Luxemburg** am 15. Januar 1919 von Soldaten ermordet. Dieses Verbrechen vertiefte die Spaltung in der deutschen Arbeiterschaft, da die Linken die MSPD-Regierung verantwortlich machten. Die rechten Freikorps wurden in der Folge zu einem für die Republik problematischen Machtfaktor; in der schwierigen Situation Anfang 1919 sicherten sie allerdings die Wahlen und das Zusammentreten der neuen Nationalversammlung ab.

2.4 Demokratische Alternativen in der revolutionären Anfangsphase?

Hätte es in der Anfangszeit der Weimarer Republik Alternativen für eine erfolgreichere Entwicklung der ersten deutschen Republik gegeben? Hätten die Sozialdemokraten in der Revolutionsphase nicht einen stärkeren Bruch mit den Strukturen des Wilhelminismus vollziehen können?

- Dem SPD-Theoretiker Eduard Bernstein nach war Deutschland bereits zu industrialisiert und zu demokratisch, um einen schockartigen strukturellen Wandel aushalten zu können, dieser hätte im Bürgerkrieg geendet.
- Die SPD verstand sich zudem seit der Kaiserzeit als eine Partei des demokratischen Wandels, die Entscheidung für die verfassunggebende Nationalversammlung entsprach dieser Haltung.
- Auch mussten die revolutionären Volksbeauftragten mit den kaiserlichen Eliten zusammenarbeiten, die bestehenden Verwaltungsstrukturen und militärischen Hierarchien nutzen und den wirtschaftlichen Status quo unangetastet lassen, um die Demobilisierung der Heeres durchzuführen und die Versorgung der Bevölkerung nicht zu gefährden.
- Der Hauptgrund für die weitgehenden Zugeständnisse der SPD-Führer war aber der Druck, dem sie durch die gewaltsamen Umsturzversuche der Linksradikalen ausgesetzt waren. Diesem konnten sie nur durch Zugeständnisse an die Machtträger des Kaiserreichs in Militär und Verwaltung begegnen („Ebert-Groener-Abkommen").

Unnötig dürfte aber das Ausmaß der Übernahme der bestehenden Verhältnisse gewesen sein: In einer **„Überkontinuität" zum Kaiserreich** wurden vorhandene Chancen einer personellen Erneuerung und Demokratisierung der Armee, der Justiz und der zivilen Verwaltung nicht genutzt. Diese Institutionen fielen als Stützen der neuen Republik deshalb aus. Schwerindustrie und Großgrundbesitz blieben gar völlig unangetastet, Sozialisierungspläne wurden aus Angst vor wirtschaftlichen Schwierigkeiten und zugunsten wichtiger Fortschritte für die Gewerkschaften (Anerkennung als Tarifpartner, 8-Stunden-Arbeitstag im „Stinnes-Legien-Abkommen") nicht umgesetzt. Die gesellschaftlichen Machtverhältnisse des Kaiserreichs konnten sich so konsolidieren. In der Folge wurden ein Teil der Industriellen und die ostelbischen Junker zu den mächtigsten Feinden der Republik und in ihrer Endphase zu ihren Totengräbern.

Aufgabe 33 Skizzieren Sie die wichtigsten Etappen des Revolutionsgeschehens zwischen Oktober 1918 und Januar 1919.

Aufgabe 34 Erklären Sie, warum sich aus der Revolution eine parlamentarische Demokratie entwickelt hat.

3 Die Weimarer Reichsverfassung von 1919

1.1.1919	Gründung der KPD
19.1.1919	Wahl zur Nationalversammlung
6.2.1919	Eröffnung der Nationalversammlung in Weimar
11.2.1919	Wahl Friedrich Eberts (MSPD) zum ersten Reichspräsidenten
11.8.1919	Unterzeichnung der Weimarer Verfassung durch Reichspräsident Ebert

Die Nationalversammlung trat am 6. Februar 1919 in Weimar zusammen. Sie wählte den MSPD-Führer Friedrich Ebert (1871–1925) zum ersten **Reichspräsidenten** und erarbeitete nach einem Entwurf des Staatsrechtlers **Hugo Preuß** die neue Verfassung. Diese war die **erste freiheitlich-demokratische Verfassung Deutschlands**, die in der Tradition des gescheiterten Verfassungsentwurfs der Paulskirchenversammlung von 1849 stand. In ihrer Zeit fehlte ihr die breite Zustimmung in der Bevölkerung; als Ergebnis der Revolution wurde sie zuerst hingenommen, später von den Bürgerlichen und Rechten gehasst und bekämpft. Dabei erwies sich das konsequente demokratische Prinzip der Verfassung als ihr größter Fehler: Die Bewahrung der Freiheit, die sie bot, war durch sie selbst nicht gesichert. In der Endphase der Weimarer Republik konnten deshalb die radikalen Republikfeinde aus dem kommunistischen und nationalsozialistischen Lager auf „legalem" Weg das politische System der Verfassung unterwandern und es von innen heraus zerstören. Das „wehrhafte" Grundgesetz von 1949 ist eine unmittelbare Konsequenz aus dieser Erfahrung.

Die Weimarer Reichsverfassung

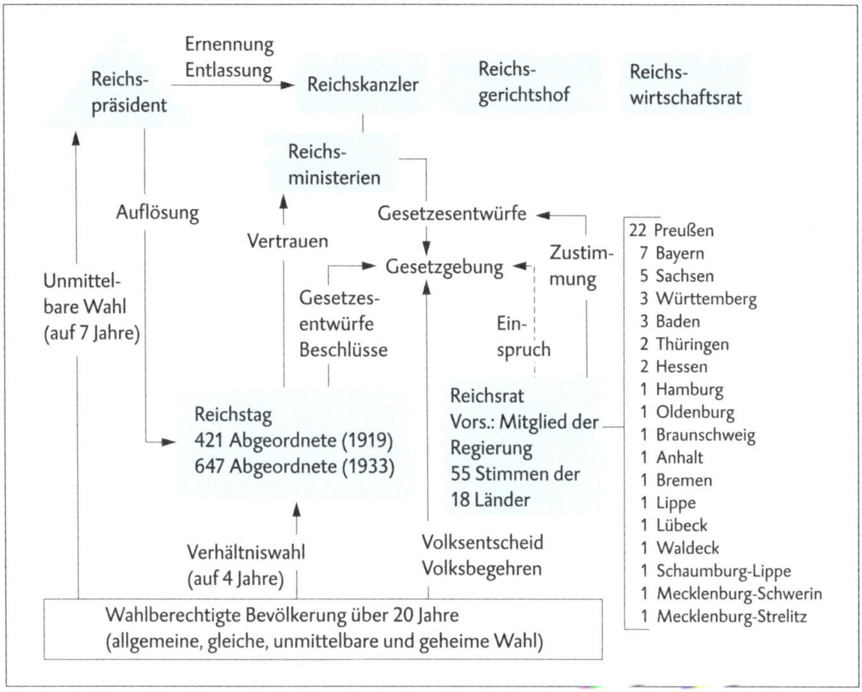

3.1 Zentralismus und Föderalismus

Die Versammlung einigte sich nach heftigem Widerstand der Länder gegen einen dezentralisierten Einheitsstaat auf einen **bundesstaatlichen Charakter** des Reiches: Aus den „deutschen Staaten" wurden gemäß Artikel 2 der Weimarer Reichsverfassung **„deutsche Länder"**. Der Bundesrat als die entsprechende Institution des Kaiserreiches wurde als **„Reichsrat"** beibehalten und wie bisher mit weisungsgebundenen Vertretern der Landesregierungen besetzt. Er verlor aber seinen Rang als oberstes Reichsorgan und war eher auf eine beratende Mitwirkung bei der Gesetzgebung beschränkt.

Der **Reichstag** konnte sich mit Zweidrittelmehrheit gegen ein negatives Votum des Reichsrates durchsetzen. Entsprechend brach nunmehr Reichsrecht Landesrecht. Um dem Übergewicht Preußens entgegenzuwirken, wurden die Stimmen Preußens im Reichsrat mit einer komplizierten Regelung deutlich verringert. Auch konnte der Reichspräsident mithilfe von Notverordnungen in den Ländern politisch und militärisch eingreifen („Reichsexekution").

3.2 Wahlsystem und plebiszitäre Elemente

Zentrales Organ der Reichsgewalt war der **Reichstag**. Dieser wurde für jeweils vier Jahre durch allgemeines, gleiches, unmittelbares und geheimes Wahlrecht von allen über 20 Jahre alten Männern und Frauen nach den Grundsätzen der **absoluten Verhältniswahl** gewählt (was bedeutet, dass die Sitze strikt nach dem Stimmenanteil vergeben wurden). Zum ersten Mal in der deutschen Geschichte durften auch Frauen wählen. Die Rechte des Reichstags waren

- die Gesetzgebung,
- das Budgetrecht,
- die Ratifizierung von Staatsverträgen,
- die Bestätigung von Kanzler und Ministern.

Elemente der Demokratie

Elemente der direkten, plebiszitären Demokratie	Elemente der repräsentativen, parlamentarischen Demokratie	Elemente der präsidiellen Demokratie
Art. 22: demokratisches Wahlrecht für Männer und Frauen über 20 Jahren Art. 41: Wahl des Reichspräsidenten auf 7 Jahre direkt durch das Volk Art. 73: Recht auf Volksbegehren und Volksentscheid Art. 74: Staatsbürger als Schiedsrichter bei Konflikt zwischen Reichstag und Reichsrat	Art. 21: Abgeordnete sind Vertreter des ganzen Volkes und nur ihrem Gewissen unterworfen Art. 22: demokratische Wahl des Reichstages Art. 54: Reichskanzler und jeder einzelne Minister bedürfen des Vertrauens des Reichstages („destruktives Misstrauensvotum“) Art. 25: Periodizität von Neuwahlen spätestens 60 Tage nach RT-Auflösung Art. 48: Recht des RT, Notverordnungen außer Kraft zu setzen Art. 68: Gesetzgebungsrecht	Art. 25: Recht des RP zur Auflösung des RTs Art. 41: direkte Wahl des RP durch das Volk auf 7 Jahre → plebiszitäre, überparteiliche Stellung Art. 47: RP ist Oberbefehlshaber der Reichswehr Art. 48: RP hat das Notverordnungsrecht, kann die Grundrechte einschränken oder aufheben, die Reichsexekution durchführen Art. 53: RP ernennt und entlässt den Reichskanzler und die Reichsminister Art. 73: RP kann Volksentscheid herbeiführen
↓	↓	↓
Kombination von demokratischen Befugnissen (Wahl, Legislative, Schiedsrichterrolle) → Begrenzung des parlamentarischen Systems	Demokratische Befugnisse des Reichstages (Kontrollrecht, Misstrauensvotum, Gesetzgebung) → Beschränkung der Macht der Exekutive	Kumulierung von Kompetenzen machen RP zum „Ersatzkaiser“; die Kombination der Art. 25, 53 und 48 schafft die Möglichkeit, den RT auszuschalten

Als **Schwächung des Parlaments** erwiesen sich vor allem

- das Fehlen einer Prozenthürde für Kleinparteien im Wahlrecht. Die Folgen waren Zersplitterung und strukturelle Instabilität der politischen Praxis, sichtbar in häufig wechselnden Koalitionen und Regierungswechseln; diese Instabilität schwächte bald die Glaubwürdigkeit des demokratischen Systems bei der Bevölkerung.
- Auch fehlte der Weimarer Republik ein verfassungsrechtlicher Schutz gegen antidemokratische Parteien, wie es im bundesrepublikanischen Grundgesetz gegeben ist; so konnten nach 1930 die Rechts- und Linksextremen das Parlament praktisch lahm legen. Das uneingeschränkte demokratische Prinzip führte in dem Moment zur Krise der Demokratie, als die parlamentarische Mehrheit von Parteien (NSDAP, KPD seit 1930) gebildet wurde, die das Weimarer System zerstören wollten.
- Das starke plebiszitäre Element, also die Möglichkeit, wichtige politische Entscheidungen durch eine **Volksabstimmung** herbeizuführen, schwächte die Stellung des Reichstags zusätzlich.

3.3 Der Reichspräsident

Der Reichspräsident besaß eine sehr starke Position. Er sollte als eine Art **„Ersatzkaiser"** über den gesellschaftlichen Gegensätzen stehen und wurde unmittelbar vom Volk auf sieben Jahre gewählt. Die weitreichenden Befugnisse des Reichspräsidenten waren:

- die völkerrechtliche Vertretung des Reiches,
- die Ernennung der Beamten und Offiziere,
- das Begnadigungsrecht sowie
- die Ernennung des Reichskanzlers und auf dessen Vorschlag der Reichsminister (Art. 53). Die Reichsregierung war zwar zu ihrer Amtsführung an das Vertrauen des Reichstages gebunden, aber die Initiative zur Ernennung des Reichskanzlers lag allein beim Reichspräsidenten und nicht beim Reichstag, der auch keine Vorschläge unterbreiten durfte.
- Der Reichspräsident hatte den Oberbefehl über die Reichswehr.
- **Artikel 48** der Verfassung regelte ein **„Notverordnungsrecht"**, das dem Reichspräsidenten erlaubte, Notverordnungen über den Reichstag hinweg zur Aufrechterhaltung der öffentlichen Sicherheit und Ordnung, gegebenenfalls auch mit militärischen Mitteln, durchzusetzen **(„Diktaturgewalt")**. In solchen Fällen durfte er auch die Grundrechte ganz oder zum Teil außer Kraft setzen. Nach Artikel 48 konnte der Reichspräsident ferner mithilfe der

Reichswehr gegen ein Land vorgehen, falls es seinen Pflichten gemäß der Reichsverfassung oder den Reichsgesetzen nicht nachkam („Reichsexekution“). Der Reichstag konnte allerdings gegen solche Maßnahmen sein Veto einlegen und sie damit rückgängig machen.

- **Artikel 25** bestimmte das Recht des Präsidenten, den **Reichstag aufzulösen**. Dadurch konnte Artikel 48 leicht zum Instrument einer präsidialen Alleinregierung werden, wenn der Präsident auf ein Veto des Reichstags gegen eine Notverordnung mit der Auflösung des Reichstags reagierte oder auch nur damit drohte. Dann lag die gesamte Macht bis zu Neuwahlen (innerhalb von 60 Tagen) direkt in der Hand des Reichspräsidenten. Die Präsidialkabinette Hindenburgs nach 1930 funktionierten nach diesem System.

Die Väter des Bonner Grundgesetzes haben die starke Position des Präsidenten aufgrund der praktischen Erfahrung der Weimarer Republik beseitigt und den Bundespräsidenten im Wesentlichen auf repräsentative Funktionen beschränkt. Auch die sogenannte Notstandsverfassung gibt in unserem Staat keinem Verfassungsorgan die umfangreichen Befugnisse des Artikels 48.

3.4 Die Reichsregierung

Der Reichskanzler bestimmte die Richtlinien der Politik und schlug dem Reichspräsidenten die Minister zur Erneuerung vor. **Reichskanzler und Reichsminister** brauchten aber zur Amtsführung das Vertrauen des Reichstags. Ein Misstrauensvotum gegen den Kanzler hatte den Sturz der ganzen Regierung zur Folge.

Das sogenannte „konstruktive“ Misstrauensvotum des Grundgesetzes, wonach der Bundeskanzler nur bei gleichzeitiger Wahl eines Nachfolgers gestürzt werden kann, sodass stets eine parlamentarisch legitimierte Regierung besteht, sah die Weimarer Verfassung nicht vor. Insgesamt also hatte der Reichskanzler, verglichen mit dem heutigen Bundeskanzler, eine schwache Position.

3.5 Grundrechte und Grundpflichten

Die Weimarer Nationalversammlung griff auf die **traditionellen liberalen Grundrechte** zurück: Die Gleichheit aller vor dem Gesetz, die Freiheit der Person, das Recht der freien Meinungsäußerung, die Glaubens- und Gewissensfreiheit, das Recht der freien Religionsausübung, das Petitionsrecht, die Vereins- und Versammlungsfreiheit sowie die Unverletzlichkeit der Wohnung und des Briefgeheimnisses wurden hier garantiert.

Verfassungen im Vergleich

	Paulskirche 1849	Kaiserreich 1871	Weimarer Republik 1919	Grundgesetz der BRD 1949
Staats-oberhaupt	erbliches Kaisertum mit aufschiebendem Veto; löst Volkshaus auf; erklärt Krieg und Frieden; schließt Verträge; Oberbefehl	erbliches Kaisertum (König v. Preußen); ernennt Reichskanzler (preußischer Ministerpräsident); Präsident des Bundesrates; Oberbefehl	vom Volk gewählter Reichspräsident, ernennt, entlässt die Regierung; löst Reichstag auf; Art. 48 Notverordnung; Volksbefragung, entscheidet über Gesetze; Oberbefehl	von Bundesversammlung (aus Bundestag und Ländervertretern) gewählter Bundespräsident; ernennt Minister auf Vorschlag des Kanzlers
Ländervertretung	*Staatenhaus* Mitwirkung bei Gesetzgebung, Kultur- und Rechtsfragen	*Bundesrat (Fürsten)* beschließt mit Reichstag Gesetze; Träger der Regierungsgewalt; (Preußen stellt Bundespräsidenten, Kanzler, Kriegsminister)	*Reichsrat* beratende Funktion; eingeschränkte Mitwirkung bei Gesetzgebung	*Bundesrat* beteiligt an Gesetzgebung: volles Veto bei Gesetzen, die die Belange der Länder betreffen, z. B. Bildungswesen
Volksvertretung	*Volkshaus* beschließt Gesetze, Haushalt und Verträge; Ministerverantwortlichkeit	*Reichstag* beschließt mit dem Bundesrat Gesetze und Haushalt	*Reichstag* Ministerverantwortlichkeit; Gesetzgebung; Haushalt; Ministeranklage; Mitwirkung bei Krieg und Frieden	*Bundestag* bestellt aus seiner Mitte den Kanzler; an Präsidentenwahl beteiligt (50 %); Gesetzgebung; Haushalt; Kanzlerverantwortlichkeit; konstruktives Misstrauensvotum
Wahlbürger	wählen Volkshaus	wählen Reichstag	wählen Reichstag und Reichspräsidenten; Volksbegehren (Gesetzesinitiative); Volksentscheid auf Antrag des Präsidenten über Gesetze	wählen Bundestag
Wahlrecht	allgemein, gleich, geheim	allgemein, gleich, geheim (Reich); Dreiklassenwahlrecht (Preußen)	allgemein (auch Frauen), gleich, geheim	allgemein (auch Frauen), gleich, geheim

Ferner stellte die Verfassung bürgerliche Gesellschaftseinrichtungen wie Familie, Vereine, Gemeinden und das Berufsbeamtentum unter den besonderen Schutz des Staates. Diesen Grundrechten standen aber **Grundpflichten** gegenüber, vor allem der **Wehrdienst**, was allerdings den Bestimmungen des Versailler Vertrags widersprach.

Der Abschnitt über das „Wirtschaftsleben" kam in der Nationalversammlung als hart umkämpfter Kompromiss zwischen den bürgerlichen und sozialdemokratischen Parteien zustande. Das Eigentum wurde geschützt, zugleich aber der Sozialbindung unterworfen. Zudem war es möglich, wirtschaftliche Unternehmen zu verstaatlichen, was einer sozialistischen Grundforderung entsprach.

Die **Grundrechte** waren mehr Programm als geltendes Recht, ihre Einhaltung war nicht einklagbar. Heute sind als Konsequenz die Grundrechte positives, also unmittelbares Recht und bieten dem einzelnen Bürger Schutz vor staatlicher Willkür.

3.6 Die Parteien in der Nationalversammlung 1919

Die Parteien, die nach dem 19. 1. 1919 in allgemeiner, gleicher und freier Wahl in die Nationalversammlung kamen, waren im Wesentlichen die gleichen wie im kaiserlichen Deutschland. Die **bürgerlichen Parteien** formierten sich neu.

- Die Deutsche Demokratische Partei (DDP) entstand aus der ehemaligen Fortschrittlichen Volkspartei und einem Teil der Nationalliberalen. Ihr Ziel war es, alle nicht sozialistischen, aber entschieden demokratischen Kräfte zusammenzufassen.

Die Parteien bei den Wahlen zur Nationalversammlung

	KPD	USPD	SPD
Zusammensetzung der Anhängerschaft	Linke aus USPD/SPD, internationale Kommunisten, spontan mobilisierte Massen	linker Flügel der SPD, rechter Flügel der KPD, spontan Mobilisierte	Arbeiterschaft, insbesondere Facharbeiter, freie Gewerkschaften
Programm	Sozialisierung, Diktatur des Proletariats, Volksbildung	Sozialisierung, internationale Friedenssicherung, Volksbildung	wirtschaftliche und politische Stabilitätspolitik, Bündnis mit Reichswehr/kaiserlicher Verwaltung, Sozialpolitik, Volksbildung
erstrebte Staatsform	Räterepublik	z. T. Räterepublik	liberale demokratische Republik
Vertreter	Karl Liebknecht, Rosa Luxemburg	Kurt Eisner	Friedrich Ebert, Philipp Scheidemann
Wahlergebnis	Wahlboykott	7,6 %	37,9 %

- Gustav Stresemann, später einer der bedeutendsten Staatsmänner der Weimarer Republik, gründete mit einem Teil der Nationalliberalen die Deutsche Volkspartei (DVP). Sie vertrat vornehmlich die Belange der deutschen Großindustrie und war anfangs für die Wiedereinführung der Monarchie.
- In der Deutschnationalen Volkspartei (DNVP) schlossen sich ehemals konservative Gruppen zusammen. Sie lehnte den parlamentarisch-demokratischen Staat ab und forderte die Wiederherstellung der alten monarchischen Ordnung. Von ihr wurden in erster Linie die Interessen der Großagrarier und der Schwerindustrie vertreten.
- Relativ einfach war die Neuorientierung für das Zentrum, die katholische Volkspartei. In ihr trat gegenüber den konservativen Gruppen der Arbeitnehmerflügel stärker als bisher in den Vordergrund.
- 1918 spaltete sich die Bayerische Volkspartei (BVP) vom Zentrum ab, arbeitete jedoch eng mit diesem zusammen.

Die SPD bildete die weitaus stärkste Fraktion in der Nationalversammlung. Sie konnte mit Zentrum und DDP in der (bis 1923 bestehenden) **„Weimarer Koalition“** 76 Prozent der Wählerstimmen auf sich vereinigen. Auf der linken Seite forderten USPD und KPD eine sozialistische bzw. kommunistische Erneuerung des politischen Systems. Rechtsaußen formierten sich radikale Splitterparteien wie die NSDAP.

gabe 35 Stellen Sie die wichtigsten Merkmale der Weimarer Verfassung im historischen Kontext dar.

Z/BVP	DDP	DVP	DNVP
politischer Katholizismus, Mittelstand/ Kleinbürger, katholische Bauern, christliche Gewerkschaften	Neugründung aus ehemaliger Fortschrittlicher Volkspartei und linkem Flügel der Nationalliberalen	Neugründung aus Nationalliberalen durch Gustav Stresemann	Neugründung aus Deutsch-Konservativen, Frei-Konservativen, Christlich-Sozialen, Deutsch-Völkischen
Wohlfahrtsstaat, Antikommunismus	Interessen von Handel, Banken, elektrochemischer Industrie, Presse, Sozialpolitik	konservative Außen-, liberale Innenpolitik, Weltgeltung Deutschlands	alldeutsches Sammelbecken, Interessen der Großagrarier, Protestantismus, Antisemitismus
liberale Demokratie: „Vernunftrepublikaner“	liberale Demokratie	Volkskaisertum	Monarchie
Heinrich Brüning, Franz v. Papen, Ludwig Kaas	Hugo Preuß, Hjalmar Schacht	Gustav Stresemann	Alfred Hugenberg
19,7 %	18,5 %	4,4 %	10,2 %

4 Der Vertrag von Versailles mit Deutschland 1919

18.1.1919	Eröffnung der Friedenskonferenz in Paris
6.2.1919	Eröffnung der Nationalversammlung in Weimar
7.5.1919	Übergabe des Friedensvertrags an die deutsche Delegation
28.6.1919	Unterzeichnung des Friedensvertrags zwischen dem Deutschen Reich und den Alliierten in Versailles
10.1.1920	Inkrafttreten des Versailler Vertrags
Juni 1920	Konferenz von Boulogne: Festlegung der Reparationszahlungen auf 269 Milliarden Goldmark in 42 Jahresraten
12.10.1921	Völkerbund beschließt die Teilung Oberschlesiens zwischen Deutschland und Polen

Die **Friedenskonferenz** der 32 Siegerstaaten des Ersten Weltkriegs trat am 18. Januar 1919 in Paris unter französischem Vorsitz zusammen. Neben der politischen Neuordnung Europas und der Gebiete des Osmanischen Reiches stellte das Deutsche Reich ein zentrales Thema der Verhandlungen dar.

Für Deutschland hatten die Pariser Verhandlungen gravierende Folgen. Da die deutsche Delegation nicht an den Verhandlungen teilnehmen durfte, bezeichnete man in Deutschland den Friedensvertrag als **„Diktatfriede"**.

Der Vertrag wurde der deutschen Delegation am 7. Mai 1919 übergeben und am 28. Juni 1919 im Spiegelsaal des Schlosses von Versailles, also als Revanche dort, wo 1871 das Deutsche Reich proklamiert worden war, unterzeichnet; der Vertrag trat am 10. Januar 1920 in Kraft.

4.1 Die Interessen der wichtigsten Siegermächte

Die wichtigsten Entscheidungen der Konferenzen wurden im **exklusiven Rat der Hauptmächte** USA (Wilson), Großbritannien (Lloyd George) und Frankreich (Clemenceau) gefällt. Die besiegten Staaten blieben von den Verhandlungen ausgeschlossen. Vor allem die strategischen Interessen Großbritanniens und Frankreichs bestimmten den Vertragsinhalt.

US-Präsident Wilson wollte der Welt eine neue Ordnung geben, um die politischen, wirtschaftlichen und territorialen Probleme friedlich und dauerhaft zu lösen. Deshalb drängte er auf die **Errichtung eines Völkerbundes** zur Regelung internationaler Streitigkeiten; Wilson konnte aber seine während des Kriegs verkündeten Prinzipien („14 Punkte") nicht durchsetzen, vor allem nicht das Selbstbestimmungsrecht aller Völker. Frankreichs wichtigstes Ziel war der zukünftige Schutz vor Deutschland, das dauerhaft geschwächt werden sollte. Großbritannien vertrat die traditionelle europäische Gleichgewichtspolitik

(**„Balance of Power“**) und wollte vor allem eine Vorherrschaft Frankreichs auf dem Kontinent verhindern. Die USA und Großbritannien sahen in der revolutionären Sowjetunion eine größere Gefahr als in Deutschland und wollten deshalb Deutschland als Mittelmacht und als Gegengewicht zur Sowjetunion erhalten.

4.2 Kernpunkte des Vertrags

Territoriale Bestimmungen

Das Deutsche Reich verlor im **Westen**

- Eupen-Malmédy an Belgien
- und das 1871 gewonnene Elsass-Lothringen an Frankreich.
- Das Saargebiet unterstellte man 15 Jahre lang dem Völkerbund, wobei Frankreich seine Kohlengruben ausbeuten durfte. Anschließend sollte die saarländische Bevölkerung über eine Rückkehr ins Deutsche Reich entscheiden.

Im **Norden** fiel durch eine Volksabstimmung Nordschleswig an Dänemark.

Im **Osten**

- gingen der größte Teil Posens und Westpreußens sowie Teile von Ostpreußen und Hinterpommern an Polen, wodurch Ostpreußen durch einen polnischen „Korridor“ vom Reich getrennt wurde.
- Entgegen den ethnischen Mehrheitsverhältnissen fiel nach einem Gutachten des Völkerbundes der Osten Oberschlesiens mit dem größten Teil der Kohlelagerstätten und der Industrie nachträglich an Polen (Oktober 1921).
- Das Memelgebiet wurde ohne Abstimmung dem Völkerbund bzw. der französischen Besatzung unterstellt, 1923 von Litauen annektiert und erhielt im Jahre 1924 einen Autonomiestatus.
- Die bedeutende Hafenstadt Danzig mit dem Mündungsgebiet der Weichsel übergaben die Sieger als „Freie Stadt“ der Aufsicht des Völkerbundes, wobei man Polen weitgehende Nutzungsrechte zugestand.
- Das Hultschiner Ländchen ging an die Tschechoslowakei.

Außerdem hatte das Deutsche Reich sämtliche Kolonien, die der Völkerbund als Mandatsgebiete an alliierte Staaten weitergab, abzutreten. Deutschland verlor durch den Vertrag ein Siebtel seines Gebietes und ein Zehntel seiner Bevölkerung. Es büßte ein Drittel seiner Kohlen- sowie drei Viertel seiner Erzvorkommen ein.

Entmilitarisierung

Dem Ziel der **militärischen Schwächung Deutschlands** diente die Auslieferung des gesamten „schweren" Kriegsmaterials (Kriegsschiffe, Flugzeuge, Panzer, Artillerie), die Kontrolle der Abrüstung durch interalliierte Kommissionen, die Reduzierung der Reichswehr auf 100 000 Mann und die Auflösung des Großen Generalstabs. Besonders „skandalös" für die national gesinnte deutsche Öffentlichkeit war die Verpflichtung zur Auslieferung deutscher Kriegsverbrecher, worunter die Alliierten auch Wilhelm II. zählten. Diese Forderungen wurden aber nie erfüllt.

Reparationen

Für die Deutschen folgenschwer waren die von Deutschland zu erbringenden **Entschädigungsleistungen** („Reparationen"). Dazu zählten

- Sachleistungen (Handelsschiffe, ein Viertel der Fischfangflotte, Vieh, Kohle, Lokomotiven, Maschinen usw.) und
- Geldzahlungen, die 1920 zunächst auf der Konferenz von Boulogne auf 269 Milliarden Goldmark in 42 Jahresraten festgelegt wurden. Die Höhe der jeweiligen Zahlungen wurde in mehreren Abkommen geändert, 1932 wurden die Reparationen ganz aufgehoben.

„Kriegsschuldartikel" 231

Legitimiert wurden die umfangreichen Reparationsleistungen durch die Feststellung der **alleinigen Kriegsschuld Deutschlands und seiner Verbündeter** (Art. 231). Der Artikel verlangte die umfangreichen Reparationen als Entschädigung für die von Deutschland zu verantwortenden Zerstörungen und Verluste der siegreichen Kriegsgegner. Die Feststellung der deutschen Kriegsschuld wurde von allen deutschen Parteien zurückgewiesen und emotionalisierte die Diskussion um den Vertrag in der deutschen Öffentlichkeit stark.

4.3 Folgen des Versailler Vertrags

Im Konsens der Geschichtswissenschaft wird dem Versailler Vertrag eine große Rolle als belastendes Moment der Weimarer Republik zugesprochen: Das als **„Diktatfrieden"** und **„Schande"** empfundene Vertragswerk – vor allem auch der Kriegsschuldartikel – erzeugte bei den Deutschen ein kollektives Gefühl ungerechter Behandlung, das eine realistische Einschätzung des Vertrags und seiner Hintergründe verhinderte. Die antidemokratische Rechte fand darin einen wichtigen und wirksamen Angriffspunkt, denn die Mehrheit der Deutschen machte, beeinflusst von der rechten Propaganda, zunehmend die **demokratischen Regierungen** für die alternativlose Erfüllung des Vertrags **(„Erfüllungspolitiker")** verantwortlich.

Mit dem Versailler Vertrag verbunden ist ein belastendes Dilemma der Demokraten in der Weimarer Republik: Den demokratischen Politikern gelang es nicht, der deutschen Öffentlichkeit klar zu machen, wer die Verantwortlichen für die Kriegsniederlage und die damit verbundenen sozialen und wirtschaftlichen Probleme der Nachkriegszeit waren: nämlich die Eliten des Kaiserreichs, die an führender Stelle die junge Demokratie diffamierten und bekämpften. Ihnen gelang es, die neue Demokratie für das verantwortlich zu machen, was sie selbst verschuldet hatten.

Besonderen Erfolg hatte die Rechte mit den sog. **„Zwillingslegenden“:**

- Die **„Kriegsunschuldlegende“** (Winkler) leugnete den Hauptanteil der Führung des Kaiserreichs am Ausbruch des Ersten Weltkriegs. Der Artikel 231, der die deutsche Verantwortung feststellt, wurde entsprechend als „Kriegsschuldlüge“ bezeichnet.
- Die zweite Lüge war die **„Dolchstoßlegende“** des von dem „im Felde unbesiegten“, aber durch die revolutionäre Bewegung in der Heimat gemeuchelten deutschen Heers. Für diese Verschwörungstheorie verantwortlich war vor allem der ehemalige Oberbefehlshaber des Heeres, Generalfeldmarschall Paul von Hindenburg, der sie wider besseres Wissen und gegen die Faktenlage in einem parlamentarischen Untersuchungsausschuss im November 1919 in die Welt setzte.

Die demokratischen Reichsregierungen hatten Skrupel, diesen Lügen mit der Veröffentlichung der in den Regierungsakten erkennbaren Fakten zu begegnen. Man wollte die deutsche Position gegenüber den Alliierten nicht verschlechtern. Die rechte Propaganda konnte so aber die politische Atmosphäre der Republik von Beginn an vergiften.

Das Wissen um den Schuldanteil der kaiserlichen Regierung änderte aber nichts am sogenannten **„Revisionskonsens“:** Alle Parteien waren sich darüber einig, dass die wesentlichen Bestimmungen des Vertrags zurückgenommen, also revidiert werden sollten. Diese Forderungen bestimmten nicht nur die Außenpolitik, sondern auch die Innenpolitik aller Regierungen der Weimarer Republik.

Aufgabe 36 Erläutern Sie die wichtigsten Folgen des Versailler Vertrags für Deutschland.

5 Die Außenpolitik der Weimarer Republik

5.5.1921	Londoner Ultimatum
10.4.–19.5.1922	Konferenz von Genua
16.4.1922	Vertrag von Rapallo zwischen Deutschland und der Sowjetunion
1923–1929	Ära Stresemann
30.11.1923	Reparationskommission beschließt Einberufung eines Internationalen Sachverständigenausschusses zur Untersuchung der deutschen Zahlungsfähigkeit
16.6.–16.8.1924	Londoner Konferenz nimmt Dawes-Plan an
29.8.1924	Annahme des Dawes-Plans im Reichstag
5.–16.10.1925	Konferenz von Locarno
24.4.1926	„Berliner Vertrag“
8.9.1926	Aufnahme Deutschlands in den Völkerbund
17.8.1927	Unterzeichnung des deutsch-französischen Handelsvertrags
27.11.1927	Annahme der Locarno-Verträge durch den Reichstag
27.8.1928	Briand-Kellogg-Pakt („Kriegsächtungspakt“)
12.3.1930	Annahme des Young-Plans durch den Reichstag
30.6.1930	Abschluss der vorzeitigen Räumung des Rheinlands durch alliierte Truppen
16.6.–9.7.1932	Konferenz von Lausanne; Ende der Reparationen

Um ihr Hauptziel, die **Revision des Versailler Vertrags** zu erreichen, griff die deutsche Außenpolitik bis 1933 die Strategie Bismarcks wieder auf: Die deutsche „Mittellage“ in Europa sollte genutzt werden, um die Sowjetunion als östliche Großmacht und die Westmächte gegeneinander auszuspielen. Man betrieb eine **„Schaukelpolitik“ zwischen Ost und West**, die sich verschiedene Optionen offen ließ. Bei diesem Vorgehen mussten jedoch einige Faktoren berücksichtigt werden:

- die außenpolitische Isolierung des Reiches,
- das Sicherheitsbedürfnis Frankreichs,
- die polnischen Sicherheitsinteressen gegenüber Deutschland und der Sowjetunion und
- die zunehmende Rivalität zwischen den Westmächten und der Sowjetunion.

Neu war die sehr enge wirtschaftliche Kooperation mit der wirtschaftlichen Weltmacht USA. So überstieg die Summe der US-Kredite an deutsche Unternehmen und Institutionen bis 1932 etwa die Summe der geleisteten Reparationszahlungen (die wiederum von Frankreich und Großbritannien zur Rückzahlung ihrer Kriegsschulden an die USA genutzt wurden). Deutschland fand in den USA den kooperativsten Partner bei der schrittweisen Reduzierung der Reparationen.

5.1 Der Vertrag von Rapallo 1922

Außenpolitisch war das **Deutsche Reich** nach dem Ersten Weltkrieg zunächst **völlig isoliert**, eine engere Anlehnung an das ebenfalls isolierte Sowjetrussland war deshalb die Folge. 1922 in Rapallo, einem Kurort nahe Genua, einigten sich das Deutsche Reich und die Sowjetunion im Rahmen der internationalen **Wirtschaftskonferenz von Genua** auf den gegenseitigen Verzicht auf Reparationen, die Wiederaufnahme diplomatischer und konsularischer Beziehungen und den handelspolitischen Grundsatz der Meistbegünstigung, d. h., keiner von beiden sollte einen dritten Staat besser stellen als den Vertragspartner.

Die Reichswehr betrieb in der Folge unter dem Deckmantel von Rapallo ihre eigene Ostpolitik mit dem Ziel, militärische Bestimmungen des Versailler Vertrags zu umgehen: Vor allem dachten führende Generäle daran, zusammen mit der Sowjetunion das neu entstandene Polen wieder zu zerschlagen. So half die Reichswehr beim Aufbau der russischen Rüstungsindustrie und bei der Ausbildung der Roten Armee. Die Deutschen erhielten dafür die Möglichkeit, im Versailler Vertrag verbotene Waffen wie Kampfflugzeuge, Giftgas und Panzer in der Sowjetunion herzustellen, zu erproben und Soldaten entsprechend auszubilden. Der militärischen Zusammenarbeit folgte die wirtschaftliche: Auf der Grundlage von Rapallo wurde 1925 ein Handelsvertrag abgeschlossen.

5.2 Die Locarno-Verträge 1925

Die Kernprobleme der deutschen Außenpolitik nach dem Ersten Weltkrieg konnten nur über eine Verbesserung der Beziehungen zu den Westmächten gelöst werden. In der Überwindung der „Erbfeindschaft" mit Frankreich sah Gustav Stresemann (1878–1929) seine Hauptaufgabe: Von 1923 bis 1929 war er in wechselnden Kabinetten für die Außenpolitik verantwortlich und verschaffte der Weimarer Republik internationales Ansehen **(„Ära Stresemann")**.

Als nüchterner Realpolitiker gab Stresemann dem französischen Sicherheitsbedürfnis nach, wollte aber die Revision der Grenzen im Osten offenhalten. Er war bereit, Deutschland in ein **internationales Sicherheitssystem** einzubinden. In diesem Sinne wurden 1925 die Locarno-Verträge abgeschlossen, an denen sich Großbritannien und Italien als Garantiemächte beteiligten.

Im **Garantiepakt** wurde der Status quo zwischen Deutschland, Frankreich und Belgien (Verzicht auf Elsass-Lothringen und Eupen-Malmédy) garantiert. Dabei verzichteten die Vertragspartner auf einen Angriffskrieg und verpflichteten sich, alle Streitfragen durch Schiedsgerichte friedlich beizulegen.

In **Schiedsverträgen** verzichtete Deutschland gegenüber Polen und der Tschechoslowakei auf die gewaltsame, nicht aber auf die durch Verträge mögliche Revision der beiderseitigen Grenzen. Frankreich und Belgien garantierten in Beistandspakten mit Polen und der Tschechoslowakei deren Sicherheit für den Fall eines deutschen Angriffs.

Abschließend wurde auch der **Beitritt Deutschlands zum Völkerbund** vereinbart. Die im Garantiepakt anerkannte Westgrenze schuf ein Klima des Vertrauens, unter dem sich Frankreich bereit fand, seine Besatzungstruppen aus den linksrheinischen deutschen Gebieten abzuziehen. Dagegen behielt sich Deutschland weiterhin eine Revision der Ostgrenze vor. Die maßgebenden Politiker des friedlichen Ausgleichs waren neben Stresemann auf der deutschen, **Aristide Briand** auf der französischen Seite. 1926 erhielten beide für ihre Verdienste den Friedensnobelpreis.

5.3 Der Berliner Vertrag 1926

Im April 1926 ergänzte das Reich die Abmachungen von Locarno durch einen **Freundschaftsvertrag mit der Sowjetunion**. Dieser bestätigte den Rapallo-Vertrag von 1922 als Grundlage des deutsch-russischen Verhältnisses und sah vor, dass beide Vertragspartner im Falle eines Angriffs dritter Mächte gegenseitig Neutralität wahren würden. Der Zweck dieses „Berliner Vertrages" lag einerseits darin, die Option der Rapallo-Politik zu bestätigen, andererseits sollte er aber auch die Sowjetunion nach der Einigung mit den Westmächten beruhigen.

5.4 Eintritt in den Völkerbund 1926

1926 trat das Deutsche Reich gemäß der Vereinbarung von Locarno in den Völkerbund ein. Damit war es in jener internationalen Staatenvereinigung vertreten, die auf der Pariser Friedenskonferenz im Februar 1919 auf Initiative des damaligen amerikanischen Präsidenten Wilson gegründet worden war und deren Zweck es sein sollte, den Weltfrieden dauerhaft zu sichern und auf allen Ebenen die internationale Zusammenarbeit zu fördern. Das Reich bekam einen ständigen Sitz im Völkerbundsrat, also im eigentlichen Entscheidungsorgan. Dies dokumentierte weltweit die **Rückkehr in den Kreis der Großmächte**.

In konsequenter Fortsetzung der Politik Stresemanns trat Deutschland 1928 dem **„Briand-Kellogg-Pakt"** bei, der Angriffskriege als völkerrechtswidrig ächtete und die Mitglieder auf die Beilegung ihrer Konflikte ausschließlich mit friedlichen Mitteln verpflichtete **(„Kriegsächtungspakt")**.

5.5 Die Entwicklung der Reparationsfrage

Parallel zur Annäherung an den Westen entwickelte sich auch die Lösung des Reparationsproblems. Es war für Deutschland wirtschaftlich bedeutend und hatte stets erhebliche Rückwirkungen auf die innenpolitische Lage. Die Belastungen reduzierten die wirtschafts- und außenpolitischen Spielräume der demokratischen Regierungen und boten den Republikfeinden eine Angriffsfläche.

- Der Versailler Vertrag legte fest, dass Deutschland bis 1921 eine Teilleistung von 20 Milliarden Goldmark teils in bar und teils in Waren aufzubringen habe. Als sich die Reparationskommission 1921 schließlich auf eine Gesamtsumme von 132 Milliarden Goldmark einigte, lehnte Deutschland dies als unerfüllbar ab. Im **„Londoner Ultimatum"** drohten die Siegermächte mit der Besetzung des Ruhrgebietes und erzwangen die Annahme ihrer Forderungen. Die deutsche Regierung reagierte mit der sog. **„Erfüllungspolitik"**; die Reparationen sollten mit allen inneren und wirtschaftlichen Folgen für Deutschland solange erfüllt werden, bis den Siegermächten die Unmöglichkeit der Leistungen klar würde. Fortan gebrauchte vor allem die deutsche Rechte den Begriff „Erfüllungspolitiker" in ihren politischen Kampagnen als Schimpfwort gegen die Demokraten.
- Im Januar 1923 marschierten französische und belgische Truppen in das Ruhrgebiet, das deutsche Industriezentrum, ein, um die Sachleistungen des Versailler Vertrags sicherzustellen, worauf der sog. **„Ruhrkampf"** folgte.
- Nach dem Ende des Ruhrkampfs wurden die deutschen Reparationsverpflichtungen mithilfe der Vereinigten Staaten in mehreren Schritten neu geregelt und dabei zugunsten eines Wirtschaftsaufschwungs in Deutschland reduziert (**Dawes-Plan** 1924, **Young-Plan** 1930). Die rechten Kreise in Deutschland sprachen dennoch von einer „dauernden Versklavung" und einem „neuen Versailles" und protestierten heftig gegen die Regelungen. Hitler wurde durch die Agitation für ein (erfolgloses) Volksbegehren gegen den Young-Plan bekannt – ein Auslöser für seine großen Wahlerfolge seit 1930.
- Ihr Ende fanden die Reparationen angesichts der Weltwirtschaftskrise 1932 in der **Konferenz von Lausanne** gegen eine deutsche Restzahlung von 3 Milliarden Reichsmark, die aber nie geleistet wurde.

Aufgabe 37 Erläutern Sie die außenpolitische Strategie der Weimarer Republik.

6 Rechte und linke Bedrohung der Republik

März/April 1920	Kämpfe im Ruhrgebiet und in Mitteldeutschland
13.–16. 3. 1920	Kapp-Lüttwitz-Putsch
6. 6. 1920	Reichstagswahlen: Niederlage der "Weimarer Koalition"
11. 1. 1923	Besetzung des Ruhrgebietes durch französische und belgische Truppen
13. 1. 1923	Verkündung des "passiven Widerstandes; Beginn des Ruhrkampfes
12. 8. 1923	Rücktritt des Reichskanzlers Wilhelm Cuno; Bildung einer Großen Koalition (SPD, Zentrum, DDP, DVP) unter Gustav Stresemann (DVP)
25. 9. 1923	Wahl Hitlers zum Führer des „Deutschen Kampfbundes“ (Dachorganisation der rechtsextremen „Vaterländischen Verbände“)
26. 9. 1923	Abbruch des "passiven Widerstandes" im Ruhrgebiet; Verhängung des Ausnahmezustandes im Reich; Höhepunkt der Inflation
Okt. 1923	Separatistische Bestrebungen im Rheinland und in der Pfalz
16. 10. 1923	Errichtung der Rentenbank
20. 10. 1923	Amtsenthebung des bayerischen Reichswehrkommandeurs General von Lossow durch Reichspräsident Ebert
8./9. 11. 1923	Hitler-Putsch in München
15. 11. 1923	Einführung der Rentenmark
1. 4. 1924	Verurteilung Hitlers zu 5 Jahren Festungshaft
16. 7.–16. 8. 1924	Annahme des Dawes-Plan durch die Londoner Konferenz
29. 8. 1924	Annahme des Dawes-Plans durch den Reichstag
17. 12. 1924	Vorzeitige Entlassung Hitlers aus der Festungshaft
28. 2. 1925	Tod des Reichspräsidenten Ebert
26. 4. 1925	Wahl Hindenburgs zum Reichspräsidenten
14. 7. 1925	Beginn der Räumung des Ruhrgebiets (beendet am 1. 8. 1925)
7. 6. 1929	Unterzeichnung des Young-Plans in Paris
12. 3. 1930	Verabschiedung des Young-Plans durch den Reichstag
11. 10. 1931	Treffen der „nationalen Opposition“ in Bad Harzburg
30. 1. 1933	Ernennung Hitlers zum Reichskanzler

Vor dem Hintergrund des Versailler Vertrages verschärften sich die innenpolitischen Spannungen in Deutschland. Die Rechte griff politisch und in der Publizistik durch die **Propagierung der „Dolchstoß“-Legende** vor allem die Führungskräfte der SPD an: Die Heimat sei der kämpfenden Front in den Rücken gefallen, die politische Linke sei daher verantwortlich für die militärische Niederlage und die unvermeidbare Unterzeichnung des Versailler Vertrags.

Auch die extreme Linke lehnte die parlamentarisch-demokratische Ordnung der Weimarer Republik ab. Nach dem 1918/1919 gescheiterten Versuch, in Deutschland in der Revolutionszeit eine Räterepublik zu erkämpfen, wandte sich die KPD als Partei der extremen Linken nicht nur gegen rechts, sondern auch gegen die SPD, der sie Verrat an den Interessen der Arbeiterschaft vorwarf.

Das Verhalten der deutschen Kommunisten ist vor allem durch ihre Orientierung an der Sowjetunion zu erklären: Die KPD stand bei ihrem Kampf gegen die parlamentarische Demokratie zunehmend unter dem Einfluss der III. „Kommunistischen Internationale" („Komintern") in Moskau, die seit 1919 von Lenin und den Bolschewisten beherrscht wurde.

Diese seit dem Versailler Vertrag einsetzende **politische Radikalisierung** führte von 1920 bis 1923 zu etlichen gewaltsamen Angriffen auf die Republik.

6.1 Kapp-Lüttwitz-Putsch und Ruhraufstand 1920

Den folgenschwersten Angriff auf die Republik stellte der Kapp-Lüttwitz-Putsch vom 13.–16. März 1920 dar. Eine Gruppe von Rechtsextremisten um den hochrangigen ostpreußischen Verwaltungsbeamten **Kapp**, einen militanten Deutschnationalen, und General **von Lüttwitz** versuchte, gewaltsam die Regierungsgewalt an sich zu reißen. Unterstützung fanden diese bei den sogenannten **Freikorps**, die sich aus entlassenen Reichswehrsoldaten gebildet hatten. Denn aufgrund der Beschränkung der neuen Reichswehr auf 100 000 Mann im Versailler Vertrag wurden mehrere hunderttausend Berufssoldaten und über 20 000 überwiegend monarchistisch gesinnte Offiziere entlassen.

Die „Marinebrigade Ehrhardt", ein Freikorps, das Anfang März 1920 aufgelöst werden sollte, marschierte in Berlin ein und besetzte das Regierungsviertel; Kapp wurde zum neuen Reichskanzler ausgerufen. Die Führung der Reichswehr, an ihrer Spitze General Hans von Seeckt, der Chef des Truppenamtes im Reichswehrministerium, weigerte sich, den Aufstand niederzuwerfen – nach dem Motto: „Reichswehr schießt nicht auf Reichswehr!"

In dieser Haltung zeigte sich das zwiespältige Verhältnis der Reichswehr zur Weimarer Republik. Sie bekämpfte nur die Aufstände Linksradikaler, versagte dem Staat aber die Unterstützung gegen rechts. Zudem formte von Seeckt die **Reichswehr** zu einem **„Staat im Staate"**, die sich der parlamentarischen Kontrolle entzog: Die Offiziersauswahl blieb ausschließlich Sache der Generalität, Soldaten durften sich nicht politisch betätigen.

Von der militärischen Gewalt im Stich gelassen, flohen Reichspräsident und Reichsregierung über Dresden nach Stuttgart. Trotz der Passivität der Reichswehr brach der Kapp-Lüttwitz-Putsch schnell zusammen, da die Gewerkschaften die Arbeiterschaft zu einem Generalstreik gegen die Putschisten aufgerufen hatten. Die Marinebrigade Ehrhardt zog sich aus Berlin zurück; Kapp und Lüttwitz flüchteten ins Ausland, die Morde an mehreren Zivilisten durch Freikorps-Soldaten blieben ungesühnt.

Trotz des Scheiterns des Kapp-Lüttwitz-Putsches konnte die demokratische Ordnung nicht stabilisiert werden. Bei der **Wahl** des ersten ordentlichen Reichstags (6.6.1920) waren die radikalen Flügelparteien die Gewinner: rechts vor allem die DNVP und die DVP, links die USPD und die KPD; Verlierer waren die demokratischen Parteien der „Weimarer Koalition“; sie besaß nun, wie auch das linke und rechte politische Lager, keine Mehrheit im Parlament. Dies führte zu bleibend instabilen Verhältnissen.

Auch kam es zu zahlreichen Aktionen der Arbeiter in verschiedenen Teilen des Reiches. Im Ruhrgebiet ging im Frühjahr 1920 der Generalstreik gegen den Kapp-Lüttwitz-Putsch in einen **linken Aufstand gegen die Reichsregierung** über, als die 50 000 Mann starke „Rote Armee“, die sich aus sozialistischen Arbeitern der verschiedenen Richtungen zur Verteidigung der Republik gebildet hatte, unter die Führung von Kommunisten geriet.

6.2 Das Krisenjahr 1923

Im „Krisenjahr“ 1923 eskalierten unterschiedliche Probleme der Weimarer Republik: die belastende Reparationsfrage, Umsturzversuche von Rechtsradikalen (Hitler-Putsch) und von Kommunisten (Thüringen und Sachsen); dazu kam mit der Inflation die Spätfolge der Kriegswirtschaft. Die schwierige Situation wurde zuletzt durch den DVP Politiker **Gustav Stresemann** gemeistert. Er leitete die stabilste Phase der Republik (1923–1929) ein.

Ruhrkampf

Am 11. Januar 1923 besetzten französische und belgische Truppen wegen der **Nichteinhaltung von Reparationsverpflichtungen** (Rückstand bei Holz- und Kohlelieferungen) das für Deutschland wirtschaftlich bedeutende Ruhrgebiet. Der französische Staatspräsident Poincaré verfolgte dabei neben reparationspolitischen Zielen vor allem französische Sicherheitsinteressen gegenüber Deutschland.

Die deutsche Regierung unter Reichskanzler Cuno rief alle staatlichen Stellen, Unternehmen und die Bevölkerung des Ruhrgebiets zum **„passiven Widerstand“ gegen die Besetzung** auf; niemand sollte mit den Besatzern zusammenarbeiten. Der Boykott hatte zunächst Erfolg, scheiterte aber als die Besatzungsmächte Zechen und Kokereien beschlagnahmten, den Abtransport der Güter durch die Bahn selbst übernahmen und Kohlelieferungen aus dem besetzten Gebiet in das Reich untersagten. Deutsche Rechtsradikale reagierten darauf mit Sabotageakten und Sprengstoffanschlägen **(aktiver Widerstand)**.

Im Sommer 1923 wurde der Ruhrkampf angesichts der ohnehin schon zerrütteten Währung für die Regierung unhaltbar: Das Reich finanzierte den passiven Widerstand

- durch die Weiterzahlung der Gehälter für die untätigen Beamten und
- durch Kredite an die stillgelegten Betriebe, um dort die Lohnfortzahlung für die Arbeiter zu sichern.
- Außerdem musste das Reich die ausfallenden Rohstoffe für die eigene Wirtschaft ersetzen sowie
- hohe Defizite durch Steuer- und Zollausfälle hinnehmen.
- Der erhöhte Geldbedarf des Staates wurde durch den Druck neuen Geldes gedeckt.

Die Folgen des Ruhrkampfes versetzten der Währung den Todesstoß: Der Geldumlauf war 1923 nur noch zu 19 Prozent aus ordentlichen Einnahmen gedeckt. Es kam zu einer sogenannten **„Hyperinflation“:** Auf dem Höhepunkt der Inflation im November hatte ein Dollar, der im Juli 1914 noch bei 4,2 Mark stand, einen Wert von 4,2 Billionen Papiermark.

Die Glaubwürdigkeit der neuen Republik wurde durch die rapide Geldentwertung vor allem bei den unter der Inflation leidenden Angestellten und Beamten massiv geschädigt. Sie machten den neuen Staat für die Krise verantwortlich, nicht aber die Monarchie und ihre Eliten, die 1914 den Krieg und durch die Kriegskosten den darauf folgenden Staatsbankrott ausgelöst hatten. Die demokratische Republik erlitt so durch die Inflation einen massiven **Glaubwürdigkeits- und Legitimationsverlust**; dieser kam in der Endphase der Weimarer Republik wieder zum Tragen.

Die Regierung Stresemann: Überwindung der Krise

Der fortbestehende Druck der Besatzungsmächte und die „Hyperinflation“ zwangen **Reichskanzler Cuno** am 12. August 1923 zum **Rücktritt** und seinen Nachfolger Gustav Stresemann (DVP) zum Abbruch des passiven Widerstands am 26. September 1923. Im November gelang es Stresemann, die Währung durch die **Einführung der „Rentenmark“** zu stabilisieren. Auf der Basis der stabilen Währung erreichte Stresemann mit Unterstützung der USA auch eine für Deutschland praktikable Regelung der Reparationsfrage (Dawes-Plan 1924). Die Besatzungstruppen zogen 1925 wieder aus dem Ruhrgebiet ab.

Das Bemühen Frankreichs, nach dem Ende des Ruhrkampfes mithilfe von deutschen Separatisten das Rheinland aus dem Deutschen Reich herauszulösen, scheiterte am Widerstand der Bevölkerung.

Der Währungsverfall 1923 und seine Folgen

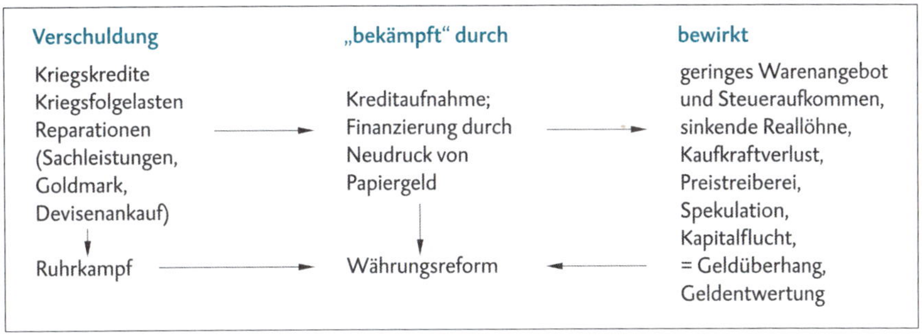

Der Hitler-Putsch

Bayern war nach der Niederschlagung der Räterepubliken 1919 zu einem Hort der rechten **Republikgegner** geworden („Ordnungszelle" Bayern). Die rechtsorientierte bayerische Regierung verhängte am 26. September 1923 aus Protest gegen die Beendigung des Ruhrkampfes den Ausnahmezustand über das Land und übertrug dem Regierungspräsidenten von Oberbayern, **Gustav von Kahr**, als „**Generalstaatskommissar**" die Regierungsgewalt mit diktatorischen Vollmachten. Reichspräsident Ebert verhängte den Ausnahmezustand für das ganze Reich und versuchte, die Situation durch den Einsatz der Reichswehr zu bereinigen. Der in Bayern zuständige Reichswehrkommandeur General von Lossow befolgte die Befehle aus Berlin aber nicht, sondern unterstellte sich eigenmächtig Kahr. Daraufhin enthob die Reichsregierung Lossow am 20. Oktober seines Amtes, Kahr aber setzte ihn wieder ein und vereidigte die in Bayern stehenden Einheiten der Reichswehr kurzerhand auf die bayerische Staatsregierung: ein eindeutiger Verfassungsbruch. Reichswehrchef von Seeckt weigerte sich dennoch, gegen Lossow vorzugehen.

Kahr, Lossow und der verbündete Landeskommandant der bayerischen Polizei, Oberst von Seißer, das „**bayerische Triumvirat**", wollten Bayern nicht vom Reich lösen, sondern das Reich umgestalten: Ein „Marsch auf Berlin" nach dem Vorbild Mussolinis sollte in einer „nationalen Diktatur" unter der Führung Kahrs oder eines Gleichgesinnten münden.

Kahr suchte dafür auch bei **Adolf Hitler** (1889–1945) Unterstützung. Der Österreicher hatte seit 1920 für seine rechtsextreme und strikt antisemitische Nationalsozialistische Deutsche Arbeiterpartei (NSDAP) eine rasch wachsende Zahl von Mitgliedern (150 000) gewonnen. Die Partei unterhielt einen eigenen paramilitärischen Verband, die „Sturmabteilungen" (SA). Am 25. September 1923 wurde Hitler zum Führer des „**Deutschen Kampfbundes**", einer neuen Dachorganisation der rechtsextremen „Vaterländischen Verbände", gewählt.

Hitler versuchte, das konservative Triumvirat durch einen eigenen **Putsch** zu überrumpeln. Während Kahr am Abend des 8. November 1923 im Münchner Bürgerbräu-Keller vor Anhängern sprach, zog Hitler alle verfügbaren Verbände der SA in der Umgebung des Versammlungslokals zusammen, betrat in Begleitung eines Maschinengewehrtrupps den Saal, erklärte die bayerische und die Reichsregierung für abgesetzt und rief die **„Nationale Revolution"** aus. Anschließend nötigte er Kahr, Lossow und Seißer die Zustimmung zur Proklamation einer neuen Reichsregierung (Ludendorff, Hitler, Lossow, Seißer) ab.

Kahr und Lossow gewannen aber bereits wenige Stunden später ihre Handlungsfreiheit zurück, sagten sich von Hitler los und alarmierten Reichswehr und Landespolizei. Hitler wollte nun zusammen mit dem von ihm zum „Oberbefehlshaber der Nationalarmee" ernannten ehemaligen kaiserlichen General Ludendorff das Volk auf seine Seite ziehen. Am 9. November wurde aber ein Demonstrationszug mit etwa 2 000 teilweise bewaffneten Anhängern vor der Feldherrnhalle durch die bayerische Polizei mit Gewalt aufgehalten; 16 Hitler-Anhänger, 4 Polizisten und ein Passant starben bei dem Feuergefecht.

Am 1. April 1924 ergingen die äußerst milden Urteile im **Prozesse gegen die Putschisten:** Ludendorff wurde freigesprochen, Hitler und drei Mitverschwörern zu fünf Jahren Festungshaft verurteilt. Tatsächlich kam Hitler bereits an Weihnachten 1924 wieder aus der Festungshaft in Landsberg am Lech frei. Die NSDAP und andere rechtsextremistische Organisationen sowie die KPD wurden reichsweit verboten.

Die politische Situation der Weimarer Republik stabilisierte sich nach der Krise von 1923 überraschend schnell. Die Regierungen dieser Zeit wurden von Koalitionen der bürgerlichen und konservativen Parteien getragen (Zentrum, DDP, DVP, DNVP). Die Sozialdemokraten unterstützten (bis 1928 ohne Regierungsbeteiligung) die wichtigsten politischen Entscheidungen im Reichstag.

6.3 Die Wahl Hindenburgs zum Reichspräsidenten 1925 als Wendepunkt der Weimarer Republik

Folgenreich war der **Tod** des Reichspräsidenten **Friedrich Ebert** (SPD) im Jahr 1925. Zum Nachfolger wurde der 78-jährige Kandidat der nationalen Rechten, der ehemalige kaiserliche Feldmarschall **Paul von Hindenburg** (1847–1934), mit knapper Mehrheit gewählt. Diese Wahl Hindenburgs stellt einen entscheidenden Wendepunkt in der Geschichte der Weimarer Republik dar. Denn die Konservativen errangen damit die zentrale Machtposition der Republik; die Forschung spricht zuspitzend auch von einer **„konservativen Neugründung"** der Republik.

Im Herbst 1929 setzte die Rechte ein Signal zur weiteren Radikalisierung der politischen Situation, als in Deutschland der Young-Plan zur Neuregelung der Reparationsfrage diskutiert wurde. Der neue Vorsitzende der DNVP, Alfred Hugenberg, der einflussreichste Medienunternehmer der Republik, setzte auf ein Bündnis der Konservativen mit den Nationalsozialisten: Gemeinsam mit Hitler, der als „Trommler" auf die Massen einwirken sollte, setzte er ein Volksbegehren gegen die „Versklavung des deutschen Volkes" durch. Der wenig bekannte Hitler bekam in den Medien Hugenbergs ein entscheidendes Propaganda-Forum, was den Aufstieg der Nationalsozialisten ermöglichte.

Im Oktober 1931 schlossen sich die Nationalsozialisten, die Deutschnationalen und die ihr nahe stehende rechte Frontkämpfervereinigung „Stahlhelm" zur „**Harzburger Front**" zusammen, benannt nach einer gemeinsamen Großkundgebung in Bad Harzburg. Das politische Bündnis zwischen wichtigen konservativen Politikern und den Rechtsextremen wurde zur politischen Option, die sich zuletzt in der Ernennung Hitlers zum Reichskanzler (30. 1. 1933) verwirklichte.

So wurden Hindenburg und seine konservativen Berater in der schweren Krise nach 1930 zu den Totengräbern der Demokratie.

[Au]fgabe 38 Erläutern Sie, welchen wichtigsten Bedrohungen die Weimarer Republik in ihrer ersten Phase bis 1923 ausgesetzt war.

[A]ufgabe 39 Erläutern Sie die Entstehung der Inflation von 1923.

7 Die Weltwirtschaftskrise von 1929 und ihre Folgen

25.10.1929	Zusammenbruch der Kurse an der New Yorker Börse („Schwarzer Freitag"); Beginn der Weltwirtschaftskrise
27.3.1930	Rücktritt des Kabinetts Müller (SPD)
29.3.1930	Ernennung Heinrich Brünings (Zentrum) zum Reichskanzler; Bildung des ersten Präsidialkabinetts
16.7.1930	Erlassung einer Notverordnung zur Deckung des Defizits des Reichshaushalts durch Reichspräsident Hindenburg
18.7.1930	Aufhebung der Notverordnung durch den Reichstag; Auflösung des Reichstags durch Hindenburg
14.9.1930	Reichstagswahlen: NSDAP nach SPD zweitstärkste Partei
10.4.1932	Wiederwahl Hindenburgs zum Reichspräsidenten
13.4.1932	Verbot der SA und SS durch Reichskanzler Brüning
30.5.1932	Entlassung des Reichskanzlers Brüning; Kabinett der „nationalen Konzentration" unter Franz von Papen
4.6.1932	Aufhebung des SA- und SS-Verbots durch Reichskanzler Papen
16.6.–9.7.1932	Konferenz von Lausanne; Ende der Reparationen
20.7.1932	Staatsstreich in Preußen („Preußenschlag"): Absetzung der demokratischen Minderheitsregierung nach Artikel 48 durch von Papen und Schleicher; Einsetzung eines Reichskommissars
31.7.1932	Reichstagswahlen: NSDAP stärkste Partei
12.9.1932	Misstrauensvotum des Reichstags für das Kabinett Papen; Auflösung des Reichstags
6.11.1932	Reichstagswahlen: NSDAP mit Verlusten, aber weiterhin stärkste Partei
17.11.1932	Entlassung des Reichskanzlers von Papen durch Hindenburg
2.12.1932	Präsidialkabinett Schleicher
30.1.1933	Ernennung Hitlers zum Reichskanzler

7.1 Der Zusammenbruch der Weltwirtschaft

Nach der „Hyperinflation" im Krisenjahr 1923 hatte sich die deutsche Wirtschaft allem Anschein nach schnell erholt. Die Arbeitsprozesse wurden stark rationalisiert (zum Beispiel durch das Fließband) und die Produktivität der Wirtschaft verbessert, sodass sich auch der Lebensstandard der Bevölkerung erhöhte. Trotzdem blieb die Wirtschaft krisenanfällig. Die Landwirtschaft war kaum konkurrenzfähig, verschuldet und von Staatshilfe abhängig. Die Investitionen der Industrie erfolgten mithilfe von Krediten aus den USA, die etwa zur Hälfte kurzfristig gekündigt werden konnten. Besonders die Banken waren von ausländischem Kapital abhängig, besaßen nur geringes Eigenkapital und waren bei einer Krise des Finanzsystems von der Zahlungsunfähigkeit bedroht. Ein Großteil der kurzfristigen ausländischen Kredite wurde von der öffentlichen Hand, besonders von den Gemeinden, in Anspruch genommen. Aufgrund des hohen Verschuldungsgrades gegenüber dem Ausland, v. a. den USA, war das Deutsche Reich stark vom internationalen Finanz- und Wirtschaftssystem und damit auch von der wirtschaftlichen Entwicklung in den Kreditgeberländern abhängig.

Am 25. Oktober 1929, dem sog. „**Schwarzen Freitag**", kam es zu einem schwerwiegenden Kurssturz an der New Yorker Börse. Eine gewaltige Spekulationswelle brach dort in sich zusammen: Anleger hatten massenweise Aktien mithilfe von Krediten gekauft, weil die Kursgewinne die anfallenden Kreditzinsen bei Weitem überstiegen. Diese Käufe heizten die Börsenkurse ohne eine entsprechende wirtschaftliche Entwicklung in den USA an, bis die Spekulationsblase platzte. Es kam zu Panikverkäufen der nun hoch verschuldeten Anleger und somit zum beschleunigten Fall der Aktienkurse. Der Börsencrash mündete in einer **schweren Wirtschaftskrise in den USA**. Die Geldinstitute reagierten mit dem Rückruf der kurzfristig gewährten Kredite aus dem Ausland und die Regierung mit einer Schutzzollpolitik, die Importe in die USA erschwerte und den Welthandel stark beeinträchtigte: Die amerikanische Krise griff auf die ganze Welt über und wurde zur „**Weltwirtschaftskrise**".

Diese traf das hoch verschuldete und exportorientierte Deutschland besonders hart. Die Exporte gingen stark zurück, das Geld wurde knapp, einige Banken und Unternehmen brachen zusammen. Gleichzeitig schwand die Nachfrage bei Konsum- und Investitionsgütern. Konkurse und Zwangsversteigerungen auch bei verschuldeten Kleinbetrieben und Bauern häuften sich. Die Arbeitslosenzahl stieg von 0,8 Millionen im Jahre 1928 auf 6,1 Millionen 1933. Die Wirtschaftskrise zog bei der damals geringen sozialen Absicherung der Arbeitnehmer eine schwere soziale Krise nach sich: Massenelend bei Arbeitslosen und ihren Familien (etwa einem Drittel der Bevölkerung) war weit verbreitet.

7.2 Die innenpolitischen Folgen

Die Wirtschaftskrise blieb nicht ohne politische Folgen für die Weimarer Republik. Sie verschärfte deren latenten Legitimationsverlust bei großen Teilen der Bevölkerung und radikalisierte die extremen politischen Lager und ihre Anhänger. Unter dem Druck der extremen Parteien wandten sich die gemäßigten bürgerlichen Parteien von der SPD als letzter demokratischer Partei ab: Die Republik stand zuletzt fast „ohne Republikaner" da.

Aufstieg der radikalen Parteien

Vor allem extreme Parteien profitierten von der Krise. Die **KPD** wurde auf Kosten der SPD zur Partei der Arbeitslosen, die rechtsradikale **NSDAP** auf Kosten der Bürgerlichen und Konservativen zur Partei

- des vom Abstieg bedrohten Bürgertums, dabei vor allem der Selbstständigen, Beamten, Rentner und Pensionäre,
- der ländlichen Bevölkerung in den protestantischen Gebieten und
- der jungen Neuwähler, die besonders empfänglich waren für die einfachen Parolen der Nationalsozialisten.

Die NSDAP gewann die Reichstagswahlen von 1930 („Erbitterungswahlen") und wurde zur zweitstärksten Partei nach der SPD. Die Zahl ihrer Reichstagsabgeordneten schnellte von 12 auf 107 empor. Parallel dazu konnte auf dem linken Flügel die KPD ihre Mandate von 54 auf 77 erhöhen. Damit verfügten die radikalen republikfeindlichen Kräfte im Reichstag über fast ein Drittel der Mandate. Die bürgerlichen Parteien und die SPD hingegen mussten zum Teil erhebliche Stimmenverluste hinnehmen. Und auch Teile der Arbeiterschaft wandten sich den Nationalsozialisten zu: Die NSDAP lässt sich deshalb als erste deutsche klassen- und milieuübergreifende Volkspartei moderner Prägung bezeichnen.

Erfolgreiche „Legalitätstaktik der NSDAP"

Ermöglicht wurden die Wahlerfolge durch den Wandel der NSDAP-Taktik seit der Neugründung der Partei durch Hitler am 27. Februar 1925. Nicht mehr gewaltsam, sondern auf dem legalen Weg über Parlamente und Regierungsbeteiligungen sollte die Macht in Deutschland ergriffen werden. In der gesellschaftlichen und wirtschaftlichen Krise war diese Legalitätstaktik erfolgreich: Hitler stellte sich und die NSDAP als **„letzte Hoffnung"** im Kampf **gegen die Massenarbeitslosigkeit und die allgemeine Not** dar.

Vor dem Hintergrund der erfolgreichen NS-Propaganda konnte sich auch der populäre Hindenburg bei den Reichspräsidentenwahlen im Frühjahr 1932 erst im zweiten Wahlgang mit 19,4 Millionen Stimmen gegen Hitler durchsetzen, obwohl alle konservativ-bürgerlichen Parteien und sogar die Sozialdemokraten das bisherige Staatsoberhaupt unterstützten. Für Hitler votierten 13,4 Millionen Wähler, für den kommunistischen Bewerber Ernst Thälmann immerhin noch 3,7 Millionen.

Bei den **Reichstagswahlen im Juli 1932** konnten die Nationalsozialisten mit 230 Sitzen ihre Abgeordnetenzahl gegenüber 1930 mehr als verdoppeln und wurden zur stärksten Partei. Der KPD gelang es, die Zahl ihrer Mandate von 77 auf 89 zu erhöhen. Insgesamt erhielten Kommunisten und Nationalsozialisten bei dieser Wahl einen Stimmenanteil von über 50 Prozent. Damit war **keine parlamentarische Mehrheit gegen die Radikalen** mehr möglich. Daran änderten auch die Reichstagswahlen im November 1932 trotz erheblicher Verluste der NSDAP (33 %) nichts, weil die KPD Stimmen dazugewann.

Die Reichstagswahlen 1930/32

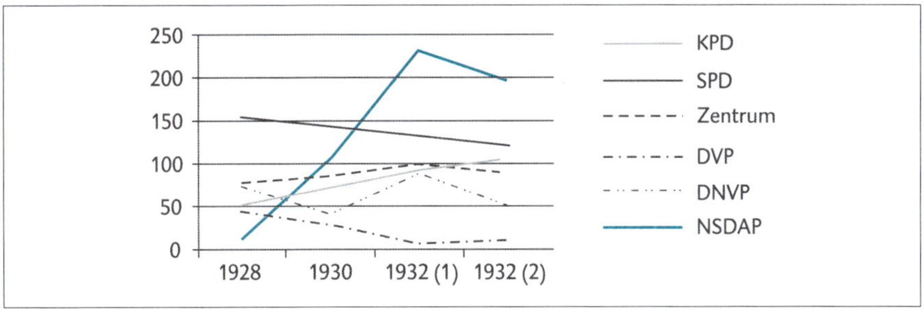

Zerbrechen des demokratischen Lagers

SPD und Bürgerliche konnten sich unter dem Druck der Extremen seit 1930 auf keine gemeinsame Regierungspolitik mehr einigen; vor allem die bürgerlichen Liberalen wurden durch die Wahlen geschwächt und wandten sich politisch stark nach rechts. Der demokratische Konsens der Republik zerbrach. Im Reichstag konnte keine funktionierende, durch das Parlament gestützte Regierung mehr gebildet werden. Damit begann die Lähmung des Parlaments, die gekennzeichnet war von einer Flut nationalsozialistischer Gesetzesanträge und von Tumulten, welche die Abgeordneten der NSDAP und der KPD im Sitzungssaal inszenierten, um die parlamentarische Arbeit zum Erliegen zu bringen. Mit der gleichen Absicht stimmten die Vertreter der beiden extremistischen Parteien vielfach sogar gemeinsam die Regierung oder Vorlagen anderer Parteien nieder.

Die Regierungen wurden nun ohne Votum des Parlaments vom Präsidenten ernannt (**„Präsidialregierungen"**) und regierten mit seiner Unterstützung. Die politische Mitwirkungsmöglichkeit der demokratischen und gemäßigten bürgerlichen Parteien (SPD, Zentrum, BVP) beschränkte sich darauf, die Anträge der radikalen Parteien abzulehnen und die Gesetzesvorlagen der Regierung zu billigen, um eine erneute Auflösung des Reichstages und die Verschärfung der Situation zu verhindern.

Straßenkämpfe zwischen KPD und NSDAP

Außerhalb des Parlaments lieferten sich Kommunisten und Nationalsozialisten erbitterte Kämpfe. Vor allem in Großstädten gehörten blutige Saal- und Straßenschlachten zwischen der SA (ca. 250 000 Mitglieder) und dem kommunistischen „Roten Frontkämpferbund“ (ca. 100 000 Mitglieder) zum politischen Alltag nach 1930. Ein wirksames kurzfristiges Verbot der SA durch Reichskanzler Brüning (13.4. 1932) wurde schließlich im Juni 1932 von der konservativen Regierung Papen wieder aufgehoben.

Die inszenierten politischen Unruhen spielten vor allem den Nationalsozialisten in die Hände; sie profitierten am meisten von der Angst vieler Bürger vor dem Kommunismus und konnten mit ihrer einfachen nationalistischen Propaganda weitere Wählergruppen gewinnen. Die zum Teil bürgerkriegsähnliche Situation verschärfte bei vielen Bürgern die Vorbehalte gegen das demokratische System.

7.3 Scheitern der Republik in den Präsidialkabinetten 1930–1933

Je unfähiger das Parlament war, eine konstruktive Regierungspolitik zu betreiben, desto stärker wurde die Stellung des Reichspräsidenten. Die Verfassung erlaubte es ihm, einen Kanzler zu ernennen (Art. 53), der keine Reichstagsmehrheit hinter sich hatte, sondern allein von seinem Vertrauen abhängig war, diesen Kanzler mit Notverordnungen (Art. 48) regieren zu lassen und schließlich auch den Reichstag aufzulösen (Art. 25), falls dieser den Gesetzesvorlagen nicht zustimmte.

Reichspräsident **Hindenburg** wurde immer abhängiger von seinen persönlichen Ratgebern, der sog. **„Kamarilla“**. Hindenburgs Sohn Oskar, Staatssekretär Otto Meißner, Reichswehrgeneral Kurt von Schleicher, der ostpreußische Großgrundbesitzer Elard von Oldenburg-Januschau („ostelbischer Junker“) und der Unternehmer Alfred Hugenberg bestimmten seine politischen Entscheidungen mit. Zuletzt wurde der rechte Zentrumspolitiker Franz von Papen im Zusammenspiel mit konservativen Kreisen der deutschen Industrie entscheidender Ratgeber Hindenburgs. Seit 1930 drängte die „Kamarilla“ zunehmend zur **autoritären Präsidialherrschaft**. Die Regierung sollte entsprechend

- antiparlamentarisch (ohne Koalitionsvereinbarungen) zustande kommen,
- allein vom Vertrauen des Präsidenten abhängig
- und schließlich „antimarxistisch“ ausgerichtet sein, das heißt auf jede Mitwirkung oder Unterstützung der SPD verzichten.
- Als letzte Möglichkeit, den Widerstand im Parlament oder in der Gesellschaft zu brechen, spielten die Berater Hindenburgs mit der unbefristeten Auflösung des Parlaments unter dem Vorwand eines „Staatsnotstands“. Diesen Verfassungsbruch scheute Hindenburg aber aus Angst vor einem Bürgerkrieg zwischen der ihm ergebenen Reichswehr und den paramilitärischen Einheiten von NSDAP (SA, SS) und Kommunisten („Rotfront“).

Für die Zeit der Präsidialregierungen unterscheidet man zwei Phasen:

- eine **gemäßigte Phase (1930–32)** unter der Regierung Heinrich Brüning mit der parlamentarischen Tolerierung durch die SPD,
- eine **autoritäre, antiparlamentarische Phase (1932–33)** nach dem Sturz Brünings unter Franz von Papen und Kurt von Schleicher mit der Annäherung an die NSDAP.

Die Deflationspolitik Brünings

Hindenburg ernannte nach dem Auseinanderbrechen der Großen Koalition zwischen SPD und bürgerlichen Parteien im März 1930 den Vorsitzenden der Zentrumspartei, Heinrich Brüning, zum neuen Kanzler. Dessen Kabinett bestand aus bürgerlichen Politikern und hatte keine Mehrheit im Reichstag. Brüning scheiterte 1930 zuerst mit dem Versuch, seine Politik gegen das Parlament mit einer **Notverordnung** durchzusetzen: Die Reichstagsmehrheit lehnte diese ab und der Reichspräsident löste daraufhin den Reichstag auf (Juli 1930). Diese Verbindung von Notverordnungspraxis und **Auflösung des Reichstags** war neu in der Verfassungswirklichkeit der Weimarer Republik. Sie zeigte, dass die Regierungsarbeit auf den Reichspräsidenten überging.

Die massive Stärkung der radikalen Parteien in der Reichstagswahl von 1930 war nicht die Absicht Brünings, ermöglichte ihm aber, seine Politik im Parlament durchzusetzen, denn SPD und gemäßigte Bürgerliche sahen sich jetzt zu einer Tolerierung der Regierung gezwungen: Erneute Wahlen hätten innerhalb der andauernden schweren Krise zum einen die Radikalen wieder gestärkt, zum anderen hielt die SPD die seriöse Haushaltspolitik Brünings für richtig.

Der monarchistisch denkende Brüning galt als Wirtschaftsfachmann. Um das Schreckgespenst einer neuen Inflation zu verhindern, bemühte er sich vor allem um einen Ausgleich des Reichshaushalts. Um die Währung stabil zu halten, betrieb er eine **Deflationspolitik:** Er kürzte die Staatsausgaben, erhöhte die Steuern und senkte die Löhne und Gehälter der Beschäftigten im öffentlichen Dienst. Die Abschöpfung von Geldmitteln bei Unternehmen und Konsumenten und der Verzicht auf staatliche Investitionen führten aber zum Rückgang der Wirtschaftstätigkeit und verschärften die Arbeitslosigkeit. Die betroffene Bevölkerung wurde empfänglicher für die Parolen der extremen Parteien.

Brüning nahm die Verschärfung der Krise durch seine Deflationspolitik auch aus außenpolitischen Gründen in Kauf: Er wollte die Alliierten dazu bewegen, auf weitere deutsche Reparationen zu verzichten. Brüning hoffte so auf die finanzielle Entlastung des Reichshaushalts und auf den Einstieg in eine weitergehende Revision des Versailler Vertrags. Einen ersten Erfolg erzielte er mit dem **„Hoover-Moratorium“** von 1931, einem einjährigen Aufschub der Reparationszahlungen. Auf einer **Konferenz in Lausanne** im Sommer 1932 wurde schließlich das Ende der Reparationszahlungen (nach Zahlung einer – nie geleisteten – Abschlusssumme) beschlossen.

Bei der Neuwahl des Reichspräsidenten im Frühjahr 1932 hatte sich Brüning unermüdlich für Hindenburg eingesetzt und wesentlich zu dessen Erfolg gegen den Hauptkonkurrenten Hitler beigetragen. Als er überdies unmittelbar danach ein reichsweites Verbot der nationalsozialistischen SA und SS durchsetzen konnte (13. April 1932) und dadurch die Agitation der Rechtsextremen nachließ, schien sich die Situation in Deutschland insgesamt zu stabilisieren.

Doch nun begann Hindenburg eine fatale Rolle zu spielen: Der Reichspräsident machte Brüning dafür verantwortlich, dass er seine Wiederwahl den ungeliebten sozialdemokratischen und katholischen Wählern verdankte, während seine konservative protestantische Wählerschaft zum großen Teil für Hitler gestimmt hatte. Eine zweite Belastung ergab sich aus einem landwirtschaftlichen Sanierungsplan Brünings. Nach diesem Plan sollte der Staat überschuldete Güter ostpreußischer Großgrundbesitzer aufkaufen und darauf arbeitslose Landarbeiter ansiedeln. Die Vertreter der Großgrundbesitzer erhoben deswegen gegenüber Brüning den unsinnigen Vorwurf des **„Agrarbolschewismus"**, fanden damit aber bei ihrem Standesgenossen Hindenburg Gehör. Am 30. Mai 1932 ließ Hindenburg Brüning ohne politische Notwendigkeit fallen, der Reichskanzler musste zurücktreten.

Der **Sturz Brünings** bedeutete den Übergang von der parlamentarisch tolerierten zur **„Präsidialdiktatur"**, da nun alle politischen Entscheidungen der Mitwirkung des Reichstages entzogen und ausschließlich durch den Reichspräsidenten getroffen wurden. Die Entlassung Brünings ließ die innenpolitische Situation eskalieren: Der Konflikt zwischen Parlament und Präsident verschärfte sich, weitere Neuwahlen stärkten die Radikalen, Kommunisten und Nationalsozialisten drohten im Falle einer präsidialen „Diktatur" mit einem Bürgerkrieg und dem Präsidenten entglitt zunehmend die Kontrolle über das Geschehen.

Die Kabinette Papen und Schleicher

Nachfolger Brünings wurde Franz von Papen. Dessen **„Kabinett der Barone"** aus deutschnational gesinnten Adeligen hatte im Reichstag mit Ausnahme der DNVP sämtliche Parteien gegen sich. Papen hoffte aber, die Nationalsozialisten für seine Politik gewinnen zu können. Aus diesem Grunde hob er mit Zustimmung des Reichspräsidenten das SA- und SS-Verbot Brünings auf (Juni 1932), außerdem erreichte er bei Hindenburg die **Auflösung des Reichstages** und die Ausschreibung von Neuwahlen. Verlustreiche Straßenkämpfe zwischen SA und Kommunisten im Vorfeld der Neuwahlen nahmen Papen und Hindenburg zum vorgeschobenen Anlass, die demokratische Minderheitsregierung des größten deutschen Bundeslandes Preußen in einer Reichsexekution nach Art. 48 abzusetzen (20. 7. 1932: **„Preußenschlag"**). Papen übernahm als Reichskommissar selbst die preußische Regierung und bekam so die preußische Polizei unter seine Kontrolle: Alle hohen demokratisch gesinnten Verwaltungsbeamten und Polizeiführer wurden ihrer Ämter enthoben und durch Konservative ersetzt. Die Demokraten verloren die letzte Machtposition in der staatlichen Exekutive.

Aus den **Wahlen im Juli 1932** ging die **NSDAP** mit 230 Mandaten als **stärkste Partei** hervor. Papen versuchte, die Nationalsozialisten für eine Minderheitsregierung mit den Deutschnationalen zu gewinnen. Hitler aber forderte das Amt des Reichskanzlers und die „gesamte Staatsgewalt in vollem Umfang" für sich und die NSDAP. Der Reichspräsident weigerte sich jedoch, den Nationalsozialisten diese Machtfülle zuzugestehen. Der Reichstag sprach Papen in seiner ersten Sitzung das Misstrauen aus, woraufhin Hindenburg das Parlament zum zweiten Mal im September 1932 auflöste.

Als die Wahlen im November wieder keine konstruktive Mehrheit im Parlament brachten, forcierte Papen bestehende Pläne, die Reichsverfassung im Sinne eines Präsidialdiktatur zu ändern. Anlass sollte die Ausrufung des Staatsnotstands sein. Um dem zu erwartenden Widerstand begegnen zu können, brauchte er die Reichswehr als Rückhalt. Doch Reichswehrminister General von Schleicher warnte vor einem Bürgerkrieg, Hindenburg scheute dieses Risiko und entließ Papen.

Kurt von Schleicher wurde dessen Nachfolger und suchte als „sozialer General" zuerst eine breite parlamentarische Basis für seine Politik. Dabei hoffte er, die NSDAP, die in den Novemberwahlen einen schweren Rückschlag erlitten hatte, zu spalten und den sozialistisch orientierten Teil unter der Führung des NSDAP-Funktionärs Gregor Strasser auf seine Seite zu ziehen. Außerdem bemühte er sich, mithilfe eines staatlichen Arbeitsbeschaffungsprogramms die Unterstützung der Gewerkschaften und der SPD für ein „soziales" Bündnis über die Parteigrenzen hinweg zu formieren. Dieses Vorhaben blieb aber erfolglos, ebenso der Versuch, Hindenburg dazu zu bringen, den Reichstag erneut aufzulösen und Neuwahlen gegen die Verfassung bis auf Weiteres aufzuschieben **(„Staatsnotstandsplan")**, um so die präsidiale Diktatur durchzusetzen.

„Zähmungskonzept" und Machtübergabe an Hitler

Hindenburg aber ließ nun auch Schleicher fallen, weil ihm Papen inzwischen ein Bündnis der Konservativen mit der NSDAP anbot. Einzelne Industrielle hatten den Kontakt zur NSDAP hergestellt und Papen hatte, auch um seinen Rivalen Schleicher zu entmachten, mit Hitler seit Längerem verhandelt. Hitler erklärte sich bereit, mit den Deutschnationalen und mit parteilosen Konservativen eine Koalitionsregierung zu bilden und auf eine „Alleinherrschaft“ zu verzichten. Papen überwand nun die Bedenken des Reichspräsidenten gegen den „böhmischen Gefreiten“: Er sicherte ihm zu, die Nationalsozialisten in der gemeinsamen Regierung „zähmen“ zu können **(„Zähmungskonzept“)**. Deshalb ernannte der Reichspräsident am **30. Januar 1933 Adolf Hitler** zum **Reichskanzler** und übergab ihm faktisch die politische Macht in Deutschland.

Das Ende der Weimarer Republik

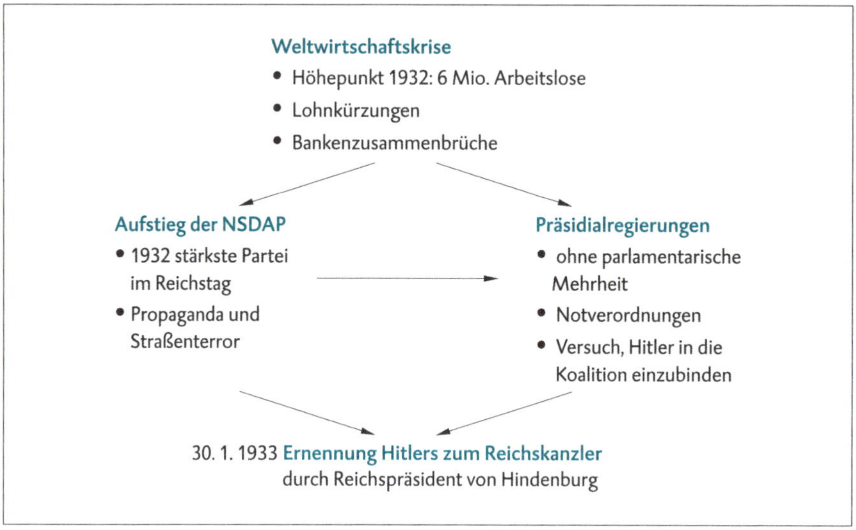

Aufgabe 40 Erklären Sie, wie es zum Ausbruch der Weltwirtschaftskrise kam.

Aufgabe 41 Beschreiben Sie die innenpolitischen Folgen der Weltwirtschaftskrise.

Aufgabe 42 Erklären Sie das verfassungsmäßige Funktionieren eines Präsidialkabinetts.

8 Gründe für das Scheitern der Weimarer Republik

11.8.1919	Inkrafttreten der Weimarer Reichsverfassung
26.9.1923	Höhepunkt der Inflation
26.4.1925	Wahl Hindenburgs zum Reichspräsidenten
25.10.1929	Zusammenbruch der Kurse an der New Yorker Börse („Schwarzer Freitag"); Beginn der Weltwirtschaftskrise
11.10.1931	Treffen der „nationalen Opposition" in Bad Harzburg
30.5.1932	Entlassung des Reichskanzlers Brüning; Kabinett der „nationalen Konzentration" unter Franz von Papen
6.11.1932	Reichstagswahlen: NSDAP weiterhin stärkste Partei
2.12.1932	Präsidialkabinett Kurt von Schleicher
30.1.1933	Ernennung Hitlers zum Reichskanzler

Das Scheitern der Weimarer Republik führte zur nationalsozialistischen Diktatur und in die größte Katastrophe der deutschen Geschichte. Die Gründe für das Scheitern der ersten deutschen Demokratie sind vor diesem Hintergrund besonders wichtig: Wer war verantwortlich? Welche Lehren lassen sich daraus ziehen?

Hauptverantwortung der „alten Eliten" und Hindenburgs

Die Weimarer Republik litt von Anfang an unter der Ablehnung der „alten" Eliten der Kaiserzeit, die in ihren Ämtern und Machtpositionen verbleiben konnten. Sie wollten sich nicht mit der Revolution und der Demokratie abfinden und arbeiteten in Verwaltung, Justiz, Reichswehr, Schulen und Universitäten gegen das verachtete „System". Im besten Fall verhielten sie sich neutral, wie es Hindenburg zuerst nach 1925 als Reichspräsident tat. Hindenburg und die Konservativen in seinem Umkreis wandten sich aber zuletzt lieber dem Rechtsradikalen Hitler zu, als mit den Demokraten Kompromisse zu finden. **Hindenburg, Papen** und die anderen Mitglieder der **„Kamarilla"** um den Reichspräsidenten trifft deswegen die **Hauptschuld an der Zerschlagung der Republik:** Der Reichspräsident musste sich nicht von Brüning trennen, er hätte Schleicher nicht gegen Hitler auszutauschen brauchen, die Erholung der Weltwirtschaft und der sich abzeichnende Wählerrückgang für die Nationalsozialisten hätten die Situation stabilisiert und andere Alternativen ermöglicht als die Machtübergabe an Hitler, einen gefährlichen politischen Hasardeur und Extremisten.

Gedrängt wurden Hindenburg und seine Berater bei ihrer Entscheidung von einflussreichen Industriellen und von der Lobby der preußischen Großgrundbesitzer. Diese Gruppen haben durch Spenden Hitlers Wahlkämpfe finanziert, ihn bei den Konservativen salonfähig gemacht und am Ende das Bündnis Hindenburgs mit den Nationalsozialisten vorbereitet.

Destabilisierende Rolle der Kommunisten

Fatal war aber auch die Rolle der Kommunisten in der politischen Kultur und im politischen Tagesgeschäft der Weimarer Republik. Die KPD geriet zunehmend in Abhängigkeit von den Moskauer Genossen und ihren Plänen zur **Weltrevolution**. Sie betrachteten die SPD, die demokratische Arbeiterpartei, und nicht in erster Linie die Rechte als ihren Hauptfeind und verhinderten eine gemeinsame Front der Arbeiterschaft gegen die Nationalsozialisten in der Krise nach 1930. Die Kommunisten destabilisierten die Lage zudem durch die Obstruktion im Parlament und in ihren Straßenkämpfen gegen die Nationalsozialisten. Die Furcht vor einer „bolschewistischen" Revolution wie in Russland trieb den Nationalsozialisten so noch mehr Wähler zu und erleichterte es der konservativen Führung, ihr Bündnis mit Hitler zu rechtfertigen.

Antidemokratische Werte-Kontinuität zum Kaiserreich

Zur Instabilität Weimars trugen die ungebrochenen **konservativen, vordemokratischen Denkmuster** des politisch einflussreichen Adels, aber auch des größten Teils der bürgerlichen und ländlichen Bevölkerung bei. Diese Kontinuität verhinderte einen kulturellen Wandel, also eine Modernisierung und Demokratisierung der Denkweise der Mehrheit. Diese Modernisierung vollzogen im Kern lediglich die neuen künstlerischen und gesellschaftlichen Eliten der Weimarer Republik, der kulturelle Wandel blieb entsprechend auf die Metropole Berlin beschränkt. Die Demokratisierung der Gesellschaft blieb in den häufigen Regierungswechseln und den wirtschaftlichen Problemen der Weimarer Republik stecken; es fehlte eine längere Zeit der Stabilität. Wie langwierig ein Wandel der politischen Kultur sein kann, zeigt z. B. der Prozess der deutschen Wiedervereinigung mit seinen anhaltenden Schwierigkeiten, in den neuen Bundesländern die demokratische Kultur der Bundesrepublik zu verankern.

Folgende Einstellungen belasteten die Weimarer Republik:

- Eine **obrigkeitsstaatliche, antidemokratische Prägung:** Man orientierte sich an einer autoritären Staatsvorstellung, einem starken politischen Führer und lehnte die komplizierten Regeln der Demokratie ab.
- Demokratie wurde mit Sozialdemokratie und diese mit dem bei Konservativen und im Bürgertum verhassten „Marxismus" in Verbindung gebracht.
- Verbreitet waren auch ein **übersteigerter aggressiver Nationalismus**, verstärkt durch den als „Schande" empfundenen Vertrag von Versailles, und
- ein strikter **Antimodernismus**, der sich in der Ablehnung der modernen westlichen Zivilisation und ihres liberalen, offenen Lebensstils konkretisierte.
- Auch in den gebildeten Schichten war der **Antisemitismus** zu finden.

Hitler bediente sich all dieser Denkformen in extremer Einfachheit; er konnte eine reaktionäre Grundstimmung nutzen, die ihm in der Krise nach 1929 großen Zulauf brachte. Die Erfolge Hitlers waren also kein Zufall oder nur durch die Wirtschaftskrise bedingt. Die Nationalsozialisten nutzten die Grundlagen einer obrigkeitsstaatlich geprägten Gesellschaft.

Fehlen eines demokratischen Wertekonsenses

Den Republikanern der Weimarer Zeit gelang es nicht, einen übergreifenden demokratischen Wertekonsens in der Gesellschaft zu verankern. Das führte zur latenten **Instabilität** des politischen Systems. Trotz einer mit großer Mehrheit beschlossenen Verfassung (seit 1919) gab es – mit Ausnahme der gemäßigten Sozialdemokratie und den stets weniger werdenden bürgerlichen Demokraten – keine grundlegende Übereinstimmung darüber, dass die neue Demokratie die beste und erhaltenswerte gemeinsame Ordnung sei. In der Bundesrepublik gibt es diese Klammer mit der Abgrenzung von den Verbrechen der Nationalsozialisten, dem von der Mehrheit akzeptierten Grundgesetz und dem damit verbundenen „bundesrepublikanischen Wertehorizont", dem sich bisher keine bedeutende politische oder gesellschaftliche Gruppierung entziehen konnte.

Die Folgen der Inflation von 1923 und dann verstärkt die Wirtschaftskrise seit 1929 ließen die Legitimität des Systems bei der Bevölkerung fast ganz zerbrockeln. Die Bereitschaft, radikal antidemokratisch zu wählen, wuchs rapide in allen Gesellschaftsgruppen. Bei den konservativen Eliten um Hindenburg entwickelte sich der Willen zum Bündnis mit Hitler, um das gehasste „System von Weimar" mit einem autoritären Regime zu überwinden.

Schwächen der Verfassung

Die politische Krise wurde durch Mängel der Verfassung von 1919 verstärkt:

- Das grundlegende Problem der Weimarer Verfassung war ihr **striktes demokratisches Prinzip**. Es gab keine mäßigenden Filter des reinen Volkswillens wie die 5 %-Klausel oder die Möglichkeit des Parteienverbots durch ein Verfassungsgericht. Diese Regelungen wurden 1948 als Reaktion auf das Scheitern von Weimar in das Grundgesetz der Bundesrepublik eingebaut.
- Zuletzt erwies sich auch die **starke Rolle des Reichspräsidenten** als schicksalhaft, der mit seinen Vollmachten Hitler an die Regierung bringen und ihm mithilfe von Notverordnungen in der ersten Regierungsphase diktatorische Vollmachten übertragen konnte. Aber auch hier sind zwei Aspekte einschränkend zu betonen: Hindenburg hätte Hitler nicht an die Macht bringen müssen, die Hauptursache für die Machtübergabe war der politische

Wille der konservativen Führung und nicht die Stellung des Präsidenten in der Verfassung. Außerdem sicherten die weitgehenden Vollmachten in der ersten Phase der Republik unter der Präsidentschaft des Sozialdemokraten Friedrich Ebert überhaupt erst deren Überleben.

Ursächlich für das Scheitern Weimars war also nicht die Verfassung, sondern die Wahl des Monarchisten Hindenburgs zum Reichspräsidenten (1925) und vor allem dessen und seiner „Kamarilla" Bestreben nach 1930, die Demokratie durch eine autoritäre Herrschaftsform zu ersetzen.

Folgen der Weltwirtschaftskrise

Die junge Republik hätte möglicherweise alle Probleme meistern können, wenn sie mehr Zeit zur Stabilisierung und Verankerung ihrer Strukturen in der Bevölkerung gehabt hätte. Diese Zeit nahm ihr aber die 1929 ausbrechende Weltwirtschaftskrise mit ihrer großen Dynamik. Ihre Folgen entzogen der Demokratie weitere Akzeptanz und führten zu einer **Radikalisierung der vom Elend bedrohten Bevölkerung**, aber auch der konservativen Eliten. Zur weiteren Verschärfung trug auch die Wirtschaftspolitik der Regierung Brüning bei, die von außenpolitischen Erwägungen und der Währungsstabilität geleitet wurde.

Geschick Hitlers

Zuletzt ist das Scheitern der Weimarer Republik natürlich auch ein **„Erfolg" Hitlers** und seiner nationalsozialistischen Berater: Sie nutzten konsequent jede Chance, die ihnen die Krise, die Fehler der Demokraten und die Intrigen der konservativen Kreise um Hindenburg boten:

- durch die „Legalitätstaktik" nach dem erfolglosen Putschversuch 1923,
- durch das Bündnis mit den Deutschnationalen unter der Führung Hugenbergs („Harzburger Front") und
- mithilfe der finanziellen Unterstützung durch die deutsche Industrie.

Der politische Instinkt Hitlers zeigte sich am meisten in der Schwächephase der Nationalsozialisten nach den Reichstagswahlen im November 1932, als deren Wahlergebnisse einbrachen: Erst angesichts der eigentlich verlorenen Chance, die Regierungsmacht legal zu erhalten, überrumpelte Hitler die Konservativen und erhielt mit seiner 33 %-Partei das Reichskanzleramt. Die nationalsozialistische Selbstzuschreibung des Vorgangs als „Machtergreifung" hat aus dieser Perspektive durchaus etwas für sich. Die Machtverhältnisse im Januar 1933 waren aber so, dass Hitler nur mithilfe Hindenburgs in seine chancenreiche Ausgangsstellung kommen konnte: Es handelte sich eher um eine **Machtübernahme**.

Strukturelle Gefährdungen der Weimarer Republik

Reichswehr

- Beschränkungen durch den Versailler Vertrag
- „Staat im Staate"
- keine echte Durchsetzung des Primats der Politik
- nur formale Loyalität der Spitze zur Weimarer Verfassung
- Kontinuität der monarchischen, antidemokratischen und militaristischen Tradition; innen- und außenpolitisch revanchistische Bestrebungen

Rechtsextremismus

- faschistische statt revanchistische Weltanschauung
- Reflex auf „Novemberverbrecher" und Dolchstoßlegende
- Mord an prominenten Vertretern des verhassten Systems
- Hitlerputsch
- Destabilisierung, aber keine ausreichende Massenbasis zum Sturz des Systems

Linksextremismus

- Ziel: Vollendung der Revolution von 1918 (Diktatur des Proletariats, kommunistische Wirtschafts und Gesellschaftsordnung)
- Methode: Lokale Machtbasen durch Putsch oder Politik ausweiten und zum gewaltsamen Sturz des Systems nutzen
- Scheitern wegen zu schmaler Basis bei politischer und militärischer Übermacht der Gegenseite

WEIMARER REBUPLIK

Beamte und Justiz

- Kontinuität der alten Eliten
- theoretische Loyalität zur Verfassung
- aber praktisch: konservative, revanchistische Grundhaltung und starker Einfluss durch großen Ermessensspielraum
- politisch einseitige Justiz

Inflation / Wirtschaft

- Verarmung und Unzufriedenheit der Bevölkerung
- Verlust von Vertrauen in das politische System der Weimarer Republik
- Weltwirtschaftskrise

Parteiensystem

- Republiktragende Parteien: vorbehaltlos: SPD, Zentrum, DDP; mit Vorbehalten: BVP, DVP, (DNVP)
- Republikfeindliche Parteien: KPD, NSDAP, (DNVP)
- keine stabile Mehrheit für systemtreue Parteien
- Koalitionskrisen führen zu Instabilität
- Mangelhafte Bereitschaft zur Verantwortung
- starke Stellung des Reichspräsidenten

fgabe 43 Beschreiben Sie die wichtigsten Gründe für das Scheitern der Weimarer Republik.

Aufgabe 44 (materialgestützt)

a) Skizzieren Sie wichtige Stationen der Entwicklung der NSDAP von 1919 bis zum 30. Januar 1933.

b) Analysieren Sie mithilfe der Statistik die Mitgliederstruktur der NSDAP und überprüfen Sie, inwieweit der Anspruch der Partei, alle Bevölkerungsschichten zu repräsentieren, bis 1930 erfüllt war.

M 1: Soziologische Struktur der NSDAP um 1930

Erwerbstätige	im Reichsgebiet (Volkszählung von 1925)[1]		in der NSDAP (vor dem 14. 9. 1930)		Anteil der NSDAP-Mitglieder an der Zahl der Erwerbstätigen[2]
	absolut	in %	absolut	in %	in %
Arbeiter	14 443 000	45,1	34 000	28,1	0,24
Selbstständige	5 658 000	17,7	41 600	34,4	0,74
davon:					
– Landwirte	2 203 000	6,9	17 100	14,1	0,78
– Handwerker und Gewerbetreibende	1 785 000	5,6	11 000	9,1	0,61
– freie Berufe	477 000	1,5	3 600	3,0	0,75
Beamte	1 384 000	4,3	10 000	8,3	0,72
Angestellte	5 087 000	15,9	31 000	25,6	0,61
mithelfende Familienangehörige (meist weiblich)	5 437 000	17,0	4 400	3,6	0,08
Insgesamt	32 009 000	100	121 000	100	0,38

1 Bei der Bearbeitung der Statistik ist hinsichtlich der Zahl der Erwerbstätigen davon auszugehen, dass sich von 1925 bis 1930 keine wesentlichen Änderungen ergeben haben.

2 Zahl der Erwerbstätigen: Stand der Volkszählung von 1925; NSDAP-Mitglieder: Stand vor dem 14. 9. 1930

Um eigene Berechnungen ergänzte Tabelle nach M. Broszat: Der Staat Hitlers, 11. Aufl. München 1986, S. 51.

c) Arbeiten Sie aus dem Text (M 2) heraus, welche grundlegenden politischen Ereignisse der Situation die SPD wie bewertet.
d) Beurteilen Sie die Richtigkeit der Thesen der SPD auch im Blick auf das weitere Verhalten der SPD nach den verlorenen Reichstagswahlen.

M 2: Wahlaufruf der Sozialdemokratischen Partei Deutschlands vom 19. Juli 1930 zur Reichstagswahl am 14. September 1930

Wähler und Wählerinnen der Deutschen Republik! Der Bürgerblock hat seine Diktatur aufgerichtet! Das Kabinett Brüning regiert mit dem Artikel 48! Zwischen Bürgerblock und Sozialdemokratie, Arbeit und Kapital, Demokratie und Diktatur fällt am 14. September die Entscheidung! Es ist nicht wahr, dass der Reichstag versagt hat. Die Regierung Brüning hat versagt. Ihr einziges Bestreben war darauf gerichtet, die Sozialdemokratie, die politische Vertretung der Arbeiterklasse, auszuschalten und mit den Großindustriellen und den Großgrundbesitzern zu regieren. Daran ist sie gescheitert.

Millionen Menschen sind arbeitslos, andere Millionen in ihrer Existenz bedroht. Die Wirtschaftskrise, in die fast alle Länder der Welt hineingerissen sind, fordert immer neue Opfer. Diese Krise ist das Ergebnis der kapitalistischen Anarchie, nicht des Young-Planes. Sie trifft die Länder der Sieger wie der Besiegten. Schwere Lasten für alle Volksschichten sind zur Linderung der Not, zur Überwindung der Wirtschaftskrise und zur Gesundung der Reichsfinanzen erforderlich. Die Regierung Brüning wollte die Reichen und Leistungsfähigen verschonen und die Lasten den Armen und Schwachen auflegen. [...]

Unter dem Kabinett Hermann Müller ist es der Sozialdemokratie gelungen, gefährliche Anschläge der Reaktion zurückzuweisen und wertvolle Zugeständnisse für die Arbeiterklasse zu erzielen. Damals konnten die Verschlechterungen der Arbeitslosenversicherung abgewehrt, Löhne und Gehälter geschützt werden. Als Ende 1928 die rheinischen Großindustriellen eine Viertelmillion Arbeiter aussperrten, um die Löhne zu senken, wurden die Ausgesperrten aus Reichsmitteln unterstützt, und der Angriff wurde abgeschlagen. Die Regierung Brüning dagegen hat im Mai 1930 [...] einer Lohnkürzung zugestimmt und damit das Signal zu einer allgemeinen Kürzung der Löhne und Gehälter gegeben, ohne das Versprechen der Preissenkung einlösen zu können, weil sie die Kartelle und Trusts unbehelligt ließ. Es folgte die Verschlechterung der Arbeitslosenversicherung, der Krankenversicherung, die Verkürzung der Zuschüsse für Invaliden und Wöchnerinnen, die unter der Regierung Müller erhöht worden waren.

Der Kampf der Sozialdemokratie gegen diese soziale Reaktion ist nicht nur ein Kampf um das Recht des Parlaments, sondern auch ein Kampf um das Recht des Volkes. Dieses Recht des Volkes wollen auch die Nationalsozialisten, die erklärten Anhänger der Diktatur, vernichten. Sie wollen die brutale Gewalt mit Messer und Revolver zum staatlichen System erheben. Dabei leisten ihnen die Kommunisten durch ihre Kampfmethoden wie durch die Zersplitterung der Arbeiterschaft wertvolle Dienste.

Wähler und Wählerinnen, nicht die Diktatur soll regieren, sondern die Demokratie. Das Kapital will herrschen durch Diktatur. Demokratie aber ist Herrschaft des arbeitenden Volkes. Ohne Demokratie kein sozialer Fortschritt, keine Gesundung der Wirtschaft, keine Beseitigung von Not und Elend! Wähler und Wählerinnen, setzt euch zur Wehr gegen den Bürgerblock und seine Helfer! Gegen die Regierung Brüning, die mit dem Großkapital verbrüdert ist und die Rechte der Arbeiterklasse niederschlagen will! Vorwärts zum Kampf für Demokratie und Sozialismus, für das arbeitende Volk, für die Sozialdemokratie!

e) Interpretieren Sie die Karikatur und stellen Sie dabei deren Sichtweise auf die politische Krise in Deutschland 1930 heraus.
f) Beurteilen Sie die Stimmigkeit dieser These im Blick auf die wesentlichen Ursachen für das Scheitern der Weimarer Republik.

M 3: David Fitzpatrick: The Source. St. Louis Post-Dispatch, 19. 10. 1930

THE SOURCE

Die nationalsozialistische Diktatur

Der historische Zeitraum des Nationalsozialismus beginnt mit der Ernennung Hitlers zum Reichskanzler am 30. Januar 1933 und endet mit der bedingungslosen Kapitulation Deutschlands am 8. Mai 1945. Diese Phase ist nach dem ideologischen Konzept der „Nationalsozialistischen Deutschen Arbeiterpartei" (NSDAP) benannt, weil die von ihr errichtete totalitäre Diktatur sowohl die innere Situation Deutschlands prägte als auch den Zweiten Weltkrieg herbeiführte, das zentrale außenpolitische Ereignis des 20. Jahrhunderts.

Die Zeit des Nationalsozialismus lässt sich in mehrere Etappen untergliedern:
- Die sog. **„Machtergreifung"** der Nationalsozialisten 1933/34: Unter ihrem „Führer" Adolf Hitler gelang es der Partei, die politische Macht zu erlangen und Gegner auszuschalten. Ermöglicht wurde dies durch die Kooperation der konservativen Bündnispartner der Nationalsozialisten in Militär, Ministerien, Justiz und Wirtschaft, an erster Stelle des Reichspräsidenten Hindenburg und des Vizekanzlers von Papen.
- Bereits seit dem Frühjahr 1933 begann die **„Gleichschaltung"** aller politischen und gesellschaftlichen Machtzentren. Sie ließ Deutschland zu einer nationalsozialistischen Gesellschaft werden, in der es wenig sichtbare Opposition und zuletzt keinen politischen Widerstand mehr gab. Etabliert wurde eine **„totalitäre" Diktatur**, in der alle politische Macht in den Händen einer Partei lag, der NSDAP; jede abweichende Meinung wurde brutal verfolgt und die NS-Ideologie zum allein gültigen Maßstab erhoben. Die Machtergreifung und Gleichschaltung wurden durch die Übernahme des Reichspräsidentenamts durch Hitler als „Führer und Reichskanzler" (2. 8. 1934) abgeschlossen.
- Von 1935 bis 1938 konsolidierte sich das NS-Regime aufgrund der wirtschaftlichen Erholung Deutschlands nach der Weltwirtschaftskrise und mithilfe erster außenpolitischer Erfolge bei der Revision des Versailler Vertrags. Die große Akzeptanz Hitlers in der Bevölkerung ist diesen ersten Erfolgen zuzurechnen; die NS-Propaganda nutzte sie erfolgreich zur Verbreitung des **„Führermythos":** Der Glaube an einen vom Schicksal gesandten, unfehlbaren Führer war der wichtigste Grund für die Loyalität der meisten Deutschen gegenüber dem NS-Staat.
- Die Nationalsozialisten setzten sich zuletzt auch gegen die konkurrierende **Wehrmacht** durch: Die Armee wurde 1938 dem Oberbefehl Hitlers unterstellt, Wehrmachtsführung und Kriegsminister ausgetauscht. Hitler verfügte nun über alle Machtmittel des Staates und konnte dennoch weiterhin auf die bereitwillige Kooperation der bürgerlichen und konservativen Eliten setzen.
- Die letzte Phase (1939–1945) ist durch die konsequente **Annexions- und Kriegspolitik** bestimmt. Sie begann 1939 mit der Besetzung der Tschecho-

slowakei, mündete im gleichen Jahr in den Krieg gegen Polen, Frankreich und Großbritannien und führte 1941 mit dem Überfall auf die Sowjetunion (Juni) und der Kriegserklärung an die USA (Dez.) in den (Zweiten) Weltkrieg.

Der von Deutschland begonnene rassistische Eroberungskrieg in Osteuropa ist in seinen Ausrottungszielen und seiner Brutalität für sich einmalig. Er hatte aber in seinem Ergebnis auch weitreichende Folgen für die Weltpolitik: Denn mit dem vollständigen Sieg über „Hitler-Deutschland" wurde die Sowjetunion zur politischen und militärischen Weltmacht und beherrschte bis 1990 Ost- und Mitteleuropa. Die Konfrontation zwischen der Sowjetunion und den USA als zweite Weltmacht im „Kalten Krieg" ist eine Folge des Zweiten Weltkriegs.

Für die Deutschen war der verlorene Krieg eine in ihrer Geschichte einzigartige, selbst verschuldete Katastrophe: Deutschland verlor ein Drittel seines Territoriums, 15–18 Millionen Deutsche in den deutschen Ostgebieten und in weiteren Siedlungsräumen in Osteuropa wurden nach 1945 enteignet und vertrieben. Hinzu kam bis 1990 die Teilung Deutschlands in zwei Staaten (Bundesrepublik, DDR), die die deutsche Lebenswirklichkeit bis heute bestimmt.

Für das Selbstverständnis der Deutschen folgenreich sind die Kriegsverbrechen des NS-Staates in den im Zweiten Weltkrieg eroberten Gebieten in Osteuropa, denen Millionen von Zivilisten und Kriegsgefangenen zum Opfer fielen. Hinzu kommt der **Holocaust**, die systematische Ermordung von sechs Millionen europäischen Juden aus rassistisch-antisemitischem Wahn heraus. Als einzigartiges „Menschheitsverbrechen", als **„Zivilisationsbruch"** belastet dieser **Völkermord** das Bild Deutschlands in der Welt dauerhaft; das deutsche Vernichtungslager **Auschwitz** (Polen) ist zur Metapher für den systematischen, fabrikmäßigen und sinnlosen Massenmord an Unschuldigen und Unbeteiligten geworden. Für politisch bewusste Deutsche stellt der Holocaust deshalb ein **tief gehendes Trauma** dar. Die Verarbeitung der deutschen Schuld ist entsprechend bis heute ein wichtiges Fundament deutscher staatlicher Identität, die Anerkennung deutscher Verantwortung für die Verbrechen des Nationalsozialismus gehört zum sog. „bundesrepublikanischen Wertehorizont".

Auch die unterschiedlichen politischen Systeme der 1949 gegründeten beiden deutschen Staaten verstanden sich als Antwort auf den Nationalsozialismus. Die DDR behauptete, durch den sozialistischen Systemwechsel die kapitalistischen Wurzeln des „Faschismus" zu überwinden und legitimierte sich durch den verlustreichen kommunistischen Widerstand gegen die Nationalsozialisten. Die Bundesrepublik Deutschland zog mit ihrer demokratisch-parlamentarischen Verfassung, dem Grundgesetz, die direkte Lehre aus den Schwächen der Weimarer Verfassung und der totalitären Diktatur Hitlers.

1 Die „Machtergreifung“

30.1.1933	Ernennung Hitlers zum Reichskanzler
27.2.1933	Reichstagsbrand
28.2.1933	Reichstagsbrandverordnung
5.3.1933	Reichstagswahl
20./21.3.1933	Aufbau der ersten Konzentrationslager in Dachau und Sachsenhausen
21.3.1933	„Tag von Potsdam“
23.3.1933	Ermächtigungsgesetz
2.5.1933	Zerschlagung der Gewerkschaften

1.1 Koalitionsregierung der „Nationalen Erhebung“

Als Hitler am 30. Januar 1933 Kanzler wurde, versuchte die NS-Propaganda mit dem Schlagwort „**Tag der Machtergreifung**“ den Eindruck zu vermitteln, Hitler und die NSDAP hätten die wichtigen Machtpositionen im Staat aus eigener Kraft errungen. Doch es handelte sich weder um eine „revolutionäre“ Machtergreifung der Nationalsozialisten noch erhielt Hitler uneingeschränkte Machtbefugnisse. Er wurde vielmehr von Reichspräsident Hindenburg nach den Bestimmungen der Verfassung zum Reichskanzler ernannt und trat lediglich an die Spitze einer Koalitionsregierung, die im Parlament ohne Mehrheit war. Die eigentliche „Machtergreifung“, d. h. der Prozess der Umwandlung der Weimarer Republik in eine Einparteien- und Führerdiktatur, geschah in den darauf folgenden Wochen.

In dieser „Regierung der Nationalen Erhebung“ besaßen die konservativen Minister zahlenmäßig eindeutig das Übergewicht. Neben Hitler gehörten ihr nur zwei weitere Nationalsozialisten an: **Wilhelm Frick** (1877–1946, hingerichtet) als Innenminister und **Hermann Göring** (1893–1946, Selbstmord) als Reichsminister ohne Geschäftsbereich und Reichskommissar für den Luftverkehr. Göring übte gleichzeitig das Amt eines kommissarischen preußischen Innenministers aus und befehligte die Polizei des größten deutschen Landes und der Reichshauptstadt. Acht konservativ-nationale Minister sollten die Gewähr dafür bieten, die Nationalsozialisten in der Regierung „einzurahmen“ und im konservativen Sinne zu kontrollieren („**Zähmungskonzept**“ des Vizekanzlers von Papen).

Doch bereits kurz vor der Vereidigung des Kabinetts am 30. Januar setzte Hitler im Kabinett und bei Hindenburg die Forderung durch, den erst im November gewählten Reichstag aufzulösen und Neuwahlen auszuschreiben. Hitler hoffte, als Reichskanzler für die NSDAP die absolute Mehrheit zu gewinnen. Die **Neuwahlen** wurden auf den 5. März festgesetzt. Die Nationalsozialisten, die in den Novemberwahlen 1932 lediglich 33,2 Prozent der Stimmen erhalten hatten, entfalteten im Wahlkampf eine gewaltige Propaganda mit doppelter Taktik: Der bürgerlichen Öffentlichkeit vermittelten sie das Bild einer in Sorge um Deutschlands Zukunft tätigen Volkspartei, man sprach von einem „nationalen Aufbruch“. Kommunisten und Sozialdemokraten bekämpfte die NSDAP dagegen mit offenem **Terror**, der nun staatlich gedeckt werden konnte; Göring, als preußischer Innenminister an der Spitze der preußischen Polizeiorgane, ließ eine **Hilfspolizei** von 50 000 Mitgliedern der SA, SS und des deutschnationalen „Stahlhelms“ gegen die angeblich zunehmende Gewalt von links aufstellen und ermunterte die Beamten zum „eifrigen Gebrauch der Schusswaffe“.

1.2 Die Zerschlagung des Rechtsstaates („Notverordnung zum Schutz von Volk und Staat“, 28. 2. 1933)

Im Kampf um die uneingeschränkte Macht brachte der **Brand des Reichstagsgebäudes** in Berlin am 27. Februar 1933 die Nationalsozialisten einen entscheidenden Schritt voran. Das Feuer hatte wahrscheinlich ein Einzeltäter, der Holländer **Marinus van der Lubbe**, gelegt, der sich als Kommunist bezeichnete. Die NS-Propaganda spielte die Brandstiftung zu einem kommunistischen Aufstand hoch, um den Terror gegen politische Gegner zu verstärken und die diktatorischen Vollmachten Hitlers auszubauen. Noch in derselben Nacht begann eine Verfolgungswelle gegen kommunistische Funktionäre, Abgeordnete der SPD, Gewerkschaftsführer und kritische Intellektuelle, die auf „Schwarzen Listen“ der Nationalsozialisten standen. Diese Maßnahmen offenbaren den kompromisslosen und zielstrebigen Willen zur Vernichtung des politischen Gegners sowie zur gewaltsamen Durchsetzung der Diktatur.

Die tags darauf erlassene **„Verordnung zum Schutz von Volk und Staat“** des Reichspräsidenten (Reichstagsbrandverordnung) setzte die wichtigsten in der Weimarer Verfassung garantierten Grundrechte außer Kraft. Damit waren Beschränkungen der persönlichen Freiheit, der freien Meinungsäußerung einschließlich der Pressefreiheit, des Vereins- und Versammlungsrechts, Eingriffe in das Brief-, Post- und Fernsprechgeheimnis, Anordnungen von Hausdurchsuchungen und Verhaftungen ohne Anweisung eines Richters zulässig.

Die Verordnung des Reichspräsidenten nach Artikel 48 der Weimarer Verfassung liquidierte den Rechtsstaat und versetzte Deutschland in den **permanenten Ausnahmezustand**. Die Verordnung blieb als eigentliche „Verfassung“ der NS-Diktatur bis 1945 in Kraft.

1.3 Die „nationale Revolution" nach den Reichstagswahlen (5. 3. 1933)

Die letzten freien Wahlen fanden am 5. März in einem Klima der **Rechtsunsicherheit** und der massiven Verfolgung der Kommunisten statt: Die NSDAP erreichte dennoch lediglich 43,9 Prozent der Stimmen, sie ist also nie in einer freien Wahl von der Mehrheit des deutschen Volkes gewählt worden. Zusammen mit dem Partner DNVP kam die Koalition allerdings auf eine Mehrheit von 51,9 Prozent. Hitler hätte demnach im Sinne der Verfassung mit einer absoluten parlamentarischen Mehrheit regieren können.

Die Nationalsozialisten wollten sich damit aber nicht begnügen und übernahmen die wichtigen politischen Schaltzentralen im Staat durch politischen Druck oder die Gewalt von SA und SS. Es erfolgten

- der Austausch sozialdemokratischer und bürgerlicher Regierungen in den Ländern durch nationalsozialistische,
- die erzwungene Absetzung missliebiger Bürgermeister und Gemeinderäte in den Kommunen,
- der Aufbau zuerst „wilder" und seit März 1933 (Dachau) offizieller **Konzentrationslager** zum Terror gegen politische Gegner mit ca. 27 000 „Schutzhäftlingen" im Juli 1933 (mit einer hohen Dunkelziffer),
- juristisch nie verfolgte politische Morde an Regimegegnern,
- erste Pogrome gegen jüdische Einzelpersonen und Einrichtungen.

Der mit diesen Maßnahmen erzeugten Unruhe bei den konservativen Koalitionspartnern und der bürgerlichen Öffentlichkeit begegnete die NS-Führung mit einer deutschnationalen Propaganda-Veranstaltung: Sie bekundete am **„Tag von Potsdam"** (21. 3. 1933) scheinbar die Kontinuität zum Kaiserreich im Bündnis von „alter Größe" und „junger Kraft", von Preußentum und Nationalsozialismus. Zum Bündnis von NSDAP und Nationalkonservativen passte, dass kurz zuvor Hindenburg verfassungswidrig gleichzeitig die schwarz-weiß-rote Fahne Preußens und die Hakenkreuzfahne zu den neuen Flaggen Deutschlands erhoben hatte.

1.4 Selbstausschaltung des Reichstags im „Ermächtigungsgesetz" (23. 3. 1933)

Als nächstes zielte Hitler mithilfe eines pauschalen Ermächtigungsgesetzes darauf ab, das Parlament und die verfassungsmäßigen Kontrollorgane endgültig auszuschalten. Die Gesetzesvorlage sah vor,

- der Regierung vier Jahre lang das Recht einzuräumen, Gesetze ohne Mitwirkung des Reichstages und des Reichsrates zu erlassen, darunter auch solche Gesetze, die von der Verfassung abwichen;
- die Rechte der Regierung auf Verträge mit fremden Staaten auszudehnen;
- als einzige Einschränkungen Reichstag und Reichsrat nicht anzutasten und die Stellung des Reichspräsidenten „unberührt“ zu lassen.

Um die notwendige verfassungsändernde Zweidrittelmehrheit zu erreichen, brach die Regierung bereits vor der Abstimmung die Verfassung, indem sie die 81 Mandate der verhafteten oder in den Untergrund getriebenen Kommunisten als nicht existent erklärte und „unentschuldigt fehlende“ (weil verhaftete oder geflohene) Abgeordnete von den Verhandlungen ausschloss, aber als anwesend zählte. Die **SPD** als einzige ernstzunehmende **Oppositionspartei** konnte so alleine die Zweidrittelmehrheit nicht verhindern und auch durch Fernbleiben ihrer Abgeordneten die Sperrminorität nicht nutzen, die darin bestand, dass zwei Drittel der Abgeordneten anwesend sein mussten.

Die SPD stimmte – trotz massiver Drohungen Hitlers – unter ihrem Vorsitzenden Otto Wels am 23. März gegen das Ermächtigungsgesetz. Alle anderen Parteien, also auch Zentrum, BVP und die Liberalen, stimmten zu – als Folge von Täuschung und Erpressung durch die Nationalsozialisten oder aus Angst vor einer illegalen Diktatur der Nationalsozialisten im Falle der Ablehnung des Gesetzes.

Der Reichstag machte sich durch das Ermächtigungsgesetz zur „Behebung der Not von Volk und Staat“ selbst überflüssig, denn es **beseitigte die Trennung von Legislative und Exekutive** und setzte dem parlamentarischen Leben in Deutschland nun auch formell ein Ende. Das „Ermächtigungsgesetz“ bildete die Grundlage für die nationalsozialistische Diktatur und wurde 1937 sowie 1939 verlängert und schließlich 1943 von jeder Befristung befreit.

Hitler hatte diktatorische Vollmachten ohne einen Staatsstreich erreicht. Seine seit 1925 gewählte **„Legalitätstaktik“** war damit letztlich erfolgreich. Denn so konnte er an politischer Legitimität gewinnen und sich die wichtige Loyalität der herrschaftstragenden Verwaltungseliten sichern.

Dass nicht ein einziger Abgeordneter der katholischen und liberalen Parteien der ehemaligen „Weimarer Koalition“ gegen das Ermächtigungsgesetz stimmte, zeigt nochmals den entscheidenden Grund für das Scheitern der Republik: die Aufgabe des demokratischen „Projekts“ durch die gemäßigten Bürgerlichen, ohne die sich die SPD als republiktragende Partei nicht gegen die Radikalen behaupten konnte.

2 Die „Gleichschaltung" von Politik, Verwaltung und Reichswehr

31.3.1933	Erstes Gesetz zur „Gleichschaltung der Länder mit dem Reich"
7.4.1933	„Gesetz zur Wiederherstellung des Berufsbeamtentums" mit „Arier-Paragraph"; 2. Gesetz zur „Gleichschaltung der Länder mit dem Reich"
22.6.1933	Verbot der SPD
14.7.1933	„Gesetz gegen die Neubildung von Parteien"
1.12.1933	NSDAP „einziger politischer Willensträger" im Reich
30.1.1934	„Gesetz zum Neuaufbau des Reiches"
14.2.1934	Auflösung des Reichsrats: endgültige Beseitigung des Föderalismus
20.4.1934	Himmler wird Leiter des Geheimen Staatspolizeiamts in Preußen
30.6.–2.7.1934	„Röhm-Putsch"
3.7.1934	„Gesetz über Maßnahmen der Staatsnotwehr"
20.7.1934	Erhebung der SS zur selbstständigen Organisation
2.8.1934	Tod Hindenburgs: Vereinigung der Ämter des Reichspräsidenten und des Reichskanzlers in Hitler als „Führer und Reichskanzler"; Vereidigung der Wehrmacht auf Hitler als „Obersten Befehlshaber"
30.1.1935	Ablösung der Selbstverwaltung der Gemeinden durch die nationalsozialistische Gauverwaltung
16.3.1935	Wiedereinführung der allgemeinen Wehrpflicht

Hitler und seine Partei machten sich erfolgreich die Vollmachten der Reichstagsbrandnotverordnung und das Ermächtigungsgesetz zunutze, um
- Kontrollinstanzen des demokratischen Staates systematisch zu beseitigen,
- mögliche Konkurrenten um die politische Macht zu entmachten oder einzubinden
- und alle staatlichen Institutionen und die wichtigen gesellschaftlichen Organisationen unter ihre Kontrolle zu bringen.

Die konservativen Verbündeten der Machtübergabe wurden dabei schnell aus wichtigen politischen Ämtern gedrängt oder ordneten sich nach 1934 immer mehr den Nationalsozialisten unter. Das Endprodukt der „Gleichschaltung" war die uneingeschränkte NS-Diktatur, die auf **Hitler als „Reichskanzler und Führer"** zugeschnitten war.

2.1 Die Säuberung des Beamtenapparates und der Universitäten

Die „Säuberung" der Verwaltung und der Justiz, die schon nach den Wahlen eingesetzt hatte, gipfelte im „Gesetz zur Wiederherstellung des Berufsbeamtentums" vom 7. April 1933. Das Gesetz enthielt auch den sog. **Arier-Paragrafen**, nach dem Juden aus der Beamtenschaft ausgeschlossen werden konnten. Jüdische, linke oder andere missliebige Beamte wurden in den Ruhestand geschickt und durch Nationalsozialisten ersetzt. Betroffen waren auch die Hochschullehrer: Ein Drittel (z.B. Frankfurt, Berlin) bis ein Fünftel der Professoren an den Universitäten verloren ihre Stellung.

Auch Beamtinnen in leitender Stellung waren von dem Gesetz betroffen: Sie wurden systematisch aus ihren Positionen entfernt, dazu drückte die Regierung den Anteil der Studentinnen bis 1939 auf einen Tiefstand von 11,2 %. Hintergrund der **anti-emanzipatorischen Politik** war das patriarchalische Frauenbild des Nationalsozialismus, das Frauen auf den häuslichen Bereich und die Mutterrolle festlegen wollte. Die in der Weimarer Republik erreichten Fortschritte bei der Gleichstellung der Frauen wurden so rückgängig gemacht.

Gleichgeschaltet wurde auch die **Studentenschaft**; ein Gesetz begrenzte die Zahl der jüdischen Studenten auf 1,5 %, Kommunisten und deren Sympathisanten wurden von den Hochschulen verwiesen.

2.2 Die Selbstunterwerfung der Justiz

Die Säuberungsaktionen der Nationalsozialisten trafen auch in der Justiz auf keinen bedeutenden Widerstand, da diese „alte Elite" des Kaiserreichs traditionell konservativ dachte. Über die Entlassung der jüdischen Kollegen – allein in Preußen waren es 643 – und der wenigen sozialdemokratischen Juristen war man eher erfreut. Die Rechtsprechung zeigte sich während der NS-Zeit den neuen politischen Herren gegenüber als **willfähriger Helfer** ihrer Repressions- und Terrorpolitik (vgl. S. 217 f.).

2.3 Die Beseitigung des Föderalismus

Systematisch betrieben die Nationalsozialisten die **Gleichschaltung der Länder**. Zwei Gesetze bestimmten, dass die Landtage den Ergebnissen der Reichstagswahlen vom März entsprechend neu zusammengesetzt werden mussten (31. 3.), wobei die Sitze der KPD wegfielen. Außerdem setzte das Reich in den Ländern Reichsstatthalter ein, die das Recht erhielten, die Länderregierungen zu ernennen und abzusetzen (7. 4.). Diese Ämter wurden in den meisten Fällen mit den Gauleitern der NSDAP besetzt. Die Länder verloren so im Widerspruch zur Weimarer Verfassung ihren Rang als selbstständige politische Körperschaften und wurden in Verwaltungsbezirke umgewandelt. Der **Zentralismus** ersetzte fortan die bundesstaatliche Ordnung. Die Entmachtung der Länder wurde im **„Gesetz über den Neubau des Reiches"** vom 30. Januar 1934 mit der Beseitigung der Landtage vollendet. Der überflüssig gewordene Reichsrat wurde per Gesetz aufgelöst. Diese Gleichschaltung fand 1935 schließlich eine Ausdehnung auf die kommunale Ebene, als eine neue Gemeindeordnung das Selbstverwaltungsrecht der Gemeinden aufhob.

2.4 Das Verbot der Parteien

Die **politische Gleichschaltung** wurde durch die Auflösung der Parteien und politischen Organisationen außerhalb der NSDAP beendet. Die **KPD** musste in einer brutalen Verfolgungswelle ihre aktive politische Arbeit bereits nach dem Reichstagsbrand einstellen bzw. in den Untergrund verlagern.

Die Aktionen gegen die **SPD** wie Verhaftungen von Parlamentariern und Beschlagnahmung des Parteivermögens fanden ihren Abschluss mit dem offiziellen Verbot der Partei Ende Juni 1933. Die Parteileitung war schon im Mai nach Prag emigriert, die in Deutschland verbliebenen Parteiführer wurden verhaftet und in Konzentrationslager gebracht; der an einer schweren Kriegsverletzung leidende spätere Parteivorsitzende Kurt Schumacher (1946–1951) etwa saß dort für 10 Jahre ein, der frühere Ministerpräsident von Mecklenburg-Strelitz, Johannes Stelling, wurde am 22. Juni von SA-Leuten brutal ermordet.

Die bürgerlichen Parteien lösten sich Ende Juni/Anfang Juli selbst auf. Mit dem **„Gesetz gegen die Neubildung von Parteien“** vom 14. Juli 1933 wurde die NSDAP zur einzigen politischen Partei erklärt und jede Wieder- oder Neugründung mit Zuchthausstrafe bedroht. Der Parteienpluralismus, eine notwendige Voraussetzung für eine parlamentarische Demokratie, wurde durch den **Einparteienstaat** ersetzt, der Reichstag zu einem bedeutungslosen Zustimmungsorgan gemacht.

2.5 Ausschalten innerparteilicher und konservativer Rivalen („Röhm-Putsch“)

Hitler erklärte die nationalsozialistische „Revolution“ im Juli 1933 für beendet. Jedoch musste der Diktator noch mit einem Machtfaktor innerhalb der NSDAP fertig werden. Denn Teile der SA – insgesamt seit der Eingliederung des konservativen „Stahlhelms“ ca. 1,5 Millionen Mitglieder – unter der Führung ihres Stabschefs **Ernst Röhm** (1887–1934, ermordet) verlangten die **„soziale“ Revolution**, in der sie ihre gesellschaftsverändernden Vorstellungen verwirklichen wollten. Röhm forderte außerdem den Oberbefehl über eine aus SA und Reichswehr zu bildende Volksmiliz. Dieser Plan hätte die Machtstellung der Reichswehr beseitigt, deren Generalität solche Vorstellungen deswegen ablehnte und sich an die Spitze einer neuen Wehrpflichtarmee stellen wollte.

Hitler vermied in dieser Situation den Konflikt mit der Reichswehr als der letzten Macht im Staat, die ihn noch gefährden konnte; auch wollte er möglichst frühzeitig die Kriegsbereitschaft Deutschlands erreichen. Er ließ deshalb Röhm fallen und nahm angebliche Putschpläne (deshalb „Röhm-Putsch“) sowie die homosexuelle Veranlagung Röhms zum Vorwand, um die gesamte oberste SA-Führung in einer von der SS reichsweit inszenierten Mordaktion (30. Juni bis 2. Juli 1934) zu beseitigen. Gleichzeitig ließ Hitler unter dem haltlosen Vorwand des Hoch- und Landesverrats **konservative Regimegegner und -kritiker töten**, unter ihnen General von Schleicher, seinen Vorgänger als Reichskanzler, und General von Bredow. Unter den insgesamt 85 Ermordeten waren neben 50 SA-Führern auch der frühere Reichsorganisationsleiter der NSDAP und Konkurrent Hitlers, Gregor Strasser, der ehemalige bayerische Generalstaatskommissar von Kahr und konservative Gefolgsleute des Vizekanzlers von Papen. Papen, der Hitler kurz vor der Aktion öffentlich kritisiert hatte (Marburger Rede vom 17. Juni), kam mit zwei Tagen Hausarrest und einer Abschiebung auf den Botschafterposten in Wien davon. In gewisser Weise war dies der Schlusspunkt unter das schon lange vorher gescheiterte „Zähmungskonzept“ der Konservativen unter der Führung Papens.

Die Sieger der Aktion waren Hitler und die SS. Hitler war nun der unumschränkte Führer seiner Partei. Die **Schutzstaffeln (SS)** hatten sich als ihm ergebenes und skrupelloses Machtinstrument erwiesen und wurden am 20. Juli zur selbstständigen Organisation in der NSDAP erhoben, die SS war bis dahin eine Untergliederung der SA gewesen. **Heinrich Himmler**, der **„Reichsführer SS“**, der seit April 1934 an der Spitze der Politischen Polizei Deutschlands stand, rückte in der NS-Hierarchie weit nach oben, die SS entwickelte sich zur mächtigsten Organisation des NS-Staats.

Die Reichsregierung löste die juristische Problematik der Mordaktionen, indem sie am 3. Juli 1934 das **„Gesetz über Maßnahmen der Staatsnotwehr“** erließ. Darin wurden die begangenen Verbrechen schlicht als Staatsnotwehr für rechtens erklärt, Hitler bezeichnete sich vor dem Reichstag selbst als obersten Gerichtsherrn. Die Willkür des Diktators wurde zum Gesetz erhoben, Rechtsgleichheit und Rechtssicherheit in Deutschland, ohnehin durch Sondergerichte und Terrormaßnahmen auf der Notverordnungsbasis bereits erheblich eingeschränkt, waren endgültig beseitigt. An die Stelle der unabhängigen judikativen Gewalt trat der **Führerwille**. Hitlers Macht war nun fast unumschränkt.

2.6 Die Unterordnung der Reichswehr

Nach Hindenburgs Tod am 2. August 1934 wurde die Armee auf Hitler vereidigt: Die Eidesformel enthielt keine Verpflichtung auf Volk, Vaterland und Verfassung, sondern schwor die Soldaten auf die Person Hitlers ein.

Das Bündnis der Militärs mit der NS-Führung verstärkte sich nach 1935 durch die **Wiedereinführung der Wehrpflicht** (16. März 1935), die nun möglichen schnellen Karrieren im erweiterten Offizierskorps und durch die Bedeutung, die der Wehrmacht in der Aufrüstungs- und Kriegspolitik zukam. Dabei wusste die Armeeführung seit 1933 von Hitler selbst von seiner Absicht, einen **Krieg zur Eroberung von „Lebensraum" im Osten** zu führen. Die wenigen Kritiker von Hitlers Kriegstreiberei konnten sich im Offizierskorps nicht durchsetzen und verließen zumeist die Wehrmacht oder wurden kalt gestellt. 1938 wurden nach Intrigen der NS-Führung der Reichswehrminister von Blomberg (1876–1946) und der Oberbefehlshaber des Heeres, Generaloberst von Fritsch (1880–1939), entlassen. **Hitler** machte sich nun selbst zum **Oberbefehlshaber der Armee**, das neu gegründete Oberkommando der Wehrmacht (OKW) war ihm unterstellt.

2.7 Die Festigung der Macht

Den letzten Schritt zur Sicherung der absoluten Macht vollzog Hitler kurze Zeit nach der Mordaktion gegen die SA und andere NS-Gegner. Am 2. August 1934 **starb Reichspräsident Hindenburg**, der nach dem 30. Januar 1933 alle Vorbehalte gegen Hitler aufgegeben und dessen „Machtergreifung" unterstützt und begrüßt hatte. Er beglückwünschte sogar zuletzt Hitler und Göring zur Niederwerfung des „Röhm-Putsches". In seinem Testament forderte Hindenburg Hitler auf, die Hohenzollernmonarchie wiederherzustellen. Nach dem Tod Hindenburgs vereinigte die Reichsregierung aber die Amtsgewalt des Reichspräsidenten mit der des Reichskanzlers und brach damit das Ermächtigungsgesetz, nach dem das Amt des Reichspräsidenten nicht angetastet werden durfte.

Die „Machtergreifung" des „Führers" wurde durch eine nachträgliche Volksabstimmung am 19. August 1934 abgeschlossen: 84,3 % aller Stimmberechtigten sprachen sich für die Zusammenlegung der Ämter des Reichskanzlers und Reichspräsidenten in der Person Hitlers aus; immerhin stimmten in den Arbeitervierteln der Großstädte noch ca. 20 % der Wahlberechtigten mit „Nein".

Hitler hatte nun **alle Machtzentren des Staates in der Hand**, die nationalsozialistische Diktatur war ohne große Widerstände auf fast legalem Weg durchgesetzt worden.

Etappen der Machtergreifung

27./28.2.1933 Reichstagsbrandverordnung	Beseitigung wichtiger Grundrechte	**Verfolgung und Ausschaltung von Kommunisten und Sozialdemokraten**
23.3.1933 Ermächtigungsgesetz	• Neuwahlen: keine absolute Mehrheit • Tag von Potsdam: feierliche Verbindung zwischen Kaiserreich (Hindenburg) und Nationalsozialismus (Hitler) • Gesetzesvorlage im Reichstag: Übertragung der Legislative auf die Regierung	**Ausschaltung des Reichstages**
1933/34 Gleichschaltung der Länder Verbot der Parteien Auflösung der Gewerkschaften	• Verlust der Unabhängigkeit der Länder • alleinige Staatspartei ist die NSDAP • einzig zugelassene Gewerkschaft ist die Deutsche Arbeitsfront (DAF)	**Gleichschaltung auf der Grundlage des Ermächtigungsgesetzes**
Juni 1934 Röhm-Putsch	• Beseitigung der SA als innerparteiliche Konkurrenz • Ermordung führender SA-Mitglieder und anderer politischer Gegner • nachher: Gesetz rechtfertigt Maßnahmen	**Ausschaltung jeglicher Opposition**
2.8.1934 Tod Hindenburgs	• Hitler wird Reichspräsident • Vereidigung der Reichswehr auf die Person Hitlers	**diktatorische Machtfülle Hitlers als Reichskanzler, Reichspräsident und Oberbefehlshaber**

Aufgabe 45 Skizzieren Sie in den wesentlichen Etappen die Eroberung der politischen Macht durch die Nationalsozialisten.

3 Die Gleichschaltung der Gesellschaft

13. 3. 1933	Einrichtung des „Ministeriums für Volksaufklärung und Propaganda" unter Joseph Goebbels
10. 5. 1933	Bücherverbrennungen in Universitätsstädten; Gründung der Deutschen Arbeitsfront (DAF); Zwangseingliederung und Selbstauflösung der Gewerkschaften
19. 5. 1933	Gesetz über „Treuhänder der Arbeit"; Beseitigung der Tarifautonomie
20. 7. 1933	Reichskonkordat zwischen der Hitlerregierung und dem Vatikan
11. 9. 1933	Gründung des „Pfarrernotbundes"; Beginn des evangelischen Kirchenkampfes
22. 9. 1933	Einrichtung der „Reichskulturkammer"
29. 5. 1934	Konstituierung der „Bekennenden Kirche"
9. 9. 1936	Verkündung des Vierjahresplans auf dem Parteitag in Nürnberg

3.1 Die Kontrolle des Kultursystems

Den Kampf gegen alles „Undeutsche" setzten die Nationalsozialisten am 10. Mai 1933 mit öffentlichen **Bücherverbrennungen** in den deutschen Universitäts- und Hauptstädten fort. Mitglieder des Nationalsozialistischen Deutschen Studentenbunds verbrannten Schriften linker, pazifistischer, liberaler und jüdischer Autoren, darunter Bücher von Heinrich Heine, Sigmund Freud und Erich Kästner. Den Bücherverbrennungen folgten Aktionen gegen alle Formen moderner, in der Sprache der Nationalsozialisten **„entarteter Kunst"** in Literatur, Musik, Malerei und Architektur.

Seit März 1933 wurden Rundfunk, Film, Theater und Presse gesäubert und dem neuen **„Reichsministerium für Volksaufklärung und Propaganda"** untergeordnet, das **Joseph Goebbels** (1897–1945, Selbstmord) führte.

Im Juni wurden die linken Presseorgane vollständig verboten, bürgerliche Zeitungen wie die berühmte „Frankfurter Zeitung" konnten zum Schein noch ein gewisses Maß an Eigenständigkeit wahren, unterstanden aber der Kontrolle des Propagandaministeriums. Es dominierten jetzt die NS-Blätter, an ihrer Spitze das Parteiorgan **„Völkischer Beobachter"**.

Mit der Einrichtung der **„Reichskulturkammer"** am 22. September 1933 wurde die Überwachung und inhaltliche Beeinflussung der öffentlichen Kultur systematisiert. Jeder „Kulturschaffende" musste Mitglied einer der Kammern für Schrifttum, Musik, Bildende Kunst, Presse, Rundfunk, Theater und Film sein, um seinen Beruf ausüben zu können. Juden waren davon ausgeschlossen.

Regimekritische und jüdische Künstler und Intellektuelle wie Bertolt Brecht oder Thomas Mann flüchteten in die Emigration, viele dort übrigens in den

Freitod, wie z. B. der erfolgreichste deutschsprachige Schriftsteller der 1920er-Jahre, Stefan Zweig, ein österreichischer Jude. Viele konservative Intellektuelle der mittleren oder älteren Generation begrüßten zuerst den nationalen Neuanfang, zogen sich aber dann in die **„innere Emigration“** zurück, als sie den Charakter des NS-Regimes erkennen mussten (z. B. Ernst Jünger, Gottfried Benn).

3.2 Die Einflussnahme auf die christlichen Kirchen

Politische Neutralisierung des Katholizismus

Eine totalitäre und rassistische Partei wie die NSDAP musste das Wertesystem der **christlichen Kirchen als störende Konkurrenz** ansehen, aber auch mit einer starken Minderheit praktizierender Christen in der Bevölkerung rechnen. Das NS-Regime reagierte deshalb zuerst mit Zugeständnissen auf den Widerstand in beiden Kirchen gegen den Allmachtsanspruch des Nationalsozialismus; die in Hitlers Ideologie vorgesehene Zerstörung des Christentums sollte aber dennoch nach dem siegreichen Weltkrieg erfolgen.

Einzelne katholische Bischöfe nahmen seit 1932 in scharfen Erklärungen gegen den Nationalsozialismus Stellung. Sie erklärten die NS-Weltanschauung als unvereinbar mit der kirchlichen Lehre und verurteilten vor allem die Rassenideologie und den Totalitätsanspruch. Großzügige Versprechungen Hitlers und die Gefahr einer nationalen Diskriminierung angesichts der allgemeinen Aufbruchstimmung im Frühjahr 1933 veranlassten die Bischöfe aber zu einem Kurswechsel: Die Fuldaer Bischofskonferenz stellte die bisherigen Bedenken zurück, verwies auf die Treue gegenüber der „legalen staatlichen Obrigkeit“ und forderte die Gläubigen zur „gewissenhaften Erfüllung der staatsbürgerlichen Pflichten“ auf, wie es der kirchlichen Tradition entsprach.

Der Dank dafür war der Abschluss des **Reichskonkordats** zwischen der Hitlerregierung und dem Vatikan am 20. Juli 1933. Die Regierung gewährte

- Freiheit in der Organisation des kirchlich-religiösen Bereichs,
- die Konfessionsschule und
- die Aufrechterhaltung des katholischen Vereinswesens.
- Die Kirche verzichtete auf die politische Betätigung des Klerus.

Diese politische Neutralisierung der katholischen Kirche war die Grundlage für das weitere Vorgehen des NS-Regimes nach seiner Konsolidierung:

- Die Jugendverbände der Kirche wurden zugunsten der Hitlerjugend (HJ) aufgelöst und
- die Bekenntnisschulen abgeschafft.

- Als 1937 Papst Pius XI. in seiner Enzyklika „Mit brennender Sorge“ die Verletzung der Konkordatsbestimmungen durch die Nationalsozialisten anprangerte und den Rassismus verurteilte, wurden kritische Pfarrer und Ordensleute in Konzentrationslager eingeliefert.

Wie weit dennoch zumindest die Möglichkeiten der Bischöfe gingen, zeigt das Beispiel des Bischofs von Münster, **Graf von Galen** (zum Widerstand, S. 255).

Spaltung der evangelischen Kirchen in „Deutsche Christen“ und „Bekennende Kirche“

Die Situation der evangelischen Kirche unterschied sich aufgrund ihrer Organisation in 28 Landeskirchen von der der katholischen Kirche. Ein Teil der evangelischen Kirchenführung strebte eine politisch unabhängige Kirche an. Ziel der nationalsozialistisch orientierten „Deutschen Christen“ dagegen war eine gleichgeschaltete **„Reichskirche“**. Sie identifizierten sich mit der NS-Weltanschauung und forderten den Ausschluss der Pfarrer jüdischer Abstammung.

Hitler stellte sich im April 1933 öffentlich hinter die Bewegung der „Deutschen Christen“ und nach massiver Unterstützung der NSDAP im Wahlkampf für die Kirchenwahlen im Juli 1933 wählte eine von den „Deutschen Christen“ weitgehend beherrschte Nationalsynode den Königsberger Wehrkreispfarrer Ludwig Müller zum Reichsbischof. Gegen die „Deutschen Christen“ organisierte sich 1934 der kirchliche Widerstand in der „Bekennenden Kirche“ (s. S. 256).

Aufgabe 46 Stellen Sie den ideologischen Kern und den Ablauf der „Gleichschaltung“ der deutschen Politik und Gesellschaft dar.

4 Die Grundzüge der NS-Ideologie

Die Ideologie des nationalsozialistischen Regimes wurde im Wesentlichen von Adolf Hitler in seinem Bekenntnisbuch **„Mein Kampf“** formuliert, das er 1924 während seiner kurzen Festungshaft in Landsberg am Lech diktierte.

Der nationalsozialistischen Bewegung lag keine vollständige Ideologie im Sinne eines rational geschlossenen Gedankengebäudes zugrunde, wie etwa dem Kommunismus. Sie versuchte vielmehr mit ihren weltanschaulichen Ansätzen auf die Interessen und Wünsche all jener einzugehen, die mit den Verhältnissen in der Weimarer Republik unzufrieden waren, um sie für die NSDAP zu gewinnen. Das ideologische Konzept blieb vage und verschwommen, gab aber gerade dadurch der NS-Führung die Möglichkeit, allen alles zu versprechen.

Hitler bezieht sich in „Mein Kampf" assoziativ auf unterschiedliches Gedankengut des 19. Jahrhunderts. Damals ersetzten für viele Menschen scheinbar wissenschaftlich begründete **(„pseudo-wissenschaftliche") Ideologien** wie aggressiver Nationalismus, Sozialdarwinismus, Rassismus und Antisemitismus die seit der Aufklärung abhanden gekommene religiöse Sinngebung.

Das Besondere bei Hitlers Konstrukt war:

- die konsequente **Vereinfachung** der bereits simplen rechtsextremen Vorstellungen seiner Vorgänger,
- die zunehmende **Radikalisierung** des Vorhandenen zu einem „fanatischen eliminatorischen Rassenantisemitismus" (Daniel Goldhagen), in dem die Ausrottung alles Jüdischen zum zentralen Ziel wurde,
- und – am Folgenreichsten – die strikte Ausrichtung des realen politischen Handelns an den ideologischen Vorgaben, um diese zuletzt konsequent in Eroberungskrieg und Massenmord an den europäischen Juden umzusetzen.

Angelpunkt des gesamten ideologischen Gebäudes war für Hitler also der Kampf gegen das für ihn personifizierte Böse, verantwortlich für Marxismus, Liberalismus, Parlamentarismus und die Schmach des Versailler Vertrags: das internationale Judentum. Von ihm wollte er Deutschland, die germanische Rasse und die Welt als von der Vorsehung auserwählter Erlöser befreien: „Indem ich mich des Juden erwehre, kämpfe ich für das Werk des Herrn". Das Zitat macht deutlich, was der Nationalsozialismus für Hitler war: eine „totalitäre politische Erlösungsreligion" (Heinrich August Winkler), die allein Rettung und Heil vor den Juden als *dem* mythischen Feind versprach und die keine Alternativen neben sich duldete.

4.1 Rassismus als pseudo-wissenschaftliche Grundlage

Der Glaube an die Existenz biologisch unterschiedlicher Rassen war der Ausgangspunkt von Hitlers Weltanschauung. Für Hitler gliederte sich die Menschheit entsprechend in höher- und minderwertige Rassen: Die **„arische Rasse"** war für ihn die einzig wertvolle und schöpferische Rasse. Dem „Arier" sprach er daher das Recht der Herrschaft über die Erde naturgesetzlich zu; dabei wären die Deutschen das eigentliche **„Herrenvolk"**. Der Bezugspunkt dieses Gedankens war der **Sozialdarwinismus** des späten 19. Jahrhunderts; er übertrug Charles Darwins wissenschaftlich begründete Evolutionstheorie über die natürliche Auslese der Arten auf Geschichte, Politik und Gesellschaft.

Der nationalsozialistischen Propaganda bot die **Rassenlehre** große Vorteile: Gerade in der Krisenphase der Weimarer Republik war sie für viele zu „Ariern" aufgewertete Deutsche, die Deutschland durch den Versailler Vertrag ungerecht behandelt fühlten und persönlich aufgrund der schlechten wirtschaftlichen Lage unter Druck standen, eine Projektionsfläche für eigene Machtwünsche und für die Bewältigung von Minderwertigkeitsgefühlen.

Das angeblich natürliche **„Recht des Stärkeren"** legitimierte des Weiteren radikale Maßnahmen gegen politische Gegner und jüdische Mitbürger und bildete auch die ideologische Grundlage für die Eroberungspolitik Hitlers.

4.2 Antisemitismus als ideologischer Kern

In der jüdischen „Rasse" sah Hitler das Gegenbild zu den Ariern. Sie war der Feind, der den Herrschaftsanspruch der arischen Führungsrasse bedrohte, den es ununterbrochen zu bekämpfen galt und der für alle Niederlagen im persönlichen wie im politischen Leben verantwortlich gemacht werden konnte.

Für Hitler waren die Juden Schuld an der Niederlage Deutschlands im Weltkrieg, der Revolution von 1918, der Demokratie, dem Pazifismus, den linken Parteien, insbesondere aber am Marxismus. Hitler war davon überzeugt, dass der **Marxismus** und vor allem der russische Bolschewismus mit dem gefürchteten Ziel der proletarischen Weltrevolution Teil einer zersetzenden **„jüdischen Weltverschwörung"** sei. Der Kampf gegen diese „Verschwörung" und damit der Antisemitismus waren entsprechend für Hitler die wichtigste Begründung für seinen fanatischen Kampf um die politische Macht in Deutschland.

4.3 Lebensraumpolitik als außenpolitische Forderung

Die „Machtergreifung" in Deutschland sollte nur eine vorübergehende Etappe des Nationalsozialismus sein. Letztes Ziel war für Hitler ein **rassisch reines germanisch-deutsches Großreich**. Der Weg dahin ging für ihn über die Eroberung von „Lebensraum" im Osten, der nach den „Umvolkungsplänen" der NS-Führung durch Deutschblütige besiedelt werden sollte (s. S. 248 f.). Dies betraf v. a. Russland, das ihm zufolge nach der kommunistischen Revolution in die Hände der Juden gefallen und nun reif sei für den Zusammenbruch und die Übernahme durch die deutschen „Arier". Erst dann besäße das Deutsche Reich die notwendige Größe und die Bodenschätze, um zur Weltmacht aufzusteigen. Für Hitler verbanden sich so die Bekämpfung von Judentum und Marxismus sowie die Rettung Europas vor dem Bolschewismus und die Eroberung von Lebensraum für das deutsche Volk im Osten zu einem einzigen Programm.

4.4 Hitlers „Nationaler Sozialismus“

Hitlers radikaler Antisemitismus war nicht der Grund für seinen Erfolg bei vielen Wählern in der Krisenphase der Weimarer Republik: Erfolgreich war Hitler nach dem Anwachsen seiner Popularität ab 1929 vor allem mit den üblichen nationalistischen Parolen gegen das „System von Weimar“ und gegen den Versailler Vertrag. Den Unterschied zu den anderen rechten Parteien machten dabei der „innovative“ Gebrauch des „Sozialismus“-Begriffs und der Nationalismus-Tradition durch die „Nationalsozialistische Deutsche Arbeiterpartei“, wie Hitler seine Partei seit 1920 benannte.

Hitler wertete den marxistischen Ursprung des Begriffs „Sozialismus“ um und forderte die **„Entproletarisierung“ der Arbeiter** in einem klassenübergreifenden nationalen Projekt, der „Volksgemeinschaft“. Diese propagandistische Aufwertung der Arbeitnehmer wirkte v. a. bei einer breiten Wählergruppe national gesinnter Angestellter, Arbeiter und junger Akademiker.

Mit der Idee der **„Volksgemeinschaft“** schloss sich die NS-Ideologie erfolgreich an den weitverbreiteten Nationalismus der Deutschen an: Der Begriff „Volksgemeinschaft“, seit dem Ersten Weltkrieg in allen Parteien häufig verwendet, wurde von den Nationalsozialisten jetzt konsequent in ihre rassistische Richtung umgedeutet: In dieser Gemeinschaft hatten nur wertvolle „arische“ Deutsche Platz, nicht aber Juden, „Zigeuner“ und allgemein die Mitglieder „minderwertiger Rassen“. Der ideologische **Ausschluss des „Artfremden“** ging mit der Aufwertung der zur Gemeinschaft Gehörenden einher und war für viele Wähler attraktiv, die über die etablierten politischen Milieus hinaus Orientierung und Selbstbewusstsein suchten.

4.5 Radikaler Bruch mit den Werten der Aufklärung

Die liberalen Wertvorstellungen der Menschenrechte, einer der Volksvertretung verantwortlichen Regierung und des Rechtsstaates waren das Gegenbild des Konzepts der nationalsozialistischen „Volksgemeinschaft“. Dieses hob aber nicht nur Klassengegensätze und soziale Konflikte auf, sondern gleichzeitig individuelle Ansprüche auf politische Mitsprache und Rechtssicherheit. Politische Kritik und Opposition wurden als destruktiv, volksfeindlich und somit als kriminell bewertet. Formeln wie „Recht ist, was dem Volke nützt“, drücken diese Umwertung des Rechtsbegriffs aus. Zu erkennen, was dem Volke nützt, nahmen der „Führer“ und seine Partei für sich in Anspruch.

„Mit der Machtergreifung wird das Jahr 1789 aus der Geschichte gestrichen“, verkündete Joseph Goebbels 1933. Er meinte damit die Abkehr von den Grundsätzen der europäischen Aufklärung, die sich in der Französischen Revolution das erste Mal in Europa machtvoll durchgesetzt hatte; die Theorien der Aufklärung hatten auch die politische Entwicklung Deutschlands bis 1933 maßgeblich geprägt. Rassegedanke, Antisemitismus und die Vorstellung der Volksgemeinschaft brachen nun radikal mit der aufgeklärten Idee universal gültiger Menschen- und Bürgerrechte und damit mit den Grundlagen des demokratisch-liberalen Rechtsstaates: In der politischen Praxis wurden

- die Gewaltenteilung verneint,
- die Verantwortlichkeit der Regierung gegenüber dem Parlament verworfen und die parlamentarische Kontrolle der Regierung abgelehnt,
- das Prinzip der Volkssouveränität preisgegeben
- und die politischen Rechte des einzelnen Bürgers gering geschätzt.

Die Abkehr vom überlieferten europäischen Wertesystem ging bei Hitler aber noch weiter. Nur im engsten Kreis seiner Anhänger machte er nach Kriegsbeginn 1939 deutlich, dass er die „Endlösung der Judenfrage", also die Ausrottung der Juden, als Vorstufe zur endgültigen Beseitigung des für ihn jüdisch beeinflussten Christentums ansah. Denn die für ihn wahre Natur des arischen Menschen könne sich im „Kampf ums Dasein" nur behaupten, wenn die christliche Mitleidsmoral überwunden wäre. Hitlers Logik erreichte damit ihren inhumanen Endpunkt: Dem menschlichen Leben sprach er jeden Eigenwert ab. Alles rassisch minderwertige oder die Volksgemeinschaft behindernde Leben sollte mitleidslos vernichtet werden. Dieser neuen **„Ethik der Mitleidslosigkeit"** wollte Hitler durch die Zerstörung der christlichen Wurzeln Europas zum Erfolg verhelfen; auch darin sah er seine geschichtliche Mission.

4.6 Das „Dritte Reich" als mythischer Bezugspunkt des Nationalsozialismus

Hitlers rascher Aufstieg ist auch auf ein weiteres Element seines ideologischen Konzepts zurückzuführen: Er koppelte die Idee der „Volksgemeinschaft" mit dem in der politischen Kultur Deutschlands äußerst positiv besetzten Begriff des „Reiches"; ihn verknüpften v. a. konservative Kreise mit Vorstellungen einer großen mittelalterlichen Vergangenheit und mit Heilserwartungen an eine bessere Zukunft. Das Schlagwort „Drittes Reich", das diese Tradition aufnimmt, benutzte 1923 Arthur Moeller van den Bruck, ein Vordenker der sog. „Konservativen Revolution" gegen die westlich-demokratische Moderne der Weimarer Republik, als Buchtitel. Das „dritte" Reich sollte nach dem mittelalterlichen und dem Bismarckreich die Republik überwinden und **großdeutsch** sein, also Österreich einschließen. Moeller bezeichnete es als das „Eine Reich", als Endreich, als mythisch-religiösen Zielpunkt der deutschen Geschichte.

Die Nationalsozialisten übernahmen den Begriff „Drittes Reich“ in ihrer Propaganda, und Hitler lud ihn mit dem christlich-mittelalterlichen Mythos eines Reiches der „tausend Jahre“ auf, wie ihn die Offenbarung des Johannes enthält. In vielen mittelalterlichen Auslegungen weitverbreitet soll dieses mythische Reich den tausendjährigen Zeitraum zwischen dem Sieg über den Antichrist und dem Jüngsten Gericht umfassen, also am Ende aller Geschichte stehen.

Die propagandistische Nutzung des Reichsbegriffs erwies sich für die Nationalsozialisten als äußerst erfolgreich. Die gleichfalls religiöse Vorstellung eines „Dritten Reiches“, eines letzten Reiches, in dem die Geschichte zu ihrem sinnvollen Ende kommt, gab vor 1933 vielen an den Krisen der Republik Verzweifelnden ein neues Ziel und verschleierte bzw. legitimierte den brutalen Charakter der NS-Herrschaft. Verknüpft wurde das Konzept des „Dritten Reichs“ dabei immer stärker mit der Rolle Hitlers als „Erlöser“, der die Deutschen in das heilbringende „tausendjährige“ Reich führen würde.

4.7 Das Führerprinzip

Der Kampf um die Macht, der Aufstieg der arischen Rasse und ihres wertvollsten Teils, des deutschen Volkes, zum „Herrenvolk der Erde“, wie Hitler es nannte, erforderte die Unterordnung aller unter den Willen eines Einzelnen. In einer „wahrhaftigen germanischen Demokratie“ gebe es demnach keine Übertragung von staatlicher Autorität durch demokratische Mehrheitsbeschlüsse.

Innerhalb des „besten Volkes“ wurde Hitler so zum **charismatischen Führer**, gegen den jede Opposition als Verbrechen galt. Jeder „Volksgenosse“ hatte sich ihm daher in bedingungslosem Gehorsam zu unterwerfen. Die Partei erhielt als Organisation der Volkselite die Aufgabe, seinen Willen zu vollziehen und Staat und Volk zu einem Werkzeug in der Hand des Führers zu machen – nach der NS-Parole: „Führer befiehl, wir folgen“. Die Nationalsozialisten rechtfertigten diesen **absoluten Machtanspruch** mit der Unfehlbarkeit Hitlers und formten das Schlagwort: „Der Führer hat immer recht.“ Diese Umkehrung des demokratischen Grundgedankens wurde dem Volk durch einen systematisch verbreiteten Führerkult nahe gebracht, der im Mythos des vom Schicksal gesandten Retters gipfelte, an den Hitler selbst bis zuletzt glaubte. Der **Führermythos** bildete so den Anker der „politischen Erlösungsreligion“, als die sich der Nationalsozialismus darstellte.

fgabe 47 Charakterisieren Sie den Kern der NS-Ideologie und beschreiben Sie davon ausgehend ihre wichtigsten Elemente.

5 Die Herrschaftsinstrumente des NS-Regimes

20. 4. 1934	Himmler wird Leiter des Geheimen Staatspolizeiamts in Preußen
24. 4. 1934	Gründung des Volksgerichtshofs
30. 6. 1934	SS erhält Kommando über die Konzentrationslager
17. 6. 1936	Ernennung Himmlers zum „Reichsführer SS“
27. 9. 1939	Vereinigung der Sicherheitspolizei mit dem Sicherheitsdienst der SS zum Reichssicherheitshauptamt (RSHA)

Warum konnte sich das NS-System so schnell etablieren? Und warum konnte sich Hitler bis zu dessen Zusammenbruch der Loyalität der meisten Deutschen sicher sein, obwohl die Nationalsozialisten von Anfang an mit offener Gewalt gegen wichtige politische und gesellschaftliche Gruppen vorgingen und Deutschland nach 1939 in Weltkrieg und Holocaust führten? Die Erfolge des Nationalsozialismus erklären sich durch

- den **Mythos des unfehlbaren „Führers“**;
- die große Bereitschaft der Mehrheit der deutschen Bevölkerung, das Regime zu unterstützen,
- die Übernahme aller staatlichen Institutionen durch die Nationalsozialisten,
- die zunehmende Durchdringung der Gesellschaft mit einer effektiven **Propaganda** und
- durch ein Terror-System, das sich seit 1934 zum effizienten **„SS-Staat“** (Eugen Kogon) entwickelte.

5.1 Der Führermythos

Der Begriff „Führermythos“ zielt auf das Bild ab, das die NS-Propaganda von Hitler erzeugte: Hitler war darin der vom Schicksal gesandte Führer und Retter der Deutschen, der sie in die bessere Zukunft des heilbringenden „Dritten Reichs“ führen werde. Die unbestrittene Wirkung dieses „Führer“-Mythos lässt sich mehrschichtig erklären.

Kollektive Erwartung eines Retters aus Not und Krise

Eine erste Deutung bietet die Sozialpsychologie: Die NS-Propaganda der frühen 1930er-Jahre traf mit dem Führermythos genau die Sehnsüchte und Erwartungen der Deutschen. Nach Jahren der politischen und sozialen Krise setzten viele ihre Hoffnung auf einen mythischen Retter.

Der wichtigste Faktor für den Erfolg des Führermythos war jedoch die wirtschaftliche Erholung Deutschlands in den ersten Jahren: Die Arbeitslosigkeit sank unerwartet schnell und war bis 1936 fast völlig beseitigt. Für die Mehrheit der Deutschen war das eine existentiell so bedeutsame Stabilisierung der eigenen Lebenssituation, dass sie über negative Aspekte des Regimes hinwegsah.

Bis zur Niederlage der Wehrmacht in Stalingrad (1943) steigerten die erfolgreiche **Revision des Versailler Vertrags** und die großen Anfangserfolge im Krieg das Ansehen Hitlers weiter. Insbesondere das Gefühl, Hitler habe die „Schande" von Versailles getilgt, erhöhte dessen persönliches Ansehen auch bei vielen der Deutschen, die das NS-Regime eigentlich ablehnten.

Propagandistische Überhöhung im „Führerkult"

All die tatsächlichen oder scheinbaren Erfolge des Nationalsozialismus wurden durch die NS-Propaganda in einem gleichfalls religiösen Führerkult gebündelt, der mit der realen Person Hitlers nichts mehr zu tun hatte.

- Der Propagandaminister Joseph Goebbels nutzte das Talent Hitlers zur Selbstdarstellung, um ihn in groß angelegten Parteitagen, aber auch in vielen Einzelsituationen als fast religiöse Führergestalt zu inszenieren. Hitlers Charakter wurde zum **„Über-Vater"** aller Deutschen stilisiert.
- Besonders hilfreich war das konsequent durchgesetzte **Medien-Monopol** des Regimes: Bilder und Filme von Hitler durften nur durch besonders vertrauenswürdige Personen erstellt werden.
- Umrahmt wurde der Führermythos von einem **nationalsozialistischen Alltagskult**, der sich skrupellos religiöser Formen bediente und die Gefühle der Beteiligten ansprechen sollte: z. B. durch nächtliche Kundgebungen und Totenehrungen mit Fackeln.

5.2 Die Verschränkung von Partei und Staat im „Führerstaat"

Die Ausrichtung aller Macht an dem unfehlbaren Führer war auch das grundlegende Prinzip der NS-Herrschaftspraxis. Man spricht deshalb auch vom „Führerstaat". Um den Willen des „Führers" in die konkrete politische Wirklichkeit umzusetzen, verschränkte das NS-Regime die staatliche Verwaltung und den NSDAP-Parteiapparat. Am 1. Dezember 1933 erhob das **Gesetz zur „Sicherung der Einheit von Partei und Staat"** die NSDAP zum einzigen „politischen Willensträger" im Reich. Die Partei konnte nun ganz legal ihren Führungsanspruch gegenüber den staatlichen Institutionen geltend machen und die Macht der konservativen Funktionseliten begrenzen.

Okkupation des Staates durch die Nationalsozialisten

Die Übernahme der legitimen Machtmittel durch die Partei war eine der Voraussetzungen für die Wirkung der NS-Aktionen und für den geringen Widerstand gegen sie, gerade in den Anfangsjahren der Diktatur. Denn nach dem Ermächtigungsgesetz verliefen „Machtergreifung" und „Gleichschaltung" der Form nach legal und konnten sich so auf die bestehenden staatlichen Einrichtungen wie die Polizei stützen. Auch die alle rechtsstaatlichen Normen brechende Judenverfolgung und die rassistische Kriegspolitik erfolgten durch den deutschen Staat und seine Organe; Widerstand dagegen bedeutete im Denken der Menschen immer Widerstand gegen den **„legitimen" Staat**. Wenige waren bereit, diese moralische Barriere zu überwinden, viele nutzten den Umstand zur Rechtfertigung des eigenen passiven Verhaltens oder gar Mitmachens.

„Polykratie" im NS-Herrschaftssystem

Die konkrete Durchdringung der staatlichen Einrichtungen geschah auf mehreren Wegen:

- Parteimitglieder besetzten wichtige Stellen in Regierung und Verwaltung,
- zusätzlich wurden neue, parallel zur staatlichen Exekutive arbeitende **Parteiämter** geschaffen; deren Kompetenzen überlappten sich oft mit denen der bestehenden staatlichen Institutionen.
- Hitler direkt unterstellte **„Sonderbeauftragte"** entmachteten außerdem die beiden anderen Herrschaftsebenen auf wichtigen politischen Feldern.

Diese „Polykratie" (Herrschaft mehrerer) des NS-Systems und der beständige **„Dualismus"** (Gegensatz zw. zwei Machtpositionen) zwischen **Staat und Partei** führten zu einem **Kompetenzwirrwarr:** So gab es etwa in der Außenpolitik neben dem Auswärtigen Amt unter dem konservativen Außenminister von Neurath das halbprivate „Büro Ribbentrop" eines Vertrauten Hitlers, das offizielle „Amt Rosenberg" innerhalb der NSDAP, die Auslandsorganisation der NSDAP und eine SS-Stelle für die Verbindung zu den nordischen Ländern. Rivalität um Kompetenzen gab es bei den Unterführern der Partei zudem immer, wie anfangs zwischen SA und SS oder später zwischen Göring und Himmler.

Der Führerstaat bot so nach außen hin das Bild einer straffen Organisation, die Reichsführung bestand aber de facto aus einer Gruppe von Einzelpersonen und Cliquen, die aus ihrer persönlichen Beziehung zum „Führer" Macht schöpften. Hitler vermied bewusst eine geregelte Organisation der Regierungsarbeit und klärte Probleme lieber in Einzelgesprächen. Politische Entscheidungen hingen deswegen vom Zugang zu Hitler ab, und der Streit um Kompetenzen nahm in der Führungsschicht manchmal chaotische Ausmaße an.

„Dynamische Radikalisierung" als Politikstil des Nationalsozialismus

Durch die komplexe Struktur des Regimes entstand eine permanente Dynamik, weil sich die unterschiedlichen Machtträger in der angenommenen oder tatsächlichen Ausführung des Führerwillens überboten. Diese dauernde **„Mobilisierung um jeden Preis“** (Hans Mommsen) wird auch als der „Politikstil“ des NS-Regimes bezeichnet. Die NS-Funktionsträger radikalisierten sich immer mehr und entfernten sich von jeder Form der Tradition oder der Bindung an Gesetze und überkommene Normen. Diese „Zersetzung des institutionellen und normativen Machtgefüges“ (Hans Mommsen) verstärkte den von Hitler gewollten Amoklauf des „Dritten Reiches“ in Vernichtungskrieg, Holocaust und Selbstzerstörung. Es gab keine korrigierenden Machtpositionen mehr, bis zum katastrophalen Zusammenbruch im Frühjahr 1945.

Eine besondere Bedeutung hat dieser Aspekt des NS-Herrschaftssystems für die Erklärung des Holocaust: Die Amtsträger in den besetzten Ländern und die an den großen Umsiedlungsaktionen nach Kriegsbeginn beteiligten SS-Führer übertrafen sich in immer radikaleren Vorschlägen zur „Endlösung der Judenfrage“ und ermöglichten Hitler so den Genozid.

Der Aufbau des „Führerstaates“

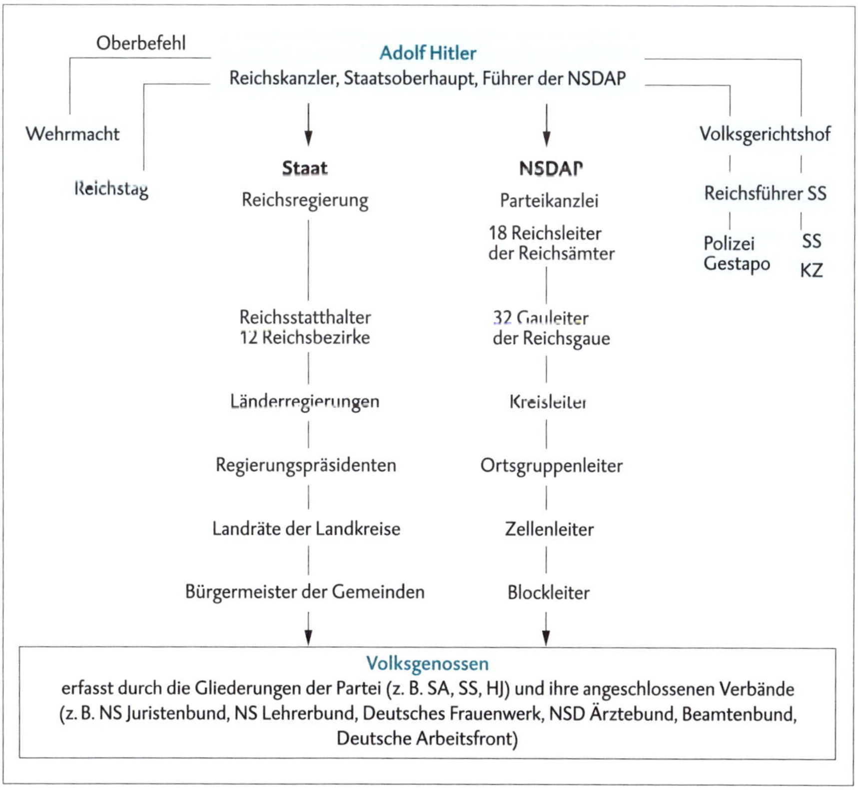

5.3 Die nationalsozialistische Durchdringung der Gesellschaft

Der auf totale Herrschaft abzielende NS-Staat begnügte sich nicht mit der Kontrolle der politischen Machtpositionen. Er versuchte, den einzelnen Bürger für die Verwirklichung seiner weltanschaulichen Ziele zu aktivieren und ihn durch Mitarbeit in seinen Organisationen verfügbar zu machen. Letztlich ging es darum, einen **„neuen Menschen"** nach dem Bild der eigenen Ideologie zu formen: den heroischen arischen Kämpfer für das eigene Volk und die eigene Rasse. Es ist in der Forschung umstritten, wieweit die Nationalsozialisten die Bevölkerung tatsächlich inhaltlich überzeugten: Die Forschung spricht von einem vagen Konsens, einem „dumpfen Konformismus" (Richard J. Evans), nicht aber von einer langfristigen geistigen Mobilisierung der Mehrheit. Eine überzeugte, teilweise **fanatische Minderheit** war allerdings beim ideologisch überzeugten Kern der NSDAP und in der SS zu finden.

Einbindung der Bevölkerung in zivile NS-Organisationen

Der NS-Staat griff direkt auf Beruf, Familie und Freizeit der Deutschen zu. Eine Vielzahl von Parteigliederungen der NSDAP verdrängten die Organisationen anderer gesellschaftlicher Gruppen wie der Kirchen. So sollten etwa alle Mütter der **NS-Frauenschaft** beitreten und das nationalsozialistische Idealbild der Frau als Gattin und Mutter vieler Kinder verwirklichen. Für jede Bevölkerungsgruppe gab es somit eine NS-Organisation, der anzugehören für eine Karriere im Nationalsozialismus fast unumgänglich war.

Eine im Sinne des Regimes integrierende Wirkung erzielte auch der **Reichsarbeitsdienst (RAD)**, der seit 1935 alle arbeitsfähigen Männer und Frauen zwischen dem 18. und 25. Lebensjahr für sechs Monate zu Hilfsdiensten unterschiedlicher Art verpflichtete.

Beeinflussung der Kinder und Jugendlichen

Am wichtigsten war für den NS-Staat aber der direkte Einfluss auf die Kinder und Jugendlichen, die am leichtesten zu formen waren. Vom 10. Lebensjahr an nahm man die Kinder ins „Deutsche Jungvolk" (DJ) bzw. bei den „Jungmädeln" (JM) auf und machte sie über die Schule hinaus mit dem nationalsozialistischen Gedankengut vertraut. Für die 14 bis 18-Jährigen gab es die „Hitlerjugend" (HJ) oder den „Bund Deutscher Mädel" (BDM); seit 1936 war die Hitlerjugend **Staatsjugend** und die Mitgliedschaft ab dem 10. Lebensjahr Pflicht. In eigenen **NS-Erziehungsanstalten** (Nationalpolitische Bildungsanstalten der SS: „Napola"; Adolf-Hitler-Schulen) wollten die Machthaber eine neue nationalsozialistische Führungselite heranziehen.

Hitlers Erziehungsideal war das „Heranzüchten“ kerngesunder zukünftiger Soldaten, die freudig in den Tod für „Volk und Führer“ gehen; Mädchen sollten vor allem zu „gebärfreudigen“ Müttern werden. Individualität, die Werte der humanistischen oder christlichen Ethik und auch die wissenschaftliche Bildung wurden dagegen gering geschätzt. Dies führte zu einem deutlichen **Niveauverlust der staatlichen Erziehung**, auch erklärbar durch die dauernde Konkurrenz des Unterrichts zu den häufigen Aktivitäten der Schülerinnen und Schüler in „Jungvolk“, HJ und BDM sowie der dadurch notwendigen Herabsetzung der Leistungsstandards. In den letzten Kriegsjahren mussten die älteren Jugendlichen die Schulbank mit gefährlichen Aufgaben als Hilfssoldaten bei der Fliegerabwehr **(„Flakhelfer“)** tauschen.

Tatsächlich gelang es dem Regime, gerade die Jugendlichen am stärksten ideologisch zu beeinflussen. Die Gemeinschaftserlebnisse bei den vielen Freizeitaktivitäten in den NS-Jugendverbänden waren trotz ideologischer Erziehung und der zunehmenden Häufung von „Diensten“ in den meisten Fällen dominierend. Auch war für viele Jungen die paramilitärische Ausrichtung der Hitlerjugend mit ihren Uniformen, Ehrendolchen, Schießübungen und Kriegsspielen interessant. Viele konnten auch als **„Jungführer“** schnell Verantwortung übernehmen und so Selbstbewusstsein gewinnen.

Der Weg des „gleichgeschalteten“ Staatsbürgers

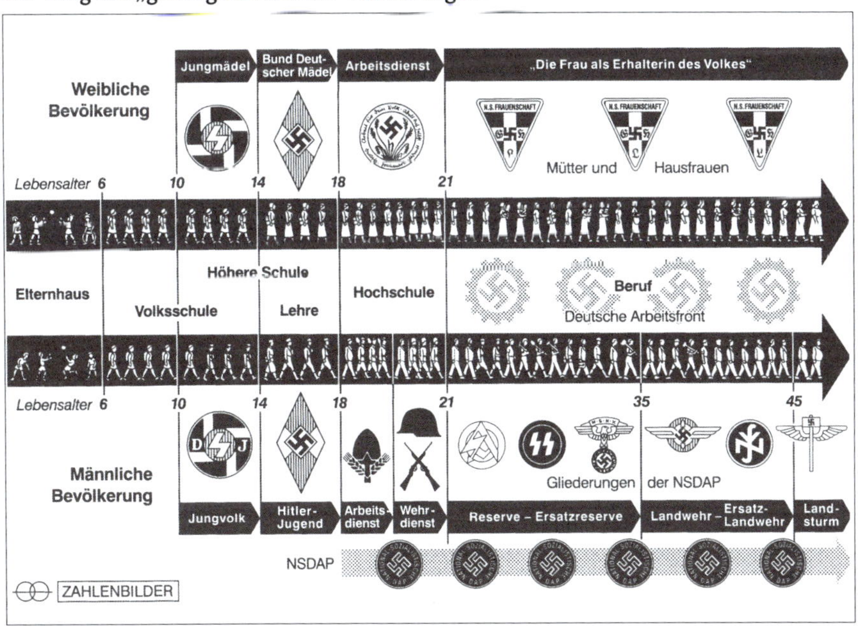

5.4 Propaganda

Neben der organisatorischen Einbindung vieler Deutscher in Partei und NS-Verbände diente eine systematische Propaganda dazu, alle Bürger mit nationalsozialistischem Denken zu beeinflussen. Sie sollte nicht den Verstand, sondern die Gefühle der Menschen ansprechen, sowie Idole und klare Feindbilder anbieten.

Diese Vorgaben setzte **Joseph Goebbels** während des Aufstiegs der NSDAP und seit März 1933 als Reichspropagandaminister effizient um; er nutzte dabei konsequent das Informationsmonopol des Regimes durch die Gleichschaltung der Presse und die neuen **Massenmedien** der Zeit, Rundfunk und Film.

Nutzung des Rundfunks als Massenmedium

Als besonders wirksames Mittel der Massenbeeinflussung erkannte Goebbels den Rundfunk. Dessen Wirkung weitete die NS-Führung erheblich aus, indem sie mit einem besonders billigen **„Volksempfänger"** den meisten Familien den Kauf eines Radiogerätes ermöglichte. Goebbels setzte bei den Programmen auf eine geschickte Mischung aus Unterhaltung und politischer Indoktrination: Musik und andere Unterhaltungsprogramme erreichten auch regimekritische Menschen, denn sie waren aufgrund des Rundfunkmonopols des NS-Staates auf die staatlichen Sender angewiesen. Die einzige Alternative zur manipulierten Information des Regimes stellten die sog. **ausländischen „Feindsender"** dar; ihre Nutzung wurde während des Kriegs mit schweren Strafen belegt, um das Informationsmonopol der NS-Propaganda zu sichern.

Wirkung des neuen Tonfilms

Das erfolgreichste Bildmedium der Zeit war der Kinofilm, der in den 1930er-Jahren zum farbigen Tonfilm wurde und einen großen Sog auf junge Leute ausübte. Eine **„Filmprüfstelle"** kontrollierte alle neuen Filme: Filme, die „der nationalsozialistischen Gefühlswelt des deutschen Volkes" widersprachen (**„Lichtspielgesetz"**, 16. 2. 1933), wurden ebenso verboten wie Filme, an denen Juden mitgewirkt hatten. Ältere Filme wurden entsprechend nachzensiert. In Deutschland beherrschte die 1917 gegründete und 1937 verstaatlichte „Ufa" (Universum-Film AG) die Kinos; sie besaß im Jahr 1938 120 eigene Kinosäle.

Die Scheinwelten des Tonfilms boten der NS-Propaganda große Möglichkeiten:

- So stellten reine **Propagandafilme** die NS-Ideologie unverblümt dar, etwa der sich als Dokumentarfilm ausgebende antisemitische Hetzfilm „Der ewige Jude" (1940). In die Kategorie der Propagandafilme fallen auch die jedem Kinofilm vorgeschalteten **„Wochenschauen"**, die als bildgewaltige Nachrichtensendungen das Weltbild der Kinogänger stark beeinflussten.

- Auf das Unterbewusstsein der Zuschauer wirkten Spielfilme, oft zu historischen Themen, die Spannung und Unterhaltung mit einer unterschwelligen ideologischen Botschaft verknüpften: Das vielleicht wirksamste Beispiel ist der 1940 gedrehte antisemitische Streifen „Jud Süß“ des NS-Erfolgsregisseurs Veit Harlan (1899–1964), der den tragischen Fall des einflussreichen jüdischen Bankiers Joseph Süß-Oppenheimer (1698–1738) behandelte.

Wie intensiv Goebbels’ Propaganda die deutsche Gesellschaft beeinflusst hat, ist nachträglich schwer zu entscheiden. Insgesamt waren die Auswirkungen der NS-Propaganda auf die Weltsicht und die Werte vieler Deutscher aber erheblich. Die Propaganda rief positive Stimmungen gegenüber Maßnahmen des Regimes hervor, verdeckte durch sein Informationsmonopol sowie eine verschleiernde Begriffsbildung Kritik, schuf negative Ressentiments und trug so zur Stabilisierung des Regimes wesentlich bei.

5.5 Kulturelle „Verführung“ (NS-Kulturpolitik)

Die ideologisch bestimmte Kulturpolitik des NS-Regimes war in breiten Bevölkerungskreisen erfolgreich; die dort vermittelten ästhetischen und moralischen Maßstäbe hatten in den Köpfen der Menschen weit über 1945 hinaus Bestand.

Die NS-Kulturpolitik stützte sich in ihrem Vorgehen

- auf die NS-Propaganda, um ihre Inhalte zu verbreiten,
- auf das Verbot unerwünschter künstlerischer Ausdrucksformen, v. a. der modernen Kunst, Literatur und Architektur als **„entartet“**; Gemäldesammlungen wurden von den Größen moderner Malerei (deutsche Expressionisten, Picasso) „gereinigt“, die Bilder weit unter Wert verkauft oder vernichtet;
- auf regimetreue Künstler, die, wie der Bildhauer Arno Breker, Kunst als Ausdruck der NS-Ideologie schufen;
- auf gigantische Bauvorhaben, die den NS-Weltherrschaftsanspruch dokumentieren sollten; herausragendes Beispiel dafür ist die Planung einer neuen **Welthauptstadt „Germania“** auf dem Boden Berlins durch Hitlers Architekten Albert Speer (1905–1981). Monumentale Bauten für Partei und Staat sollten die Größe des „Tausendjährigen Reiches“ dokumentieren.
- In der Literatur und der bildenden Kunst bevorzugte man heroisierende Darstellungen, in denen die Leistungen des Nationalsozialismus und des Führers verherrlicht wurden und die den **nordisch-arischen „Übermenschen“** abbildeten. Im Mittelpunkt des „Blut und Boden“-Ideals standen erdverbundene, freudig schaffende, oft bäuerliche Menschen, blonde, körperlich üppige Frauen und treusorgende Mütter mit einer großen Kinderschar.

Letztlich entsprach die NS-Kultur der simplen, antimodernen Ideologie Hitlers: Die NS-Kunst war rückwärtsgewandt, provinziell und im internationalen Vergleich unbedeutend. Gerade das verhalf dem Regime in der konservativen und kleinbürgerlichen Bevölkerungsmehrheit zur Akzeptanz seiner Weltsicht.

5.6 Politische Unterdrückung

Die Gewalt gegen politische Gegner, Andersdenkende und Juden war seit den ersten Wochen der Regierungsbeteiligung alltägliches Mittel der NS-Politik. Mit der Etablierung der Diktatur wurden die verschiedenen Gewaltaktionen schnell zu einem Repressionsapparat, der alle politischen und gesellschaftlichen Bereiche kontrollierte.

Die Konzentrationslager als Keimzelle des Unterdrückungsapparats

Ausgangspunkt des NS-Repressionsapparates war die **Reichtagsbrandverordnung** vom 28. Februar 1933. Diese setzte die bürgerlichen Grundrechte außer Kraft, ermöglichte den Einsatz der SA als „Hilfspolizei“ und führte direkt zu einer flächendeckenden Gewaltwelle gegen die politische Linke als dem ersten Opfer des NS-Terrors.

Politisch Andersdenkende, vor allem Kommunisten und aktive Sozialdemokraten, wurden in **„Schutzhaft“** genommen und dort häufig der Brutalität der Totschläger von SA und SS ausgesetzt; der Begriff „Schutzhaft“ verweist auf das außerhalb der Gesetze liegende Vorgehen der Nationalsozialisten, die willkürlich und ohne Kontrolle durch Gerichte Verhaftungen vornehmen konnten. Schon im Frühjahr 1933 errichtete die SA die ersten **Konzentrationslager**, die als Arbeitslager gedacht waren, aber vor allem dazu dienten, die Gefangenen psychisch und körperlich zu brechen. Musterlager war das KZ Dachau, nach dessen Vorbild schließlich ein ganzes System von Konzentrationslagern Deutschland überzog.

1934 übernahm die SS mit ihren „Totenkopfverbänden“ die Lager, aus dem improvisierten Terrorinstrument wurde jetzt eine durchorganisierte Terror-Einrichtung, die den NS-Staat in seinem gewaltsamen Kern am besten charakterisiert. Nach der Konsolidierung des Regimes wurden auch Mitglieder verschiedener gesellschaftlicher Gruppen in die Konzentrationslager verbracht, die sich scheinbar oder tatsächlich außerhalb der NS-Volksgemeinschaft bewegten: Sinti und Roma („Zigeuner“), Homosexuelle, „Asoziale“, Zeugen Jehovas, aber auch Gewohnheitsverbrecher. Ab 1939 erhielten die Konzentrationslager eine neue Aufgabe: Das System wurde durch große Lager im neu errichteten **„Generalgouvernement“ (Restpolen)** ergänzt. Einige der polnischen Lager wurden seit 1941 zu Vernichtungslagern ausgebaut. Im Krieg entstand zudem ein dichtes Netz von **„Außenlagern"**, deren Überreste sich in jeder Region Deutschlands finden lassen; v. a. dort wurden die Häftlinge als Zwangsarbeiter in den Betrieben der Rüstungsindustrie missbraucht.

Politisierte Justiz als willfähriger Helfer

Aufgabe der Justiz musste es aus nationalsozialistischer Sicht vor allem sein, die Feinde des Regimes auszuschalten. Das Mittel dazu waren **politische Sondergerichte**, die neben und außerhalb des staatlichen Justizsystems standen. Ihr Grundsatz war: „Das Recht und der Wille des Führers sind eins".

Nachdem das Reichsgericht im Reichstagsbrandprozess nur den mutmaßlichen Täter Marinus van der Lubbe zum Tode verurteilt, drei mitangeklagte kommunistische Funktionäre gegen den Willen der NS-Führung aber freigesprochen hatte, entzog Hitler politische Straftaten der unabhängigen Justiz und ordnete die Gründung von Sondergerichten an allen Oberlandesgerichten und die eines **„Volksgerichtshofs"** (24. April 1934) an. Diese Gerichte dienten zunächst der Aburteilung von Hoch- und Landesverrat, ihre Aufgaben wurden aber nach 1939 mit der „Volksschädlingsverordnung" und der „Kriegswirtschaftsordnung" auf viele andere Strafvorschriften ausgeweitet. Jetzt verfolgten die Sondergerichte auch Delikte wie den Diebstahl von Metallen, das Horten von Lebensmitteln oder das unerlaubte „Schwarzschlachten", die häufig auch mit der Todesstrafe geahndet wurden.

Angeklagte konnten gegen Entscheidungen der Sondergerichte kein Rechtsmittel einlegen, wohl aber die Staatsanwaltschaft bei zu milden Urteilen. Organisation und Gerichtsverfahren waren auf kurze Prozesse ausgerichtet. Die Richter des Volksgerichtshofs wurden von Adolf Hitler ernannt und als Richter wurden nur zuverlässige Nationalsozialisten berufen. Der Angeklagte konnte den Verteidiger nicht frei wählen und musste sich die Person des Verteidigers vom Vorsitzenden des Senats genehmigen lassen, der die Verteidiger auch kontrollierte. Verteidiger und Angeklagter erhielten oft erst einen Tag oder gar wenige Stunden vor der Hauptverhandlung Kenntnis von den Anklagevorwürfen und konnten bis dahin häufig nicht miteinander in Kontakt treten.

Die Sondergerichte, insbesondere der Volksgerichtshof, waren in der skizzierten Form ein „Terrorinstrument zur Durchsetzung nationalsozialistischer Willkürherrschaft" (Bundestag am 25. Januar 1985), vor allem seit 1942 unter seinem berüchtigten Präsidenten Roland Freisler.

Die Zahl der Todesurteile stieg mit Kriegsbeginn 1939 sprunghaft an. Bis 1936 ergingen 23 Todesurteile, 1943 waren es 1 662, etwa die Hälfte der vor dem Volksgerichtshof angeklagten Personen. Für eine Verurteilung genügten

Vergehen wie die Verbreitung von Nachrichten ausländischer Sender, abfällige Bemerkungen im privaten Kreis über Hitler oder Zweifel am sog. „Endsieg".

Der Bundesgerichtshof billigte 1956 den Angehörigen des Volksgerichtshofs dennoch das sog. **Richterprivileg** zu, wonach keiner wegen Rechtsbeugung oder anderen Delikten verurteilt werden kann, wenn er sich an damals geltende Gesetze gehalten hat bzw. das Unrecht seines Tuns nicht erkannt hat. Die Berliner Staatsanwaltschaft stellte 1986 die Ermittlungsverfahren endgültig ein. Von deutschen Gerichten wurde nach dem Zweiten Weltkrieg somit keiner der etwa 570 Richter und Staatsanwälte an Sondergerichten zur Rechenschaft gezogen. Viele der in den Nürnberger Prozessen von den Alliierten 1947 verurteilten NS-Justizfunktionäre wurden nach 1951 schnell rehabilitiert, eine Tatsache, die auf die erstaunliche personelle und mentale Kontinuität innerhalb der Justiz zwischen NS-Zeit und Bundesrepublik verweist.

5.7 Der SS-Staat

Hitler besaß mit der **„Schutzstaffel" (SS)** sein wichtigstes Machtinstrument, eine „Sonderorganisation", die ab 1934 alle staatlichen und gesellschaftlichen Bereiche durchdrang. Aller staatlichen Normen entbunden, waren die einzelnen Untergliederungen der SS dem Führerwillen bedingungslos unterstellt, ihre Mitglieder ausschließlich und persönlich an Hitler gebunden. Die SS verkörpert sowohl den ideologischen Kern des NS-Staates in perfekter Weise als auch die Struktur des „Führerstaats", dessen mächtigster Herrschaftskomplex – als „SS-Staat" (Eugen Kogon) – sie innerhalb der Polykratie des Regimes wurde.

Die SS war vor allem für den Kampf gegen politische Gegner, Juden und andere Minderheiten zuständig und entwickelte dafür wirksame und immer brutalere Mittel der Verfolgung und Unterdrückung. Als Vollstreckerin des Holocaust und der **„rassischen Flurbereinigung"** im Osten bekam die SS nach 1939 die Aufgaben, mit denen sie bis heute – gerade auch bei ihren ehemaligen Opfern – am meisten verbunden wird. Die SS ist der Inbegriff für den nationalsozialistischen Terror und den rassistischen millionenfachen Massenmord.

Der Aufstieg der SS

Die SS entstand 1925 aus der persönlichen Leibwache Hitlers. Als **„Reichsführer SS"** formte Heinrich Himmler seit 1929 die SS nach dem rassistischen Denken des Nationalsozialismus zur „arischen Elite" der zukünftigen „Herrenrasse". Am 30. Juni 1934 erhielt die SS das Kommando über die Konzentrationslager, Himmler wurde schon im Frühjahr 1934 Chef der Preußischen Geheimen Staatspolizei und dann der politischen Polizei im ganzen Reich, die

Reinhard Heydrich mit dem Sicherheitsdienst (SD), einer Art Parteipolizei, zur Gestapo verschmolz.

Das **Gestapogesetz von 1936** löste diese Kerntruppe der Verfolgung politischer Gegner ganz aus der staatlichen Verwaltung heraus. Es markierte einen weiteren Schritt zur Legitimierung willkürlicher Gewalt: Staatspolizeiliche Aktionen wurden jetzt grundsätzlich der richterlichen Kontrolle entzogen.

Am 17. Juni 1936 wurde Himmler zum „Reichsführer SS und Chef der deutschen Polizei im Reichsministerium des Inneren“ ernannt, und zwar mit einer führerunmittelbaren Stellung. Die deutsche Polizei wurde damit endgültig den Ländern entzogen und durch die SS vereinnahmt. Auch die normalen Polizeieinheiten waren jetzt Teil des ideologisch motivierten Unterdrückungssystems, das alle Lebensbereiche erfassen konnte. Am 27. September 1939 wurden der parteiinterne Sicherheitsdienst und die Ämter der staatlichen Sicherheitspolizei zum **„Reichssicherheitshauptamt“ (RSHA)** zusammengefasst (zur Rolle der SS im Holocaust s. S. 270 ff.).

5.8 Wertekonsens zwischen Konservativen und Nationalsozialisten

Allein auf Unterdrückung und Terror gestützt hätte das NS-Regime – trotz Gewaltbereitschaft und seiner effizienter Verfolgungsmethoden – auf Dauer nicht funktioniert. Es konnte sich, wie die meisten Diktaturen, auf wichtige die Unterstützung von wichtigen Bevölkerungsgruppen verlassen.

Nach der Konsolidierung des Regimes war nicht die Zahl überzeugter Nationalsozialisten entscheidend, sondern die Tatsache, dass alle wichtigen Machtzentren durch überzeugte Nationalsozialisten besetzt wurden.

Bereits Voraussetzung der „Machtergreifung“ war die Übereinstimmung der konservativen und bürgerlichen Eliten mit den Zielen der Nationalsozialisten; diese Eliten unterstützten deswegen auch die Politik Hitlers zumindest bis zum Kriegsbeginn. Diese Deckungsgleichheit der Vorstellungen gilt vor allem für

- die Errichtung eines autoritären Regimes gegen das demokratische System der Weimarer Republik,
- einen latent aggressiven Nationalismus, der eine deutsche Großmachtrolle in Europa und die Überwindung der „Fesseln“ des Versailler Vertrags ersehnte,
- einen strikten Anti-Kommunismus,
- die Vorbehalte gegen die als „marxistisch“ geschmähten Sozialdemokraten,
- die konservativ-kleinbürgerliche Kulturpolitik des Nationalsozialismus und ihren antimodernen und antiwestlichen Tenor.

Der Antisemitismus war dagegen für die Akzeptanz des NS-Regimes eher unbedeutend, auch wenn er bei den Bürgerlichen weit verbreitet war; diese jedoch lehnten den in der Öffentlichkeit inszenierten „Radau-Antisemitismus" der Nationalsozialisten ab. Hitler reagierte darauf, denn gerade dieser Aspekt der NS-Ideologie wurde zwischen 1930 und 1933 wenig betont und auch nach der „Machtergreifung" immer dann zurückgenommen, wenn antijüdische Aktionen auf Widerstand in der Bevölkerung stießen. Erst mit dem gesetzmäßigen, „geregelten" Antisemitismus der „Nürnberger Gesetze" (1935) hatten die Nationalsozialisten auch bei breiteren Gesellschaftsschichten Erfolg.

5.9 Die Korrumpierung großer Bevölkerungsgruppen

Karrierechancen

Eine aktive Einbindung der alten Eliten ermöglichte dem NS-Regime die politisch revolutionären Umbrüche der „Gleichschaltung": Bis zu 40 % der (demokratischen und jüdischen) Universitätsdozenten wurden schon in den ersten Säuberungsphasen durch meist junge Akademiker ersetzt, die sonst nicht in diesem Tempo Karriere gemacht hätten. Die SS ermöglichte in ihren Führungszirkeln v. a. jungen Juristen eine schnelle Karriere, Macht und Einfluss. Neue Posten und Aufstiegschancen boten sich nach 1935 aufgrund der Aufrüstung Deutschlands im **Offizierskorps der Wehrmacht:** Aus dem politisch zurückhaltenden, elitären Offizierskorps der Reichswehr wurde so ein viel größeres der Wehrmacht, das dem neuen Regime ihre Positionen verdankte. Auch dies ist ein Grund für die Bereitschaft der hohen Militärs, Hitlers Kriegspolitik mit zu organisieren, obwohl sie über die wahren Ziele des Regimes informiert waren.

Verbesserung des Lebensstandards

Aber auch Arbeiter, Angestellte, Pensionäre und Rentner profitierten von der unseriösen, defizitfinanzierten Wirtschafts- und Aufrüstungspolitik Hitlers: Die Arbeitslosigkeit ging schnell zurück, die Nominallöhne stiegen, die Renten wurden erhöht, niemand fragte nach den zukünftigen Folgen. Die bereits skizzierten Maßnahmen der „Deutschen Arbeitsfront" (DAF) zur Verbesserung des Lebensstandards gewannen große Teile der Arbeiterschaft für das NS-System, die in der Weimarer Republik noch vorwiegend SPD und KPD unterstützt hatten.

„Arisierung"

Zur Korrumpierung kam seit dem Pogrom von 1938 die direkte Verstrickung in die **Ausbeutung der deutschen** und **später der europäischen Juden:** Unternehmer, Banken, aber auch viele Bürger profitierten von den „Arisierungen", also der Enteignung und teilweisen Weitergabe des Vermögens der deutschen und österreichischen Juden. Die verstaatlichten Raubgelder deckten 1938 9 % des Staatshaushalts und halfen, das hohe Defizit bis zum Kriegsbeginn zu verschleiern. **Auswanderung** und seit 1941 die **Deportationen** deutscher Juden brachten begehrten Wohnraum auf den Markt.

Ausbeutung der besetzten Länder

Eine weitere Stufe der Korrumpierung durch materielle Vorteile ermöglichte dem Regime die Eroberung und Besetzung vieler Länder Europas. Neben der direkten Ausbeutung von Bodenschätzen, Arbeitskräften und Unternehmen zugunsten der deutschen Kriegswirtschaft wandte die deutsche Finanzverwaltung folgenden „Trick“ an: Die Millionen deutscher Soldaten und Besatzungs-Beamten wurden in den lokalen Währungen gut bezahlt und kauften damit in den besetzten Ländern alle Arten von Waren auf, die nach Hause geschickt wurden: z. B. Schuhe aus Nordafrika, Textilien, Kaffee, Likör aus Frankreich, Tabak aus Griechenland, Honig und Speck aus Russland, Hering aus Norwegen. Der Schriftsteller Ernst Jünger etwa erwarb als Besatzungsoffizier in Paris kostbare antiquarische Bücher, der Soldat und spätere Literaturnobelpreisträger Heinrich Böll schwärmte in Briefen an die Familie von Butter, Modeartikeln und Delikatessen, die er billig kaufen und mit der Feldpost umsonst nach Hause senden konnte. Diese **legalisierten Beutezüge** stärkten die Kampfmoral der Soldaten und erhöhten das Ansehen des Regimes bei deren Familien.

Auch ein volkswirtschaftlicher Effekt war beabsichtigt: Die inländische Kaufkraft wurde währungsstabilisierend abgeschöpft, Inflation, Mangel und Hunger in die besetzten Länder exportiert. Die Ausbeutung der besetzten Gebiete verhinderte bis zum Kriegsende Hunger in Deutschland, der noch im Ersten Weltkrieg die Kriegsbereitschaft der „Heimatfront“ geschwächt hatte; auch die **Aufrechterhaltung der Versorgung im Krieg** ist ein entscheidender Grund für die Loyalität der Deutschen gegenüber dem NS-Regime.

Schuldgemeinschaft

Ein weiterer Grund für diese Loyalität ist die **materielle Verstrickung** der profitierenden Deutschen in den Mord an den europäischen Juden und die brutale Besatzungspolitik: Ein Teil der Bevölkerung musste sich als Mittäter empfinden, die bei einer Niederlage von den „rachsüchtigen Feinden“ zur Verantwortung gezogen würden; die NS-Propaganda verstärkte dieses Gefühl der Schuldgemeinschaft bewusst. Um der Rache zu entgehen, musste man, so die Logik der Verstrickung, bis zuletzt an der Seite des Regimes kämpfen.

Aufgabe 48 Bewerten Sie: Warum konnte sich das NS-System erfolgreich in Deutschland etablieren?

Aufgabe 49 Erklären Sie das besondere Verhältnis von Partei und Staat innerhalb des NS-Herrschaftssystems.

Aufgabe 50 Beschreiben Sie die einzelnen Aspekte des totalitären Zugriffs des Nationalsozialismus auf die deutsche Gesellschaft und Kultur.

Aufgabe 51 Stellen Sie die wichtigsten Elemente des „SS-Staates" innerhalb des NS-Herrschaftssystems dar.

6 Die nationalsozialistische Wirtschaftspolitik

Die Wahlerfolge der Nationalsozialisten am Ende der Weimarer Republik waren insbesondere auf die wirtschaftliche Krise Deutschlands und ihre sozialen Folgen zurückzuführen. Das neue Regime hatte sich deshalb aus der Sicht der Bevölkerung besonders in der Wirtschaftspolitik zu bewähren. Tatsächlich ging die Arbeitslosigkeit, das Grundübel der Krise, bis 1936 fast vollständig zurück. Diese Hitler zugesprochene Tatsache führte wesentlich zu dem folgenreichen „Mythos" des unfehlbaren Führers.

Arbeitslosigkeit im Deutschen Reich 1929–1940

Jahr	Arbeitslose in Tsd.	Jahr	Arbeitslose in Tsd.
1929	1 899	1935	2 151
1930	3 076	1936	1 593
1931	4 520	1937	912
1932	5 603	1938	429
1933	4 804	1939	119
1934	2 718	1940	52

Die wirtschaftliche Erholung wurde allerdings durch eine **massive Aufrüstungspolitik** ermöglicht, die zu einem übergroßen Staatsdefizit führte, das durch den von Hitler angestrebten Beutekrieg ausgeglichen werden sollte. Die deutsche Wirtschaft kooperierte in allen Phasen mit der NS-Führung und profitierte zum großen Teil von Aufrüstung, Arisierung, der Ausplünderung der besetzten Länder im Krieg und dem Missbrauch von Millionen von Zwangsarbeitern.

6.1 Das NS-„Wirtschaftswunder"

Die für das NS-Regime so wichtige Überwindung der Weltwirtschaftskrise und der Arbeitslosigkeit in Deutschland war nicht in erster Linie ein Erfolg Hitlers: Die Nationalsozialisten profitierten von der allgemeinen Erholung der Weltwirtschaft nach 1932 und von der Leistung Brünings: Produktionskosten und Löhne waren in der Krise deutlich gesunken, konjunkturfördernde Maßnahmen wie der staatlich finanzierte Ausbau der Infrastruktur vorbereitet worden. Die NS-Führung setzte diese, nach dem berühmten Volkswirtschaftler John Maynard Keynes (1883–1946) benannte „antizyklische Konjunkturpolitik" konsequent ein: Mit insgesamt 6 Milliarden Reichsmark förderte die Regierung den Wohnungsbau, öffentliche Arbeitsbeschaffungsmaßnahmen, durch Ehestandsdarlehen das Ausscheiden von Frauen aus dem Berufsleben und mit dem Ausbau der Reichsbahn und der Reichspost sowie mit dem **Autobahnbau** die deutsche Infrastruktur. Gerade der propagandistisch ausgeschlachtete Autobahnbau symbolisierte bei den Zeitgenossen lange die Leistung Hitlers bei der Überwindung der Arbeitslosigkeit.

Nach 1936 heizten die massiven Staatsausgaben für die **Aufrüstung** (insg. 90 Milliarden zwischen 1933 und 1939) die deutsche Konjunktur weiter an, allerdings auf Kosten einer **explodierenden Staatsverschuldung**, die seriös nie mehr abzubauen gewesen wäre und zum unvermeidbaren Ruin der Währung führen musste. Das unproduktive Rüstungs-„Kapital" konnte nur noch in dem geplanten Beutekrieg gegen die Nachbarn Gewinn erbringen.

Diese Absicht war den wenigsten Deutschen bewusst, und die Steigerung des eigenen Lebensstandards überdeckte Vieles. So etwa den Umstand, dass höhere Reallöhne durch längere Arbeitszeiten und geringere staatliche Sozialleistungen erkauft wurden oder die Versorgungslage mit Konsumgütern im Zuge der Aufrüstung schon in Friedenszeiten immer schlechter wurde. Doch wichtiger war für die Mehrheit gerade der Arbeiter die neue wirtschaftliche Sicherheit. Dazu kamen einige wirksame Projekte des Regimes. Am bekanntesten ist die NS-Freizeitorganisation **„Kraft durch Freude" (KdF)**, eine Unterorganisation der Deutschen Arbeitsfront (DAF), deren Angebot von Theateraufführungen bis zu Reisen nach Norwegen oder ins Mittelmeer reichte. Große Erwartungen richteten sich seit 1938 auch auf den neuen **„Volkswagen"**, mit dem man – dank des Führers – zukünftig auf den neuen Reichsautobahnen das eigene Land kennenlernen wollte. Gebaut wurde in den neuen Fabriken in Wolfsburg dann allerdings Kriegsgerät für die Wehrmacht.

6.2 Die Rolle der Wirtschaft im NS-System

Große Teile der deutschen Wirtschaft hatten sich am Ende der Weimarer Republik für eine autoritäre Lösung der politischen Krise sehr aufgeschlossen gezeigt: Es gab zuletzt die Bereitschaft, die Nationalsozialisten zu tolerieren, einige Unternehmer und Bankiers unterstützten Hitler direkt. Die Wirtschaftsführer erhofften sich von einer politischen Wende die Überwindung der Krise, aber auch eine Schwächung der Arbeiterbewegung und dadurch höhere Profite. Entsprechend ihrer unterstützenden Rolle blieben die Unternehmerverbände in der Gleichschaltung unangetastet; sie behielten im neuen **„Reichsstand der Deutschen Industrie“** ihre Selbstständigkeit. Sozialrevolutionäre Forderungen nach Verstaatlichungen aus der NSDAP konnten sich nicht durchsetzen: Die NS-Führung wollte die sich anbahnende wirtschaftliche Erholung nicht gefährden.

Im Gegenteil, die Großwirtschaft entwickelte sich zusammen mit den noch bei Hindenburg einflussreichen Großgrundbesitzern neben der Reichswehr und der NSDAP zu einem der drei Zentren des **„Machtkartells“** (Franz Neumann, Peter Hüttenberger), das den NS-Staat zu Beginn ausmachte. Die starke Stellung der Wirtschaft spiegelte sich in der Position des Reichsbankpräsidenten **Hjalmar Schacht**, der ab 1934 als Wirtschaftsminister einer der mächtigsten Männer im NS-Staat war. Erst seit 1936 nahm die Macht der Großwirtschaft ab, diese behielt aber bis Kriegsende einen erheblichen Einfluss.

Entsprechend ihren Erwartungen profitierte die deutsche Großwirtschaft materiell schnell von der Etablierung der NS-Diktatur durch

- die Ausschaltung der Gewerkschaften,
- die nun staatlich abgesicherten niedrigen Löhne und
- die Investitionsprogramme für Wohnungsbau, öffentliche Bauten und Infrastruktur in den Jahren 1933 bis 1936.
- Die Enteignung („Arisierung“) der 100 000 jüdischen Unternehmen bis 1938 nutzte vor allem der deutsche Mittelstand durch die äußerst preisgünstige Übernahme des ehemals jüdischen Besitzes, aber auch Großunternehmen und die Banken profitierten in hohem Maß.

6.3 Die Zerschlagung der Gewerkschaften

Aufgrund der hohen Zahl der gewerkschaftlich organisierten Arbeitnehmer, die traditionell der Sozialdemokratie zuneigten, vermieden die Nationalsozialisten zunächst eine offene Konfrontation mit dem Allgemeinen Deutschen Gewerkschaftsbund (ADGB). Hitler kombinierte Zugeständnisse an die Arbeiter mit der Zerschlagung der Gewerkschaftseinrichtungen: Der 1. Mai wurde zum bezahlten „Feiertag der nationalen Arbeit“ erklärt und im Zusammenwirken mit den Gewerkschaften in Massenveranstaltungen aufwändig begangen. Die Führung des ADGB bemühte sich, die Organisation durch Anpassung zu retten. So erklärte sie bereits unmittelbar nach der Machtergreifung, sich aus politischen Fragen herauszuhalten und distanzierte sich öffentlich von der SPD.

Der Opportunismus der Gewerkschaften erwies sich allerdings als erfolglos, denn den Feierlichkeiten am 1. Mai 1933 folgten bereits am 2. Mai

- die gewaltsame Besetzung der Gewerkschaftshäuser,
- die Beschlagnahmung des Gewerkschaftsvermögens
- und die Verhaftung führender Gewerkschaftsvertreter durch SA und SS.
- Am 10. Mai wurden alle Gewerkschaften, auch die christlich-nationalen und liberalen, mit der NS-Betriebszellen-Organisation (NSBO) in der **Deutschen Arbeitsfront (DAF)** zusammengefasst.

Mit der **Zerschlagung der Gewerkschaften** endete auch die Tarifautonomie der Sozialpartner, eine der wichtigen sozialpolitischen Errungenschaften der Weimarer Republik: Ein Gesetz vom 19. Mai legte die Regelung der Arbeitsverträge in die Hände sog. **Treuhänder der Arbeit**, die Hitler ernannte.

6.4 Die Eingliederung in die staatliche Kommandowirtschaft

Seit September 1936 änderte sich die Situation der deutschen Industrie erheblich: Die Regierung hatte sich bereits 1935 mit der Wiedereinführung der allgemeinen Wehrpflicht über die militärischen Beschränkungen des Versailler Vertrags hinweggesetzt. Nun formulierte Hitler seinen **„Vierjahresplan“**, der Deutschland innerhalb von vier Jahren „kriegsfähig“ machen sollte. Es sollte dazu völlig autark vom Ausland werden. Um dies zu erreichen, wurde unter der Führung Görings eine **staatliche Kommandowirtschaft**, eine Form des „Staatskapitalismus“, geschaffen: Das System erfasste alle rüstungsrelevanten Bereiche der Wirtschaft, schaffte aber die privatwirtschaftlichen Unternehmen nicht ab; **Göring** bestimmte nun bei Investitionsentscheidungen und der Rohstoffzuteilung mit und gründete neue Unternehmen wie den großen Stahlkonzern „Reichswerke-Hermann-Göring“ mit 60 000 Beschäftigten.

Nach Kriegsbeginn zentralisierten Hitlers Sonderbeauftragter Fritz Todt und nach dessen Tod 1942 der Hitler-Vertraute Albert Speer mit seinem effizient geführten „Reichministerium für Rüstung und Kriegsproduktion“ die Kriegswirtschaft, bis diese Ende 1944 zusammenbrach.

Die konservativen Eliten in Wirtschaft und staatlicher Verwaltung verloren seit dem Vierjahresplan an Einfluss; so trat der vorher mächtige Wirtschaftsminister und Reichsbankpräsident Hjalmar Schacht 1937 als Minister und 1939 vollständig zurück. Er wollte zuletzt die hohe Staatsverschuldung und den Ruin der Währung durch die Aufrüstungspolitik nicht mehr mittragen. Das Primat der Ideologie ersetzte jetzt die rationale Wirtschaftspolitik.

Weitere Verlierer des Vierjahresplans waren die Unternehmen des Konsumsektors, die durch die staatliche Lenkung in ihrer Produktion eingeschränkt wurden. Gewinner waren dagegen die rüstungsrelevanten Bereiche. Unternehmen wie Daimler-Benz, in der Wirtschaftskrise nach 1929 dem Konkurs nahe, vergrößerten sich nach 1933 und vervierfachten bis 1939 die Gewinne im Vergleich mit 1928, dem letzten Jahr vor der Weltwirtschaftskrise.

6.5 Die Verstrickung der Wirtschaft in den Eroberungskrieg

Während des Kriegs konnten die Rüstungsunternehmen auf Millionen von billigen und oft unmenschlich behandelten **Zwangsarbeitern** und Kriegsgefangenen, teilweise auch auf Häftlinge von Konzentrationslagern zurückgreifen. Dieses Kapitel der deutschen Wirtschaftsgeschichte wurde erst im Jahr 2000 durch einen Entschädigungsfonds der deutschen Wirtschaft für ehemalige Zwangsarbeiter geschlossen.

Der **Beutekrieg** war letztlich die einzige Chance, das wirtschaftliche Desaster Deutschlands zu vermeiden. Das Großkapital finanzierte seine Vorbereitung und Durchführung, die deutsche Wirtschaft beteiligte sich insgesamt an der Ausbeutung der besetzten Staaten.

Noch mehr verstrickten sich allerdings die Unternehmen in die Verbrechen des NS-Regimes, die sich direkt an der Organisation des Holocausts beteiligten: durch die Lieferung von Giftgas oder Verbrennungsöfen, die Verwertung des Zahngolds und anderer Wertsachen der Ermordeten oder wie die Buna-Werke der IG Farbenindustrie AG durch den Bau von Industrieanlagen in der Nähe des Vernichtungslagers Auschwitz-Birkenau; dort wurden in der Sprache der SS die Opfer „durch Arbeit vernichtet".

Widerstand gegen den Nationalsozialismus gab es aus den Reihen der Wirtschaftsführer nicht – im Gegensatz zu den anderen gesellschaftlichen Eliten (vgl. S. 256 ff.). Die meisten Unternehmer konnten in der Bundesrepublik nach 1949 ihre früheren Positionen und Besitzstände weitgehend problemlos wiedererlangen.

Aufgabe 52 Erklären und bewerten Sie die wirtschaftlichen Erfolge des Nationalsozialismus bis 1937.

Aufgabe 53 Erläutern Sie die Rolle der Großwirtschaft innerhalb des NS-Staates.

7 Die nationalsozialistische Außenpolitik

5.5.1933	Verlängerung des Berliner Vertrags von 1926
15.7.1933	Viermächtepakt (Großbritannien, Frankreich, Italien und Deutschland)
14.10.1933	Deutschland erklärt den Austritt aus dem Völkerbund
26.1.1934	Nichtangriffs- und Freundschaftspakt zwischen Deutschland und Polen
16.4.1935	Konferenz von Stresa zwischen Großbritannien, Frankreich und Italien
18.6.1935	Deutsch-britisches Flottenabkommen
7.3.1936	Einmarsch der Wehrmacht in das entmilitarisierte Rheinland
25.11.1936	Antikominternpakt zwischen Deutschland und Japan
5.11.1937	Hoßbach-Protokoll: Darlegung der deutschen Kriegspläne
12.3.1938	Einmarsch deutscher Truppen in Österreich
13.3.1938	Gesetz zum „Anschluss Österreichs" an das Deutsche Reich
30.9.1938	Münchner Abkommen: Abtretung des Sudetengebiets an Deutschland
15.3.1939	Einmarsch deutscher Truppen in Prag; Errichtung des „Reichsprotektorats Böhmen und Mähren"
23.3.1939	Deutscher Einmarsch und Annexion des Memellands
31.3.1939	Garantieerklärung Großbritanniens und Frankreichs für Polen
28.4.1939	Aufkündung des deutsch-britischen Flottenabkommens (1935) und des deutsch-polnischen Nichtangriffspakts (1934) durch Hitler
22.5.1939	Stahlpakt zwischen Deutschland und Italien
23.8.1939	„Hitler-Stalin-Pakt"

Die Außenpolitik des NS-Regimes war bis 1939 aus der Sicht der Zeitgenossen äußerst erfolgreich: Es gelang die vollständige Revision des Versailler Vertrags und die Wiedererrichtung der deutschen Großmachtstellung in Europa, die nach dem Anschluss Österreichs die des Bismarckreichs übertraf.

Auch in der Außenpolitik setzten sich zunehmend die **ideologischen Vorstellungen** Hitlers gegen realpolitische und traditionelle Politikansätze der konservativen Diplomatie und gemäßigten Militärs durch: Sein Ziel, im Osten einen Krieg um „Lebensraum" zu führen, behielt er immer im Blick; die traditionelle Revisionspolitik betrachtete er von vorneherein nur als Mittel dazu, den großen Eroberungskrieg vorzubereiten. Es gab also keine Wende in Hitlers Vorstellungen nach der erfolgreichen Überwindung des Versailler Vertrags, sondern eine durchgängige **Politik der Kriegsvorbereitung**.

Seine Kriegspolitik konnte Hitler auch deshalb durchsetzen, weil er als „charismatischer Führer" alle außenpolitischen Entscheidungen dominierte. Diese Stellung errang er durch die Erfolge seiner riskanten Revisionspolitik bis 1938, wodurch sich der Mythos des unfehlbaren „Führers" verstärkte: Möglicher Widerstand durch die verbliebenen konservativen Machtgruppen in Ministerialbürokratie und Wehrmacht wurde durch die zunehmende Popularität des Führers im Keim erstickt.

Die große Akzeptanz der Revisionspolitik bis 1939 lag v. a. in der Bedeutung des Versailler Vertrags als kollektives Trauma der Deutschen nach 1919 begründet. Die Überwindung des Traumas wurde Hitler und dem neuen Regime zugesprochen, das so in weiten Bevölkerungskreisen an Legitimation gewann.

Die außenpolitischen Erfolge hatten nicht zuletzt auch eine große Wirkung auf Hitler selbst, bei dem sich der Glaube daran verstärkte, der vom Schicksal gesandte Führer der Deutschen zu sein. Umso skrupelloser ging er nun daran, sein Programm eines rassistischen Lebensraumkriegs umzusetzen.

7.1 Hitlers außenpolitische Vorstellung

Entsprechend der starken Rolle Hitlers als „charismatischer Führer" stand die Außenpolitik des „Dritten Reiches" im Zeichen seiner Ziele, auch wenn er zu deren Umsetzung keinen konkreten Plan besaß.

- Hitler ließ sich auch in seinen außenpolitischen Vorstellungen von seiner sozialdarwinistischen und rassistischen Ideologie leiten, an der er bis zuletzt unverändert und wahnhaft festhielt.
- Kern der Vorstellungen Hitlers war die Eroberung von neuem **„Lebensraum im Osten"** für die „arische Herrenrasse", die gegen die Sowjetunion als den natürlichen bolschewistischen Feind Deutschlands durchgesetzt werden musste. Die **antisowjetische Politik** verfolgte Hitler konsequent bis zum Überfall auf die Sowjetunion 1941.
- Für die Eroberungspläne musste eine massive Wiederbewaffnung und **Aufrüstung** Deutschlands erfolgen, die wirtschaftlich durch die Erringung der Autarkie, die wirtschaftliche Unabhängigkeit, abgesichert werden sollte.
- Voraussetzung dafür mussten die **Revision des Versailler Vertrags** und der Zusammenschluss der Deutschen in einem Großdeutschland sein, um für den zukünftigen Kampf alle Ressourcen zu nutzen.
- Hitlers einzige konkrete Strategie zur Absicherung der Eroberungspläne war ein angestrebtes **Bündnis mit Großbritannien**, das Deutschland den Rücken für seine Eroberungspolitik frei halten und das dafür seinen Status als Welt- und Seemacht behalten sollte.

Umstritten ist, ob Hitlers Vorstellungen über die Eroberung des „Ostraums" hinaus in Richtung einer angestrebten Weltherrschaft für Deutschland gingen. Einige Historiker (v. a. Andreas Hillgruber) sprechen von einer Art **„Stufenplan"**, nach dem zuerst die Hegemonie über ganz Europa, dann über den Nahen Osten und andere britische Kolonien und in ferner Zukunft über die USA und die ganze Welt erreicht werden sollte.

Inzwischen hat sich jedoch in der Forschung die Meinung durchgesetzt, Hitlers Weltherrschaftspläne seien eher ein „vages größenwahnsinniges Gerede" (Ian Kershaw) gewesen, aus dem keine grundlegende Planung abzuleiten ist, auch wenn das im Nachhinein so wirken mochte. Man spricht von einer **„Expansion ohne Ziel"**, die jede Gelegenheit zur Machterweiterung nutzte, sich damit aber auch in weitere Zugzwänge brachte. Zu nennen sind hier

- der Rüstungswettlauf mit den anderen europäischen Großmächten, denen Hitler zuletzt mit einem schnellen Kriegsbeginn zuvorkommen „musste".
- Die wirtschaftlichen Zwänge der Aufrüstungspolitik, denn die dadurch bedingte hohe Verschuldung hätte ohne den folgenden Krieg in den Staatsbankrott und in eine innere Krise des Regimes geführt.

7.2 Die Kontinuität der Revisions- und Großmachtpolitik

Der große Erfolg von Hitlers Außenpolitik bis 1939 lag vor allem daran, dass sich deren konkrete Aktionen mit der von allen Parteien der Weimarer Republik geforderten **Revision des Versailler Vertrags** deckten: Forderungen nach einem „Zusammenschluss aller Deutschen aufgrund des Selbstbestimmungsrechts der Völker zu einem Großdeutschland" und nach der Aufhebung der Friedensverträge von Versailles und St. Germain wurden von der Mehrheit der Deutschen und Österreicher unterstützt. Aber auch in der Wahrnehmung der Westmächte besaß diese Revisionspolitik eine gewisse Berechtigung und vor allem: Berechenbarkeit. Beides gestand man Hitler trotz der aggressiven Tendenz seiner Außenpolitik bis zur Besetzung der „Rest-Tschechei" 1939 zu.

Eine Kontinuität der außenpolitischen Vorstellungen von der Rolle Deutschlands in Europa und der Welt gab es aber über den Revisionskonsens hinaus: Hitler war sich mit seinen konservativen Verbündeten in Diplomatie, Militär und Wirtschaft darüber einig, dass Deutschland sich als Hegemonialmacht auf dem europäischen Kontinent positionieren müsse. Die politische und wirtschaftliche Dominanz hatte bereits die imperialistische Außenpolitik des Wilhelminismus angestrebt: Ein deutsch geführtes „Mitteleuropa" sollte Kern einer **deutschen Weltmacht** sein.

Auch Hitlers Ziel, Deutschland durch eine kriegerische Annexionspolitik „Lebensraum" im Osten zu verschaffen, war keine Neuigkeit. Bereits im Friedensschluss mit Russland von Brest-Litowsk (3. 3. 1918) hatte sich das Deutsche Reich Polen einverleibt und seine direkte Einflusszone auf das Baltikum und in die Ukraine ausgedehnt. Neu an Hitlers Ideen war die brutale rassistische Komponente, die Vertreibung und Ermordung als Mittel der Eroberung in sich enthielt, indem sie den Prinzipien „Rasse" und „Raum" folgte.

7.3 Hitlers Doppelstrategie

Die erste Phase der NS-Außenpolitik wurde bestimmt durch die militärische Schwäche Deutschlands, das Misstrauen des Auslands gegenüber der neuen Regierung und die Notwendigkeit des NS-Regimes, sich im Inneren zu konsolidieren. Hitler spielte deswegen eine Doppelrolle: Seine Reden, Regierungserklärungen und die ersten Handlungen betonten nach außen immer wieder den **Friedenswillen** Deutschlands, und erste vertragliche Bindungen schienen diesen zu bestätigen. Gleichzeitig wurde heimlich die **Aufrüstung** Deutschlands vorbereitet, begleitet von der Militarisierung des öffentlichen Lebens.

- Im Mai 1933 wurde trotz der harten Verfolgung der deutschen Kommunisten im Inneren der **Berliner Vertrag** (1926) mit der Sowjetunion erneuert.
- Durch den Abschluss eines **Viermächtepakts** zwischen Großbritannien, Frankreich, Italien und Deutschland (15. Juli 1933) auf Initiative Mussolinis wurde Hitlers Taktik außenpolitisch belohnt. Obwohl nie ratifiziert, bedeutete dieser Vorschlag die stillschweigende Anerkennung des nationalsozialistischen Regimes. Überdies stellte er eine Umgehung des kollektiven Völkerbundprinzips zugunsten der traditionellen Machtpolitik zwischen einzelnen Mächten dar, was der NS-Regierung entgegenkam.
- Das **Reichskonkordat** vom 20. Juli 1933 mit der politischen Anerkennung des Regimes durch den Papst war ein wichtiger Prestigegewinn für Hitler. Dieser versprach dafür die ungehinderte Religionsausübung der Katholiken, wofür der Vatikan die politische Betätigung der Priester verbot.

7.4 Die Isolation Deutschlands

Hitler begann Ende 1933 damit, die vertraglichen Fesseln für die deutsche Wiederaufrüstung abzustreifen. Zur Absicherung des riskanten Vorgehens stützte sich die deutsche Außenpolitik auf bilaterale Verträge mit einzelnen anderen Mächten, die für Deutschland bedrohlich sein konnten.

- Deutschland erklärte am 14. Oktober 1933 den **Austritt** aus dem **Völkerbund**, angeblich wegen der Verweigerung militärischer Gleichberechtigung bei Abrüstungsverhandlungen in Genf. Hitler hatte ultimativ eine für alle gleiche Abrüstung gefordert, was die Siegermächte des Ersten Weltkriegs ablehnten. Deutschland löste sich vom System kollektiver Friedenserhaltung und isolierte sich international.
- Im Januar 1934 kam es deshalb zum **Nichtangriffs- und Freundschaftspakt mit Polen**. Diese Verständigung überraschte, denn sie bedeutete eine Abkehr von der bisherigen Revisionspolitik. Hitler gelang der Einbruch in

das französische Sicherheitssystem und eine Störung der osteuropäischen Defensivallianz („Kleine Entente“ zwischen Frankreich, Polen, der Tschechoslowakei, Jugoslawien und Rumänien). Polen versuchte mit dem Pakt, dem erwarteten Druck durch Deutschland vorzubeugen. Mit der deutsch-polnischen Annäherung gab Hitler auch die an Rapallo (1922) orientierte deutsche Verständigungspolitik mit der Sowjetunion preis, die auch auf dem gemeinsamen Gegensatz zu Polen beruht hatte.

Auf Deutschlands Aktivität folgte die europäische Reaktion:

- Frankreich verstärkte die „Kleine Entente“ durch einen ständigen Rat und gründete im Februar 1934 zusammen mit der Türkei, Griechenland, Rumänien und Jugoslawien eine Balkan-Entente.
- Estland, Litauen und Lettland verbündeten sich zur Baltischen Entente.
- Die Sowjetunion trat im September 1934 dem Völkerbund bei. Die 1935 abgeschlossenen Beistandsabkommen mit Frankreich und der Tschechoslowakei dokumentierten zusätzlich ihre politische Neuorientierung nach Westen hin.
- 1934 unternahmen die österreichischen Nationalsozialisten mit deutscher Unterstützung einen Umsturzversuch, der in der Ermordung des Kanzlers Dollfuß endete. Ziel Hitlers war der **Anschluss Österreichs** an das Deutsche Reich. Der italienische Diktator Mussolini ließ als Reaktion am Brenner Truppen gegen einen möglichen deutschen Zugriff aufmarschieren. Hitler leugnete jede deutsche Beteiligung und distanzierte sich von den Vorgängen.
- Im Februar 1935 entschieden sich die Saarländer in der Frage über einen Anschluss an Frankreich oder die Rückkehr nach Deutschland in einer **Volksabstimmung** mit über 90 % für die NS-Parole „Heim ins Reich“. Obwohl die Rückgabe des **Saargebiets** durch eine Bestimmung des Versailler Vertrags ermöglicht worden war, feierten die Nationalsozialisten dies als ihren Sieg.
- Die nationalistische Hochstimmung bestärkte Hitler, im März 1935 die **allgemeine Wehrpflicht** einzuführen und das Startzeichen für den Ausbau der Luftwaffe zu geben. Das war ein eklatanter Bruch des Versailler Vertrags.
- Großbritannien, Frankreich und Italien erklärten deshalb in der **Konferenz von Stresa** (16. April 1935), allen weiteren Vertragsverletzungen von deutscher Seite entgegenzutreten. Gezielte Maßnahmen ergriffen sie aber nicht.

Die NS-Außenpolitik war in dieser Situation hinter die Erfolge der Weimarer Außenpolitik zurückgefallen. Deutschland war in Europa weitgehend isoliert.

7.5 Das Durchbrechen der Isolation

In der Folgezeit gelang es Deutschland aufgrund günstiger weltpolitischer Entwicklungen, die Isolation durch die europäische **„Antirevisionsfront“** zu überwinden: In Ostasien bahnte sich ein Krieg zwischen Japan und China an (1937–1945), im Mittelmeerraum entstand ein Krisenherd durch den Überfall Italiens auf Abessinien (1935), das heutige Äthiopien, und den Ausbruch des Spanischen Bürgerkriegs (1936).

Die Stresafront wurde bereits 1935 durchbrochen, als Großbritannien mit Hitler am 18. Juni 1935 ein **Flottenabkommen** schloss, in dem eine deutsche Marineaufrüstung in Höhe von 35 % der britischen festgelegt wurde. Der Versailler Vertrag wurde so durch seine wichtigste Garantiemacht faktisch annulliert; Großbritannien wollte sich Handlungsspielräume im Mittelmeer und in Asien zur Sicherung des eigenen Kolonialreichs erhalten.

Das faschistische Italien war nach einem Angriff auf das Völkerbundsmitglied Abessinien im Herbst 1935 isoliert; Mussolini versuchte, ein Kolonialreich im Mittelmeerraum („Mare nostrum“) aufzubauen. Der Völkerbund verhängte wirtschaftliche Sanktionen, die aber nur halbherzig befolgt wurden. Das Deutsche Reich bekannte sich im Abessinienkonflikt zu entschiedener Neutralität, näherte sich Italien aber an. Das Fehlen einer effektiven Reaktion führte zu einem Prestigeverlust des Völkerbundes, der nach dem Sieg Mussolinis die Tatsachen stillschweigend anerkannte und die Sanktionen aufhob.

1936 gelang Hitler und Goebbels mit der Ausrichtung der **Olympischen Spiele in Berlin** ein großer Propagandaerfolg: Die NS-Führung konnte Deutschland der Weltöffentlichkeit als friedliebendes Land vorführen.

Das Debakel des Völkerbundes im Abessinienkrieg und die Rückendeckung durch Mussolini boten Hitler nun die Möglichkeit zu einem riskanten weiteren Bruch des Versailler und des Locarno-Vertrags: Am 7. März 1936 marschierte die Wehrmacht in das **entmilitarisierte Rheinland** ein. Die Westmächte reagierten trotz ihrer noch bestehenden militärischen Überlegenheit nicht ernsthaft; eine gewaltsame Reaktion wäre völkerrechtlich möglich gewesen und hätte Hitlers Expansion wahrscheinlich gestoppt. Zu mehr als zur Anrufung des Internationalen Gerichtshofes in Den Haag und der Unterzeichnung gegenseitiger Garantieabkommen sahen sich die Westmächte nicht in der Lage. Für die noch vorhandenen Kritiker Hitlers in den konservativen Eliten bedeutete das gelungene nationalsozialistische „Abenteuer“ eine Schwächung.

Angesichts der deutsch-italienischen Zusammenarbeit sprach Mussolini im November 1936 bereits von einer **„Achse Berlin–Rom“**. Beide Staaten kamen im **Spanischen Bürgerkrieg** (1936–1939) den rebellierenden faschistischen

Militärs unter General Franco gegen die gewählte Regierung aus Republikanern, Sozialisten und Kommunisten mit Material und Freiwilligenverbänden zu Hilfe. Als Begründung führten die Diktatoren an, die Ausbreitung des Kommunismus in Europa verhindern zu wollen. Deutschland entsandte mit der 20 000 Mann starken „Legion Condor" einen Teil seiner Luftwaffe, die bei der Bombardierung republikanischer Städte, etwa des baskischen Guernica, die neue Art des Bombenkriegs gegen Zivilisten erprobte.

Zur Abwehr der Kommunistischen Internationale schloss Ribbentrop mit Japan den **Antikominternpakt**, dem Italien 1937 beitrat; Ribbentrops **Konzept eines weltpolitischen „Dreiecks Rom–Berlin–Tokio"** („Roberto") schien aufzugehen. Für Hitler entstand eine Alternative zum Bündnis mit England.

7.6 Aggressive Revisionspolitik

Hitler sah sich nach seinen ersten außenpolitischen Erfolgen als genialer Außenpolitiker bestätigt; zudem hatten die Erfolge seine innenpolitische Position massiv gestärkt (Führermythos). Er setzte nun gegen Widerstände in Diplomatie und Militär eine aggressive Expansionspolitik durch, die sich nach außen weiterhin als traditionelle Revisionspolitik tarnte und deshalb erfolgreich war.

In einer Geheimbesprechung mit den Oberbefehlshabern der Wehrmacht im November 1937 (Hoßbach-Protokoll) legte Hitler seine Kriegspläne offen: Der Anschluss Österreichs und die Zerschlagung der Tschechoslowakei sollten die Eroberung der Sowjetunion zur **„Lösung der Lebensraumfrage"** bis 1943/1945 vorbereiten. Die deutsche Rüstungsproduktion hatte sich seit 1933 verdreifacht, sie wurde jetzt weiter erhöht und die zivile Produktion eingeschränkt.

Appeasement-Politik Großbritanniens

Entscheidend für das Gelingen von Hitlers Vorgehen war die Appeasement-Politik Großbritanniens: In der britischen Diplomatie herrschte die Ansicht, Japan sei die Hauptgefahr für das Empire, folglich beabsichtigte man, einen Ausgleich mit den europäischen Diktatoren zu erreichen und sie in eine neue Friedensordnung einzubeziehen. Solange die britische Regierung unter Premierminister Neville Chamberlain annehmen konnte, Hitler beabsichtige lediglich eine Revision von Versailles, war sie bereit, nachvollziehbare Forderungen Deutschlands zu unterstützen. „Appeasement policy" bedeutete also nicht Frieden um jeden Preis, sondern sie war **Kriegsverhütungspolitik**.

Der Anschluss Österreichs

Hitler profitierte von der Haltung Englands zuerst beim sog. „Anschluss Österreichs“. Putschvorbereitungen der österreichischen Nationalsozialisten destabilisierten Anfang 1938 die Regierung des österreichischen Kanzlers Schuschnigg. Am 12. Februar stellte ihm Hitler das **Ultimatum**, er solle Österreichs Wirtschafts-, Militär- und Außenpolitik der deutschen anpassen und den Nationalsozialisten Seyß-Inquart zum Innenminister ernennen. Die Annahme dieser Forderung hätte Österreichs „Gleichschaltung“ bedeutet. Schuschniggs Versuche, die Selbstständigkeit Österreichs durch eine Volksabstimmung zu retten, scheiterten an der Drohung, dann die Wehrmacht einmarschieren zu lassen. Mussolini sicherte dieses Mal Deutschland in Österreich freie Hand zu; Schuschnigg bekam dagegen keine Unterstützung der Westmächte und trat zurück. Ein fingierter „Hilferuf“ der neuen österreichischen Regierung unter Beteiligung der Nationalsozialisten führte am 12. März 1938 zum Einmarsch der deutschen Truppen in Österreich.

Für die Mehrheit der Deutschen und Österreicher war der Anschluss die **Verwirklichung des Großdeutschen Reiches**, dessen Bildung von den Siegermächten des Ersten Weltkriegs 1919 untersagt worden war. 99 Prozent der Österreicher stimmten deswegen in einer Volksabstimmung für den Anschluss. Für die Weltöffentlichkeit bedeutete das Votum eine moralische Rechtfertigung für Hitlers Vorgehen, trotz der sofort einsetzenden Judenverfolgung, die vor allem im antisemitisch aufgeheizten Klima Wiens brutale Züge annahm.

Die Sudetenkrise

Der nächste Schritt Hitlers führte in die „Sudetenkrise“. Hitler bediente sich der nationalen Interessen der ca. 3,5 Millionen Sudetendeutschen (ca. 28 % der Bevölkerung). Die vorher österreichischen Sudetendeutschen waren 1919 gegen ihren Willen in den Vielvölkerstaat Tschechoslowakei eingegliedert worden. Dort beanspruchten die Tschechen (46 % der Gesamtbevölkerung) die Vorherrschaft. Deswegen und wegen ihrer wirtschaftlichen Benachteiligung unterstützte eine Mehrheit der deutschen Volksgruppe nach 1933 die von Konrad Henlein (1898–1945) geführte „Sudetendeutsche Partei“ (SdP), die unter dem Einfluss der NS-Regierung stand. Henlein wurde dazu gebracht, in Prag Autonomieansprüche zu erheben, die für die tschechische Regierung unannehmbar waren. Gleichzeitig provozierten von Deutschland aus organisierte Freikorps zahlreiche Zwischenfälle in der Tschechoslowakei, die die Situation eskalieren ließen. Henlein lehnte alle Beschwichtigungsversuche der tschechischen Regierung, die sich von den Westmächten alleine gelassen fühlte, ab und forcierte die **„Heim-ins-Reich“-Stimmung** der Deutschen.

Hitler, fest zur „Zerschlagung" der Tschechoslowakei entschlossen, ließ sich erst durch die vereinten Bemühungen Chamberlains und Mussolinis zu einer Großmächtekonferenz am 29. September 1938 in München bewegen: Ohne Mitwirkung der tschechischen Regierung beschlossen die Regierungschefs Chamberlain, Daladier, Mussolini und Hitler im **Münchner Abkommen** die Abtretung der rein deutsch besiedelten Gebiete der Tschechoslowakei an Deutschland. England und Frankreich verpflichteten sich, die Integrität der verkleinerten Tschechoslowakei zu garantieren.

Für die tschechische Regierung war die Münchner Konferenz ein Verrat, Chamberlain glaubte jedoch, seine „appeasement policy" habe den Frieden gerettet. Für die noch vorhandene politische und militärische Opposition in Deutschland, die auf ein Scheitern von Hitlers Kriegskurs gesetzt hatte, bedeutete die westliche Kapitulation vor der Erpressung Hitlers einen wesentlichen Rückschlag, denn Hitlers Popularität erreichte jetzt ihren Höhepunkt.

7.7 Die Vorbereitung des Kriegs gegen Polen

Hitler war mit seinem Erfolg nicht zufrieden. Es war ihm nie nur um die Revision des Versailler Vertrags gegangen, sondern um die Vorbereitung des Lebensraum-Kriegs in Osteuropa.

Besetzung der Tschechoslowakei

Die **„Zerschlagung"** der Tschechoslowakei war der nächste Schritt: Nach der angedrohten Bombardierung Prags und der so erzwungenen Unterwerfung der tschechischen Regierung marschierten am 15. März 1939 deutsche Truppen in Prag ein. Die Tschechoslowakei wurde aufgeteilt in das tschechische **„Reichsprotektorat Böhmen und Mähren"** und in die formell unabhängige Slowakei, einen Satellitenstaat Deutschlands. Am 23. März annektierte Deutschland zudem das zu Litauen gehörende Memelland.

Großbritanniens „appeasement policy" war damit gescheitert und der wahre Charakter von Hitlers aggressiver Politik offenbar: Am 31. März 1939 gaben deswegen Großbritannien und Frankreich eine Garantieerklärung für den Bestand Polens ab, nach dem Überfall Italiens auf Albanien am 7. April auch für Belgien, Rumänien, Griechenland und die Türkei. US-Präsident Roosevelt warnte am 14. April Hitler und Mussolini vor weiteren Überfällen. Hitler antwortete mit der Kündigung des deutsch-britischen Flottenabkommens (1935) und des deutsch-polnischen Nichtangriffspakts (1934).

Der Überfall auf Polen

Hitler wollte Polen zuerst als Bündnispartner und als Aufmarschraum gegen die Sowjetunion gewinnen, wofür er das Stillhalten Großbritanniens erwartete. Gegen eine deutsche Grenzgarantie sollte Polen die **Freie Stadt Danzig** zurückgeben sowie den Bau einer exterritorialen Verkehrsstrecke durch den **polnischen Korridor** akzeptieren. Die polnische Ablehnung des Angebots und die folgende britische Garantie für Polen zwangen Hitler zum Umdenken. Er entschloss sich, zuerst Krieg gegen Polen und die europäischen Westmächte zu führen und dafür entweder ein Bündnis mit Japan und Italien zu bilden oder einen vorläufigen Ausgleich mit der Sowjetunion zu suchen.

Tatsächlich unterzeichneten am 22. Mai 1939 in Berlin Deutschland und Italien den sogenannten **Stahlpakt**, in dem sie sich im Kriegsfall Unterstützung zusicherten; Mussolini machte aber deutlich, dass Italien vor 1943 nicht kriegsbereit sei. Japans Beitritt zu diesem Abkommen scheiterte.

Hitler spielte nun die sowjetische Option aus: Am 12. August hatten englisch-französisch-russische Verhandlungen über einen Beistandspakt begonnen, die aber stockten, weil die Sowjetunion freie Hand gegenüber den baltischen Staaten forderte, und die polnische Regierung die Erlaubnis zum Durchmarsch durch Polen im Kriegsfall verweigerte. Auch wollte Stalin nicht für den Westen durch einen Krieg mit Deutschland „die Kastanien aus dem Feuer holen". In dieser Situation einigte sich der deutsche Außenminister Ribbentrop mit Stalin am 23. August 1939 in Moskau auf einen Nichtangriffspakt: Keiner der Partner sollte einen Staat unterstützen, der mit einem Vertragspartner im Krieg stehe. Ein geheimes Zusatzprotokoll teilte zudem die Beute eines kommenden Krieges in Osteuropa. Beschlossen wurde die Teilung Polens, dessen Osthälfte und Bessarabien die Sowjetunion bekam; Finnland und das Baltikum wurden der Sowjetunion als Interessensphäre überlassen. Litauen sollte an Deutschland fallen. Der **„Hitler-Stalin-Pakt"** gab Hitler freie Hand für den Angriff auf Polen, die Sowjetunion aber hatte Zeit für die eigene Aufrüstung gewonnen.

Exkurs: Polen 1916–1945

Die Vereinbarungen des Hitler-Stalin-Pakts werden auch als **4. Teilung Polens** bezeichnet. Polen war Ende des 18. Jahrhunderts in drei Schritten (1772, 1793, 1795) vollständig zwischen Russland, Österreich und Preußen aufgeteilt worden. Nach den napoleonischen Kriegen wurde im Wiener Kongress (1815) ein polnisches Kerngebiet **(„Kongresspolen")** als autonomes Königreich an Russland angegliedert, es wurde allerdings schon 1831 nach einem gescheiterten polnischen Aufstand zur russischen Provinz.

Die Teilung Polens 1916–1945

Erst der Erste Weltkrieg führte wieder zu einem unabhängigen polnischen Staat: Bereits während des Kriegs gründeten das Deutsche Reich und Österreich-Ungarn 1916 einen polnischen Satellitenstaat, der seit 1917 unter der Regentschaft dreier einflussreicher polnischer Männer stand. Deutschland und Österreich ging es darum, die Unterstützung der Polen im Krieg gegen Russland zu gewinnen. Kern dieses polnischen **„Regentschaftskönigreichs"** war das von den Mittelmächten 1915 eroberte Kongresspolen (Karte 1).

Nach der Kriegsniederlage Deutschlands und Österreich-Ungarns im November 1918 bildete sich eine **polnische Republik** (3. 11. 1918) unter der Führung **Marschall Jozef Pilsudskis** (1867–1935) (Karte 1). Im Versailler Vertrag

(1919) erhielt Polen einen großen Teil der vorher preußischen Provinz Westpreußen („Korridor") und Posen; in einem Krieg mit der russischen Sowjetunion (1919/20) gelang es Pilsudski mit französischer Hilfe, die polnische Ostgrenze 250 Kilometer über die polnische Volkstumsgrenze hinauszuschieben (1921 Frieden von Riga) (Karte 1). 1921 sprach der Völkerbund nach Kämpfen mit deutschen Freikorps und Volksabstimmungen den wertvollen, **industrialisierten Teil Oberschlesiens** Polen zu. Polen handelte sich durch diese Expansion allerdings ein großes Minderheitenproblem und die dauernde Gefährdung durch die Revisionsbestrebungen Deutschlands und der Sowjetunion ein. Diese fanden im Hitler-Stalin-Pakt und der Teilung nach der polnischen Niederlage gegen Deutschland 1939 ihren Höhepunkt. Das polnische Kerngebiet wurde nun zum deutschen **„Generalgouvernement"** (Karte 2) und nach dem Beginn des Krieges gegen die Sowjetunion 1941 zum Ziel und Zentrum der deutschen Rassenpolitik und des Holocaust; das Land wurde während des Kriegs weitgehend zerstört, Polen verlor etwa ein Viertel seiner Bevölkerung (Karte 3).

Nach der deutschen Niederlage **1945** wurde Polen im Potsdamer Abkommen der alliierten Siegermächte neu gestaltet. Die Sowjetunion behielt die 1939 annektierten Gebiete in Ostpolen (heute bei Litauen, der Ukraine und Weißrussland), Polen wurde dafür auf Kosten Deutschlands **„nach Westen verschoben"**; es erhielt Schlesien, Pommern, Westpreußen, die Neumark Brandenburg, Danzig und das südliche Ostpreußen (Karte 4). Zwischen acht und zehn Millionen Deutsche wurden aus diesen Gebieten vertrieben, ihr Besitz entschädigungslos enteignet. Das gleiche Schicksal erlitten etwa 1,5 Millionen Polen, die aus den nun sowjetischen Gebieten in die ehemals deutschen Provinzen ausgesiedelt wurden.

Aufgabe 54 Erläutern Sie die Rolle Hitlers für die nationalsozialistische Außenpolitik.

Aufgabe 55 Diskutieren Sie Gründe für den Erfolg der deutschen Außenpolitik bis 1938.

Aufgabe 56 Skizzieren Sie Deutschlands Weg in den Krieg seit 1938. Beurteilen Sie, welche Ereignisse den Angriff auf Polen vor allem ermöglichten.

8 Der Zweite Weltkrieg

1.9.–6.10.1939	„Blitzkrieg" gegen Polen
April 1940	Besetzung Dänemarks und Norwegens
10.5.–22.6.1940	„Blitzkrieg" gegen Frankreich
Febr.–Mai 1941	Balkanfeldzug
22.6.1941	„Unternehmen Barbarossa": Angriff auf die Sowjetunion
7.12.1941	Japanischer Überfall auf die US-Flotte in Pearl Harbor (Hawaii); Ausbruch des Pazifikkrieges
11.12.1941	Kriegserklärung Hitlers an die USA
Januar 1943	Katastrophale Niederlage der Wehrmacht in Stalingrad
Mai 1943	Deutsche Kapitulation in Afrika
6.6.1944	Invasion der westlichen Alliierten in der Normandie
ab Jan. 1945	Beginn der sowjetischen Großoffensiven
13./14.2.1945	Zerstörung Dresdens durch alliierte Bombenangriffe
30.4../2.5.1945	Selbstmord Hitlers in Berlin
7./9.5.1945	Unterzeichnung der „bedingungslosen Kapitulation" der Wehrmacht
8.5.1945	Bedingungslose Kapitulation Deutschlands
6./9.8.1945	Atombomben auf Hiroshima und Nagasaki
2.9.1945	Kapitulation Japans

Der Zweite Weltkrieg kostete weltweit ca. 60 Millionen Menschen das Leben und ist damit die **größte Katastrophe** der Menschheitsgeschichte. Er begann am 1. September 1939 mit dem deutschen Überfall auf Polen in Europa, weitete sich am 7. Dezember 1941 mit dem japanischen Überfall auf Pearl Harbor zum Weltkrieg aus und endete am 2. September 1945 mit der Kapitulation Japans.

Katastrophal waren auch die politischen, gesellschaftlichen und kulturellen Folgen für Deutschland, das unter der Führung Hitlers und der Nationalsozialisten den Eroberungskrieg begonnen hat: Es verlor seine Großmachtstellung in Europa, ein Drittel seines Staatsgebiets und bis 1949 die staatliche Souveränität. Ca. 7 Millionen Deutsche kamen im Krieg ums Leben, zwischen 15 und 18 Millionen Deutsche verloren ihre Heimat und ihr ganzes Eigentum in den großen Flucht- und Vertreibungswellen aus Ostpreußen, Pommern, Schlesien und den deutschen Siedlungsgebieten in der Tschechoslowakei, Ungarn, Jugoslawien und Rumänien. Die meisten Städte Deutschlands wurden durch den Bombenkrieg weitgehend zerstört, die Hälfte der Deutschen war 1945 entwurzelt (Kriegsgefangene, Kriegsheimkehrer, Ausgebombte und Evakuierte, Flüchtlinge und Vertriebene) und auf der Suche nach einer neuen Existenz. Die Gesellschaft war durch die deutsche Kriegsschuld, die Verantwortung für den Holocaust, der im Schatten des Eroberungskriegs im Osten organisiert worden war, und die Kriegsfolgen tief traumatisiert; die Folgen des Traumas sind bis heute zu spüren.

Gefallene und vermisste Soldaten bzw. getötete Zivilisten (nach Herkunftsländern)

Land	Soldaten	Zivilisten
Australien	30 000	k. A.
Belgien	10 000	50 000
Bulgarien	10 000	k. A.
China	3 500 000	10 000 000
Deutschland	3 250 000	3 640 000
Estland	k. A.	140 000
Finnland	90 000	k. A.
Frankreich	250 000	270 000
Griechenland	20 000	80 000
Großbritannien	370 000	60 000
Italien	330 000	70 000
Japan	1 700 000	360 000
Jugoslawien	300 000	1 300 000
Lettland	k. A.	120 000
Litauen	k. A.	170 000
Neuseeland	10 000	k. A.
Niederlande	23 000	112 000
Norwegen	10 000	k. A.
Österreich	230 000	40 000
Polen	120 000	2 500 000
Rumänien	200 000	40 000
Sowjetunion	13 600 000	6 000 000
Tschechoslowakei	20 000	70 000
Ungarn	120 000	80 000
USA	220 000	k. A.
Gesamt	**24 413 000**	**25 102 000**

Folgenreich war der Krieg auch für die Weltpolitik nach 1945:

- Die europäischen Kolonialmächte verloren ihre Gebiete in Übersee, **Europa** erlitt einen entscheidenden Machtverlust in der Weltpolitik.
- Die **USA** und die **Sowjetunion** wurden zu neuen Weltmächten und gerieten schnell in einen Gegensatz: den Ost-West-Konflikt, der sich zum „Kalten Krieg" entwickelte und bis zum Zusammenbruch der Sowjetunion Ende der 1980er-Jahre die Weltpolitik dominierte.
- Mit der Entwicklung der **Atomwaffen**, von den USA im August 1945 zur Vernichtung der japanischen Städte Hiroshima und Nagasaki das erste Mal eingesetzt, geriet die Menschheit in eine völlig neuartige Bedrohungslage.

8.1 Der Kriegsverlauf

Überfall auf Polen

Am 1. September 1939 begann der Zweite Weltkrieg mit dem deutschen Überfall auf Polen. Gerechtfertigt wurde er von Hitler mit einem angeblichen Angriff polnischer Truppen auf den deutschen Rundfunksender Gleiwitz, der aber von der SS fingiert worden war. Der deutschen Wehrmacht weit unterlegen, musste die polnische Armee bereits nach 18 Tagen kapitulieren.

Der Krieg im Westen

England und Frankreich erklärten Deutschland am 3. September 1939 den Krieg, sie verblieben aber in einer abwartenden Position. Die handstreichartige deutsche Besetzung **Dänemarks** und die gewaltsame Invasion **Norwegens** im April 1940 verbesserte die strategische Basis Deutschlands: Es sicherte sich so die Zufuhr schwedischen Erzes über den eisfreien norwegischen Hafen Narvik.

Der Angriff auf **Frankreich** begann am 10. Mai 1940. Ohne Kriegserklärung wurden Belgien, die Niederlande und Luxemburg, **neutrale Staaten**, angegriffen. Dem taktisch überlegenen Zusammenspiel von schnell vorstoßenden Panzertruppen und der Luftwaffe **(„Blitzkrieg")** war die französische Armee nicht gewachsen: Am 14. Juni 1940 marschierten Hitlers Truppen in Paris ein. Das britische Expeditionskorps konnte sich aber über den Hafen Dünkirchen nach England retten.

Am 21. Juni 1940 unterzeichnete Marschall Pétain den Waffenstillstand. Mit Ausnahme einer unbesetzten Zone im Süden **(Vichy)**, von Pétain regiert, wurde Frankreich unter deutsche Verwaltung gestellt. Im britischen Exil rief General de Gaulle das „freie Frankreich" aus, das den Krieg weiterführte; diese Exilregierung arbeitete eng mit dem sich organisierenden Widerstand in Frankreich **(„Resistance")** zusammen.

Luftschlacht um England

Im Vertrauen auf Englands Insellage und die materielle Hilfe der USA setzte der britische Premierminister Churchill den Krieg fort. Die deutsche Führung wollte Großbritannien mit Luftangriffen in die Knie zwingen: Bristol, Birmingham, Liverpool, Hull und besonders Coventry und London wurden schwer getroffen. Die deutsche Luftwaffe erlitt aber so hohe Verluste, dass die „Luftschlacht" und die Invasionspläne gegen England abgebrochen werden mussten.

Krieg in Nordafrika und der Balkanfeldzug 1941

Kurz vor der Kapitulation Frankreichs war Italien auf deutscher Seite in den Krieg eingetreten und hatte im September von seiner Kolonie Libyen aus das unter britischem Protektorat stehende Königreich Ägypten angegriffen. Mussolini wollte die **italienische Kolonialherrschaft** auf ganz Nordostafrika ausdehnen: Das Unternehmen scheiterte, Libyen selbst drohte verloren zu gehen. Hitler entsandte deshalb im Februar 1941 Truppen **(„Afrikakorps")** unter General Rommel nach Nordafrika, der die Situation stabilisierte und die britischen Positionen in Ägypten und die arabischen Ölfelder bedrohte.

Ende Oktober 1940 hatte Mussolini von Albanien aus Griechenland überfallen und war von den Griechen zurückgeschlagen worden. Als im Februar 1941 britische Truppen Kreta besetzten, sah die deutsche Führung die strategisch wichtigen Erdölfelder Rumäniens gefährdet und eroberte im April 1941 Jugoslawien und Griechenland. Nach Ungarn, Rumänien und der Slowakei traten nun auch Bulgarien und Kroatien dem „Dreimächtepakt" (Deutschland, Italien, Japan) bei. Damit waren günstige strategische Voraussetzungen für den Angriff auf die Sowjetunion geschaffen.

Das „Unternehmen Barbarossa": der Angriff auf die Sowjetunion

Mit dem Angriff auf die Sowjetunion versuchte Hitler, sein außenpolitisches Kernprogramm umzusetzen: die **Eroberung von „Lebensraum"** in Osteuropa. Mit der bewährten Strategie der aus der Luft unterstützten Panzerstoßkeile und mit großen Kesselschlachten gelangen den deutschen Truppen in wenigen Wochen gewaltige Raumgewinne. Trotz großer Verluste konnte die „Rote Armee" aber immer wieder neue Fronten aufbauen; Stalins Ausrufung des „Großen vaterländischen Krieges" und v. a. die sofort einsetzenden deutschen Kriegsverbrechen solidarisierten das ganze Land mit der stalinistischen Führung.

Der Vormarsch der deutschen Truppen kam im Dezember 1941 kurz vor Moskau zum Stehen. Bei der im Winter einsetzenden **Gegenoffensive der Roten Armee** erlitt die deutsche Wehrmacht große Verluste: Der „Blitzkrieg" war im Osten gescheitert.

Beginn des Pazifikkriegs und Kriegseintritt der USA

Das imperialistische Japan hatte seit 1937 versucht, China zu erobern und seinen Plan einer **„Ostasiatischen Wohlstandssphäre"** (China, Taiwan, Korea) unter japanischer Kontrolle zu verwirklichen. Nach der Niederlage Frankreichs gegen Deutschland im April 1940 besetzten japanische Truppen Französisch-Indochina (Vietnam, Laos, Kambodscha).

Die USA und Großbritannien reagierten schrittweise mit Wirtschaftssanktionen, v. a. dem Verbot, Stahl, Schrott und Öl nach Japan zu exportieren, was die japanische Industrieproduktion und seine Expansionspolitik gefährdete.

Die Regierung Japans entschloss sich nun zur gewaltsamen Eroberung der Ölfelder in Niederländisch-Indien (Indonesien). Im Dezember 1941 eröffnete Japan den Krieg gegen die USA, indem es den US-Flottenstützpunkt **Pearl Harbour** auf Hawaii überfiel, um die Pazifikflotte der USA auszuschalten.

Hitler und Mussolini erklärten den **USA** am 11./12. Dezember 1941 den Krieg. Damit verbanden sich der europäische und der ostasiatische Krieg zum Weltkrieg. Diese Ausweitung des Krieges hatte für Deutschland weitreichende Folgen: Die Vereinigten Staaten verstärkten ihre Materiallieferungen, nachdem die US-Wirtschaft bereits seit 1939 Großbritannien mit Kriegsgütern unterstützt hatte. Auf der Basis eines „Leih- und Pachtgesetzes" erhielt auch die Sowjetunion Rüstungsmaterial ohne Bezahlung. Vor allem aber griffen die USA mit dem Motto **„Germany first"** (vor Japan) nun auch direkt und kriegsentscheidend in die Kämpfe in Nordafrika und Europa ein.

Mit dem Kriegseintritt der USA begann der **Seekrieg im Atlantik:** Zunächst konnten deutsche U-Boote auf der Atlantikroute die US-Lieferungen empfindlich treffen, doch seit der Jahreswende 1942/43 gelang es, die U-Boot-Abwehr durch verstärkten Geleitschutz, Luftüberwachung und den Einsatz des neuen Radars zu verbessern. Angesichts großer Verluste brach Deutschland Ende Mai 1943 die Geleitzugsbekämpfung und damit praktisch den U-Boot-Krieg ab. Damit war der alliierte Nachschub auf den Meeren gesichert.

1942 eroberte die Wehrmacht, deren Führung Hitler inzwischen persönlich übernommen hatte, im Osten das strategisch wichtige Stalingrad, Rommel drang in Afrika bis Ägypten vor. Noch vor der Jahreswende 1942/43 aber rissen die Alliierten aufgrund ihrer Übermacht die Initiative an sich und der Krieg war für Deutschland seit diesem Zeitpunkt verloren.

Südfront (Afrika, Italien)

Eine britische Gegenoffensive bei El Alamein warf die deutschen Truppen zurück. Die Landung amerikanischer und britischer Verbände im November 1942 in **Marokko und Algerien** führte zur schnellen Niederlage des deutschen Afrikakorps, das im Mai 1943 kapitulierte. Im Juli schließlich landeten die Westalliierten auf Sizilien. Dies führte zum **Sturz Mussolinis**. Mussolini gelang es, eine faschistische Gegenregierung am Gardasee zu etablieren. Als er am 28. April 1945 von Partisanen erschossen wurde, endete die faschistische Zeit in Italien. Die neue italienische Regierung trat 1943 an die Seite der Alliierten; die deutschen Truppen in Italien wurden zurückgedrängt und kapitulierten Ende April 1945.

Ostfront

Die Sowjetunion konnte sich in ihren militärischen Anstrengungen ganz auf Deutschland konzentrieren, da Japan seinen Nichtangriffspakt mit der Sowjetunion einhielt und nicht bereit war, eine zweite Front in Ostasien zu errichten. Den sowjetischen Streitkräften gelang es Ende Januar 1943, die 6. Armee (General Paulus) bei **Stalingrad** einzuschließen. Hitler verbot einen möglichen Ausbruch nach Westen, 300 000 deutsche Soldaten kamen in der Folge um oder gerieten in Gefangenschaft (90 000). Diese Niederlage wurde in Deutschland zum Symbol für den verlustreichen und sinnlosen Krieg im Osten, sie war gleichzeitig die endgültige Wende des Krieges.

Das Vorrücken der Roten Armee brachte 1944 das deutsche Bündnissystem auf dem Balkan zum Einsturz: Rumänien und Bulgarien schlossen im August 1944 einen Waffenstillstand mit der Sowjetunion und erklärten Deutschland den Krieg, in Ungarn scheiterte der Versuch, den Krieg selbstständig zu beenden an der deutschen Besetzung des Landes.

Die letzte Großoffensive der Roten Armee begann am 12. Januar 1945 an der Weichsel und drang schnell in das Reichsgebiet vor. Mehrere Millionen Deutsche flohen aus Ostpreußen, Pommern und Schlesien vor der Roten Armee, ca. 2 Millionen verloren dabei ihr Leben. Am 16. April begann von der Oder und Neiße aus die **„Schlacht um Berlin“**, das am 2. Mai kapitulierte.

Westfront

Am 6. Juni 1944 errichteten die Westalliierten mit der **Invasion in der Normandie** die von Stalin geforderte „Zweite Front“ in Europa. Bis September 1944 wurde Frankreich befreit und alliierte Truppen drangen bis Dezember auf deutsches Reichsgebiet vor. Die deutsche „Ardennenoffensive“ als Reaktion scheiterte, im Frühjahr überschritten die Westalliierten bei Remagen den Rhein und zerschlugen an der Ruhr den letzten bedeutenden Widerstand der Wehrmacht im Westen. Am 25. April trafen sich amerikanische und sowjetische Soldaten bei Torgau an der Elbe.

Am 30. April beging Hitler in seinem Bunker unter der Reichskanzlei in Berlin Selbstmord. In seinem Testament hatte er tags zuvor Großadmiral Dönitz zu seinem Nachfolger als Staatsoberhaupt gemacht und die Regierung verpflichtet, „den Krieg mit allen Mitteln weiter fortzusetzen“. Am 7./8. Mai 1945 erfolgte die **„bedingungslose Kapitulation“ der Wehrmacht** in Reims (7. Mai) und im sowjetischen Oberkommando in Karlshorst bei Berlin (8. Mai). Am 23. Mai wurde die Regierung Dönitz verhaftet und in Kriegsgefangenschaft gebracht; die Alliierten übernahmen nun die staatliche Gewalt in Deutschland.

Entwicklung des Pazifikkriegs
Japan hatte 1942 die Philippinen, Indonesien, Singapur, Malaysia, Burma und die pazifische Inselwelt erobert. China war dadurch isoliert und das britische Indien gefährdet. Doch auch im Pazifik gelang den USA im Sommer 1942 die Kriegswende: Mit ihren Flugzeugträgern und der überlegenen Luftwaffe zerschlugen die Amerikaner große Teile der japanischen Flotte und eroberten im **„Insel-Springen" im Pazifik** trotz großer Verluste bis 1945 schrittweise alle von Japan besetzten Gebiete zurück.

Seit März 1945 waren die USA dazu übergegangen, die wichtigsten Städte Japans mit Brandbomben anzugreifen. Schwere Kämpfe fanden bei der Eroberung der Inseln Iwo Jima, Honshu, Hokkaido und Okinawa statt. Japanische Friedensbemühungen scheiterten an der alliierten Forderung nach einer bedingungslosen Kapitulation. Am 6. und 9. August 1945 setzten die USA deswegen die ersten **Atombomben gegen Hiroshima und Nagasaki** ein. Sie forderten mehrere hunderttausend Todesopfer. Am 8. August erklärte die Sowjetunion Japan den Krieg, am 2. September 1945 kapitulierte Japan bedingungslos.

8.2 Der Vernichtungskrieg

Der deutsche Überfall auf die Sowjetunion war von vorneherein als rassistischer Eroberungskrieg geplant und wurde von **Germanisierungs- und Besiedlungsplänen** begleitet, in denen für die slawische Bevölkerung Unterdrückung, Zwangsarbeit, Verhungern oder die Abschiebung nach Sibirien oder Zentralasien vorgesehen war. Entsprechend rücksichtslos gingen alle Stellen der deutschen Besatzungsmacht (SS, Wehrmacht, Zivilverwaltung) gegen die russischen Kriegsgefangenen und Zivilisten vor. Sie wurden letztlich, zusammen mit den europäischen Juden (6 Millionen Opfer) sowie den Sinti und Roma (500 000 Opfer) im Machtbereich der Nationalsozialisten zum Opfer eines Vernichtungskrieges, wie es ihn in dieser Form vorher nicht gegeben hat: Die Sowjetunion beklagte nach neuesten Schätzungen am Ende des Kriegs 27 Millionen Tote, darunter

- neun Millionen Gefallene,
- 3,3 Millionen (von insgesamt 5,7 Millionen) in deutschem Gewahrsam verhungerte oder umgebrachte Kriegsgefangene,
- tausende Politoffiziere der Roten Armee, die nach **Hitlers „Kommissarbefehl"** vom 6. Juni 1941 sofort nach der Gefangennahme erschossen wurden,
- zwei Millionen von den SS-Einsatzgruppen oder in den Vernichtungslagern ermordete jüdische Sowjetbürger,

- Tausende von Zivilisten, die als „Partisanen“ zu unrecht von deutschen Truppen umgebracht wurden.
- Dazu kamen mehrere Millionen sowjetische Bürger, die aufgrund der **systematischen Ausplünderung des Landes** durch die deutsche Besatzungsmacht verhungerten, was dem Kalkül der Nationalsozialisten entsprach. Allein bei der deutschen Belagerung Leningrads (1941–1944) starben eine Million Menschen an Nahrungsmangel.

8.3 Der „totale Krieg“

Im Zweiten Weltkrieg war in einem vorher nicht bekanntem Maße die **Zivilbevölkerung** aller kriegführenden Staaten betroffen:
- als Opfer rassistischer Vernichtungs- oder Umsiedlungspolitik,
- als **Zwangsarbeiter** während des Kriegs (9–11 Mill. in Deutschland) und danach (Hunderttausende Deutsche in den Sieger- und Vertreibungsstaaten),
- als Opfer von Kriegshandlungen oder Bombenangriffen,
- als Opfer von weitreichenden Kriegsverbrechen vorrückender Truppen, die vor allem in Polen und der Sowjetunion durch SS und Teile der Wehrmacht begangen wurden, aber auch beim Einmarsch ins Deutsche Reich durch die Rote Armee Anfang 1945. So wurden von sowjetischen Soldaten nach neueren Schätzungen ungefähr zwei Millionen Frauen aller Altersgruppen vergewaltigt und ca. 240 000 dabei ermordet.

Für Deutschland symbolisiert der Begriff „Totaler Krieg“ die Einbindung aller Deutschen in den Krieg: Am 18. Februar 1943 proklamierte Reichspropagandaminister **Joseph Goebbels** öffentlich den „Totalen Krieg“ bei einer **Rede im Berliner Sportpalast**, wo er die deutsche Niederlage in Stalingrad schönredete. Bereits einen Monat zuvor hatte Adolf Hitler die Mobilisierung sämtlicher personeller und materieller Ressourcen im Deutschen Reich und in den besetzten Gebieten für den angestrebten **„Endsieg“** angeordnet:
- Männer zwischen 16 und 65 sowie Frauen zwischen 17 und 45 Jahren konnten zur Reichsverteidigung an der **„Heimatfront“** herangezogen werden.
- Jungen unter 18 Jahren wurden mit dem Ausbau der Wehrpflicht ab August 1943 direkt aus Wehrertüchtigungslagern in die Wehrmacht eingezogen.
- 1944 wurden alle „kriegsunwichtigen“ Betriebe geschlossen und viele Menschen zur Arbeit in der Rüstungsindustrie verpflichtet, bei einer wöchentlichen Arbeitszeit von über 70 Stunden.

- Urlaubssperren, Einschränkungen der Strom- und Gasversorgung sowie Verbote von Sport- und Kulturveranstaltungen folgten.
- Die Bildung des **Volkssturms** aller waffenfähigen Männer zwischen 16 und 65 Jahren im Herbst 1944 und ihr völlig sinnloser Einsatz in der Endphase des Kriegs führten zu hohen Opfern; allein in den vier letzten Kriegsmonaten fielen 1,2 Millionen deutsche Soldaten und Volkssturmangehörige.
- In seinem berüchtigten **„Nero-Befehl"** (19. März 1945) befahl Hitler die Zerstörung der deutschen Infrastruktur und Industrie sowie die Verteidigung deutscher Städte (12. April) bis zuletzt, um sie nicht dem „Feind" in die Hände fallen zu lassen. Überall in Deutschland fanden sich Fanatiker in SS und Wehrmacht, die den Befehl ausführten und große Zerstörungen anrichteten.
- In den letzten Kriegswochen ermordeten regimetreue SS- und SD-Einheiten („Sicherheitsdienst" der SS), überall in Deutschland Tausende von Soldaten und Zivilisten, die den sinnlosen Krieg beenden wollten; niemand wurde deshalb von der bundesdeutschen Nachkriegsjustiz verurteilt.

8.4 Der Bombenkrieg

Neu war auch der systematische Bombenkrieg gegen Wirtschaftsanlagen und die Bevölkerung: Mit großen Bombenflugzeugen war es jetzt möglich, das gegnerische Hinterland anzugreifen. Getroffen werden sollten die kriegswichtige Rüstungs- und Versorgungsindustrie, die Infrastruktur, aber auch die Zivilbevölkerung, um deren Durchhaltewillen mit „Terrorangriffen" zu brechen.

Die deutsche Luftwaffe hatte im Spanischen Bürgerkrieg (im Rahmen ihrer für General Franco kämpfenden „Legion Condor") erstmals die gezielte Zerstörung einer Stadt aus der Luft erprobt: Die baskische Stadt **Guernica** ist seitdem Symbol für den **brutalen Luftkrieg**. Nach Kriegsbeginn folgten Warschau, Rotterdam und Belgrad. Eine neue Dimension erreichte der Bombenkrieg mit den deutschen Luftangriffen auf London und Industriestädte wie Coventry seit Mitte 1940, bei denen rund 50 000 britische Zivilisten getötet wurden. Bei der Bombardierung Stalingrads im August 1942 starben 40 000 Menschen.

Großbritannien reagierte auf die „Luftschlacht um England" mit der Ernennung von Arthur T. Harris (1892–1984) zum Kommandeur der britischen Luftwaffe. Unter dessen Kommando erfolgten die großen **Flächenbombardements** aus Spreng- und Brandbomben auf deutsche Städte wie Lübeck (März 1942), Köln (Mai 1942) und Hamburg (Juli 1943) mit Tausenden Toten; sie sollten den Verteidigungswillen der Bevölkerung brechen. So starben über 25 000 Menschen bei der militärisch bedeutungslosen **Bombardierung Dresdens** am 13./14. Februar 1945.

Der Bombenkrieg verstärkte sich ab 1943 durch die Präzisionsangriffe amerikanischer Langstreckenbomber am Tag, die sich mit den britischen Flächenbombardierungen bei Nacht abwechselten. Dennoch konnte sich die deutsche Rüstungsproduktion durch die Verlagerung in ländliche Gebiete oder in unterirdische Anlagen weiter steigern. Strategisch bedeutsam war dagegen die Zerstörung des Verkehrsnetzes und der Treibstoffversorgung aus der Luft. Die deutsche Luftwaffe wurde immer schwächer: Gegenangriffe blieben aufgrund der fehlenden schweren Bombenflugzeuge ebenso wirkungslos wie die Angriffe der neuen Raketenwaffen (V1, V2) kurz vor Kriegsende.

Für die jeweilige Bevölkerung bedeuteten die todbringenden Luftangriffe traumatisierende Nächte in Luftschutzbunkern oder Hauskellern. In Deutschland wurden ganze Schulklassen in der **„Kinderlandverschickung“** (KLV) aus den Städten evakuiert, halbwüchsige Hitlerjungen und BDM-Mädchen dienten als **Flakhelfer** oder sie wurden zur Beseitigung der Trümmer und zur Bergung der Leichen herangezogen. Zwischen 500 000 und 600 000 Deutsche starben bei den Luftangriffen, mehrere Millionen Menschen, vor allem Frauen und Kinder, flohen vor den Bombardierungen aus den Städten, 3,37 Millionen Wohnungen wurden zerstört, was nach dem Krieg zu einer jahrelangen eklatanten Wohnungsnot führte; unermesslich waren die materiellen und kulturellen Schäden durch die weitgehende Zerstörung der deutschen Städte.

Systematische Bombardements wendeten die USA auch gegen Japan an: Am 9. März 1945 erfolgte der größte Angriff auf Tokio, wobei ganze Stadtteile in Holzbauweise verbrannten und mehr als 100 000 Menschen starben. Eine völlig neue Dimension erreichte der Bombenkrieg mit dem Abwurf der ersten **Atombomben** auf die japanischen Städte **Hiroshima** und **Nagasaki** im **August 1945** mit mehreren Hunderttausend Toten. Zivilisten wurden jetzt zum Ziel einer Massenvernichtungswaffe, die durch ihre radioaktive Strahlung bleibende Schäden bei vielen Überlebenden bewirkte.

8.5 Bevölkerungspolitik, Flucht und Vertreibung

Neuartiges Kriegsziel waren auch die umfassenden Umsiedlungs- und Vertreibungsaktionen in Europa: Nach der Eroberung Polens 1939 begannen die Deutschen im Zuge ihrer großangelegten rassistischen „Umvolkungspläne“ ca. 850 000 Polen aus den von Deutschland annektierten polnischen Gebieten in das verbliebene „Restpolen“ zu vertreiben; dazu kam die **Deportation der jüdischen Bevölkerung** aus diesen Gebieten, aus Deutschland und der Tschechoslowakei, die später im Holocaust weitgehend ermordet wurde. Millionen Sowjetbürger flohen seit 1941 vor der vordringenden Wehrmacht.

Ab Oktober 1944 lösten der sowjetische Vormarsch und die dabei begangenen Kriegsverbrechen an Zivilisten gewaltige **Flüchtlingstrecks der deutschen Bevölkerung** aus Ostpreußen, Schlesien und Pommern aus. Zehntausende starben durch Angriffe der Roten Armee, Hunger oder Erfrierungen. Die deutsche Kriegsmarine rettete Ende Januar 1,5 Millionen Zivilisten und rund 500 000 Wehrmachtssoldaten aus Ostpreußen, Pommern und Kurland nach Dänemark und Schleswig-Holstein. Fast 9 300 Flüchtlinge starben zum Beispiel allein am 30. Januar 1945 bei der Torpedierung des Lazarettschiffs „Wilhelm Gustloff" durch ein sowjetisches U-Boot.

Insgesamt wurden von 1944 bis 1947 aus Ostpreußen, Polen (1,3 Millionen), den jetzt polnisch verwalteten deutschen Ostprovinzen östlich der Oder und Neiße (8,3 Millionen), der Tschechoslowakei (3 Millionen) und den Siedlungsgebieten in Ungarn, Rumänien und Jugoslawien ca. 15 Millionen Deutsche vertrieben. Bis zu 2 Millionen Menschen kamen nach Schätzungen des Deutschen Bundestags (1958, 1965) dabei ums Leben. Das „Potsdamer Abkommen" (Aug. 1945) der Siegermächte legitimierte das Vorgehen kurz nach Kriegsende.

8.6 Besatzungspolitik und Widerstand

Besatzung unter ideologischen Vorzeichen

Die Besatzungspolitik in den eroberten Ländern unterschied konsequent nach den rassistischen Überzeugungen des Nationalsozialismus: Während die **„germanische" Bevölkerung** in West- und Nordeuropa in die eigene Herrschaft eingebunden werden sollte, wurden die als **„minderwertig"** betrachteten Menschen in Südost- und v. a. in Osteuropa der „Umvolkungspolitik" und den wirtschaftlichen Interessen der deutschen Besatzungsmacht gnadenlos unterworfen.

In den meisten besetzten Gebieten konnte sich die deutsche Besatzung auf einheimische Kollaborateure stützen, in Frankreich etwa auf das „Vichy-Regime" Petains, in Kroatien zum Beispiel auf das faschistische Ustascha-Regime. Auf Widerstand reagierten die Deutschen überall mit drakonischer Härte, vor allem mit der massenhaften Erschießung willkürlich ausgewählter Zivilisten als „Geiseln"; in der Sowjetunion rotteten SS- und Wehrmachtseinheiten im Rahmen der „Partisanenbekämpfung" die Bevölkerung ganzer Landstriche aus.

Widerstandsbewegungen in den besetzten Gebieten

Aufgrund des brutalen deutschen Vorgehens bildeten sich in den besetzten Ländern rasch Widerstandsgruppen, die teils mit den alliierten Regierungen in Verbindung standen und von diesen mit Waffen und anderem Nachschub versorgt wurden. Aus diesem Widerstand legitimierten sich in zahlreichen Staaten Europas die Regierungen der Nachkriegszeit; der Widerstand gegen die deutschen Nationalsozialisten wurde so zu einem wichtigen Faktor der staatlichen und gesellschaftlichen Identität dieser Länder. Der Umstand führt v. a. in den osteuropäischen EU-Staaten bis heute zu einem schwierigen Verhältnis zu Deutschland.

Aufgabe 57 Skizzieren Sie aus deutscher Sicht den Verlauf des Zweiten Weltkriegs.

Aufgabe 58 Erläutern Sie, welche neuartigen Aspekte der Kriegführung gegen Zivilisten sich im Zweiten Weltkrieg zeigten.

Aufgabe 59 Erörtern Sie die Bedeutung des Zweiten Weltkriegs für die deutsche Geschichte.

9 Deutscher Widerstand gegen den Nationalsozialismus

1933–1935	Widerstandaktionen von Kommunisten und sozialistischen Gruppen
8.11.1939	Bombenattentat im Bürgerbräukeller in München durch Georg Elser
18.2.1943	Flugblattaktion der Münchner Studentengruppe „Weiße Rose“ gegen das NS-Regime; Verhaftung von Hans und Sophie Scholl
März 1943	Attentate der Widerstandsbewegung auf Hitler misslingen
19.1.1944	Verhaftung Moltkes (Kreisauer Kreis)
20.7.1944	Attentat Stauffenbergs misslingt; Putsch in Berlin und Paris scheitert

Der Begriff „Widerstand“ ist nicht eindeutig, er umfasst unterschiedliche Formen der Gegnerschaft zum Nationalsozialismus:

- Als eigentlichen **„Widerstand“** bezeichnet man organisierte, risikoreiche Aktionen, die das NS-Regime als Ganzes stürzen, zumindest bekämpfen oder Vorkehrungen für den Zeitpunkt des Zusammenbruchs treffen wollten.
- Der Begriff **„Opposition“** schließt alle grundsätzlichen Haltungen ein, die von den geforderten NS-Normen abwichen und sich gegen den totalen Herrschaftsanspruch des Nationalsozialismus wandten, das System aber nicht infrage stellten.
- Bezeichnungen wie **„Dissens“** (Ian Kershaw), **„Verweigerung“** oder **„weltanschauliche Dissidenz“** (Richard Löwenthal) meinen die eher passiven persönlichen Gefühle der Gegnerschaft, die nicht unbedingt in Aktionen mündeten, sich aber in spontanen Formen der Kritik gegen einzelne Aspekte des Nationalsozialismus äußern konnten.
- Die analogen, das Regime tragenden Gegenhaltungen zu Widerstand, Opposition und Dissens sind **„Konsens“**, **„Zustimmung“** und **„Kollaboration“**.

Dissens war in der Bevölkerung durchaus weit verbreitet und wurde in einigen Fällen zur Opposition. Widerstand war eine deutlich zu unterscheidende Verhaltensform, die große Gefahren für das eigene Leben bewusst in Kauf nahm. Entsprechend klein war der Kreis der eigentlichen Widerstandskämpfer in der Gesellschaft des nationalsozialistischen Deutschlands.

9.1 Bedingungen und Ausmaß des Widerstands

Widerstand gegen den Nationalsozialismus kann ohne den Blick auf seine politischen Bedingungen nicht zutreffend bewertet werden: Zu diesen gehört als erstes der früh einsetzende **Terror** als allgegenwärtiges Machtmittel des Regimes. Eine unabhängige kritische Öffentlichkeit wurde vom Regime schnell zerschlagen, eine breite Basis für oppositionelle Arbeit fehlte so.

Als einzige politische Gruppe kämpften die **Kommunisten** anhaltend und verlustreich gegen das NS-Regime. Deshalb kann man – im Blick auf die nur kleinen Gruppen von Widerstandskämpfern aus den anderen politischen und gesellschaftlichen Gruppen – von einem **„Widerstand ohne Volk“** sprechen. Diese Basis fehlte auch deshalb, weil der Nationalsozialismus zumindest in der Phase bis 1941 große Popularität über seine fanatischen Anhänger hinaus – gerade auch in der politischen, gesellschaftlichen und wirtschaftlichen Elite – besaß: Die schnelle wirtschaftliche Erholung, die Zerschlagung des „Marxismus“, die erfolgreiche Außenpolitik und die Erfolge der Blitzkriege förderten den Führerkult und machten es Kritikern fast unmöglich, Gehör zu finden.

Der strukturelle Hintergrund der weitgehenden Wirkungslosigkeit des Widerstandes gegen die Nationalsozialisten war das konfliktgeladene Klima der Weimarer Republik: Die Zerrissenheit der Linken, die Begeisterung der Konservativen für die Zerstörung der demokratischen Verfassung und die weitverbreitete Zustimmung zu autoritären Herrschaftsformen verhinderten eine gemeinsame oppositionelle Bewegung gegen die Tyrannei Hitlers.

Der politische Widerstand war eine wichtige Legitimation des politischen Neuanfangs im Deutschland nach 1945. Nur unbelastete Politiker oder solche, die gegen den Nationalsozialismus gekämpft hatten, konnten in der Anfangsphase der Bundesrepublik führende Positionen einnehmen. In der DDR war die Tradition des kommunistischen Widerstands ein wesentliches Fundament des eigenen Staatsverständnisses. Seit den 1980er-Jahren kamen im Westen die wichtigsten Vertreter des Widerstands immer mehr in die Rolle, als Ikonen die Identität eines demokratischen Deutschlands zu stützen. Die individuelle Opferbereitschaft und die moralische Kraft der Widerstandsbewegung werden seitdem als vorbildhaft angesehen.

9.2 Arbeiterwiderstand

Der Arbeiterschaft entstammten mit SPD und KPD die Parteien der Weimarer Republik, die konsequent gegen den Nationalsozialismus eingestellt waren. Die KPD verstand sich als radikale revolutionäre Alternative zur Demokratie, die SPD war die wichtigste Stütze der Demokratie.

Letztlich konnten aber die oppositionellen Teile der Arbeiterschaft keinen Einfluss auf die Geschicke des „Dritten Reiches" nehmen. Zu stark war die Repression durch das Regime, zu erfolgreich die Wirtschaftspolitik in den ersten Jahren nach 1933, was auf große Teile der Arbeiterschaft besänftigend wirkte. In der Kriegszeit verhielten sich die meisten Arbeiter – aus ihrer Sicht – loyal gegenüber dem eigenen Land und weniger gegenüber dem Regime.

Kommunisten

Die KPD hatte bereits früh mit einer Machtübernahme der Nationalsozialisten gerechnet und die Untergrundarbeit vorbereitet. Angeleitet von der „Kommunistischen Internationale" (Komintern) in Moskau glaubte die kommunistische Führung, das neue Regime allein bezwingen zu können; auch deshalb blieb man nach 1933 bei der Ablehnung der Sozialdemokratie als „Sozialfaschismus". Dennoch wurden die Kommunisten von der Brutalität der Verfolgung überrascht, die systematisch nach dem Reichstagsbrand einsetzte und alle öffentlichen Institutionen der Partei zerschlug. Der kommunistische Widerstand organisierte sich daraufhin in der folgenden Weise:

- Die Parteiführung unterteilte man in eine **Auslandsleitung** in Paris, die später nach Stockholm verlegt wurde (Wilhelm Pieck, Franz Dahlem, Wilhelm Florin), und eine **Inlandsleitung** (u. a. Walter Ulbricht);
- grenznahe Stützpunkte im benachbarten Ausland (Tschechoslowakei, Niederlande, Dänemark, Saargebiet bis 1935) waren Basis für die Herstellung von Propagandamaterial und Anlaufstation für Flüchtlinge;
- die Verteilung von Flugblättern, Zeitungen, Broschüren, aber auch vereinzelte spektakuläre Aktionen mit roten Fahnen, Transparenten oder Graffitis bestimmten den Widerstand. In den Anfangsjahren verstand die Partei die Demonstration ihrer Existenz als den Kern der Widerstandsarbeit.
- Auf die hohen Verluste durch diese Taktik reagierte man erst seit 1935: Die **Parteiorganisation** im Inland wurde in einzelne Gruppen **dezentralisiert**, die eigentliche Widerstandsarbeit wurde in die Betriebe verlagert, um dort oppositionelle Strukturen zu erhalten oder aufzubauen.
- Erst nach 1935 war man um eine **überparteiliche Zusammenarbeit mit den Sozialdemokraten** bemüht, allerdings ohne großen Erfolg. (Das angeb-

liche Bündnis der Arbeiterparteien im Widerstand gegen die Nationalsozialisten war eine spätere Legende der DDR, um die erzwungene Vereinigung von KPD und SPD in der sowjetischen Besatzungszone zu rechtfertigen.)

- Während des Kriegs operierten einige unabhängige Widerstandsgruppen mit Flugblattaktionen, einzelnen Sabotageaktionen in Wirtschaftsbetrieben und Planungen für die spätere staatliche Organisation Deutschlands.
- Mit den Kommunisten in Verbindung stand eine Widerstandsgruppe um den Offizier und Ministerialbeamten Harro Schulze-Boysen, den Oberregierungsrat Arvid Harnack und dessen Frau Mildred (später von der Gestapo als **„Rote Kapelle“** bezeichnet). Sie setzte sich aus über 150 Menschen zusammen, zumeist linken Intellektuellen und Künstlern, die zum Teil auch aus konservativen Kreisen kamen. Einige Mitglieder saßen in Reichsministerien und hatten somit Zugang zu Staatsgeheimnissen, von denen einige an die Sowjetunion weitergegeben wurden. Hinzu kamen Flugblattaktionen in Berlin. Die „Rote Kapelle“ wurde 1942 von der Gestapo aufgedeckt; 126 Mitglieder wurden ins KZ gebracht, ermordet oder hingerichtet.

Alle Phasen des **kommunistischen Widerstands** blieben letztlich **erfolglos** und waren mit großen menschlichen Verlusten verbunden, die von der Parteiführung rücksichtslos in Kauf genommen wurden. Der Gestapo gelang es relativ schnell, die illegalen Parteiorganisationen und auch die einzelnen Gruppen zu infiltrieren und zu zerschlagen. Ungefähr die Hälfte der 1932 vorhandenen 300 000 Parteimitglieder wurde in der NS-Zeit verhaftet und eingesperrt; Tausende Kommunisten wurden hingerichtet.

Sozialdemokraten

Spätestens seit ihrer Ablehnung des Ermächtigungsgesetzes sahen sich auch die deutschen Sozialdemokraten der Verfolgung ausgesetzt. Die Rede des SPD-Vorsitzenden Otto Wels zur Begründung der ablehnenden Haltung der SPD war das letzte offene Wort gegen die Nationalsozialisten und ihre konservativen Verbündeten im deutschen Parlament. Ihre Basis verlor die SPD mit dem Sturm der SA auf die Gewerkschaftshäuser am 2. Mai 1933, der Beschlagnahmung des SPD-Parteivermögens am 10. Mai und dem folgenden Verbot jeder politischen Betätigung und aller Parteiorganisationen. Viele SPD-Führer wurden verhaftet, in Konzentrationslager gebracht und einige von ihnen dort ermordet. Der konkrete Widerstand der Sozialdemokratie war nur sehr eingeschränkt möglich:

- Die **Parteileitung** emigrierte im Juni 1933 nach **Prag** („Sopade“) und von dort später über Paris nach London. Sie rief ihre Anhänger zum Sturz der Hitlerdiktatur auf.

- Die **Aktivitäten** beschränkten sich vornehmlich auf Widerstandspropaganda in Aufrufen sowie auf das Sammeln und die Weitergabe von Stimmungsberichten und Nachrichten aus Deutschland, um das Informationsmonopol der NS-Propaganda wenigstens vom Ausland aus zu brechen.
- Das sozialdemokratische Arbeiter-Milieu erhielt sich teilweise im Privaten: Es bildeten sich Formen der **„stillen Verweigerung“** gegen das Regime durch das Abhören von Auslandssendern, den Austausch regimekritischer Ansichten und das informelle Aufrechterhalten der Parteiverbindungen.
- Einige Gruppen in der Sozialdemokratie hatten sich bereits vor 1933 aus Enttäuschung über die ihrer Meinung nach mangelnde Konsequenz im Kampf gegen den Nationalsozialismus radikalisiert und von der Partei gelöst; sie fanden erst gegen Ende des Kriegs zurück in die Partei. Die wichtigste sozialistische Gruppe war die „Sozialistische Arbeiterpartei Deutschlands“ **(SAPD)** mit ihrem bekanntesten Mitglied Willy Brandt, dem späteren SPD-Vorsitzenden und deutschen Bundeskanzler (1969–1974). 5 000 Mitglieder der SAPD leisteten in Deutschland ähnlich wie die Kommunisten Widerstand und wurden bis 1937 von der Gestapo aufgerieben. Ebenso erging es den Gruppen „Neu Beginnen“ und „Internationaler Sozialistischer Kampfbund“.
- Einige ehemalige sozialdemokratische Politiker und Journalisten (Julius Leber, Theodor Haubach, Wilhelm Leuschner, Carlo Mierendorff, Adolf Reichwein) schlossen sich während des Krieges den bürgerlichen und konservativen Gegnern des Regimes im **„Kreisauer Kreis“** und im **„Goerdeler Kreis“** an und bereiteten mit ihnen den Staatsstreich vor (s. S. 256 f.).

9.3 Selbstbehauptung und Opposition in den Kirchen

Die beiden großen Kirchen blieben bis zum Ende des NS-Regimes die einzigen unabhängigen Masseninstitutionen in Deutschland. Sie arrangierten sich zuerst 1933 mit der Regierung Hitler; Gruppen in beiden Kirchen reagierten aber bald mit Verweigerung und der Organisation oppositioneller Strukturen auf den wachsenden Gleichschaltungsdruck. Diese Teile der Kirchen führten einen erbitterten Zermürbungskrieg gegen die Versuche des NS-Regimes, die kirchlichen Institutionen und Glaubensgrundsätze zu untergraben, und wurden dabei von Millionen von Kirchgängern in einer Haltung des Dissenses unterstützt. Einzelne Priester beider Kirchen entschlossen sich sogar zum Widerstand und büßten dafür mit KZ-Haft oder ihrem Leben.

Politischen Widerstand gegen die Nationalsozialisten leisteten aber beide Kirchen als Ganzes nicht. Vor allem gegen die Verfolgung der Juden haben sie nicht nachdrücklich protestiert. Hintergrund des fehlenden Widerstands der Amtskirchen war die konservative politische Orientierung der Führungseliten in beiden Kirchen, die mit den nationalistischen, antimarxistischen und autoritären Staatsvorstellungen der neuen Führung weitgehend übereinstimmten und im Krieg aus Patriotismus die NS-Führung unterstützten.

Katholiken

Der politische Katholizismus versuchte, sich zu Beginn der NS-Herrschaft mit dem Regime zu arrangieren: Seine Parteien, das Zentrum und die Bayerische Volkspartei (BVP), stimmten dem Ermächtigungsgesetz zu; der **Vatikan** schloss schnell mit der NS-Regierung ein **Konkordat**, um die Rechte der katholischen Kirche zu garantieren. Dieses Arrangement scheiterte jedoch bald an den Vertragsbrüchen der Nationalsozialisten.

Der Widerstand der katholischen Amtskirche beschränkte sich in der Folgezeit auf die Verteidigung unmittelbar bedrohter eigener Positionen, entwickelte sich aber nicht zu einer von kirchlichen Organisationen getragenen grundsätzlichen Widerstandshaltung.

Selbst nachdem sich Papst **Pius XI.** 1937 in seinem päpstlichen Rundschreiben „Mit brennender Sorge“ gegen die NS-Ideologie gewandt hatte, blieb es einzelnen Katholiken überlassen, dem Nationalsozialismus entgegen zu treten, die Bischöfe waren aber nicht bereit, die Konfrontation mit dem Nationalsozialismus zu suchen. Einer der wenigen war **Graf von Galen**, der Bischof von Münster. Dieser wandte sich im Sommer 1941 öffentlich gegen die nationalsozialistische Euthanasie-Aktion. Er konnte aber die katholische Bischofskonferenz nicht zu einem gemeinsamen Vorgehen bewegen. Gegen die Verfolgung der Juden gab es keinen öffentlichen Protest durch die Amtskirche.

Allerdings klagten einzelne mutige Geistliche wie der Berliner Dompropst Lichtenberg und in München Pater Rupert Mayer die Verfolgung der Juden an. Auf sich allein gestellt agitierte auch der katholische Priester Max Josef Metzger (1887–1944) gegen den Nationalsozialismus; er wurde 1944 hingerichtet. Die Jesuitenpater Alfred Delp und Augustin Rösch schlossen sich der Widerstandsgruppe des **Kreisauer Kreises** an, arbeiteten dort am Entwurf einer christlichen Sozialordnung für ein besseres Deutschland mit und kamen 1944 in KZ-Haft; Pater Delp wurde 1945 hingerichtet. Jeder dritte katholische Priester hatte unter Repressalien zu leiden, 400 von ihnen saßen allein im KZ Dachau im sogenannten **„Priesterblock“** ein.

Protestanten

Ungefähr 70 Prozent der organisierten Protestanten ordneten sich den **„Deutschen Christen“** und damit dem NS-Regime freiwillig unter. Gegen die „Deutschen Christen“ organisierte sich der von Pfarrer Niemöller im September 1933 in Berlin-Dahlem gegründeten **„Pfarrernotbund“**. Aus ihm ging 1934 die **„Bekennende Kirche“** hervor. Ihre Mitglieder bekannten sich zu den Grundsätzen der Bibel und verwarfen die „Irrlehren“ der „Deutschen Christen“. Man rief Gemeinden und Pfarrer auf, dem Reichsbischof den Gehorsam zu verweigern und der von einer Bekenntnissynode eingesetzten alternativen Kirchenleitung zu folgen. Auf ihrer Synode im Mai 1934 wandte sich die „Bekennende Kirche“ in der „Barmer Theologischen Erklärung“ gegen den Totalitätsanspruch des NS-Staates.

Der starke Widerstand zeigte Erfolg: Im Herbst 1934 wurden Bischöfe, die von den „Deutschen Christen“ abgesetzt worden waren, wieder eingesetzt; Reichsbischof Müller verlor schnell an Einfluss. Aktiven politischen Widerstand leistete aber auch die „Bekennende Kirche“ nicht.

Nur einzelne protestantische Christen wählten den Weg der politischen Agitation gegen das Regime. Ungefähr 900 evangelische Laien und Pfarrer wurden verhaftet und bestraft, zwölf hingerichtet. So saß z. B. **Niemöller** seit 1937 im KZ; der evangelische Theologe Dietrich Bonhoeffer suchte den Kontakt zum aktiven Widerstand des **Goerdeler-Kreises** (s. S. 256 ff.) und wurde 1945 im KZ Flossenbürg umgebracht.

9.4 Widerstand in den gesellschaftlichen Eliten

Ziviler bürgerlich-konservativer Widerstand („Kreisauer Kreis“, „Goerdeler Kreis“)

Eine Minderheit in den einflussreichen adeligen und großbürgerlichen Gesellschaftsgruppen, die in ihrer Mehrheit den Nationalsozialismus unterstützten, entschloss sich zum Widerstand, weil sie das offensichtliche Unrecht des Hitler-Regimes ablehnten und angesichts der drohenden Niederlage Deutschland als Staat retten wollten.

Einzelne kleinere Gruppen von ehemaligen und aktiven Politikern und Wissenschaftlern waren die Zentren dieser Widerstandsbewegung; aber nur zwei Kreise von NS-Gegnern erreichten eine größere Wirkung: Auf dem schlesischen Gut des Grafen Helmuth James von Moltke und in München trafen sich ab 1940 regelmäßig etwa 20 Personen mit verschiedener politischer und weltanschaulicher Herkunft. Neben von Moltke und Yorck von Wartenburg gehörten Sozialdemokraten und Gewerkschaftler wie Julius Leber und Adolf Reichwein, der Jesuitenpater Alfred Delp sowie Eugen Gerstenmaier von der „Bekennenden Kirche" zum **„Kreisauer Kreis"**. Dort entwarf man ein politisches Modell für Deutschland und Europa nach dem Ende des Krieges und der NS-Herrschaft auf dem Boden der christlichen Soziallehre: Grundlage der sozialen Ordnung sollten der Rechtsstaat und die Grundrechte sein. Außenpolitisch befürwortete von Moltke ein vereinigtes Europa mit gleichberechtigten Partnerländern als Garant für das friedliche Zusammenleben der Völker. Pläne für einen Umsturz gab es in diesem Kreis nicht. Dennoch wurden die Männer im Kern des Kreises seit Anfang 1944 verhaftet und wie von Moltke von den Nationalsozialisten ermordet. Einige traten dem Goerdeler-Kreis bei, wenige Überlebende spielten als Politiker in der Bundesrepublik eine Rolle (Eugen Gerstenmaier, Hans Lukaschek).

Die zentrale Persönlichkeit des bürgerlich-konservativen Widerstands war **Carl Goerdeler** (1884–1945), der einer traditionsreichen preußischen Beamtenfamilie entstammte. Er verließ seine Partei, die DNVP, nach deren Annäherung an Hitler, arbeitete aber zeitweise als Reichskommissar für Preisüberwachung in Hitlers Regierung mit, war Oberbürgermeister von Königsberg und später von Leipzig. Er protestierte 1934 gegen die Entfernung des Denkmals des jüdischen Komponisten Mendelssohn-Bartholdy in Leipzig, kritisierte die unseriöse Finanzpolitik Schachts und trat 1937 als Oberbürgermeister zurück. Anschließend warnte er auf Auslandsreisen vor dem außenpolitischen Kurs Hitlers. An die Seite Goerdelers stellten sich der preußische Finanzminister **Popitz** und der ehemalige deutsche Botschafter in Rom, **von Hassell**, als führende Persönlichkeiten des konservativen Widerstandes. Aufgrund ihrer Herkunft unterschieden sich die politischen Zielsetzungen dieser Männer von denen des Kreisauer Kreises: Goerdeler wollte eine stärkere Zentralgewalt etwa in Form einer Monarchie mit parlamentarischer Kontrolle der Regierung, Popitz und von Hassel erwogen einen autoritären Staat ohne parlamentarische Kontrolle, der jedoch als Rechtsstaat Toleranz üben, die Freiheitsrechte gewähren und soziale Verpflichtungen anerkennen sollte. Außenpolitisch betrachteten sie das Deutsche Reich, erweitert durch den Anschluss Österreichs, des Sudetenlandes und des polnischen Korridors, als natürliche Vormacht Europas.

Zu Goerdeler stießen schließlich auch ehemalige Gewerkschaftsführer wie Wilhelm Leuschner vom Allgemeinen Deutschen Gewerkschaftsbund und Jakob Kaiser von der Christlichen Gewerkschaft. Die Widerstandsgruppe um Goerdeler arbeitete seit Anfang 1942 mit dem **militärischen Widerstand** zusammen, den er zu einem Staatsstreich drängte. Viele der Angehörigen des Goerdeler-Kreises waren als wichtige politische Führer und Minister im Fall des Gelingens des Umsturzes vorgesehen; diese Listen fielen nach dem 20. Juli 1944 der Gestapo in die Hände und besiegelten das Schicksal dieser Männer.

Widerstand von Militärs

Nach 1933 verfügte nur noch das Militär über die Machtmittel für einen erfolgreichen Umsturzversuch. Die Reichswehr war allerdings seit 1933 eine der Stützen des NS-Regimes; man hatte vorher stets gegen das demokratische System von Weimar opponiert; Generalität und Offizierskorps profitierten von der immensen Aufrüstungspolitik durch Karrieren und Einfluss und bereiteten die aggressive Eroberungspolitik Hitlers vor.

Der militärische Widerstand Weniger wurde des Weiteren durch ihr moralisches Dilemma erschwert: Es widersprach grundsätzlich der Ehrauffassung und dem Pflichtgefühl der Offiziere, gegen das Staatsoberhaupt zu rebellieren. Noch dazu fühlten sie sich wie alle Soldaten seit 1934 dem „Führer" persönlich durch Eid zur Treue und Gehorsam verpflichtet.

Dennoch gab es bei einer kleinen verantwortlichen Gruppe von Militärs die Bereitschaft, das NS-Regime zu stürzen: Erste Opposition bei den hohen Militärs regte sich, als 1937 das Ausmaß der Kriegsplanungen Hitlers und deren Risiken klar wurden. Jedoch wurden 1938 der Oberbefehlshaber des Heeres, General von Fritsch, und Kriegsminister Blomberg durch Intrigen der SS aus dem Amt gedrängt, der Chef des Generalstabs, Beck, trat 1938 zurück, weil er sich in der Generalität mit seinen Warnungen vor der Kriegspolitik Hitlers nicht durchsetzen konnte. Hitler unterstellte die Wehrmacht jetzt seinem Oberbefehl, sie wurde gleichgeschaltet.

Während der Sudetenkrise 1938 scheiterte ein erster Umsturzversuch der verbliebenen militärischen Opposition (Hans Oster, Erwin von Witzleben und der Chef des Militär-Geheimdienstes, Admiral Canaris) an den schnellen englischen Zugeständnissen im Münchner Abkommen. Auch weitere Versuche im Sommer 1939, den drohenden Krieg zu verhindern, schlugen ebenso fehl wie die Bemühungen im Winter 1939/40, den bevorstehenden Angriff auf Frankreich und damit eine Ausweitung des Krieges abzuwenden. Die deutschen Erfolge der ersten Kriegsjahre entzogen weiteren Aktionen ebenso die Basis wie die mehrheitliche Zustimmung der Militärs zum Eroberungskrieg im Osten.

Als 1942 die Kriegswende Hitlers Ansehen bei der Bevölkerung erschüttert hatte, erklärten sich mehrere Offiziere zum Attentat auf Hitler bereit. Wie es Generaloberst Ludwig Beck und Generalmajor Henning von Tresckow im Sommer 1944 formulierten, musste der **Tyrannenmord** um jeden Preis erfolgen, um die Verbrechen, die das Regime im Namen Deutschlands verübte, zu beenden. Aber alle geplanten Anschläge kamen nicht zur Ausführung.

Im Frühsommer 1944 rückte mit Oberst **Graf Schenk von Stauffenberg** ein entschlossener Mann in den Mittelpunkt des Widerstands. Am 1. Juli 1944 wurde Stauffenberg Chef des Stabes beim Befehlshaber des Ersatzheeres und war damit der einzige im Verschwörerkreis, der Zutritt zu den Lagebesprechungen Hitlers hatte. In enger Verbindung mit Beck und Goerdeler bereitete er das **Attentat und gleichzeitig den politischen Umsturz** „generalstabsmäßig" (Deckname: „Walküre") vor. Denn mit der Beseitigung des „Führers" musste sich nach Ansicht der Verschwörer die Beseitigung des gesamten Regimes verbinden. Dabei übernahm er selbst die Doppelaufgabe, sowohl Hitler in dessen Hauptquartier zu töten als auch den Ablauf des Staatsstreichs in Berlin zu leiten. In der Zwischenzeit hatte eine Reihe von Truppenkommandeuren und hohen Offizieren die Zusage gegeben, den Umsturz mitzutragen, darunter Generalfeldmarschall **Rommel** und General **Olbricht**, der Chef des Heeresamtes in Berlin. Für die provisorische Staatsführung nach der Aktion waren General Beck als Staatsoberhaupt und Goerdeler als Reichskanzler vorgesehen. Als Mitte Juli wichtige Mitarbeiter des Widerstands verhaftet wurden und die Gestapo nach Goerdeler fahndete, drohte dem Verschwörerkreis die Entdeckung. Stauffenberg musste daher rasch handeln: Am **20. Juli 1944** gegen Mittag hinterlegte er während einer Lagebesprechung im ostpreußischen Führerhauptquartier **„Wolfsschanze"** eine **Bombe**, Hitler überlebte jedoch die Explosion leicht verletzt. Im sicheren Glauben, Hitler sei tot, flog Stauffenberg nach Berlin zurück. Dort aber brach der Umsturzversuch nach Informationen über das Überleben Hitlers ebenso schnell zusammen wie in Paris, Wien und Prag, wo entschlossen handelnde Mitverschwörer die Lage zuerst kontrolliert hatten. Die Verschwörer wurden wie Stauffenberg teils am gleichen Tag standrechtlich erschossen oder in späteren Prozessen vor dem „Volksgerichtshof" zum Tode verurteilt und hingerichtet. Einige, unter ihnen Generaloberst Beck, begingen Selbstmord. Über ihre Familien verhängten die Nationalsozialisten die Sippenhaft. Hunderte weitere Personen wurden im Zuge der folgenden Racheaktionen umgebracht.

9.5 Jugendopposition

Das NS-Regime schaltete nach 1933 zuerst die zahlreichen nicht katholischen Jugendorganisationen gleich und zwang sie in die Hitlerjugend. Bis 1937 ereilte auch die katholischen Jugendverbände (mit ca. 1,5 Millionen Mitgliedern) das gleiche Schicksal. Die Mitgliedschaft in der Hitlerjugend wurde jetzt für alle 10- bis 18-Jährigen verpflichtend (Staatsjugend). Im Frühjahr **1939** verschärfte die Einführung der **„Jugenddienstpflicht"** den Druck auf die Kinder und Jugendlichen, die Teilnahme an HJ-Veranstaltungen konnte jetzt durch die Polizei erzwungen werden.

Gegen den Druck des Regimes entstanden bereits zwischen 1933 und 1939 verschiedene Jugend-Milieus, die sich ihre alten Traditionen aus der freien oder katholischen Jugendarbeit bewahrten. Während des Kriegs bildeten sich vor allem in den Großstädten Cliquen und Banden („Edelweißpiraten", „Swing-Jugend", „Meuten"), die sich den Ansprüchen der Hitlerjugend und des Regimes verweigerten und teilweise oppositionelles Verhalten zeigten. Ihre Aktionen bewegten sich zwischen **Provokation, Kleinkriminalität und gewaltsamen Angriffen** auf die Hitlerjugend.

Einige wichtige Beispiele für jugendliche Opposition sind die Folgenden:

- Mitglieder des verbotenen **kommunistischen Jugendverbandes** (1932 mit 55 000 Mitgliedern) leisteten analog zur kommunistischen Partei Widerstand durch Flugblattaktionen und andere Demonstrationen ihrer Existenz; die Gruppen wurden bis 1935 von der Gestapo aufgerieben.
- Vor allem im Rheinland und im Ruhrgebiet demonstrierten während des Krieges verschiedene Gruppen der meist aus dem Arbeitermilieu stammenden **„Edelweißpiraten"** mit abweichenden Verhaltensweisen (Herumlungern, Kleinkriminalität, Schwarzhandel) ihre Verweigerung gegen das Regime. Die berühmteste Aktion aus diesem Milieu war 1944 der Sprengstoff-Angriff einer Gruppe von Edelweißpiraten auf das Gestapo-Gebäude in Köln-Ehrenfeld, bei dem sich die Jugendlichen ein Feuergefecht mit der Polizei lieferten. Die Mitglieder diese Gruppe wurden gefasst und ohne Gerichtsverfahren öffentlich gehängt. In der Nachkriegszeit übernahm die bundesdeutsche Justiz die nationalsozialistische Sichtweise auf diese Jugendlichen und rehabilitierte sie als „Kriminelle" nicht.
- Aus der städtisch-bürgerlichen Kultur stammte die **Hamburger „Swing-Jugend"**, die durch ihr lässiges Auftreten und ihre Vorlieben für Swing und Jazz, Musikstile, die in der NS-Zeit unerwünscht waren, provozierten. Die Jugendlichen dieser Gruppe betätigten sich nicht politisch, wurden aber dennoch verfolgt und teilweise in KZ-Haft gebracht.
- In Berlin bildete sich aus dem jüdischen Arbeiter- und Kleinbürgermilieu die **Herbert-Baum-Gruppe** um den Elektriker Herbert Baum, seinen Freund Martin Kochmann und ihre Frauen Sala und Marianne. Zu ihrer Gruppe gehörten etwa einhundert Jugendliche jüdischer Abstammung. Neben der Verteilung von Flugblättern, dem Anbringen regimefeindlicher Parolen und ähnlicher Aktionen kam nach 1941 die Notwendigkeit, sich in einem Leben im Untergrund vor Deportationen zu schützen. Bei dem Versuch, einen Brandanschlag auf eine NS-Propagandaausstellung zu unternehmen, flog die Gruppe auf. 20 Mitglieder wurden zum Tode verurteilt.

9.6 Studentischer Widerstand (Die „Weiße Rose")

An den Universitäten gab es nur sehr wenig Widerstand. Die Studentenschaft hatte in ihrer Mehrheit schon lange vor 1933 die Nationalsozialisten unterstützt und den Machtwechsel freudig begrüßt. Erst während des Kriegs bildeten sich einige Gruppen, die gegen die Brutalität der NS-Politik protestierten; die berühmteste Gruppierung ist die **„Weiße Rose"** an der Münchner Universität.

Den Kern der bürgerlich-humanistisch geprägten „Weißen Rose" bildeten seit 1942 Hans und Sophie Scholl, Willi Graf, Christoph Probst und Alexander Schmorell. Ihr Mentor war der Philosophieprofessor Kurt Huber. In ihren Zusammenkünften wurden literarische Probleme diskutiert, aber auch die politische und militärische Situation. Einig war man sich in der Überzeugung von der absoluten moralischen Verwerflichkeit des Nationalsozialismus. Aus christlich-religiöser Überzeugung und aus jugendlichem Idealismus heraus riefen sie in **Flugblättern** zuerst zum passiven Widerstand auf. Der Ton der Flugblätter verschärfte sich, als Graf, Schmorell und Hans Scholl an der Ostfront mit den deutschen Kriegsverbrechen konfrontiert wurden. Im Januar und Februar 1943 riefen sie in Flugblättern zum offenen Kampf gegen die Hitler-Diktatur auf. Beim Verteilen der Flugblätter im Lichthof der Universität München wurden die Geschwister Scholl von einem Hausmeister festgehalten und der Gestapo übergeben. Vier Tage später wurden Hans und Sophie Scholl hingerichtet, kurz danach auch Willi Graf, Alexander Schmorell und Kurt Huber.

9.7 Widerstand verschiedener Gruppen und Einzelner

Verweigerung, Opposition und vereinzelte Widerstandsaktionen gab es auch über die skizzierten Organisationen, Milieus und Gruppen hinaus; Gegnerschaft zum NS-System konnte sich dabei in den verschiedensten Formen zeigen.

Die nach 1933 verbotene Glaubensgemeinschaft der **Zeugen Jehovas** verweigerte sich dem NS-Staat kompromisslos, indem sie vor allem den Wehrdienst ablehnte. Die Hälfte der 25 000 Menschen starken Gemeinde setzte ihren „Verkündigungsdienst" im Untergrund fort und unternahm 1936 sogar Flugblattaktionen gegen das Regime; etwa 10 000 Mitglieder der Zeugen Jehovas kamen in Haft, 1 200 von ihnen wurden umgebracht.

Dem aus einfachen Verhältnissen stammenden Schreiner **Georg Elser** (1903–1945) aus Württemberg wäre es als Einzeltäter fast gelungen, Hitler am 8. November 1939 durch ein **Bombenattentat** bei einer Propagandaveranstaltung zum Jahrestag des Hitlerputsches von 1923 im Münchner Bürgerbräukeller zu töten. Hitler entkam nur knapp, weil er früher als üblich den Saal verließ; sieben andere Menschen wurden getötet, 60 verletzt. Elser hatte in heimlicher nächtlicher Arbeit über 30 Tage hinweg eine Säule des Saals mit einer selbst konstruierten Bombe präpariert. Elsers Motive waren moralischer Natur, er wollte den drohenden großen Krieg durch einen „Tyrannenmord" verhindern. Der Attentäter wurde am Tag des Attentats beim versuchten illegalen Grenzübertritt in die Schweiz verhaftet und an mitgenommenen Beweisstücken erkannt. Nach Verhören, Folter und KZ-Haft wurde Georg Elser noch im April 1945 in Dachau ermordet.

Im März 1943 schafften es **200 nichtjüdische Frauen** von jüdischen Zwangsarbeitern in Berlin, durch anhaltenden öffentlichen Protest in der Berliner Rosenstraße ihre Männer vor der Deportation nach Auschwitz zu bewahren und aus dem Sammellager in der Rosenstraße freizubekommen. Dieser Protest war ein einmaliges Ereignis der Geschichte der Judenverfolgung und des NS-Regimes, weil sich Mitglieder der schwächsten Verfolgtengruppe gegen den Terrorstaat behaupten konnten.

Tausende von Wehrmachtssoldaten haben aus religiösen oder ethischen Gründen im Krieg den Kriegsdienst verweigert. 30 000 Kriegsgerichtsverfahren sind in diesem Zusammenhang gezählt worden, 5 000 Kriegsdienstverweigerer wurden zum Tode verurteilt. Wegen Fahnenflucht ergingen im Krieg 35 000 Urteile, davon 22 000 Todesurteile, von denen 15 000 vollstreckt wurden. Unter den Deserteuren waren nicht nur solche, die aus politischen oder moralischen Gründen handelten, bei vielen war es aber die Überzeugung, sich einem verbrecherischen und sinnlosen Krieg entziehen zu wollen. Viele Angehörige von besonders schikanierten „Straf- und Bewährungseinheiten", oft deutsche Sozialisten oder Kommunisten, desertierten und schlossen sich dem Widerstand in den besetzten Gebieten an.

Nach der verlorenen Schlacht von Stalingrad gelang es den Sowjets, unter gefangenen Offizieren den **„Bund Deutscher Offiziere"** zu organisieren, mit dem Versprechen, sich bei einem Staatsstreich gegen Hitler für das Fortbestehen Deutschlands in den Grenzen von 1937 einzusetzen. Die Flugblätter, Lautsprecheraktionen und der Rundfunksender „Freies Deutschland", der nach Deutschland hinein sendete, blieben aber wirkungslos. In der Bundesrepublik wurden die Mitglieder des Bundes Deutscher Offiziere und der deutschen Soldaten, die sich im „Nationalkomitee Freies Deutschland" zusammenschlossen, als Verräter angesehen; in der DDR wurden beide Gruppen als Inbegriff eines „klassenübergreifenden" Widerstandes gegen den Nationalsozialismus bewertet.

Opposition gegen den Nationalsozialismus

KPD

- grundsätzlicher Widerstand von Anfang an
- Widerstand mit Gewalt
- gegenseitige aktive Unterstützung der Mitglieder
- Ziel: kommunistischer Umsturz

SPD

- grundsätzlicher Widerstand von Anfang an
- Emigration der Führung
- spontane Organisation von Widerstandsgruppen
- Theoriediskussion
- Ziel: sozialistische Demokratie

Kirchen

- Opposition einzelner Gruppen
- Beharrung auf kirchlicher Unabhängigkeit und christlichen Werten
- Kritik an Euthanasieprogramm, kaum Widerstand gegen die Judenverfolgung
- ethische Verantwortung

NATIONALSOZIALISMUS

„Weiße Rose“

- Flugblätter gegen das Regime 1942/43
- christlich-humanistische Ideale, unbedingte ethische Verantwortung für die Gesellschaft
- Ziel: Beseitigung der NS-Diktatur

Militär

- vereinzelte Widerstandspläne gegen die Kriegspolitik Hitlers vor 1939
- keine prinzipielle Ablehnung des Systems
- verstärkter Widerstand nach militärischen Niederlagen seit 1941
- Ziel der Attentäter des 20. 7. 1944: Beseitigung Hitlers, Beendigung des Krieges
- Ziel: nationalkonservativer Staat

„Goerdeler Kreis“/„Kreisauer Kreis“

- Zusammenschluss Oppositioneller aller politischen Richtungen ab 1940 unter der Führung von Konservativen
- Forderungen: Rechtsstaat, Grundrechte, Demokratie, Föderalismus
- Ziel: konservative Neuordnung des Staates nach dem Nationalsozialismus

ufgabe 60 Erläutern Sie die Möglichkeiten und Bedingungen für politischen Widerstand im Nationalsozialismus.

ufgabe 61 Erläutern Sie, welche politischen und gesellschaftlichen Gruppen den Widerstand gegen den Nationalsozialismus vor allem trugen.

10 NS-Rassenpolitik und Holocaust

1.4.1933	Reichsweiter Boykott jüdischer Geschäfte
25.7.1933	Gesetz zur Verhütung erbkranken Nachwuchses
10.9.1935	Nürnberger Rassengesetze
15.9.1935	Reichsbürgergesetz; „Gesetz zum Schutz des deutschen Blutes und der deutschen Ehre“
9./10.11.1938	Organisierte Pogrome: „Reichskristallnacht“
1.9.1939	Beginn des „Euthanasieprogramms“
19.9.1941	Verpflichtung der Juden zum Tragen des Judensterns
17.10.1941	Beginn der Deportation deutscher Juden nach Osteuropa
23.10.1941	Auswanderungsverbot für Juden aus dem Deutschen Reich
20.1.1942	Wannsee-Konferenz zur Koordination der „Endlösung der Juden“
19.4.–16.5.1943	Aufstand im Warschauer Getto
1.12.1958	Gründung der „Zentralstelle zur Aufklärung von NS-Verbrechen“ in Ludwigsburg
1963–1965	Frankfurter Auschwitz-Prozesse
1975–1981	„Majdanek-Prozesse“ in Düsseldorf
3.7.1979	Aufhebung der Verjährung für Mord und Völkermord

10.1 Die Bedeutung des Holocausts

Das englische Wort „Holocaust“ ist an den griechischen Begriff für „Brandopfer“ angelehnt und bezieht sich auf die religiöse Praxis der Verbrennung von Tieren als Opfer für die antiken Götter. Seit den 1980er-Jahren setzte sich die Bezeichnung **„Holocaust“** weltweit als Begriff für den Völkermord der Nationalsozialisten an den europäischen Juden durch. Die Juden selbst bevorzugen den hebräischen Begriff **„Shoa“** („großes Unheil“, „Katastrophe“); denn dieser Begriff vermeide es im Gegensatz zu „Holocaust“, die Juden allein in die Opferrolle zu stellen und ihren Widerstand gegen den Völkermord zu verdecken. Die Nationalsozialisten versuchten, das Morden mit dem euphemistischen (beschönigenden) Begriff **„Endlösung“** (der „Judenfrage“) zu verschleiern.

Ausmaß des Völkermords

Seit der Zeit des Römischen Reichs existierten jüdische Gemeinden in Süd- und Westeuropa; die jüdischen Siedlungsräume hatten sich seit der Flucht vieler Juden vor den Pogromen des Mittelalters und der Frühen Neuzeit in Mittel- und Westeuropa bis nach Russland ausgeweitet. Im Holocaust wurde diese alte europäische Kultur mit ihrer eigenen Sprache (Jiddisch), Literatur, Musik und Sozialstruktur, dem ländlichen „Stetl“, fast völlig ausgerottet. Unter grausamsten Umständen wurden ca. 6 Millionen der 1939 weltweit lebenden 17 Millionen Juden getötet; mindestens 1,5 Millionen jüdische Kinder wurden erschossen, mit Gas erstickt oder verhungerten in den Gettos und Lagern; sie waren damit prozentual gesehen die größte Opfergruppe der Nationalsozialisten. Die körperlichen und psychischen Folgen des Holocaust für die wenigen jüdischen Überlebenden sind kaum vorstellbar; viele sahen noch Jahrzehnte nach dem Kriegsende im Selbstmord die einzige Möglichkeit, dem Verlust der Familien, ihren psychischen Verletzungen und belastenden Erinnerungen zu entkommen.

Die neuere Holocaustforschung betont den organisatorischen und ideologischen Zusammenhang des Geschehens mit dem **Mord an anderen Gruppen:**

- an ca. 500 000 Sinti und Roma („Zigeuner"),
- 2–3 Millionen polnischen und ebenso vielen russischen Zivilisten,
- 3,3 Millionen sowjetischen Kriegsgefangenen und
- mindestens 100 000 deutschen Behinderten („Euthanasieaktion").

Vor allem in der Ermordung der Juden aber – und ähnlich bei der Verfolgung der Sinti und Roma – ist der Massenmord zum **Genozid**, zum Völkermord, geworden: Die Angehörigen dieser Opfergruppen wurden, ausnahmslos vom Kleinkind bis zum Greis, nur deshalb getötet, weil sie einer bestimmten religiösen oder – wie die Sinti und Roma – einer ethnischen Gruppe angehörten, die von den fanatischen Nationalsozialisten als „minderwertig" bezeichnet wurde.

Der Völkermord-Begriff ermöglicht Vergleiche mit der Verfolgung anderer Völker in der Geschichte, z. B. der **Ermordung von 1,5 Millionen Armeniern** durch die Türken im Ersten Weltkrieg. Dennoch spricht man beim Mord an den europäischen Juden von der **Singularität**, der Einzigartigkeit des Geschehens, das sich von allen anderen Formen des Genozids durch seine bürokratisch organisierte und industrielle Ausführung unterscheidet. Symbol für diese Singularität des Holocaust in der modernen Menschheitsgeschichte ist das Konzentrations- und Vernichtungslager **Auschwitz** mit seiner Funktion als „Mordfabrik".

Der „Zivilisationsbruch" und seine Folgen

Der Holocaust wurde erst seit den 1980er-Jahren zum Schwerpunkt der Erforschung des Nationalsozialismus. Die „Endlösung" wird seitdem als Kernereignis des Zeitraums betrachtet: Man erkennt im Holocaust einen **„Zivilisationsbruch"** (Dan Diner) von überzeitlicher und universaler Dimension, in dem das für natürlich und selbstverständlich gehaltene zivilisatorische Fundament der modernen abendländischen Kultur zerbrochen sei. Der rational geplante, mitleidlose Massenmord an den europäischen Juden habe jedes Vertrauen in die Vernunft des Menschen und die Geltung der grundlegendsten gesellschaftlichen Regeln widerlegt. Niemand mehr könne – in letzter Konsequenz gedacht – nach dem Holocaust sicher sein, dass ihm selber nicht Ähnliches widerfahren könnte wie den Juden.

Das Bekenntnis zur Verantwortung für den Holocaust wurde seit Mitte der 1980er-Jahre zu einem Bestandteil bundesdeutscher Identität, was sich zum Beispiel im neuen **Holocaust-Mahnmal** im politischen Zentrum Berlins zeigt. Darüber hinaus wurde das Geschehen zum Bezugspunkt einer übernationalen europäischen Identität, die sich als Absage an die radikal-nationalistischen Ideologien und die Gewalt des Nationalsozialismus gebildet hat. Entsprechend beschäftigen sich internationale politische Foren mit den Folgerungen aus dem Holocaust; der Europarat hat 2002 die Einführung eines **Holocaust-Gedenktages** („Tag des Gedenkens an den Holocaust und der Verhütung von Verbrechen gegen die Menschlichkeit") an allen Schulen beschlossen.

Der 1948 in Palästina gegründete **Staat Israel** bezieht seine entscheidende Legitimation auch aus der Erfahrung des Holocaust: Er will eine wehrhafte Heimstatt für die lange verfolgten Juden sein. Für Europa und besonders auch für die deutsche Gesellschaft bedeutete die erzwungene Auswanderung bzw. die Ermordung der deutschen Juden einen großen Verlust, denn Deutsche jüdischen Glaubens haben einen großen Teil zur kulturellen Entwicklung Deutschlands beigetragen; die bekanntesten und am häufigsten publizierten Gedichte deutscher Sprache stammen etwa von Heinrich Heine (1797–1856), einem in Düsseldorf geborenen deutschen Juden. Deutsche Juden haben andererseits einen großen Anteil an der Gründung und Entwicklung Israels. In Deutschland haben sich erst nach dem Zusammenbruch der Sowjetunion 1991 durch die Einwanderung russischer Juden wieder größere jüdische Gemeinden gebildet.

10.2 Die NS-Rassenpolitik bis Kriegsbeginn

Ermordung geistig Behinderter: „Euthanasieprogramm"

Zur politischen Realität wurde die sozialdarwinistische Logik des Nationalsozialismus bereits im Juli 1933 mit dem **„Gesetz zur Verhütung erbkranken Nachwuchses"**, das eine **Zwangssterilisation** bei Verdacht auf unheilbare Erberkrankungen vorsah. In der Konsequenz solchen Denkens und Handelns lag die Tötung Erbkranker und letztlich die Beseitigung aller als „lebensunwert" empfundenen Menschen. Seit Sommer 1939 mussten im Rahmen der sog. **„Kinderaktion"** Ärzte und Hebammen auf Erlass des Führers, ohne gesetzliche Grundlage, geistig behinderte und missgebildete Neugeborene melden. Diese Aktion, der bis Kriegsende über 5 000 Kinder zum Opfer fielen, leitete die zu Kriegsbeginn einsetzende Massentötung des „Euthanasieprogramms" ein.

Hitler ordnete an, „die Befugnisse bestimmter Ärzte so zu erweitern, dass nach menschlichem Ermessen unheilbar Kranken bei kritischer Beurteilung ihres Krankheitszustandes der Gnadentod gewährt werden kann". Zu den Kriterien zählten auch Arbeitsleistung und Rasse. Die Gesamtzahl der Opfer einschließlich der bei Menschenversuchen in Konzentrationslagern getöteten Häftlinge, das heißt der als „unproduktiv“ eingestuften Menschen, betrug annähernd 100 000: geistig Behinderte, Altersschwache, Pflegebedürftige.

Mit dem Befehl zur „Euthanasie“ machte sich Hitler endgültig zum Herrn über Leben und Tod. Die Aktion wurde jedoch nach Protesten aus der Gesellschaft und den Kirchen zumindest offiziell abgebrochen; sie ging aber verdeckt weiter. Bekannt ist vor allem die aufrüttelnde Predigt des katholischen Bischofs von Münster, Graf von Galen, im Sommer 1941 (s. S. 255).

Die verschiedenen Tötungsarten, Ersticken durch Kohlenmonoxid von Autoabgasen in „Gaswagen“, Verhungernlassen, Gift-Injektionen, und die Erfahrungen der Experten der „Aktion T-4“ (nach der Schaltstelle des Mordes in der Tiergartenstraße 4 in Berlin) fanden später beim Aufbau der Vernichtungslager Verwendung: in der Euthanasie erprobte Ärzte, Verwaltungs- und Logistikspezialisten stiegen in der SS-Hierarchie auf und bildeten die KZ-Mannschaften aus.

Verfolgung der deutschen Juden bis zum Beginn des Holocaust

Die nationalsozialistische Rassenideologie hatte für die etwa 510 000 jüdischen Deutschen (von insgesamt etwa 60 Millionen Deutschen) grundlegende Folgen für ihr seit dem 19. Jahrhundert in die Gesellschaft integriertes Leben. Die Juden waren bereits vor 1933 der Hetze der Nationalsozialisten ausgesetzt, aber durch die Gesetze der Weimarer Republik noch geschützt. Mit der Machtübernahme Hitlers wurde der **Antisemitismus** jedoch zur **„Staatsdoktrin“**. Entsprechend begannen kurz nach der „Machtergreifung“ die ersten Aktionen gegen die deutschen Juden. Die NS-Judenpolitik radikalisierte sich dann in mehreren Phasen bis zur **„Endlösung der Judenfrage“**, dem systematischen Massenmord.

Diskriminierung und Boykott

Mit Rücksicht auf das Ausland und die noch mächtigen konservativen Verbündeten stellte die NS-Führung vereinzelte gewaltsame Ausschreitungen gegen deutsche Juden nach der „Machtergreifung“ schnell ein. Sie ersetzte diese aber durch eine breit angelegte **Diffamierungskampagne**. Besonders wichtig dabei war das NS-Hetzblatt „Der Stürmer“ unter seinem Herausgeber Julius Streicher, dem Gauleiter von Franken; mit Schlagworten wie „Juda verrecke“ nahm er verbal die spätere Vernichtung der Juden vorweg. Bereits am 1. April 1933 wurde als einmalige Aktion ein reichsweit organisierter **Boykott aller jüdischen Kaufleute, Ärzte und Rechtsanwälte** ausgerufen. Es schloss sich – und dieses Mal ohne Widerstand aus den Eliten oder der Bevölkerung – die **administrative Ausschaltung der Juden** aus den öffentlichen Lebensbereichen an.

Vornehmlich der **„Arier-Paragraph“** in zahlreichen Gesetzen lieferte die Grundlage für Berufsverbote gegen jüdische Rechtsanwälte, Notare, Ärzte, Beamte und Künstler (s. S. 194 f.).

Entrechtung

Ein Markstein bei der Radikalisierung der Judenpolitik war der Reichsparteitag 1935 in Nürnberg, der mit zwei neuen Rassegesetzen die zweite Phase der Judenverfolgung einleitete. Parallel zu diesen **„Nürnberger Gesetzen“** eröffnete die Partei mit ihren Presseorganen eine umfassende Verleumdungs- und Diffamierungskampagne gegen die Juden. Im **„Reichsbürgergesetz“** wurde zwischen „Reichsbürgern“ und „Staatsangehörigen“ unterschieden; im Genuss der vollen politischen Rechte standen fortan allein die Reichsbürger. Diese mussten „deutschen Blutes“ („Deutschblütige“) sein.

Die Juden galten nur noch als „Staatsangehörige“ und wurden zu **Bürgern minderen Rechts** abqualifiziert. Später wurde das Gesetz durch eine Definition des Jüdischen ergänzt: Als **„Volljuden“** galten Personen mit mindestens drei jüdischen Großeltern oder solche, die sich zur jüdischen Glaubensgemeinschaft bekannten. „Volljude“ wurde man auch, wenn man mit einem jüdischen Partner verheiratet war oder aus einer Mischehe stammte („Geltungsjuden“), als **„jüdische Mischlinge“** galten Menschen mit bis zu zwei jüdischen Großeltern. Deutschsein war nun abhängig von der biologistischen Ideologie Hitlers.

Durch das gleichzeitig erlassene **„Gesetz zum Schutz des deutschen Blutes und der deutschen Ehre“** wurden sogenannte rassische Mischehen und der außereheliche Verkehr zwischen Juden und „Ariern“ verboten. Juden durften auch keine „arischen“ weiblichen Hausangestellten unter 45 beschäftigen, um die „Gefahr“ von Mischlingsgeburten zu verhindern.

Ausschluss aus der Gesellschaft und Enteignung („Arisierung“)

1938 trat die Judenpolitik mit einem organisierten **Pogrom** in ihre dritte Phase: In der verharmlosend so bezeichneten **„Reichskristallnacht“** nahmen die Nationalsozialisten das Attentat eines jungen polnischen Juden (Herschel Grynszpan) auf einen deutschen Botschaftsangehörigen in Paris (Ernst vom Rath) zum Anlass, in der Nacht vom 9. auf den 10. November 1938 in großem Ausmaß gewaltsam gegen jüdische Bürger und ihr Eigentum vorzugehen. 267 Synagogen gingen in Flammen auf, SA und SS in Zivil demolierten mindestens 7 500 jüdische Geschäfte und zahlreiche Wohnungen, 30 000 jüdische Männer wurden verhaftet und für einige Wochen in Konzentrationslager verschleppt, mindestens 91 Juden wurden ermordet, Hunderte begingen Selbstmord oder starben infolge von Misshandlungen in den Konzentrationslagern.

Das Reich forderte anschließend von den Opfern als „Sühneleistung“ für die Schäden eine Milliarde Reichsmark Entschädigung, wobei die Opfer keinen Anspruch auf Versicherungsleistungen hatten.

In den wirtschaftlichen Ruin der jüdischen Besitzer führte die folgende **„Zwangsarisierung“** der verbliebenen etwa 40 000 jüdischen Geschäfte, des Grundbesitzes, der Aktien, Juwelen und Kunstwerke; sie mussten bis zum 1. Januar 1939 verkauft werden. Alle Juden blieben fortan aus dem Geschäftsleben ausgeschlossen. Die Erlöse der Alteigentümer waren wegen der Zwangslage der Betroffenen so niedrig, dass die Verkäufe einer Enteignung gleichkamen. Nur etwas besser war es bereits den Besitzern der 60 000 Unternehmen ergangen, die aufgrund der nationalsozialistischen Schikanen in den Jahren zuvor ihre Geschäfte weit unter Wert verkauft hatten. Von den „Arisierungen“ profitierten die Kommunen, die wie in Fürth Grundstücke und Immobilien zu 10 % des Einheitswerts übernahmen, kleine Nazis, wie Chauffeure der Gauleitung in Nürnberg, die Limousinen im Listenpreis von 5 785 Reichsmark für 150 Mark kauften, aber auch Großunternehmen wie Flick oder Krupp, die ihre Konzerne mit einem geringen finanziellen Aufwand vergrößerten. Am Hausrat der später Deportierten bereicherten sich in den Versteigerungen Tausende „Volksgenossen“.

Die „Arisierung“ war de facto eine gigantische Umverteilung zugunsten nichtjüdischer Konkurrenten. Die wenigsten der jüdischen Besitztümer wurden nach dem Krieg zurückgegeben oder angemessen entschädigt, bis heute gibt es deswegen vereinzelte Rückgabeforderungen jüdischer Erben.

In den nächsten Jahren unterlagen die deutschen Juden zunehmend **Restriktionen**, die sie immer mehr aus der Gesellschaft ausschlossen: etwa durch

- das Verbot der Teilnahme an allen kulturellen Veranstaltungen,
- den Ausschluss der jüdischen Kinder vom öffentlichen Schulbesuch,
- den erzwungenen Umzug in kleinere Wohnungen,
- die Einziehung der Führerscheine,
- Ausgangsbeschränkungen am Abend,
- die Beschlagnahmung der Rundfunkgeräte,
- den eingeschränkten Zugang zu Lebensmitteln,
- das verpflichtende Tragen eines „Judensterns“ (19. September 1941).

Auswanderung und Exil

Unter dem Druck des Regimes verließen bis 1941 etwa 330 000 Juden Deutschland. Dass sich nicht mehr zu diesem Schritt entschlossen, lag zum einen an den harten Auswanderungsbestimmungen, zu denen der völlige Verlust von Besitz und Vermögen sowie die Finanzierung der Auswanderung durch ausländische Freunde oder Verwandte zählten. Zum anderen spielte aber auch die Hoffnung auf eine Wende zum Besseren in Deutschland eine Rolle. Tausende kehrten wieder aus der Emigration zurück, aus Heimweh oder weil sie in den Zufluchtsländern nicht willkommen waren.

10.3 Der Verlauf des Holocausts

Erst die Eroberung Osteuropas und weiter Teile der Sowjetunion ab 1939 ermöglichte den Nationalsozialisten den Völkermord an den europäischen Juden, den Hitler in der vielzitierten Rede vor dem Reichstag am 30. Januar 1939 kundtat: Als Ergebnis eines kommenden Kriegs kündigte er „die Vernichtung der jüdischen Rasse in Europa" an, wobei er den Juden die Schuld am Krieg gab.

„Volkstumspolitik", erste Massenmorde und Gettoisierung nach 1939

Das Vorgehen der Nationalsozialisten bis zur endgültigen Entscheidung zum Genozid im Spätherbst 1941 stellt sich wie folgt dar: Vor dem „Polenfeldzug" (1. September 1939) schlossen Wehrmacht und SS ein Abkommen, das den „Reichsführer SS" Himmler zum „Reichskommissar zur Festigung des deutschen Volkstums" bestimmte und der SS die militärische und polizeiliche Kontrolle des eroberten Gebietes überließ. Dazu übernahmen **irreguläre Sonderinstanzen** der Partei wie das „Generalgouvernement" in Warschau (Hans Frank) die Verwaltung der eroberten Gebiete, um die noch an zivile Normen gebundene staatliche Bürokratie auszuschalten.

Gleich nach dem Einmarsch in Polen begannen in den eroberten Gebieten die Gewalttaten der **„Einsatzgruppen"** der SS: Tausende von Juden (von insgesamt 3,3 Millionen polnischen Juden), aber auch von Angehörigen der polnischen Elite und Intelligenz (darunter Pfarrer, Lehrer, Anwälte, Ärzte oder Gutsbesitzer) wurden umgebracht. Die **Polen** sollten dem rassistischen Denken Himmlers zufolge auf den Status von abhängigen „Heloten" gebracht werden, um den Deutschen als **„führerloses Arbeitsvolk"** zur Verfügung zu stehen.

Seit Dezember 1939 wurden ca. 90 000 Juden aus den von Deutschland annektierten polnischen Gebieten westlich von Warschau und Lublin nach Restpolen („Generalgouvernement") gebracht; sie wurden dort im Laufe des Jahres 1940 zusammen mit Hunderttausenden von polnischen und tschechoslowakischen Juden aus den neu eroberten Gebieten in hermetisch abgeriegelten Stadtteilen **(„Gettos")** der größeren Städte (Lodz, Warschau, Krakau) in elenden Wohn- und hygienischen Verhältnissen zusammengepfercht und völlig unzureichend mit Lebensmitteln und Medikamenten versorgt. **„Judenräte"** mussten die Gettos organisieren und mit den Deutschen zusammenarbeiten. Ein Überleben war nur durch die Arbeit in deutschen Rüstungsbetrieben möglich. Bis zur Auflösung dieser Gettos starben insgesamt etwa 500 000 Menschen an Hunger, Krankheiten und durch deutsche Gewalt.

Die organisatorischen Probleme der deutschen Besatzung mit den Bevölkerungsverschiebungen wollte man zuerst durch die Einrichtung von **„Judenreservaten"** bewältigen: im ostpolnischen Lublin, auf der französischen Insel Madagaskar („Madagaskar-Plan") oder nach dem erwarteten Sieg gegen die Sowjetunion in der russischen Eismeerregion (Heydrich). Die Dezimierung der Juden durch die unwirtlichen klimatischen Bedingungen war dabei einberechnet; sie sollten z. B. nach Heydrichs Plan schon durch Zwangsarbeit im Straßenbau oder in anderer Form auf dem Weg in die Lager umkommen. Doch alle Pläne erwiesen sich als undurchführbar. Die selbst geschaffenen Probleme der deutschen Besatzung durch Abschiebung und Gettoisierung führten bei den NS-Führern in den besetzten Ländern zunehmend zur Bereitschaft, die „Judenfrage" durch Verhungernlassen zu lösen. Diese Methode wurde kurze Zeit später gegenüber 3,3 Millionen sowjetischen Kriegsgefangenen und einer etwa gleichen Anzahl russischer Zivilisten angewandt.

Massenerschießungen an der Ostfront

Zur völlig hemmungslosen Radikalisierung der deutschen Rassenpolitik führte der Angriffskrieg Deutschlands gegen die Sowjetunion seit Juni 1941. Im Dezember 1940 hatte sich Hitler für den Krieg entschieden und gleichzeitig Heydrich mit Plänen zur **„Endlösung der Judenfrage"** beauftragt. Mit dem **Überfall auf die Sowjetunion** fielen nun alle Schranken: Für die Nationalsozialisten und ihre Helfer in der Wehrmacht war dieser Krieg von Anfang an ein Rassen-, Weltanschauungs- und Vernichtungskrieg gegen Juden und Slawen, der mit einer nie gesehenen Brutalität exekutiert wurde. Vom ersten Tag des Feldzugs an operierten – organisiert durch das Reichssicherheitshauptamt (RSHA) – vier Einsatzgruppen der SS (A–D) mit Sondervollmachten, den Heeresgruppen der Wehrmacht zugeordnet und von dieser großenteils unterstützt. Schon in den ersten fünf Monaten des Kriegs wurden von den Einsatzgruppen und ihren Helfern 500 000 Menschen umgebracht.

- Ermordet wurden in systematisch durchgeführten Massenerschießungen (z. B. von 30 000 Juden in Babi Jar bei Kiew) erwachsene jüdische Männer als **„jüdische Bolschewisten"**.
- Dem folgte die Tötung jüdischer Frauen und Kinder, um **„unproduktive Esser"** zu beseitigen und den „Siedlungsraum" für Deutsche frei zu machen.

- In den folgenden Jahren wurden von Einsatzgruppen weitere Hunderttausende von jüdischen, aber auch von russischen Zivilisten, die man mit **„Partisanen"** gleichsetzte, umgebracht. Die Bewohner ganzer Landstriche im Hinterland der Front wurden dabei komplett liquidiert.
- Zu den mordenden Einsatzgruppen gehörten auch drei Bataillone regulärer Ordnungspolizei und einzelne Wehrmachtseinheiten. Die Generalfeldmarschälle von Reichenau und von Manstein riefen im Herbst 1941 offen zum harten Vorgehen gegen Juden und „Bolschewisten" auf. Nur wenige Kommandeure der Wehrmacht weigerten sich, mit der SS zu kooperieren; niemand wurde deswegen bestraft.
- Unterstützt wurde die SS des Weiteren von einheimischen Antikommunisten als „Hilfspolizisten" vor allem im Baltikum, im östlichen Galizien und in der Ukraine: Russische Kriegsgefangene wurden als „Hilfswillige" zu speziellen Einsatzgruppen ausgebildet; die Russen meldeten sich vor allem, um dem Hungertod in der Kriegsgefangenschaft zu entgehen.

Entscheidung zur „Endlösung der Judenfrage"

Die letzte Entscheidung für den Massenmord wird im aktuellen Forschungskonsens Hitler zugesprochen. Trotz der Mordaktionen im Osten seit Juni 1941 ist aber unklar, wann genau die Entscheidung zur endgültigen Ermordung aller europäischen Juden getroffen wurde. Einen schriftlichen Befehl Hitlers fand man nicht, Hitler drückte seinen Willen aber üblicherweise so aus, dass die nachgeordneten NS-Führer die radikalste Lösung für die halten mussten, die dem „Führerwillen" am meisten entsprach.

Mehrere Geschehnisse markieren den Weg zu Hitlers letzter Entscheidung:

- Bereits seit dem Sommer 1941 häuften sich in der deutschen Propaganda die massiven Drohungen gegen das „internationale Judentum".
- Am 19. September wurde für die Juden das **Tragen des „Judensterns"** verpflichtend, am 17. Oktober begannen die **Deportationen** der verbliebenen deutschen Juden in die bereits völlig überfüllten Gettos in Osteuropa, ab dem 23. Oktober galt ein **Auswanderungsverbot** für Juden, ihnen wurde die Staatsangehörigkeit entzogen und das restliche Vermögen genommen.
- Die Deportationen verschärften die chaotische Situation in den Gettos im Generalgouvernement Polen und in den anderen Aufnahmegebieten; die dortigen Besatzungsbehörden drängten zu einer Lösung des Problems, was vermutlich die Bereitschaft der NS-Führung zum schnellen Genozid an den Juden förderte.

- Bereits im Oktober 1941 nahm die SS das **erste „Vernichtungslager" in Belzec bei Lublin** in Betrieb, um die Morde mithilfe von LKW-Abgasen in mobilen Tötungskammern effizienter zu gestalten.
- Bereits für den 9. Dezember 1941 hatte Heydrich zu einer interministeriellen Konferenz an den Berliner Großen Wannsee geladen. Wegen des ausbrechenden Krieges im Pazifik wurde sie auf den 20. Januar 1942 verschoben. Thema der Konferenz war die **„Endlösung der Judenfrage"**. Besprochen wurden deren Organisation und die **„Auskämmaktion"** gegen alle Juden im gesamten Herrschaftsbereich der Wehrmacht, mit dem Ziel, dieses „judenfrei" zu machen. Das Protokoll der **„Wannsee-Konferenz"**, erstellt von dem bürokratischen Organisator des Genozids, Adolf Eichmann (1906–1962, in Israel hingerichtet), ist eines der wichtigsten Dokumente des Holocaust.

Die Ermordung der europäischen Juden in den Vernichtungslagern

Nach der Wannsee-Konferenz begann der fabrikmäßige Massenmord an den europäischen Juden und anderen Opfern: Im Verlauf des Jahres 1942 ersetzten die **Gaskammern** der Vernichtungslager Auschwitz-Birkenau (Auschwitz II), Chelmno (Kulmhof), Belzec, Sobibór, Treblinka bei Warschau und Majdanek die anderen Tötungsmethoden. In den Vernichtungslagern wurden die Opfer in getarnten Duschräumen mit dem **Blausäuregas Zyklon B** qualvoll erstickt. Allein in Auschwitz starben bis November 1944 1,5 Millionen Menschen. Im Lager Auschwitz-Birkenau fand bis zum Winter 1944 auch die **„Vernichtung durch Arbeit"** in angegliederten deutschen Fabriken statt, v. a. im Konzentrations- und Arbeitslager der IG Farben-Industrie in Monowitz (Auschwitz III).

Die jüdischen Opfer wurden aus ganz Europa, den von der Wehrmacht besetzten Ländern und den Verbündeten der Deutschen mit Zügen der Reichsbahn in die Vernichtungslager gebracht. Bei der Registrierung der Juden, dem Zusammentreiben und der Deportation am Ort halfen neben der Wehrmacht einheimische Polizeikräfte oder faschistische Milizen mit, in Deutschland übernahmen Gestapo und Ordnungspolizei diese Aufgabe. Soweit die Opfer die oft tagelangen Zugfahrten in den Viehwägen überlebten, wurden sie nach der Ankunft an den Rampen der Bahnhöfe von SS-Ärzten in Arbeitsfähige und Nicht-Arbeitsfähige „selektiert". Kinder und ihre Mütter, Alte und Kranke führte man sofort zu einem qualvollen 20-minütigen Erstickungstod in die Gaskammern. Den weiteren Vorgang hat der erste Kommandant von Auschwitz, Rudolf Höß (1900–1947, in Polen hingerichtet), in polnischer Haft später so beschrieben: „Die Juden mussten sich bei dem Bunker ausziehen, es wurde ihnen gesagt, dass sie zur Entlausung in die so bezeichneten Räume gehen müssten. Alle Räume, es handelte sich um fünf, wurden gleichzeitig gefüllt, die gasdicht gemachten Türen zugeschraubt und der Inhalt der Gasbüchsen durch besondere Luken in die Räume geschüttet. Nach Ablauf der halben Stunde wurden die Türen wieder geöffnet, in jedem Raum waren zwei Türen, die Toten herausgezogen." Die Leichen wurden von besonderen Häftlingskommandos in Krematorien verbrannt, Haare, Goldzähne und die Kleider von der SS industriell verwertet. Allein in Auschwitz II konnten so pro Tag 10 000 Menschen gleichsam „industriell" ermordet und „verwertet" werden.

Die Konzentrationslager im Dritten Reich

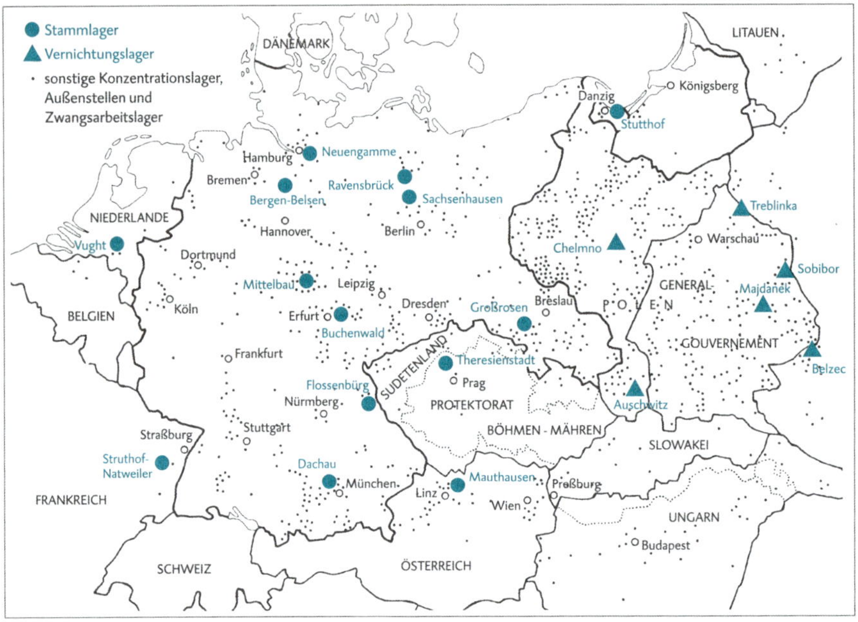

Hinzu kamen **Menschenversuche** zu militärischen, medizinischen und anderen Zwecken durch SS-Ärzte wie den berüchtigten **Josef Mengele** (1911–1979 in Brasilien). In allen Lagern galt völlige Rechtlosigkeit der Häftlinge: Jeder SS-Mann oder Häftlings-„Kapo" konnte willkürlich Menschen quälen oder töten, ohne sich dafür rechtfertigen zu müssen.

Die letzten größeren Mordaktionen an Juden und anderen Opfern erfolgten, als die Vernichtungs- und Konzentrationslager aufgrund der herannahenden sowjetischen oder westalliierten Truppen 1944/45 geräumt werden mussten. In sogenannten **Todesmärschen** evakuierte die SS die verbliebenen entkräfteten Häftlinge, erschoss unterwegs die Zurückbleibenden und tötete die anderen oft systematisch noch kurz vor der Befreiung.

Kollaboration, Rettungsaktionen, jüdischer Widerstand

Wie bei den faschistischen Milizen in Ungarn („Pfeilkreuzler") fanden die deutschen Holocaust-Organisatoren auch in anderen besetzten oder verbündeten Ländern willige Helfer. In der Slowakei, Kroatien und Rumänien organisierten die mit Deutschland verbündeten faschistischen Regierungen selbst Massenmorde und die späteren Deportationen. Besonders in Litauen, Lettland und der Ukraine beteiligten sich einheimische Milizen an Deportationen und Morden an den Juden, meist getrieben von antisemitischen Einstellungen. Sogar Polen, die selbst unter dem NS-Terror zu leiden hatten, beteiligten sich an Massakern an ihren jüdischen Mitbürgern.

Gerade in Polen fanden sich aber auch viele Retter und Helfer von Juden; sie versteckten etwa jüdische Kinder unter Lebensgefahr für sich und ihre Familien vor den Besatzern. Das Gleiche gilt für einzelne Deutsche, die Juden zur Ausreise und später zur Flucht verhalfen oder sie bis Kriegsende versteckten. Der deutsche Unternehmer **Oskar Schindler** (1908–1974) rettete in Polen 1 200 jüdische Zwangsarbeiter, indem er sie bis Kriegsende als „kriegswichtig" ausgab und durch Bestechung von SS-Offizieren ihre Deportation verhinderte. Der Fall wurde durch Steven Spielbergs Verfilmung („Schindlers Liste", 1993) weltweit bekannt. Die israelische **Shoa-Gedenkstätte „Yad Vashem"** hat bis heute 16 000 Retter aus ganz Europa in der **„Allee der Gerechten"** geehrt.

Die mit Deutschland verbündeten Staaten Finnland, Italien (bis 1943) und Bulgarien weigerten sich, ihre jüdischen Bürger auszuliefern und konnten die meisten vor dem deutschen Zugriff bewahren. Im von Deutschland besetzten Dänemark gelang es 1943 der Untergrundbewegung und der Bevölkerung, 7 200 jüdische Mitbürger in einer geplanten Aktion in das neutrale Schweden zu bringen, „nur" 161 dänische Juden starben in deutschen Konzentrationslagern. In die neutrale, aber von Deutschland bedrohte Schweiz konnten sich ca. 26 000 Juden retten, ungefähr die gleiche Zahl wurde aber von den schweizerischen Behörden an den Grenzen in den fast sicheren Tod zurückgeschickt.

Widerstand gab es auch von den betroffenen Juden. Neben einzelnen Aufständen in Vernichtungslagern ist der **Aufstand im Warschauer Getto** vom 19. April bis zum 6. Mai 1943 der bekannteste; der SS gelang es nur unter hohen Verlusten und mit schweren Waffen, die jüdische Kampforganisation („ZOB") niederzukämpfen. Tausende untergetauchter oder aus den Lagern geflohener Juden beteiligten sich in allen europäischen Ländern am Widerstand gegen die Deutschen und im Osten am Partisanenkampf gegen die deutschen Nachschubwege. In den regulären Truppen der Alliierten dienten Hunderttausende jüdischer Soldaten.

10.4 Erklärungen für den Holocaust

Aufgrund der einzigartigen Bedeutung des Geschehens für die Menschheitsgeschichte ist die Erklärung für den Holocaust eine der zentralen Fragen der Forschung. Antworten lassen sich nur in einer Zusammenschau vieler unterschiedlicher Faktoren finden.

Antisemitismus als ideologisches Fundament

Die entscheidende Kraft hinter dem Holocaust war der fanatische **„Erlösungsantisemitismus“** Hitlers (Saul Friedländer), der im NS-Staat zur politischen Doktrin wurde. Hitler und die wichtigen Männer seiner Gefolgschaft, vor allem Goebbels und Himmler, glaubten an die Vorstellung von „dem Juden“ als dem „Bösen“, von dem die Welt befreit werden müsse; Hitler bekräftigte diese Sichtweise sogar noch kurz vor seinem Selbstmord am 30. April 1945.

Der Antisemitismus als fanatische Haltung der führenden Nationalsozialisten oder als unterschwelliges Vorurteil der konservativen und bürgerlichen Unterstützer war eine der Ursachen für die Beteiligung vieler Deutscher, aber auch der nichtdeutschen Kollaborateure am Holocaust. Der als sichere Wahrheit erachtete Glaube an eine gefährliche und schädliche Rolle der Juden motivierte die Fanatiker und senkte die moralischen Hemmschwellen vieler anderer Täter.

Deutsche Umvolkungspläne als organisatorischer Sachzwang

Der Genozid an den Juden erscheint nur auf den ersten Blick als logische Konsequenz der deutschen Judenpolitik vor 1939. Tatsächlich ist die Entscheidung für den Holocaust in ein komplexes Geflecht an Motiven und Strukturen eingebunden, über deren genaue Bewertung sich die aktuelle Forschung nicht ganz einig ist. Das Vorgehen gegen die Juden steht auf jeden Fall in engem Zusammenhang mit dem Plan Hitlers, aus Deutschland alle „Minderwertigen“ zu entfernen und Osteuropa mithilfe gigantischer Bevölkerungsverschiebungen im Sinne seiner Lebensraumpolitik umzugestalten **(„Generalplan Ost“)**. Binnen 30 Jahren sollten 31 Millionen „minderrassige“ Menschen (Juden, Slawen) aus Polen, Galizien, dem Baltikum, Weißrussland und Teilen der Ukraine nach Sibirien verschoben werden und nur 14 Millionen „Gutrassige“ in ihrer Heimat verbleiben können. Die „Zwänge“, die sich aus der begonnenen Umsetzung dieser Absicht ergaben, und die Schwierigkeiten der deutschen Besatzungspolitik in den eroberten Ostgebieten haben die Entscheidung Hitlers und seiner engsten Mitarbeiter (v. a. Goebbels und Himmler) für die **„Endlösung der Judenfrage“** mitbedingt: Dabei spielten die Bereitschaft und das Drängen der deutschen Verantwortlichen in den besetzten Ländern zur brutalen Liquidierung der Juden und anderer Opfer, um Platz für die nachdrängenden Siedler zu schaffen, eine dynamisierende Rolle. Die moralisch verrohten, an Macht und Karriere interessierten NS-Funktionäre und -Amtsinhaber im besetzten Osten entwickelten immer brutalere Mordpläne, um sich vor der Zentrale zu „bewähren". Die „Peripherie" wies so möglicherweise dem Zentrum um Hitler den Weg in die radikalste Lösung des „Judenproblems".

Fehlender Widerstand der Deutschen als Motivation für die NS-Führung

Eine wesentliche Ermutigung für die NS-Führung dürfte der fehlende Widerstand gegen die nationalsozialistische Judenpolitik in der deutschen Bevölkerung und bei den militärisch Verantwortlichen in den besetzten Gebieten gewesen sein. Niemand stellte sich der Entrechtung der Juden und später den Deportationen und dem Morden entgegen.

Ein Mythos ist der in der deutschen Öffentlichkeit nach 1945 oft vertretene Grund für die Untätigkeit der Deutschen, „nichts gewusst" zu haben. Das Verschwinden der Juden überall in Deutschland war nicht zu übersehen, die öffentlich sichtbaren Mordaktionen der Einsatzgruppen wurden über die informierten Soldaten auf Heimaturlaub schnell bekannt, die Geschehnisse in den Konzentrationslagern unterlagen wohl der Geheimhaltung, aber auch das Wissen darüber sickerte über Beteiligte und die Radiosender der Alliierten in die deutsche Öffentlichkeit durch.

Bereicherung am Holocaust

Provokativ ist **Götz Alys** These (Hitlers Volksstaat. Raub, Rassenkrieg und nationaler Sozialismus, Frankfurt am Main 2005) vom deutschen **Raubkrieg gegen Europa und die europäischen Juden**. Aly verweist auf die materielle Seite der Besatzung und der „Endlösung": Die Ausbeutung der besetzten Länder und die Enteignung der Juden habe den Krieg mitfinanziert und die deutsche Bevölkerung, die durch eine gesicherte materielle Versorgung und von dem jüdischen Vermögen direkt profitierte, zur Akzeptanz der nationalsozialistischen Kriegspolitik gebracht. Die „Endlösung" erscheint so als „Raubmord", der immer radikaler werden musste, um immer mehr aus den Opfern herauszupressen. Die Erklärung zeigt mit der materiellen Seite einen wesentlichen Aspekt des Geschehens, nicht aber den entscheidenden Ausgangspunkt:

- den fanatischen Judenhass Hitlers und seiner Exekutoren im besetzten Osteuropa und
- die sich radikalisierenden Sachzwänge des selbst verschuldeten Chaos der rassistischen Umsiedlungspolitik.

10.5 Tätergruppen und ihre Motive

Die Holocaustforschung hat in den letzten Jahren besonderen Wert auf die Untersuchung der ausführenden Täter des Holocaust gelegt und dabei mehrere Tätergruppen mit unterschiedlichen Motiven erkannt. Bemerkenswert sind dabei die hohe Zahl der Direkttäter und die Öffentlichkeit des Mordens in Osteuropa: Die Hälfte allein der jüdischen Opfer, also ungefähr drei Millionen, starb nicht in den anonymen Abläufen der Todesfabriken, sondern wurde von Einzeltätern ermordet: Fast jeder der an den Mordaktionen beteiligten SS-Männer oder deutschen Polizisten brachte Dutzende bis mehrere hundert unschuldiger Männer, Frauen und Kinder um. Unterstützt wurden die Einsatzgruppen in den sowjetischen Gebieten häufig von Wehrmachtseinheiten, aber in Einzelfällen auch von freiwilligen Mitgliedern der deutschen Verwaltungen, etwa von Sparkassenangestellten oder Angehörigen des NS-Kraftfahrkorps. Schaulustige Soldaten sind auf vielen privaten Fotos von Mordaktionen zu erkennen, offenbar gab es einen regelrechten **„Exekutionstourismus“**. Wissen sollte man auch, dass innerhalb des gesamten Geschehens kein Fall bekannt ist, in dem ein deutscher Soldat oder Polizist bestraft wurde, wenn er sich weigerte, an Erschießungen teilzunehmen. Das Gleiche gilt für die wenigen Wehrmachtskommandeure, die gegen das Vorgehen der SS protestierten oder diese mit ihren Einheiten nicht unterstützten.

Das Reichssicherheitshauptamt

Die zentrale Organisationsrolle im Genozid spielten die jungen (um 1904 geborenen), akademisch gebildeten Führer der SS im Reichssicherheitshauptamt (RSHA), in der Gestapo und bei den Einsatzgruppen. Bei dieser SS-Funktionselite, mehreren tausend Männern, spricht man von einem **„intellektuellen Antisemitismus“** (Ulrich Herbert): Sie rechtfertigten sich mit den existenziellen Interessen des deutschen Volkes oder der „arischen Rasse“; sie bezogen sich auf ein ideologisches höheres Ziel, angesichts dessen man sich bewähren müsse. Anerzogene moralische Hemmungen ließen sich so außer Kraft setzen; die schnellen Karrieren und der Machtgewinn kamen motivierend dazu. Die gleichen Motive sind den Aktivisten in den Zivilverwaltungen im besetzten Osteuropa zuzuschreiben, die zu immer brutalerem Vorgehen gegen die Juden in ihrem Machtbereich drängten.

„Schreibtischtäter“

Für den Täter-Typus des bürokratischen Organisators des Massenmords hat sich der Begriff „Schreibtischtäter“ eingebürgert; das bekannteste Beispiel dafür ist der Leiter des „Judenreferats“ im RSHA, **Adolf Eichmann**. Eichmann hatte den

Transport der jüdischen Opfer nach Auschwitz bis zur letzten Minute und gegen alle Widrigkeiten der Kriegssituation organisiert, konnte aber nach dem Krieg untertauchen und sich nach Argentinien absetzen; er wurde dort vom israelischen Geheimdienst aufgespürt, nach Israel entführt, vor Gericht gestellt, verurteilt und 1962 gehängt. Der Prozess brachte die verwaltungstechnischen Strukturen des Massenmords das erste Mal ans Licht und zeigte auch die Psyche eines Hauptverantwortlichen, der nur auf Befehl gehandelt haben wollte. Die deutsch-jüdische Schriftstellerin Hannah Arendt erkannte in Eichmanns gefühlskalter Bürokratenmentalität die „Banalität des Bösen", übersah dabei aber den fanatischen Antisemitismus des „Schreibtischtäters" Eichmann.

Psychogramm der Tätergruppen

Aufschluss über das Innenleben der „normalen", nicht der SS angehörenden deutschen Beteiligten am Holocaust – und damit über das Funktionieren eines Genozids im Allgemeinen – gibt die wichtige Untersuchung von Christopher Browning („Ganz normale Männer") zu den Mitgliedern des Hamburger Reserve-Polizeibataillons 101. Diese Einheit der regulären Ordnungspolizei war an den Mordaktionen 1941/42 beteiligt: Aufgabe bei den „Säuberungen" war die Festnahme arbeitsfähiger Männer sowie die Erschießung von Frauen, Kindern, Kleinkindern, Alten, Schwachen und Kranken. Bei Vernehmungen in der Nachkriegszeit ergaben sich rückblickend die folgenden Verhaltensweisen:

- Es gab eine Minderheit von barbarischen Antisemiten, die mit Freude töteten, sich bei Aktionen freiwillig meldeten und ihre Taten feierten.
- Eine Mehrheit tötete, weil es die Vorgesetzten befahlen, weil man es im Sinne des übergeordneten Ziels für notwendig hielt, weil die Opfer durch die langjährige NS-Propaganda entmenschlicht worden waren. Sie waren ein Feindbild, das sich entgegen der sichtbaren Realität dadurch bestätigte, dass man sie tötete.
- 10–20 % der eingesetzten Polizisten wollten nicht töten, sie beteiligten sich aber im Hintergrund an den Aktionen.

„Willige Helfer"

Neben den Direkttätern gab es Hunderttausende von „indirekt" Beteiligten an den Deportationen: Eisenbahner, Polizisten, Verwaltungsbeamte, Ingenieure in den Zwangsarbeiterlagern, denen die Abläufe und ihre Folgen nicht verborgen bleiben konnten. Auch die Männer dieser Gruppen taten ohne sichtbaren Widerstand „ihre Pflicht". Wichtig für das Funktionieren des Holocaust war auch die **Mitwirkung der deutschen Eliten**, zum Beispiel:

- der Militärs, die den Weg für die SS freikämpften,
- der Industriellen, die an der „Vernichtung durch Arbeit“ profitierten,
- der Bankiers, die mit der SS kooperierten und etwa das Zahngold der Ermordeten in Devisen für das Reich verwandelten oder die Kredite für den Bau von Vernichtungslagern gaben,
- der Naturwissenschaftler und Techniker, die Gaskammern entwickelten,
- der Ärzte, die Häftlinge in Experimenten zu Tode quälten,
- der Juristen, die Entrechtung und Verfolgung der Juden von Anfang an mit dem Schein der Rechtmäßigkeit belegten.

10.6 Juristische Aufarbeitung des Holocausts

Verfolgung der Haupttäter durch die Siegermächte nach 1945

Nach Schätzungen der Forschung lassen sich ca. 250 000 verantwortliche deutsche und österreichische Täter festmachen, die gleiche Anzahl von Kollaborateuren anderer Nationalität hat sich zudem am Morden beteiligt. Tausende von deutschen Tätern der höheren und mittleren Ebene entkamen in den ersten Jahren nach 1945 über die sogenannten „Rattenlinien“, also mithilfe systematisch organisierter Fluchtwege, nach Südamerika, in arabische Länder oder ins faschistische Spanien des Generals Franco.

Unmittelbar nach 1945 wurden ungefähr 50 000 Verurteilungen von deutschen NS-Tätern durch die Siegermächte in den **„Nürnberger Prozessen“** und durch die Regierungen der von Deutschland besetzten Länder ausgesprochen; von diesen Seiten wurden mehrere hundert Todesurteile verhängt und bis 1951 vollstreckt. Seit 1945 gab es in den westlichen Besatzungszonen und dann in der Bundesrepublik Vorermittlungen und Ermittlungen gegen 106 000 Personen, in der Folge aber nur 6 497 (nach 1950 ca. 800) Verurteilungen, davon 166 zu lebenslangen Freiheitsstrafen und 500 wegen Verbrechen gegen Juden. In Ostdeutschland wurden bis 1950 ca. 12 000 Personen verurteilt, die jedoch nur teilweise im Zusammenhang mit Taten aus dem Holocaust-Geschehen standen; danach wurden NS-Straftaten in der DDR nicht mehr systematisch verfolgt und Ermittlungen politisch im Kampf gegen den „Klassenfeind“ aus dem Westen instrumentalisiert.

Weitgehende Untätigkeit der bundesdeutschen Justiz nach 1949

Bemerkenswert ist das Vorgehen der bundesdeutschen Justiz gegen die NS-Täter nach 1949. Bis 1958 gab es praktisch keine Aktivität, erst 1958 kam ein erster Prozess gegen Massenmörder aus einer der „Einsatzgruppen“ zustande;

dieser Prozess und der Druck durch DDR-Propaganda gegen ehemalige NS-Funktionäre in Politik und Justiz der Bundesrepublik führten 1958 zur Gründung der **„Zentralstelle zur Aufklärung von NS-Verbrechen“** in Ludwigsburg, die seitdem systematisch gegen NS-Täter ermittelte und seit 1965 auch selbstständig Gerichtsverfahren initiieren konnte.

Erschwert wurde die rechtliche Verfolgung der Täter in der Bundesrepublik durch mehrere Faktoren: So basierten politisch auf breiter Basis stehende, **großzügige Amnestiegesetze von 1949 und 1954** auf einer Grundstimmung, alle NS-Verbrechen als „Kriegsgeschehen“ oder durch die entlastende Konstruktion eines **„Befehlsnotstands“** zu verharmlosen. In den Genuss der Amnestie kamen auch Personen, die von alliierten Gerichten wegen schwerer Kriegsverbrechen schuldig gesprochen worden waren. Hinzu kam die personelle Kontinuität der westdeutschen Justiz, die fast zur Gänze aus den gleichen Leuten wie im Nationalsozialismus bestand. Diese hatte mehrheitlich wenig Interesse an einer strengen Aufarbeitung der NS-Verbrechen, an denen viele Richter und Staatsanwälte, zum Beispiel bei den „Sondergerichten“, selbst beteiligt waren.

Der im Grundgesetz garantierte Rechtsgrundsatz, dass man nur wegen Taten verurteilt werden darf, die zur Zeit der Tat gegen Gesetze verstießen, ergab das Problem, dass die Täter des staatlich verordneten Massenmords im Einzelnen überführt werden mussten, und zwar im üblichen komplizierten Verfahren mit Indizien und Zeugen. Das gelang in vielen Fällen aufgrund der langen Zeiträume zwischen Tat und Verfahren nicht. Zudem wurde den Schützen bei den Massenerschießungen als Delikt „nur“ der Totschlag zugesprochen, der aber verjährte nach 15 Jahren 1960; diese Täter wurden in der Bundesrepublik nicht verfolgt.

Die meisten Gerichte behandelten das NS-System und seine Einrichtungen und Gesetze als grundsätzlich legitim; sie ignorierten dabei sogar die Rechtsprechung des Bundesverfassungsgerichts seit den 1950er Jahren, das alle Herrschaftsebenen des NS-Staats als Teil eines Gewaltstaates bezeichnete. Generell gab es deswegen in der deutschen Justiz den Trend, abweichend von den sonst üblichen Rechtsstandards, den Mördern bei Staatsverbrechen eingeschränkte Schuldfähigkeit zuzusprechen und sie nicht als Täter, sondern als **Tatgehilfen** zu betrachten: Davon profitierten im Strafmaß hochrangige SS-Kommandeure in den Vernichtungslagern genauso wie Leiter von „Einsatzgruppen“ und die Verantwortlichen für die „Euthanasie-Morde. Im **Auschwitz-Prozess** (1963) galt der SS-Offizier Robert Mulka (1895–1969), Adjutant des Lagerkommandanten, der den Bau der Gaskammern leitete, Zyklon-B bestellte und die Aufsicht bei den Selektionen führte, für das Frankfurter Landgericht als bloßer Gehilfe ohne eigenen Täterwillen. Er wurde zu 14 Jahren Haft verurteilt, hatte aber das Wissen um die Vergasungen geleugnet, und wie die anderen Angeklagten im Auschwitz-Prozess, keinerlei Reue gezeigt.

1968 führte eine ungewöhnliche Gesetzes-Konstruktion dazu, dass die „Schreibtischtäter" des RSHA, *der* Organisationszentrale des Massenmords, ebenfalls zu „Gehilfen" erklärt wurden, wofür eine Verjährungsfrist von 15 Jahren galt. In der Folge wurden die verantwortlichen Planer des Holocaust, also die Haupttäter, fast völlig von der Strafverfolgung freigestellt. Ein großer Prozess gegen das „Reichssicherheitshauptamt", vom vorliegenden Beweismaterial her seit 1950 möglich, kam so nie zustande.

Dennoch gab es einige große Verfahren gegen Mörder des Holocaust, die in der deutschen Öffentlichkeit überhaupt erst ein weitergehendes Bewusstsein des Geschehenen erreichten: die **Frankfurter Auschwitz-Prozesse** (1963–1965) gegen SS-Folterer und -Mörder, die vor allem auf Initiative des hessischen Generalstaatsanwalts Fritz Bauer zustande kamen, und in Düsseldorf die **„Majdanek-Prozesse"** (1975–1981). Trotz relativ geringer Strafen für die Täter führten die Prozesse immerhin dazu, dass im Bundestag geplante Gesetze zur Verjährung von NS-Verbrechen verhindert wurden: 1979 wurde die **Verjährung für Mord und Völkermord ganz aufgehoben**. Der vorerst letzte Prozess gegen einen Holocaust-Täter fand 1999 statt.

Aufgabe 62 Erklären Sie die Begriffe „Holocaust", „Genozid", „Endlösung" und „Zivilisationsbruch".

Aufgabe 63 Skizzieren Sie die Etappen der Verfolgung der deutschen Juden durch die Nationalsozialisten.

Aufgabe 64 Stellen Sie den Ablauf des Holocausts dar.

Aufgabe 65 Erörtern Sie Erklärungsansätze für den Holocaust.

Aufgabe 66 Erläutern Sie, welche Tätergruppen den Holocaust zu verantworten haben.

Aufgabe 67 Diskutieren Sie, ob die Morde des Holocaust zufriedenstellend aufgearbeitet wurden.

gabe 68
naterial-
estützt)

a) Arbeiten Sie aus dem Text (M 1) die politischen Vorstellungen Papens heraus.
b) Überprüfen Sie, inwieweit diese Vorstellungen mit den Zielsetzungen des Nationalsozialismus vereinbar waren.
c) Beurteilen Sie, wieweit sich Papens Hoffnungen erfüllt haben. Gehen Sie dabei auch auf die weitere Rolle der konservativen Eliten im NS-System ein.

M 1: Aus dem Geleitwort Franz von Papens zu seinem Buch „Appell an das deutsche Gewissen – Reden zur nationalen Revolution", Ende März 1933

[…] So erhebend der gefühlsmäßige Umschwung des deutschen Volkes und seine Bereitschaft, sich führen zu lassen, auf jeden wirken, den die Erstarrung und die Unfruchtbarkeit des politischen Lebens in Deutschland bisher gequält hatte, so sehr wird man sich bewusst sein müssen, dass die eigentliche revolutionäre Aufgabe der Erneuerung nicht auf der Ebene der Volksbewegung, sondern auf der der geistigen Schöpferkraft und der staatsmännischen Leistung liegt. Die Entfesselung des Elementaren war notwendig, um einen lähmenden und hemmenden Mechanismus zu sprengen. Der Ungeist der Demokratie, der jeden wahren Wert zu vernichten drohte, musste wohl mit seinen eigenen Waffen geschlagen werden. Diese Erkenntnis ist mir nicht leicht geworden, denn der folgerichtige und eindeutige Weg zur Überwindung der pluralistischen Kräfte schien mir der, den ich in der Form der so genannten präsidentiellen Politik im vergangenen Sommer eingeschlagen hatte. Es hat sich aber herausgestellt, dass die Demokratisierung in Deutschland zu weit fortgeschritten, die Volksstimmung ein allzu entscheidender Faktor geworden war, als dass es gelingen konnte, unmittelbar vom Staate her die Brücke zum Volke zu schlagen. Es musste der Umweg über die großen nationalen Organisationen und Bewegungen gegangen werden.

Ob die nationale Bewegung die Aufgabe, selber Staat zu werden, lösen wird, hängt von ihrer Fähigkeit ab, sich nicht nur als Sachwalter des gesamten Volkes zu fühlen, sondern auch sich staatsmännisch zu betätigen. Hinter dem Kampf gegen die Feinde von gestern steigt also schon heute der Gedanke des großen Ausgleiches und der endgültigen Versöhnung auf. Ihn heute schon zu fassen, liegt in der Konzeption staatsmännischen Denkens wie Nikolsburg[1] hinter Königgrätz. Dass der Sinn der deutschen Revolution sich nicht darin erschöpfen kann, die Demokratie stimmungsmäßig nach der nationalistischen Seite hin abzuwandeln, wird von niemand bezweifelt werden. Denn ihr Sinn ist nicht die stimmungsmäßige, sondern die letzte innere Einheit des deutschen Volkes. Das „Sacrum imperium"[2] als Idee ist die totale Einschmelzung des gesamten Volkskörpers in einen einzigen Willen, nämlich den, seine geschichtliche Aufgabe zu erfüllen. Dazu gilt es, aus der Fülle der staatsmännischen Aufgaben zunächst drei überragende Probleme der Lösung zuzuführen. Das vordringlichste, weil für den inneren Frieden bedeutungsvollste, ist die Befreiung des deutschen Katholizismus aus den liberalisierten Parteiformen, die Beseitigung doktrinärer Missverständnisse im kulturellen Programm der NSDAP und damit die Herstellung einer gemeinsamen Front beider christlicher Konfessionen für den geistigen Neubau des Reichs.

Das nächste ist das Finden einer Mittellinie des föderalistischen Prinzips, die es erlaubt, die Politik des Reichs und seiner Länder für immer gleichzuschalten, dabei aber die kulturelle Eigenständigkeit und das geistige und volkliche Gesicht der einzelnen Glieder sorgfältigst zu bewahren.

Letztlich aber kann die volkliche Einschmelzung nur dann gelingen, wenn die klassenkämpferische Front, die heute das Volk zerreißt, abgelöst wird durch eine ständische und korporative Gliederung aller Stände und Berufe. Das ist wahrscheinlich die schwerste aller Aufgaben. Und die heute erreichte gefühlsmäßige Einheit weiter Schichten sollte uns nicht darüber hinwegtäuschen, dass die Arbeit auf diesem Gebiet es erfordert, die Massenbewegung von heute in das Staatsmännische von morgen umzubiegen.

Hier beginnt die wahre Arbeit des Führers, der mit weiser Hand das aristokratische Prinzip zur Geltung bringt. Denn neben der Aufklärung der Massen über die zu leistende Arbeit muss hier die Selbstzucht der Gefolgschaft stehen, die an die Herrschaft des Geistes und die Kunst des Staatsmannes glaubt.
Diese konservativen Erkenntnisse sind nicht augenblicksgeboren, sondern wieder lebendig gemacht durch eine revolutionäre Richtung, die, geistig weit gespannt und dem deutschen Volksgeiste zutiefst verpflichtet, neben der breiten Bewegung des Nationalsozialismus seit 1918 einherläuft. Das philosophische, politische und soziologische Schrifttum des letzten Jahrzehnts, so weit es die nur politische Zweckbestimmung überragt, kreist um den Begriff der konservativen Revolution. [...]

Franz von Papen: Appell an das deutsche Gewissen. Reden zur nationalen Revolution, Oldenburg 1933, S. 7 ff.

1 Durch den Vorfrieden von Nikolsburg (1866) verzichtete Preußen auf die Fortsetzung des erfolgreichen Krieges und leitete die Aussöhnung mit Österreich ein.
2 „Heiliges Reich“

gabe 69
naterial-
estützt)

a) Stellen Sie die wesentlichen Etappen im Verhältnis von Reichswehr bzw. Wehrmacht und dem NS-Regime von 1933 bis 1945 dar.
b) Beschreiben Sie die wichtigen Inhalte der Bildquelle und ordnen Sie die darin sichtbare Situation in die Entwicklung der Wehrmacht ein.
c) Analysieren Sie die intentionale Gestaltung der Fotografie und leiten Sie daraus eine mögliche Aussageabsicht ab.

Parade zu Hitlers 50. Geburtstag am 20. April 1939 in Berlin

Lösungen

Industrielle Revolution und Soziale Frage

Aufgabe 1 „Industrielle Revolution“:

- fundamentaler Wandel aller Lebensbereiche durch die Veränderung der Produktionsprozesse
- Entwicklung von einer agrarisch geprägten Wirtschaft in ein von Technik und Massenproduktion geprägtes Industriezeitalter
- Verzögerung in Deutschland gegenüber England und Frankreich: seit 1750 bis etwa 1840 erste Strukturen einer Vor- oder Frühindustrialisierung; eigentliche „Industrielle Revolution“ mit wirtschaftlichem „take off“ zwischen 1840 und 1871 (Reichsgründung); Hochindustrialisierung in der Ära des Kaiserreichs: Entwicklung Deutschlands zu einem der führenden Industriestaaten
- veränderte Produktionsverhältnisse seit Mitte des 19. Jahrhunderts: Großbetriebe mit Massenherstellung, arbeitsteilige Arbeitsverfahren, massiver Ausbau der Energieerzeugung (Kohle), leistungsfähige Transport- und Kommunikationswege, Eisenbahnbau als Motor der industriellen Entwicklung, Aufbau eines Kapitalmarkts durch ein modernes Banken- und Aktienwesen

Sozialer Wandel:

- Aufbrechen der agrarischen Sozialstrukturen durch die aufgeklärten Reformen um 1800; vor allem Befreiung der Bauern von den Fesseln der Grund- und Gutsherrschaft; explosives Bevölkerungswachstum als Folge
- Pauperismus: Verelendung großer Bevölkerungsgruppen vor 1848
- Entstehung von Großstädten und Industriezentren (Berlin, Ruhrgebiet, Oberschlesien) mit schlechten Lebensverhältnissen für das neu entstandene Industriearbeiterproletariat seit 1848
- Binnenwanderung, Auswanderung in die USA
- Herausbildung einer Massengesellschaft mit formeller Rechtsgleichheit, aber großen Unterschieden zwischen Arm und Reich

Aufgabe 2 Überblick über die technischen Entwicklungen bis etwa 1840:

- Metallherstellung und -erzeugung, Textilindustrie und Bergbau als zentrale Bereiche; Entwicklung der Eisenbahn als Motor der Wirtschaftsentwicklung

- Bergbau: Erfindung der Dampfmaschine (Förderung von Kohle aus großen Tiefen), Übergang von Holzkohle zu Koks bei der Gewinnung von Rohmetall; verbesserte Brennvorgänge im Hochofen und Herstellung reineren Stahls (Puddelverfahren)
- Textilindustrie: Erfindung der Spinnmaschine und des mechanischen Webstuhls; Koppelung mit der Dampfmaschine
- 1835: erste Eisenbahnstrecke zwischen Nürnberg und Fürth (Erfindung der Lokomotive durch Stephenson 1814); verbesserter Rohstofftransport
- um 1830 Entwicklung der modernen Agrikulturchemie mithilfe der Mineraldüngung durch Justus von Liebig

Innovative deutsche Wirtschaftszweige um 1900:

- Auf- und Ausbau von Elektrizitätswerken und eines Elektrizitäts-Versorgungssystems durch die Elektroindustrie (Siemens, AEG: Allgemeine Elektricitäts-Gesellschaft)
- Gründung großer chemischer Werke seit Mitte der 1860er-Jahre: Herstellung von synthetischen Farbstoffen, Kunstdünger, Kunststoffen, z. B. Bakelit, Kunstseide und Zellophan, Explosivstoffen für Militär, Bergbau und Bauwesen sowie Arzneimitteln (1913 etwa 80 Prozent der Weltproduktion)
- Entstehung einer optischen Industrie mithilfe der stark expandierenden naturwissenschaftlich-technischen Forschung und Lehre sowie der Fotografie (Carl Zeiss, Ernst Abbe, Friedrich Otto Schott)

Aufgabe 3 „Soziale Frage“:

- Der Begriff „Soziale Frage“ bezeichnet soziale Missstände, die mit dem gesellschaftlichen und wirtschaftlichen Modernisierungsprozess der Industriellen Revolution einhergingen. Betroffen war insbesondere die neue „Klasse“ der Industriearbeiter, die unter miserablen Arbeits- und Lebensbedingungen zu leiden hatten.
- fürsorgliche Unternehmer (Harkort, Krupp, Abbe): Einrichtung von Betriebskrankenkassen (Erstattung von Arzt- und Arzneikosten, Krankengeld, Sterbegeld), auch mit Teilung der Beiträge zwischen Unternehmern und Arbeitern, Invaliditäts- und Altersschutz; Errichtung von genossenschaftlichen Konsumvereinen und Arbeitersparkassen, Bau von Werkswohnungen, in den weitestgehenden Fällen Einführung der Arbeitnehmer-Mitbestimmung und Gewinnbeteiligung der Arbeiter (Ernst Abbe)
- Kirchen (von Baader, Ketteler, Papst Leo XIII., Wichern): Streben nach einer religiösen Erneuerung der Gesellschaft, Entwicklung einer katholischen Soziallehre mit Verantwortung von Unternehmern und Staat für die Arbeiter,

Forderung nach Arbeiterrechten und Sozialgesetzen, Organisation der „Inneren Mission“ (Wichern) als Einrichtung der evangelischen Kirche

- Marxismus (Karl Marx, Friedrich Engels): wissenschaftlicher Sozialismus mit der Theorie des durch Kapitaleinsatz und Arbeit erwirtschafteten Mehrwerts des Unternehmers; Verelendungstheorie (Entwertung der Lohnarbeit, Lohndruck, Anwachsen der industriellen „Reservearmee“); Entfremdungstheorie (Entfremdung des Proletariers vom Produkt seiner Arbeit, Selbstentfremdung durch den inhumanen Arbeitsprozess, Entfremdung von der Gesellschaft); „Historischer Materialismus“ und Klassenkampftheorie (Geschichte als dialektischer Ablauf von revolutionären Klassenkämpfen zwischen Besitzern von Produktionsmitteln und aufstrebenden unterdrückten Klassen; Endpunkt einer durch die Revolution gegen die Kapitalisten erkämpften „Diktatur des Proletariats“; Aufbau einer eigentumslosen sozialistischen Gesellschaft; kommunistische Utopie einer nach der Phase des Sozialismus einsetzenden freien Gemeinschaft von Gleichen als Ziel der Geschichte)

Tragweite der Ansätze:

- Milderung von Auswüchsen der Industrialisierung durch Unternehmer und kirchliche Hilfsmaßnahmen
- religiöse Erneuerung der sittlichen Grundlagen der in der Industrialisierung zerfallenen kirchlichen Gemeinschaften
- Anstreben einer evolutionären Entwicklung hin zu einer durch wirtschaftliche und soziale Reformen ausgleichenden Gesellschaft durch einige Unternehmer (Abbe) und kirchliche Vertreter (Ketteler, Papst Leo XIII.); in diesem Sinn Aufforderung zu staatlicher Sozialpolitik
- revolutionär-systemüberwindender Ansatz bei Marx/Engels mit egalitärer Utopie und großen Risiken: Kaderdiktatur im Leninismus und Stalinismus, Liquidierung konkurrierender Klassen (Großgrund-, Unternehmens-, Kapitalbesitzer, grundbesitzende Bauern nach Gründung der Sowjetunion 1917)

gabe 4 a) Carl von Rotteck fasst die Probleme zusammen, die sich für den Arbeitsmarkt und das Gesellschaftssystem aus dem zunehmenden Gebrauch von Maschinen ergeben. Er erkennt:

- die Rolle der menschlichen Arbeit als Mittel zur Verteilung des gesellschaftlichen Reichtums
- die gegenseitige Abhängigkeit von Kapitalbesitzern und arbeitenden Nichtbesitzenden für die Verteilung des Wohlstands
- die Gefahr der einseitigen Reichtumsmehrung und der damit verbundenen Spaltung der Gesellschaft

- die Gefahr einer Vermehrung der Produktion durch die Maschinen bei einem nicht in gleichem Maße steigenden Konsum der Produkte (Überproduktion, fehlender Absatz der Waren)
- die ansteigende Arbeitslosigkeit der ungebildeten, ungelernten Arbeitskräfte und Ausweitung von Sozialhilfe oder die Umsturzgefahr als Folgen
- die maßvolle, einschränkende Förderung der Maschinennutzung als Lösungsansatz
- das Ideal eines stetigen, beherrschbaren Wirtschaftswachstums als Grundlage des gesellschaftlichen Fortschritts

Vergleich mit der These von Marx
Gemeinsamkeiten:
- gleicher Begriff von der Rolle des Kapitalbesitzes als Ausgangspunkt wirtschaftlicher Entwicklung
- gleiche positive Bewertung des industriellen Fortschritts als Verbesserung der materiellen Lage einer Gesellschaft
- ähnliche Prognose einer sozialen Proletarisierung der ungelernten Arbeiter und einer immer größer werdenden Kluft zwischen abhängigen Arbeitern auf der einen sowie Kapitalbesitzern und Besitzern der Produktionsmittel auf der anderen Seite
- Blick auf die Gefahr (Rotteck) bzw. die Chance (Marx) einer systemüberwindenden Revolution

Unterschiede:
- andere Rolle des Staates: erwünschter mäßigender und steuernder Eingriff bei Rotteck, Agent der Besitzenden bei Marx, der die Verelendung vorantreibt
- Evolutionsideal bei Rotteck gegen Revolutionsideal bei Marx zur Lösung der Sozialen Frage

b) *Tabelle M 2* (Vergleich der Einkommensstufen in Preußen, 1896–1912):
- deutliche Verringerung um knapp (23 %) der untersten Einkommensgruppe mit einer deutlichen Verbesserung des Realeinkommens
- überproportionale Steigerung bei der zweiten Einkommensgruppe (Verdoppelung bei 900–3 000 Mark)
- Einkommenszuwachs in allen Gruppen
- insgesamt aber auch noch 95 %-Anteil der Bevölkerung an den beiden unteren Einkommensgruppen (Rückgang lediglich um 2,11 %)
- im Vergleich mit dem Index der Industrieproduktion (Verdoppelung) erkennbar bleibende Schere zwischen Arm und Reich in der Gesellschaft

Statistik M 3 (Vergleich der Vermögensverteilung in Preußen, 1896–1911):
- sehr starke Zunahme der Gesamtvermögen bei sehr geringer Zunahme der Vermögensbesitzer
- Verschiebung innerhalb der Vermögensbesitzer zugunsten der Reichsten (1 %): Steigerung des Vermögensanteils bei den Reichsten um 3 %, Rückgang des Vermögensanteils bei den anderen
- Polarisierung der Vermögen zugunsten der „Superreichen“

Auswertung; Vergleich mit Rottecks Thesen:
- dynamische Entwicklung der Industrialisierung
- überproportionaler Gewinn der wenigen sehr Reichen
- große Kluft bei materiellem Besitz in der Gesellschaft
- Übereinstimmung mit Rottecks Vorhersage: Polarisierung der Gesellschaft in Arm und Reich, Nichtzutreffen der Verelendungsprognose (wegen Zunahme der Arbeitsplätze und Lohnzuwächsen) und Ausbleiben einer Revolution
- Bestätigung von Rottecks evolutionärem Ansatz: bessere materielle Versorgung bei den Armen durch das Wirtschaftswachstum, staatliche Absicherung der Arbeiter durch Bismarcks Sozialgesetze, stärkerer Einfluss der Arbeiterschaft mithilfe der Gewerkschaften

Nationalstaatsgedanke und Nationalismus

Aufgabe 5 Napoleons Politik gegenüber dem deutschen Reich war
- einerseits Macht- und Eroberungspolitik: Krieg und Militärbündnisse, Gebietsabtretungen, Besatzung und Einforderung von Kriegsentschädigungen,
- andererseits ging vom revolutionären Frankreich auch erheblicher Modernisierungsdruck aus, der sich in fundamentalen Reformen in Staat, Wirtschaft und Gesellschaft niederschlug.

Die wichtigsten Auswirkungen sind:
- Ende des deutschen Partikularismus durch französische Annexionen, Auflösung des Deutschen Reichs und territoriale „Flurbereinigung“: Schaffung einer abhängigen Klientel von Rheinbund-Fürsten als „Drittes Deutschland“ neben den Großmächten Österreich und Preußen
- „defensive Modernisierung“ in den Einzelstaaten: Aufbau moderner bürokratischer Verfassungsstaaten, Auflösung der Ständegesellschaft
- Wunsch nach „nationaler Befreiung“ von der französischen Fremdherrschaft, Befreiungskriege 1813/14

Aufgabe 6 Mobilisierung nationaler Kräfte in den Befreiungskriegen 1813/14, aber die Tradition des kleinstaatlichen Partikularismus und rivalisierende preußische und österreichische Interessen als Hindernisse;
Entscheidungsjahr 1815: Prinzip der Restauration der dynastischen Staaten und die Idee eines europäischen Gleichgewichts als Leitprinzipien des Wiener Kongresses verhinderten eine nationale deutsche Einigung, aber die lockere Klammer des Deutschen Bundes stieß in der Bevölkerung auf Ablehnung („Die Nation ist betrogen!").

Aufgabe 7 Liberalismus:

- wurzelt in der Tradition der Aufklärung
- Freiheit und Selbstbestimmung als Kerngedanke
- bürgerliche Trägerschicht: in Deutschland zunächst als „Jugendbewegung" (Turner, Studenten, Wartburgfest), im Vormärz zunehmende Politisierung (Höhepunkt: Hambacher Fest), nach Abspaltung des demokratischen Flügels und Entstehung der Arbeiterbewegung wurde der Liberalismus zur bürgerlichen Klassenpartei und verlor den Anspruch, das Volk (als Staatsbürgergesellschaft) zu vertreten
- Forderungen nach Menschenrechten und Freiheitsrechten (Gewissens-, Meinungs- und Presse-, Religionsfreiheit, Gleichheit vor dem Gesetz), nach einem Rechts- und Verfassungsstaat, nach freier Marktwirtschaft etc.
  (im Vormärz gab es bereits eine kleine Gruppe von Demokraten)

Nationalismus:

- moderne Integrationsideologie: Nationalismus als Antwort auf Krisenbewusstsein beim Übergang in die Moderne;
- politisch-soziale Identitätsstiftung durch „Wir-Gefühl" mit dem Bezugspunkt „Nationalstaat": überregionale und schichtenübergreifende Zusammengehörigkeit in der Nation als Ersatz für vormoderne Lebensgemeinschaften (Kirche, Dorfgemeinschaft, Kleinstaaten)
- anfangs emanzipatorische und demokratische Bewegung durch die Forderung nach politischer Beteiligung und Selbstbestimmung; zunehmend aggressiver (Abgrenzung, Feindbilder)

Konservatismus:

- entstanden als Gegenbewegung zur Aufklärung;
- an Tradition und Hierarchien orientiertes Ordnungsdenken im Zentrum
- Fürsten und Adel als Trägerschicht
- Kernprinzipien sind Identität, Sicherheit und Kontinuität, gottgewollte Ordnung.

Aufgabe 8 Ursachen der Revolution von 1848/49:

- „System Metternich": Restauration fürstlicher Herrschaft, Unterdrückung liberaler, nationaler und demokratischer Bestrebungen, Überwachungs- und Polizeistaat, verbreitete Biedermeiermentalität im Bürgertum, Deutscher Bund als schwache nationale Klammer
- soziale und wirtschaftliche Verhältnisse: Pauperismus, ungerechte Verteilung von Wohlstand, Hungersnot 1846/47 und Konjunkturkrise 1848
- Februarrevolution 1848 in Paris als Auslöser

Folge:
Legitimitätsverlust der politischen Führung; deren Blockadepolitik und (soziale und wirtschaftliche) Problemakkumulation führten zu einer revolutionären Situation in Deutschland.

Aufgabe 9 Entwicklungslinien im deutschen Raum:

- Beschleunigung des nationalen Einigungsprozesses in einer realpolitischen Wende („Einheit vor Freiheit")
- explosive Entwicklung von Technik und Industrie in den Durchbruchsjahren der „Industriellen Revolution" nach 1850,
- neuer Fortschrittsoptimismus durch den wirtschaftlichen Erfolg bei vielen Bürgerlichen
- deutscher „Sonderweg" nach 1849 in der Verknüpfung von autoritärem Staat, einer Teildemokratisierung in der Reichsverfassung von 1871 und dem wirtschaftlichen Aufstieg zur Industriemacht

Aufgabe 10 a) Karikatur vom April 1848; Karikaturist: unbekannt; Bildunterschrift: „Der deutsche Michel ist uneinig mit sich auseinander gegangen, wird sich aber bald wieder zusammenfügen"; Thema: Revolution von 1848/49

Inhalte der Karikatur:

- auffälliges Gestaltungsmerkmal: Symmetrie
- der „deutsche Michel" ist in der Mitte geteilt: linke Michelhälfte wirkt mit dunklem Bart und Säbel kriegerischer als die rechte, die Friedenszweig trägt
- Ecken oben: zwei Putten, der linke mit einer Fahne (Aufschrift „Republick") in vorwärtsdrängender, revolutionärer Pose; der linke mit einem Schild (Aufschrift „Monarchie") eher statisch und versonnen
- untere Bildhälfte ebenfalls geteilt: links Schild mit der Aufschrift „Süden", rechts „Norden"
- in der Mitte der beiden Michelhälften: Wappen mit Doppeladler
- Unterschrift kommentiert Bildinhalt

Historischer Kontext der Karikatur:

- Revolution im März 1848 scheinbar überall erfolgreich; Ernennung von liberalen Märzministern
- Revolution am Scheideweg: Sollte der revolutionäre Schwung zur Schaffung vollendeter Tatsachen genutzt werden, oder sollte der gemäßigte Weg der Verhandlungen und der Bildung einer vom Volk legitimierten Verfassunggebenden Nationalversammlung verfolgt werden?
- Aufbrechen der Gegensätze beim Frankfurter Vorparlament (31. 3.–3. 4.): Mehrheit der gemäßigten Liberalen setzte sich schließlich gegen die Radikalen durch.
- Organisation eines bewaffneten Volkszuges („Heckerzug") durch die Radikalen Hecker und Struve am 12. April von Konstanz; Scheitern angesichts der zögerlichen Beteiligung der Republikaner und der Überlegenheit des regulären Militärs

Einordnung:

- Michel: Symbol der Deutschen (geht zurück auf Erzengel Michael, den Schutzpatron der Deutschen); seit dem 17. Jahrhundert erhält die Figur leicht abwertende Konnotation – Inbegriff von Einfalt und gutmütiger Schwerfälligkeit; diese Eigenschaften stellt rechte Michelhälfte mit Zipfel- oder Schlafmütze dar
- linke Hälfte steht mit Zuordnung zu „Republick" und „Süden" für die radikalen Demokraten der 1848-Revolution
- rechte Hälfte steht für die Gemäßigten, die monarchistisch Gesinnten, die dem „Norden" zugeordnet sind
- Wappen mit Doppeladler wurde am 9. 3. 1848 zum Bundeswappen; es steht für ganz Deutschland, ob Republik oder Monarchie, Süden oder Norden.
- insgesamt Darstellung der Spaltung der Revolution von 1848 in eine linke und eine gemäßigte Richtung
- „der deutsche Michel ist uneinig mit sich auseinander gegangen" bezieht sich auf das Ende des Frankfurter Vorparlaments
- Prognose: „Wird sich aber bald wieder zusammenfügen."; fraglich, ob ironisch gemeint; in der Realität fanden sich beide Seiten nach der Kapitulation der Festung Rastatt im gemeinsamen Scheitern wieder
- Ende der Revolution beendete auch das kurze Intermezzo des Doppeladlers

Fazit:

Nicht ganz eindeutig, mit welcher Seite der Karikaturist sympathisiert; wohl eher mit der linken, da diese weniger dem Klischee vom verschlafenen Michel entspricht

b) Gründe für das Scheitern der Revolution:
- Spaltung der revolutionären Bewegung in radikale Demokraten (linke Michelhälfte) und Gemäßigte in Bezug auf die grundlegende Zielsetzung: Republik oder Monarchie? sowie die Wahl der Mittel: Revolutionäre Gewalt oder Friedfertigkeit um jeden Preis? Die Spaltung zwischen Republikanern und Monarchisten bremste zwar den revolutionären Elan der Paulskirche, doch war man letztlich in der Lage, Kompromisse zu finden.
- geografische Zersplitterung: in der Karikatur als Spaltung zwischen Norden und Süden dargestellt; Fehlen eines Zentrums, vom dem die Revolution ausging; Kommunikations- und Koordinationsprobleme der Aktionen

Weitere Gründe für das Scheitern der Revolution:
- Das frühzeitige Ausscheiden der Bauern als der größten Bevölkerungsgruppe, die ihre Ziele bereits im Frühjahr 1848 erreicht sah.
- Der weitgehende Ausschluss der weiblichen Bevölkerung aus der Revolution, die trotz starken Interesses maximal als Zuhörer toleriert wurde.
- Die Überforderung der Paulskirche und der Revolution insgesamt, die nicht nur die Freiheit der Bevölkerung (Menschenrechte, Bürgerrechte, Staatsform) zu gestalten hatte, sondern auch die Frage nach der Einheit, d. h. die nach den zukünftigen Grenzen Deutschlands, beantworten musste.
- Ein Gelingen der Revolution wäre mit großer Wahrscheinlichkeit von den Nachbarstaaten nicht akzeptiert worden: England fürchtete um das Mächtegleichgewicht in Europa; Frankreich wollte eine als nationale Einheit konstituierte Macht verhindern; Russland befürchtete ein Übergreifen der Revolution auf das eigene Land.

Das Kaiserreich

ufgabe 11 Stationen des Aufstiegs Preußens zur deutschen Führungsmacht:
- weiterbestehender Dualismus Preußens und Österreichs nach 1849
- Überwindung des „Heereskonflikts" durch den neu berufenen Ministerpräsidenten Otto von Bismarck (seit September 1862) und dessen „Lückentheorie" (legitimes eigenständiges Handeln der Regierung ohne Zustimmung des Landtags bei Verfassungslücken)
- Ausspielen der nationalen Karte durch Bismarck gegenüber der bürgerlichen Öffentlichkeit in Preußen und Deutschland
- Handels- und Zollverträge Preußens (und des Dt. Zollvereins) mit Frankreich und England (Freihandelszone des „Cobden-Vertrags"): wirtschaftlicher Aufschwung Preußens zum Industriestaat und wirtschaftliche Führungsmacht des Zollvereins

- 1864 gemeinsam mit Österreich Krieg gegen Dänemark um den Status Schleswig-Holsteins: Aufteilung der Verwaltung Schleswig und Holsteins zwischen Preußen und Österreich
- 1866 erfolgreicher Krieg Preußens gegen Österreich und andere Staaten des Deutschen Bundes (u. a. Bayern); Annexion aller deutschen Gebiete nördlich der Mainlinie (Schleswig-Holstein, Hannover, Kurhessen, Nassau und Frankfurt); Gründung des Norddeutschen Bundes (mit Sachsen und Hessen-Darmstadt) unter der Führung Preußens (Verfassung von 1867); Auflösung des Deutschen Bundes
- 1866 Schutz- und Trutzbündnisse der süddeutschen Staaten mit Preußen wegen möglicher Gebietsforderungen Frankreichs
- 1866 Beilegung des „Heereskonflikts" in Preußen durch die Indemnitätsvorlage (nachträgliche Billigung des verfassungswidrigen Vorgehens Bismarcks); Zusammenarbeit der neu gegründeten Nationalliberalen Partei mit Bismarck
- 1870/71 von Bismarck initiierter Deutsch-Französischer Krieg zusammen mit den süddeutschen Staaten; schneller Sieg, Annexion Elsass-Lothringens; Ausrufung des Deutschen Reiches 1871 in Versailles (erweiterte Verfassung des Norddeutschen Bundes als Reichsverfassung von 1871)
- Preußen als Führungsmacht des Deutschen Reiches unter Wilhelm I. als Deutscher Kaiser und Bismarck als Reichskanzler

Aufgabe 12 Inhalte der Karikatur und ihre historischen Zusammenhänge:

- Bismarck als dominierende Figur im Bildzentrum, der eine mit „Zollverein" beschriftete Brücke über den Main legt: Ausdehnung des Führungsanspruchs in Deutschland nach 1866 durch Preußen bzw. dessen politisch mächtigen Ministerpräsidenten; Rolle des Zollvereins (seit 1834) als wirtschaftliches Band der Deutschen
- Festung mit der Aufschrift „Nord Bund" im rechten Hintergrund: Verweis auf die zwangsweise Etablierung des „Norddeutschen Bundes" durch Preußen als erweiterte Machtbasis Preußens nach 1866
- drei Personen als Verkörperung der süddeutschen Staaten im linken Bildhintergrund, Haus mit der Aufschrift „Süd Bund", Alpen als Gebirgszug in Süddeutschland: Rolle der süddeutschen Staaten als abwartendes, eher schwaches „Opfer" der preußischen Expansion (Haus des angedachten, aber nicht realisierten „Süd Bunds" im Vergleich zur Festung „Nord Bund")
- Frankreichs Kaiser Napoleon III. als bedrohliche Wolke über den Süddeutschen Staaten: französischer Anspruch auf territoriale Gewinne in Süddeutschland (links des Rheins) nach dem Preußisch-Österreichischen Krieg 1866 (als erwartete Belohnung für das Stillhalten Frankreichs)

Bildunterschrift:
- Absicht Bismarcks, mit dem Zollverein eine Brücke über die Main-Linie zu den süddeutschen Staaten zu ziehen, wird von diesen als Bedrohung gesehen
- Beschwichtigung der süddeutschen Länder durch Bismarck
- Warnung vor Frankreich, Hilfsangebot bei französischer Expansion

Bildtext:
Bismarck als der die Regenwürmer (süddeutsche Staaten) verspeisende Hahn: Verweis auf die aggressive Komponente der preußischen Expansion

Aussage der Karikatur:
- zutreffende Bewertung der Situation in Deutschland um 1868: Dominanz Preußens; Werben um eine enge Einbindung der süddeutschen Staaten in den preußischen Hegemonieverbund; Frankreich als aggressiver Faktor von außen, der Preußen in die Hände spielt; wirtschaftliche Einigung Deutschlands (Zollverein) als Triebkraft des nationalen Zusammenschlusses
- eventuell kritischer (vielleicht auch bewundernder) Blick auf den Strategen Bismarck (sichtbar in der Bildbeschriftung), der als Hahn die Regenwürmer (süddeutsche Staaten) fressen wird

ufgabe 13 Dominante Position des Deutschen Kaisers in der Reichsverfassung von 1871:
- konstitutionelle Erb-Monarchie
- Ernennung und Entlassung von Reichskanzler und Regierungsmitgliedern
- alleinige Verantwortlichkeit für die Außenpolitik und die völkerrechtliche Vertretung des Deutschen Reiches
- Recht der vorzeitigen Parlamentsauflösung mit anschließenden Neuwahlen als wichtiges Druckmittel, um eigene Gesetze im Parlament durchzusetzen.
- Oberbefehl über die Armee
- großer Einfluss im Bundesrat als König von Preußen (Vetomöglichkeit)

ufgabe 14 Mächtige Stellung des Reichspräsidenten in der Weimarer Verfassung:
- direkte Wahl durch das Volk für 7 Jahre
- Ernennung von Reichskanzler und Reichsminister
- Oberbefehl über die Reichswehr
- Recht der Reichstagsauflösung (für höchstens 60 Tage, Art. 25)
- Notverordnungsrecht (Art. 48): Ausnahmerecht, Außerkraftsetzen von Grundrechten; Möglichkeit zu „Präsidialkabinetten" („Präsidialdiktatur")

Vergleich:
- fast monarchische Stellung des Reichspräsidenten in der Weimarer Verfassung (außer Erblichkeit, Herrschaft in Preußen)
- von den Verfassungsvätern erwünschte Rolle des Präsidenten als „Ersatzkaiser" (Machtposition innerhalb der revolutionären Situation; Orientierung an der politischen Struktur des Kaiserreichs)

Aufgabe 15 Ziele Bismarcks:
- Stärkung Preußens in Europa als Führungsmacht des Deutschen Reichs
- Bewahrung der starken Monarchie
- Durchsetzen eines protestantischen Kaisertums

„Negative Herrschaftsintegration":
- Versuch, sog. „Reichsfeinde", die Bismarcks Ziele bedrohen konnten, zu definieren und mit rechtlichen und politischen Maßnahmen zu bekämpfen, um die reichstreuen politischen Gruppen hinter sich zu einen
- bis 1878 Bündnis mit der liberalen Reichstagsmehrheit gegen den politischen Katholizismus und die aufstrebende Sozialdemokratie

Aufgabe 16 Bismarcks politische Praxis der „negativen Herrschaftsintegration":
- Kulturkampf (1871–1878) gegen den politischen Katholizismus, die Zentrumspartei als dessen Vertretung im Reichstag und den gesellschaftlichen Einfluss der katholischen Kirche: 1871 Kanzelparagraph gegen das politische Engagement von Priestern; Betätigungsverbot gegen die Jesuiten („Jesuitengesetz" 1872); in Preußen: Ersetzen der geistlichen Schulaufsicht durch die staatliche (1872); staatliches „Kulturexamen" („Maigesetze" 1873) für Geistliche; Einstellung aller finanziellen Leistungen an die katholische Kirche durch den preußischen Staat („Brotkorbgesetz"); Einführung der „Zivilehe" vor weltlichen Standesämtern
- Sozialistengesetze (1878–1890) gegen die politische Bewegung der Arbeiterschaft: Verbot der Sozialistischen Arbeiterpartei, aller ihrer Organisationen, sozialistischer Versammlungen und Druckschriften; Ahndung von Verstößen mit Gefängnis oder Ausweisung; Lahmlegen der Partei- und Gewerkschaftsarbeit; aber: weiterhin erfolgreiche Teilnahme von Sozialdemokraten an den Reichstagswahlen

Aufgabe 17 a) Inhalte:
- zwei Beobachter im Hintergrund
- drei männliche Arbeiter im Vordergrund: ein Invalide, ein alter Mann mit einem Dokument (Aufschrift: „Rente pro Tag 33 pf.") und ein Verletzter
- Untertitel, der die Situation als „Bismarcks Sozialreform" bezeichnet

Historischer Bezug:
Die drei Männer symbolisieren die wichtigsten Sozialgesetze Bismarcks: Kranken-, Unfall- und Rentenversicherung.

Aussageabsicht:
- die abgebildeten Figuren stehen symbolisch für die Inhalte, aber auch für die (aus der Sicht des Karikaturisten) Qualität der Versicherungen: die Unfallversicherung humpelt, die Alters- und Krankenversicherung sind in einem schlechten Zustand
- die Darstellung enthält eine Bewertung der Sozialgesetzgebung als nicht ausreichend und von schlechter Qualität

Position der Karikatur:
- sozialdemokratische Kritik an Bismarcks Sozialgesetzgebung als nicht ausreichend
- immanent sichtbare Gegenvorstellung einer durchgreifenden sozialistischen Änderung des Wirtschafts- und Gesellschaftssystems

b) Argumente für die negative Bewertung in der Karikatur:
- relativ geringer Umfang der jeweiligen Hilfen für den einzelnen
- hoher Arbeiteranteil (zwei Drittel) bei den Krankenversicherungsbeiträgen
- obrigkeitsstaatliche Attitüde und klar taktische Zielsetzung des Programms

Argumente gegen die negative Bewertung in der Karikatur:
- die Idee der Sozialgesetzgebung als weltweit neue und anfangs einzigartige sozialpolitische Errungenschaft
- auch wegen der Sozialgesetzgebung deutliche Verbesserung der Situation der Arbeiter in der Folgezeit im Kaiserreich bis 1914
- ausgehend von Bismarcks Ansatz sozialpolitischer Ausbau der Arbeiter-Absicherung in der Weimarer Republik unter dem starken politischen Einfluss der Sozialdemokratie (z. B. 8-Stunden-Tag; Arbeitslosenversicherung, 1927)
- erneutes Aufgreifen der staatlich gelenkten Sozialpolitik in der Bundesrepublik nach 1949 im Konzept der „sozialen Marktwirtschaft“
- Ausbau der Absicherungen zum „Sozialstaat“ mit weitgehender materieller Versorgung sozial schwacher Gruppen seit den späten 1960er-Jahren

Sozialpolitische Grundlinie Bismarcks:
- „sozialistische“ Maßnahmen des Staates im Sinne einer Güterumverteilung
- Reform der Gesellschaft als leitende Orientierung
- Schwerpunkt der Reform auf der Verbesserung der Situation der Arbeiter

Aufgabe 18 Strukturen der Innenpolitik unter Wilhelm II.:

- „Persönliches Regiment" des Kaisers mit der Entwertung der Stellung des Reichskanzlers, einer Geringschätzung des Reichstags, einer verfassungsmäßig nicht vorgesehenen Sonderrolle des Militärs am kaiserl. Hof, einer undurchschaubaren, teilweise inkompetenten Berufung in die hohen Staatsämter und einem insg. neoabsolutistischen Herrscherverständnis Wilhelms II.
- Militarismus als politische Leitkultur mit Durchdringung des Zivilen durch militärische Ehrbegriffe, Hierarchie-Bewusstsein (besonderer Rang der Militärs am Hof, Reserveoffizierswesen) und der Akzeptanz kriegerischer Gewalt als Mittel der Konfliktlösung (Duellwesen)
- Sozialimperialismus mithilfe der Bereitschaft zu einer aggressiven, imperialistischen Außenpolitik (Flotten-, Kolonialpolitik, militärische Aufrüstung, Präventivkriegsgedanken) zur Abwehr der strukturell notwendigen Parlamentarisierung des Reiches; Schaffung von Arbeitsplätzen durch Aufrüstung, Minderung des Bevölkerungsdrucks durch Siedlungskolonien in Afrika
- steigender Einfluss von Verbänden (z. B. Bund der Landwirte, Centralverband der Industriellen) und Vereinen aufgrund einer strukturellen Machtlosigkeit der Parteien mit direktem, demokratisch nicht legitimiertem Zugang zur politischen Führung; konservative Vereine (Kolonialgesellschaft, Deutscher Flottenverein, Alldeutscher Verband) als Former einer aggressiven imperialistischen, sozialdarwinistischen und teilweise antisemitischen Zeitstimmung; erfolgreiche Entwicklung der Freien Gewerkschaften als Interessenvertretung der Arbeiterschaft

Aufgabe 19 Außenpolitische Situation Deutschlands nach 1871:

- revolutionäre Änderung des Mächtegleichgewichts in Europa durch den Aufstieg der kleinsten Großmacht Preußens; prinzipiell instabile Situation mit der Notwendigkeit zum vorsichtigen Handeln der deutschen Außenpolitik
- halbhegemoniale Stellung Deutschlands: stärkste Macht auf dem Kontinent; unterlegen nur gegenüber Koalitionen anderer Großmächte
- Deutschland 1871 als wenig bedrohliches Entwicklungsland mit dominant agrarischer Struktur
- Deutsches Reich als Profiteur der zunehmenden imperialistischen Konflikte der anderen europäischen Großmächte (Russland gegen Österreich-Ungarn auf dem Balkan; Russland gegen Großbritannien im Mittelmeer und in Asien; Frankreich gegen Großbritannien in Afrika)
- Verfassungsproblem: weitgehende Verfügung des Kaisers über die deutsche Außenpolitik mit wenig Kontrolle durch das Parlament mit bedeutenden Folgen nach 1890 (negativer Einfluss Wilhelms II.)

fgabe 20 Bismarcks außenpolitische Konzeption:

- zentrales Interesse an der Erhaltung des Status quo und dem friedenssichernden Kräftegleichgewicht in Europa
- Ablehnung weiterer territorialer Ausdehnung Deutschlands in Europa
- Isolierung Frankreichs als Hauptziel (Streitfall Elsass-Lothringen)
- Verhindern von Koalitionen anderer Großmächte mit Frankreich gegen Deutschland („cauchemar des coalitions")
- Ausnutzen von Spannungen der anderen Mächte untereinander; Deutschland als „ehrlicher Makler" zwischen den anderen Mächten (Berliner Kongress 1878)
- komplizierte Bündnispolitik mit mehreren Partnern als Mittel der Umsetzung der Konzeption
- „ultima ratio": Unterordnung unter Russlands Führungsanspruch und Machtinteressen

Wilhelms II. Außenpolitik:

- „Neuer Kurs": Auflösung des engen Bündnisses mit Russland; Politik der „freien Hand" gegenüber Bündnissen mit verschiedenen anderen Mächten
- „Weltpolitik": verstärkter Ausbau und Erweiterung des Kolonialreiches, um einen „Platz an der Sonne" für Deutschland zu sichern; Engagement in der Türkei („Bagdad-Bahn")
- Flottenpolitik zur Erringung der Weltmachtstellung; Druck auf Großbritannien als größte Seemacht, um es als Partner zu gewinnen
- Verstärkung des verbliebenen Bündnisses mit Österreich-Ungarn („Zweibund") zur Nibelungentreue

Vergleich zwischen Bismarck und Wilhelm II.:

- defensive Ausrichtung bei Bismarcks Außenpolitik: Saturiertheit des Reichs, Erhalt des Status quo und der halbhegemonialen Stellung Deutschlands in Europa
- offensiver, teilweise aggressiver Versuch Wilhelms II., eine Weltmachtstellung zu erreichen; dynamisierendes Element: enorme wirtschaftliche, technische und gesellschaftliche Entwicklung Deutschlands mit hohem Bevölkerungswachstum (Entwicklung zur Industriemacht)

fgabe 21 Folgen der wilhelminischen Außenpolitik:

- Selbstisolierung Deutschlands: deutsche Welt- und Flottenpolitik als Anstoß zur Überwindung der Kolonialkonflikte; Bündnisse zwischen Großbritannien, Frankreich und Russland („Triple-Entente")

- Militarisierung der deutschen Außenpolitik als Folge der als „Einkreisung" empfundenen Isolierung Deutschlands: Fixierung auf den riskanten Schlieffen-Plan (Bewältigung des drohenden Zweifrontenkriegs durch einen schnellen Angriff auf Frankreich über das neutrale Belgien und die spätere Verlagerung der Front nach Russland); Präventivkriegsdenken (Suchen der schnellen Entscheidung gegen sonst übermächtig werdende Gegner)
- massive Spannungen zwischen den europäischen Bündnissystemen („Zweibund" und „Triple-Entente"), vor allem auf dem Balkan zwischen Österreich-Ungarn und Russland (Schutzherr Serbiens)

Aufgabe 22 a) Bewertungen Bismarcks:
- Bewertung der Einigungskriege gegen Österreich (1866) und Frankreich (1870/71) als „zwingendes historisches Ereignis" (Z. 13 f.), um die legitimen „nationalen Rechte der Deutschen" (Z. 15 f.) durchzusetzen
- Bewertung der deutschen Position als grundlegend friedliebend, als saturiert und ohne weitere territoriale oder andere expansive Ziele

b) Einschätzungen Bismarcks zum deutsch-französischen Verhältnis:
- Bewertung des Deutsch-Französischen Krieges (1870/71) als für die nationale Einigung notwendig
- Benennen einer kontinuierlichen historischen Belastung seit der Entstehung des Königreiches Frankreich im Mittelalter; ständiger Kampf um die Grenzen zwischen beiden Ländern
- Erwartung eines weiteren Krieges, aber ohne deutsche Kriegsabsicht

Rolle Frankreichs in Bismarcks außenpolitischem Konzept:
- Annahme von Revanchegelüsten Frankreichs wegen des 1871 verlorenen Elsass-Lothringens und der historischen Erbfeindschaft zwischen Frankreich und Deutschland im Streit um die Rheingrenze
- Isolation Frankreichs im europäischen Bündnissystem durch deutsche Bündnisse oder Absprachen mit allen wichtigen Großmächten
- Verhindern eines russisch-französischen Bündnisses (Zweifrontenstellung Deutschlands) um jeden Preis
- Spiel mit dem Präventivkriegsgedanken gegenüber Frankreich

c) Absichten Bismarcks:
- Verteidigung der Pläne der Regierung zur Aufstockung des Wehretats
- Beruhigung der Opposition im Reichstag und des Auslands wegen der Aufstockung des Wehretats: Betonung der saturierten Position Deutschlands
- ev. Warnung an französische Regierung vor kriegerischer Revanchepolitik

d) Haltung Bismarcks gegenüber England:
Bewertung des deutsch-englischen Verhältnisses als freundschaftlich und völlig unproblematisch

Entwicklung der deutsch-englischen Beziehungen bis 1914:

- Orientierung Englands an der „balance of power“ auf dem Kontinent und dem ungefähren Mächtegleichgewicht zwischen Deutschland und Frankreich in der Ära Bismarck
- kolonialpolitische Zurückhaltung Deutschlands und Kolonialabsprachen (z. B. Tausch Helgolands gegen Sansibar 1890) als Aspekt der Annäherung
- Unterstützung der Mittelmeerentente (England, Österreich-Ungarn, Italien) durch Bismarck zum Schutz der türkischen Meerengen vor Russland 1887
- Verschlechterung des Verhältnisses nach der Entlassung Bismarcks und dem Beginn der deutschen „Weltpolitik“ unter Wilhelm II.: z. B. „Krüger-Depesche“ 1896 (Glückwunschtelegramm Wilhelms an den gegen englische Kolonialtruppen in Südafrika erfolgreichen Burenführer Krüger)
- Flottenpolitik und Risikotheorie der deutschen Führung: erfolgloser Druck auf England zum Abschluss eines Bündnisses gegen Frankreich und Russland
- in der Folge radikale Wende der englischen Außenpolitik geg. Deutschland als neuer Hauptkonkurrent (Flottenpolitik, wirtschaftlicher Aufstieg Deutschlands zur Industriemacht, Bevölkerungswachstum, problematische, mächtige Persönlichkeit Wilhelm II.): Entente Cordiale 1904 (England und Frankreich), Triple-Entente 1907 (England, Frankreich und Russland)
- Verschärfung der Lage durch das aggressiv-ungeschickte deutsche Vorgehen in den Marokkokrisen 1907/1911
- gemeinsame Krisendiplomatie in den Balkankriegen 1912 und im Ansatz (durch Reichskanzler Bethmann-Hollweg) in der Julikrise 1914 als Möglichkeit der Wiederannäherung
- Scheitern der Friedensbemühungen 1914 an dem krisenverschärfenden Verhalten der deutschen Führung, vor allem der Militärs, unter dem Druck des Schlieffen-Plans; Kriegserklärung Großbritanniens an Deutschland nach dem Eindringen deutscher Truppen in Belgien (belgische Neutralität als „essential“ der britischen Außenpolitik) in Ausführung des Schlieffen-Plans (Umgehung der französischen Grenzbefestigung zum schnellen Sieg über Frankreich)

Imperialismus

Aufgabe 23 Begriff:

- abgeleitet vom lateinischen „imperium“ (Befehlsgewalt, Herrschaftsbereich)
- Expansion industrialisierter Staaten in weniger entwickelte Gebiete der Welt, vor allem in Afrika und Asien, zwischen 1880 und 1914
- Bildung von Kolonien (Afrika, Asien), wirtschaftliche Ausbeutung und Durchdringung unterlegener Nationen (China, Türkei)

Motive:

- wirtschaftliche Motive: Suche nach Rohstoffen und Absatzmärkten für die Industrie und Investitionsmöglichkeiten für das Großkapital
- Sozialimperialismus: Versuch, innere Spannungen (soziale Folgen der Industrialisierung, Bevölkerungswachstum, innenpolitische Konflikte) nach außen abzulenken
- Interessen der unmittelbar „vor Ort“ handelnden Kaufleute, Siedler, Missionare, Militärs, Beamten („peripherer Imperialismus“)
- pseudowissenschaftliche Theorien und mentale Strukturen: Sozialdarwinismus (Recht des Stärkeren als Ersatz für das traditionelle Völkerrecht), Rassismus, männlicher Chauvinismus, zivilisatorisches Überlegenheitsgefühl, Kolonien als Prestigeobjekt der politischen Eliten wie im Deutschen Reich
- religiöses und kulturelles Sendungsbewusstsein

Aufgabe 24 Rolle der einzelnen imperialistischen Mächte:

- Führungsrolle Großbritanniens als dominierende Seemacht; „informelle“ Beherrschung und wirtschaftliche Ausbeutung des indischen Subkontinents als zentrales Interesse; Absicherung des Kolonialreichs durch die „Kap-Kairo-Linie“, die Kontrolle des Suez-Kanals und des Mittelmeers (Sicherung des Seewegs nach Indien) und ein weltweites Netz von Stützpunkten
- französisches Kolonialreich in Nord- und Westafrika und Indochina zur Erhöhung der Bevölkerungszahl und Stärkung der eigenen Machtposition in Europa (gegen Deutschland); direkte Herrschaft und kulturelle Durchdringung der Kolonien
- spätes formelles Kolonialengagement Deutschlands seit 1884 in Afrika (Südwestafrika, Togo, Kamerun, Ostafrika (Tansania), der Südsee und China (Enklave Kiautschou); forcierte und teuere Kolonialpolitik als Prestigeobjekt seit 1890, dabei brutales Niederschlagen von Aufständen in den afrikanischen Schutzgebieten
- russischer „Kontinentalimperialismus“ in Sibirien und Zentralasien, Vordringen nach China und auf den Balkan; Meerengen zwischen Schwarzem

Meer und Mittelmeer als Expansionsziel; wichtige Rolle des Panslawismus als Legitimation

- Expansion Österreich-Ungarns auf dem Balkan nach dem verlorenen Krieg mit Preußen 1866
- schneller Aufstieg der USA zur größten Industriemacht nach 1900; imperialistisches Ausgreifen in die Karibik, nach Asien und in den Pazifik; Wirtschaftsimperialismus in Lateinamerika und China („Politik der offenen Tür“)
- Expansion Japans auf das asiatische Festland, vor allem gegen China; Eroberung Taiwans, Koreas und von Stützpunkten in China

fgabe 25 Konflikte zwischen den imperialistischen Mächten:

- Konflikte zwischen Großbritannien und Russland wegen des russischen Vordringens in Zentralasien in Richtung Indien und in der Meerengenfrage (Heraushalten Russlands aus dem Mittelmeer durch Großbritannien zum Schutz des Seewegs nach Indien durch den Suez-Kanal)
- Konflikt zwischen Großbritannien und Frankreich um die Kontrolle Zentralafrikas und des Sudans (Faschoda-Krise 1898)
- Konflikt zwischen Russland und Österreich-Ungarn auf dem Balkan
- Konflikt zwischen Russland und Japan um die Einflusszone in Nordchina (Mandschurei): Russisch-Japanischer Krieg von 1904/05

fgabe 26 Folgen für die betroffenen Länder:

- bei direkter Herrschaft Verlust der Unabhängigkeit
- oft Unterdrückung und Ausbeutung der Bevölkerung; harte Reaktion der Kolonialherren bei Widerstand und Aufständen, etwa beim „Boxeraufstand“ 1900 in China oder dem Herero-Aufstand (1904–1907) im deutschen Schutzgebiet „Südwestafrika“
- erzwungene Abtretung von Territorien und Gewährung von Handelsprivilegien („ungleiche Verträge“ Chinas mit den imperialistischen Staaten) und Freistellung vom eigenen Recht
- wirtschaftliche Nachteile durch Ausbeutung von Rohstoffen, Überschwemmen der Märkte mit billigen Industrieprodukten
- Nachteile durch Zwang zu hochverzinsten Anleihen aus den imperialistischen Mächten für die Erschließung des Landes; teilweise Kontrolle des Steuer- und Zollwesens durch die ausländischen Mächte (China, Türkei)
- Aufbau einer Rohstoffindustrie und Infrastruktur zum Nutzen der Kolonialmächte oder der wirtschaftsimperialistisch handelnden Mächte wie in China

Aufgabe 27 a) Sehr positives Urteil Lenssens über die deutsche Kolonialgeschichte in Deutsch-Südwestafrika:

- ehrlicher Erwerb der Kolonie durch Verträge
- kulturbildende zivilisatorische Leistung der Deutschen
- Schaffung von „Frieden, Recht und Ordnung“ (Z. 7) in der Kolonie
- Tapferkeit der deutschen Kolonialarmee im Ersten Weltkrieg

b) Imperialistische Denkweisen in der Quelle:

- imperialistisches Sendungsbewusstsein als Vorläufer eines aggressiven Nationalismus: Betonen der deutschen Kulturleistung
- Rassismus: Hinweis auf die „traurige“ Haltung (Kampf untereinander) der den schwarzen Afrikanern überlegenen „Weißen“ in Afrika
- Sozialdarwinismus: Rassenkampf als geschichtliches Entwicklungsprinzip
- Militarismus: Hochschätzung der militärischen Leistung mit Bezug zu militaristischen Denkweisen im Wilhelminismus (Akzeptanz kriegerischer Konfliktlösung, Uniformkult, Reserveoffizierswesen, dominante gesellschaftliche und politische Stellung der Militärs)

c) Inhalte der Karikatur:

- Bismarck als müder alter Mann im Hausanzug auf einem Lehnstuhl sitzend, Pfeife rauchend, deren Qualm sich über die Weltkugel zieht, und ein Buch über die „Sociale Reform“ lesend
- Weltkugel mit Asien im Zentrum
- Figuren um die Weltkugel herum, erkennbar als Japan, China, Frankreich und Großbritannien; aus der Mitte der Kugel grüßend ein fellbekleideter Mann als Verkörperung Russlands

Aussage der Karikatur:

- Kritik des kolonialpolitischen Stillsitzens Bismarcks im Vergleich mit den aktiven anderen Großmächten und deren weltweiten Wettlauf um Kolonien v. a. in Asien und Afrika (die von Bismarck aus gesehen im Nebel liegen)
- Kritik an der Konzentration Bismarcks auf die Innenpolitik, hier am Beispiel seiner Sozialgesetzgebung verdeutlicht
- positive Einstellung des Karikaturisten zum Imperialismus

Zusammenhang zur Kolonialpolitik Bismarcks:

- grundlegende Orientierung Bismarcks an europäischer Politik und Erhalt des Status quo für das Deutsche Reich
- Beginn der deutschen Kolonialpolitik seit 1884 mit der Übernahme deutscher privater Besitzungen in Afrika als dem Reich angehörende „Schutzge-

biete“ mit den entsprechenden staatlichen Verpflichtungen; möglicherweise sozialimperialistische Gründe Bismarcks

- Zutreffen der Aussage des Karikaturisten im Blick auf Bismarcks Grundkonzeption, nicht aber in dem auf die konkreten Fakten (folgenreiche Fortentwicklung deutscher Kolonialpolitik in der wilhelminischen „Weltpolitik“)

Der Erste Weltkrieg

gabe 28 Gründe für die Hauptschuld der deutschen Führung:

- bewusste Verschärfung der Julikrise („Blankoscheck“ an Österreich-Ungarn; Drängen deutscher Militärs auf das „Losschlagen“ gegen Serbien), um das Gegenbündnis aus Russland, Frankreich und Großbritannien zu sprengen („Theorie des kalkulierten Risikos“)
- Bereitschaft zum eventuell aus der Krise entstehenden „Präventivkrieg“, um eine hegemoniale Stellung in Europa zu erkämpfen (dabei Glaube an ein Stillhalten Großbritanniens)
- Fixierung auf den riskanten Schlieffen-Plan, der die schnelle Eskalation der Krise bewirkt („Automatismus“ der Mobilmachungen)

gabe 29 Neuer Charakter des Krieges:

- technisierter, „industrialisierter“ Krieg mit Massenheeren und massivem Materialeinsatz („Materialschlacht“)
- gewaltige Verluste durch neue Waffen (schwere Artillerie, Flugzeuge, U-Boote, Panzer, Giftgas, Maschinengewehre); Veränderung der Kriegführung hin zum „Stellungskrieg“
- rücksichtsloser Umgang der militärischen Führungen mit den eigenen Soldaten als „Menschenmaterial“
- „Totaler Krieg“ gegen die Nahrungsmittelversorgung der Zivilisten durch Seeblockade und U-Boot-Krieg

gabe 30 Folgen des Krieges im Inneren:

- autoritäre Herrschaft der Militärführung mit der Einschränkung von Bürgerrechten (Versammlungs-, Meinungs-, Pressefreiheit)
- Einbindung in eine zentral gelenkte Kriegswirtschaft mit der Einschränkung des Arbeitnehmerschutzes: Verlängerung der Arbeitszeit, Dienstpflicht, eingeschränktes Recht auf Arbeitsplatzwechsel
- Steuerung der Lebensmittelversorgung durch Rationierung und Lebensmittelkarten als Folge der Seeblockade

- Entstehen eines Schwarzmarktes
- miserable Versorgungslage mit Mangelernährung als Normalfall (Erhöhung der Kindersterblichkeit und der allgemeinen Sterblichkeit; Ansteigen ernährungsbedingter Krankheiten)
- Verstärkung der sozialen Unterschiede zwischen Reich und Arm sowie zwischen Städtern und Bauern
- Werteverfall und Ansteigen der Kriminalitätsrate

Aufgabe 31 a) Bismarcks Erwartungen im Bezug auf die Folgen eines europäischen Krieges (in der Reihenfolge im Text):

- genereller revolutionärer Umsturz in Europa als Folge
- Gründung eines unabhängigen Polens mit Unterstützung Österreichs und Preußens als Puffer gegen Russland
- sozialistische Revolution in Frankreich bei einer Niederlage Frankreichs
- Zusammenbruch Österreich-Ungarns und Zerfall in einzelne Republiken im Fall der Niederlage, ebenso Zusammenbruch der italienischen und spanischen Monarchie
- in Deutschland Stärkung der Demokraten und der SPD
- Erwartung eines Krieges der sozialistischen Arbeiterbewegung gegen die etablierten Herrschaftssysteme (Monarchie, bürgerliche Republiken)

b) Nichteintretende Erwartungen Bismarcks:

- 1914 Krieg zwischen Staaten, nicht zwischen Sozialisten u. den Monarchien
- „Burgfriedenspolitik" in Deutschland statt Stärkung der Demokraten und Sozialdemokraten

Übereinstimmung zwischen Prognose und Realität:

- Stärkung der demokratischen Bewegung nach dem Kriegseintritt der USA unter Wilson (Forderung nach dem Sturz Wilhelms II. als Grundlage für Friedensverhandlung 1918)
- Delegitimation und Sturz der Monarchien als Kriegsfolge bzw. Folge der Kriegsniederlage in Österreich-Ungarn, Russland und Deutschland
- Zerfall Österreich-Ungarns in Folgerepubliken
- Entstehen eines unabhängigen Polens
- neue revolutionäre Grundsituation in Europa nach der Gründung der Sowjetunion und ihrem Einfluss auf die Kommunistische Internationale als Ausgangspunkt einer Weltrevolution

Die Weimarer Republik

fgabe 32 Strukturen der Weimarer Republik:
- Klassengesellschaft mit stark voneinander abgegrenzten gesellschaftlichen Gruppen
- Zersplitterung der Parteienlandschaft
- Demokratiefeindlichkeit der „alten Eliten“ des Kaiserreichs
- Vorbehalte des einflussreichen industriellen Großbürgertums gegen die sozialdemokratisch geprägte Republik
- mentale Überforderung vieler Menschen durch die rasante Modernisierung der Zeit (Verstädterung, Technisierung, Globalisierung)
- prägender kultureller (Welt- und Menschenbilder betreffender) Gegensatz zwischen rückwärtsgewandtem Bürgertum und Adel sowie einer intellektuellen und künstlerischen Avantgarde
- weite Verbreitung antidemokratischer Denkens in allen Bevölkerungskreisen

fgabe 33 Etappen der Revolution von 1918/19:
- Legitimitätsverlust der kaiserlichen Regierung durch Kriegsfolgen und Niederlage im Weltkrieg
- verspätete Parlamentarisierung des Reichs („Oktoberverfassung“, 1918)
- Matrosenaufstand in Wilhelmshaven und Kiel (Nov. 1918)
- Revolution der Arbeiter und Soldaten in den städtischen Zentren Deutschlands mit der Bildung von Arbeiter- und Soldatenräten (3.–9. Nov. 1918)
- Bildung des Rats der Volksbeauftragten (10. Nov. 1918)
- Sturz des Kaisertums und der Monarchien in den Bundesländern und Ausrufung der Republik
- Bürgerkriegsähnlicher Gegensatz zwischen Linksradikalen (USPD, Spartakus, KPD) und der gemäßigten, parlamentarisch ausgerichteten MSPD
- Reichskongress der Arbeiter- und Soldatenräte in Berlin (16.–21. Dez. 1918)
- allgemeine Wahlen zur Nationalversammlung (19. Januar 1919)

ufgabe 34 Gründe für die Entwicklung zur parlamentarischen Demokratie:
- Legitimationsverlust der Monarchie und revolutionäre Dynamik als Ausgangspunkt
- parlamentarisches Selbstverständnis der politisch dominanten Mehrheits-Sozialdemokratie
- Bündnis zwischen der MSPD und den kaiserlichen Eliten in Militär („Ebert-Groener-Abkommen“) und Verwaltung mit der Alternative eines Bürgerkriegs (mit dem abschreckenden Beispiel der russischen Revolution 1917)

- Notwendigkeit eines geordneten Systemwechsels in einer komplexen, industrialisierten Gesellschaft und Wirtschaft

Aufgabe 35 Die wichtigsten Merkmale der Weimarer Verfassung im historischen Kontext:

Merkmale der Verfassung von 1919	Historischer Kontext
• eher zentralistische Ausrichtung an einer starken Reichsregierung; auch Möglichkeit der sogenannten Reichsexekution	• Bedeutungsverlust der bis 1871 teilweise selbstständigen deutschen Mittelstaaten • unter Ebert (1919–1925) Machtmittel der Demokraten gegen radikale und separatistische Bewegungen in einzelnen Ländern (Sachsen, Thüringen, Bayern) • seit 1932 Schwächung des demokratischen Widerstands gegen die autoritäre (v. Papen) und die nationalsozialistisch dominierte Reichsregierung (Gleichschaltung der Länder)
• starke Stellung des Reichspräsidenten als „Ersatzkaiser" (direkte Wahl durch das Volk auf 7 Jahre; Berufung und Entlassung der Reichsregierung; Notverordnungsrecht der Art. 48 und 25	• mentales Bindeglied zur Monarchie für mehrheitlich konservative Bevölkerung • Mittel demokratischer Machtstabilisierung unter Ebert • Hauptgrund für die Zerstörung der Republik unter Hindenburg nach 1930 (Präsidialkabinette; Machtübergabe an Hitler)
• relativ schwache Stellung des Parlaments (keine Wahl der Reichsregierung; Notverordnungsrecht des Reichspräsidenten)	• fehlende Motivation zur Zusammenarbeit und Koalitionsbildung • strukturelle Machtlosigkeit des Parlaments in der Phase der Präsidialkabinette
• strikt demokratische Ausrichtung ohne strukturellen Schutz des demokratischen Systems (absolutes Verhältniswahlrecht; Fehlen einer Prozenthürde; kein verfassungsrechtlicher Schutz gegen Demokratiefeinde; Plebiszite)	• Zersplitterung des Parteiensystems und der Machtverteilung im Reichstag • schwierige Koalitionsbildung • fehlender Schutz gegen Radikale • Zusammenbruch der parlamentarischen Willensbildung in der Krise nach 1930

Aufgabe 36 Folgen des Versailler Vertrags für Deutschland:

- Gebiets- und Bevölkerungsverluste (s. S. 155 f.)
- schwere wirtschaftliche Belastungen durch die Reparationen
- Entmilitarisierung und Begrenzung des militärischen Potentials (s. S. 156)
- kollektive psychologische Belastung durch die zugesprochene, aber zurückgewiesene Kriegsschuld (Art. 231); deshalb bedeutendster Angriffspunkt der Rechten gegen die demokratischen Regierungen als „Erfüllungspolitiker" des „Diktats von Versailles"; fatale Wirkung der „Kriegsunschuldlegende" und der „Dolchstoßlegende" der Rechten auf große Teile der Bevölkerung

fgabe 37 Außenpolitische Strategie der Weimarer Republik:

- Revision des Versailler Vertrags und Reduzierung der Reparationen als Hauptziel (1932 in der Konferenz von Lausanne beendet)
- „Schaukelpolitik" zwischen der Sowjetunion und den Westmächten
- enge wirtschaftliche Kooperation mit den USA
- wirtschaftliche und militärische Zusammenarbeit mit der Sowjetunion (Vertrag von Rapallo 1922, Berliner Vertrag 1926)
- Einbindung in ein internationales Vertragssystem unter Außenminister Stresemann durch die Locarno-Verträge 1925 und den Beitritt zum Völkerbund 1926: territoriale Einigung mit dem Westen, Offenhalten einer friedlichen Revision des Versailler Vertrags im Osten (vor allem gegenüber Polen)

fgabe 38 Bedrohungen der Weimarer Republik:

- Umsturzversuche der Linksradikalen: 1920 Rote Ruhrarmee, 1923 separatistische kommunistische Aufstände in Thüringen und Sachsen
- Putsch und Umsturzversuche der Rechtsradikalen (Freikorps, rechtsterroristische „Organisation Consul", NSDAP unter Adolf Hitler): Kapp-Lüttwitz-Putsch 1920, Hitler-Putsch 1923
- Republikfeindlichkeit der Justiz: faktische Straflosigkeit rechter Gewalttäter und antidemokratischer Hetzer (Beispiel: mildes Urteil und schnelle Freilassung Hitlers nach dessen Putschversuch)
- wirtschaftliche Krise durch die Besetzung des Ruhrgebietes 1923 und den folgenden „Ruhrkampf"
- tief greifender Glaubwürdigkeitsverlust durch die Folgen der „großen Inflation" 1923: faktische Enteignung aller Geldvermögen, vor allem des Mittelstands; Spekulationsgewinne für Industrielle

fgabe 39 Gründe für die Inflation 1923:

- massive Staatsverschuldung durch die Finanzierung des Ersten Weltkriegs (Kriegsanleihen) als Hauptgrund
- Verschärfung der finanziellen Situation des Reichs durch die Reparationslasten und die Ausgaben für den passiven Widerstand im „Ruhrkampf"
- Neudruck von Papiergeld ohne eine Deckung durch Goldreserven oder die Steigerung der nationalen Wirtschaftskraft
- Folge: beschleunigte Geldentwertung und völliger Verfall der Währung
- Notwendigkeit einer Währungsreform mit der faktischen Enteignung aller Geldvermögen (durch Stresemann im Herbst 1923)

Aufgabe 40 Gründe für die Weltwirtschaftskrise 1929:

- in den USA massive Aktienkäufe auf Kredit, die eine Spekulationsblase an den Aktienmärkten auslösen
- Zusammenbruch der Kurse an der New Yorker Börse („Schwarzer Freitag", 25. 10. 1929)
- Rückforderung der hohen kurzfristigen US-Kredite in Europa und vor allem in Deutschland
- Zusammenbruch von deutschen Banken und Unternehmen, Rückgang der Exporte, der Industrieproduktion und des Bruttosozialprodukts
- Bankrott verschuldeter Kleinunternehmen und Bauern, schnell steigende Arbeitslosigkeit bei Arbeitern, massenhafte soziale Verelendung (ein Drittel der Bevölkerung)

Aufgabe 41 Innenpolitische Folgen der Weltwirtschaftskrise:

- zunehmende Wahlerfolge der radikalen Parteien NSDAP und KPD; Blockierung des Reichstags durch die radikalen Parteien
- Zerbrechen des demokratischen Bündnisses aus Sozialdemokraten und gemäßigten Bürgerlichen (Zentrum, BVP, Liberale)
- Straßenkämpfe zwischen NSDAP und KPD
- Bildung von Präsidialkabinetten ohne Mitwirkung des Reichstags seit 1930 (Brüning, Papen, Schleicher)
- Verschärfung der sozialen Situation durch die Deflationspolitik Brünings
- alternativlose Tolerierung Brünings durch die SPD, um weitere Wahlerfolge der Radikalen bei Neuwahlen zu verhindern
- Sturz Brünings durch Hindenburg ohne Notwendigkeit (auf Drängen der „Kamarilla" und der Rechten); Übergang von der parlamentarisch tolerierten zur „Präsidialdiktatur"
- Scheitern der autoritären Regierungen unter Papen und Schleicher
- Machtübergabe durch Hindenburg an die Koalition von Konservativen und Nationalsozialisten unter Hitler („Zähmungskonzept")

Aufgabe 42 Funktionieren eines „Präsidialkabinetts":

- Art. 53: Recht des Reichspräsidenten, den Kanzler ohne Mitwirkung des Reichstags zu ernennen
- Art. 48: Handeln der Regierung mit Notverordnungen des Präsidenten ohne Zustimmung des Reichstags
- Art. 25: Recht zur Auflösung des Reichstags bei einer Zurückweisung von Notverordnungen durch den Reichstag; ungehinderte Machtausübung für die Zeit bis zu Neuwahlen (maximal 60 Tage)

fgabe 43 Gründe für das Scheitern der Weimarer Republik:

- autoritäre Staatsvorstellungen („alte Eliten“) Hindenburgs, seines Umfeldes (Kamarilla, von Papen), der Konservativen und der Großindustrie
- Destabilisierung des politischen Systems durch die Kommunisten
- antidemokratische Haltung eines großen Teils der Bevölkerung und Fehlen eines demokratischen Grundkonsenses
- Verfassungsschwächen (striktes demokratisches Prinzip, Fehlen eines verfassungsmäßigen Schutzes gegen Radikale, starke Rolle des Reichspräsidenten)
- Folgen der Weltwirtschaftskrise mit sozialer Verelendung in Deutschland und den darauf beruhenden Wahlerfolgen Hitlers
- taktisches Geschick der Nationalsozialisten: Legalitätstaktik, Zusammenarbeit mit den Konservativen, bewusste Verschärfung der innenpolitischen und gesellschaftlichen Spannungen zum eigenen Nutzen

abe 44 a) Entwicklung der NSDAP von 1919–1933:

- Gründung in München 1919 durch den Schlosser Anton Drexler als antisemitische „Deutsche Arbeiterpartei“
- Eintritt Adolf Hitlers 1919
- 1920 Umbenennung in „Nationalsozialistische Deutsche Arbeiterpartei“
- 1921 Übernahme des Vorsitzes durch Hitler und führende Rolle in der starken rechtsradikalen Szene Bayerns (rechte „Ordnungszelle“ im Reich)
- 8./9. November 1923 gescheiterter Hitler-Putsch, Verurteilung Hitlers wegen Hochverrats, Verbot der Partei
- Neugründung im Februar 1925 und Übergang zum Legalitätskurs
- straffe Neuorganisation der Partei mit zahlreichen Unterorganisationen auf Reichsebene, wichtige Rolle der SA als militärisch organisierte Parteimiliz
- Zusammenarbeit mit konservativen Kreisen unter Hugenberg (DNVP) seit 1930 (Harzburger Front 1931) und Nutzung der Propagandamittel des Medienunternehmers Hugenberg
- Sammelbecken rechter und nationaler Wähler in der Weltwirtschaftskrise (Wahlerfolge von 2,6 % 1928 bis zu 37,3 % im Sommer 1932 explodierend)
- Machtübergabe an Hitler durch Hindenburg im Rahmen einer Koalitionsregierung: Ernennung Hitlers zum Reichskanzler am 30. 1. 1933

b) Statistik zur soziologischen Struktur der NSDAP um 1930:

- Aufbau der Statistik: Vergleich der Anteile einzelner gesellschaftlicher Gruppen (Erwerbstätige) an der Gesamtbevölkerung und der NSDAP zu einem bestimmten Zeitpunkt
- Unterrepräsentation der Arbeiter

- Überrepräsentation der Selbstständigen, am stärksten der Landwirte
- relativ hoher Anteil an Beamten und Angestellten
- insgesamt noch geringer Anteil der Parteimitglieder im Vergleich zur Gesamtzahl der Erwerbstätigen: 1930 noch Bild einer Splitterpartei
- Anspruch auf Repräsentation aller Bevölkerungsschichten im Ansatz erfüllt, jedoch mit einem deutlichen Übergewicht auf dem sogenannten „Mittelstand“: Annäherung an das Bild einer modernen Volkspartei

c) Bewertung der Situation durch die SPD:
- Zurückweisung des Präsidialkabinetts Brüning als „Diktatur“ (Z. 2) des Kapitals und eines Bündnisses aus Großindustriellen und Großgrundbesitzern
- Bewertung der Weltwirtschaftskrise als Ergebnis der „kapitalistischen Anarchie“ (Z. 11 f.); dabei Zuordnung der Deflationspolitik Brünings als Schuldfaktor: Verschonung der Reichen und Leistungsfähigen bei den in der Krise notwendigen Einschränkungen
- Bewertung der Lohnkürzungen und der Rücknahme wesentlicher Sozialleistungen durch Brüning als „soziale Reaktion“ (Z. 30)
- Angriff auf Nationalsozialisten als Gewalttäter und auf Kommunisten als verantwortlich für die „Zersplitterung der Arbeiterschaft“ (Z. 35 f.)
- Einsatz für die Demokratie („Herrschaft des arbeitenden Volkes“, Z. 38 f.) als einzigem Mittel zur Überwindung der Krise

d) Urteil zur Richtigkeit der SPD-Thesen:
- zu negatives Bild der Absichten Brünings: Deflationspolitik zur Währungsstabilisierung, zur erwarteten Rücknahme der Reparationsforderungen, zur wirtschaftlichen Stabilisierung des Reiches; sichtbare Erfolge Brünings bis zu seinem Sturz
- treffende Situationsbeschreibung: Folgen der Deflationspolitik für die unteren Bevölkerungsschichten; faktische autoritäre Herrschaft des Präsidenten und seiner Präsidialkabinette; krisenverschärfende Rolle der NSDAP und der Kommunisten
- entsprechendes Verhalten der SPD gegenüber Brüning 1930 und 1932: grundlegende Akzeptanz seiner Stabilisierungspolitik; Tolerierung der präsidialen Notverordnungen zur Verhinderung von Neuwahlen in der Krise und des weiteren Wähler-Zugewinns für die Radikalen

e) Gehalt der Karikatur:
- Inhalte: Hitler („Hitler-Party“) mit preußisch-deutscher Pickelhaube kriecht aus dem überdimensionalen Versailler Vertrag („Versailles Treaty“)
- historischer Zusammenhang: Belastung der politischen und wirtschaftlichen Situation Deutschlands durch die im Vertrag erlittenen Verluste und Repa-

rationen; große Wahlerfolge Hitlers in den Reichstagswahlen 1930, teilweise Zusammenarbeit Hitlers mit Teilen der nationalistischen, militaristischen Konservativen unter Hugenberg (symbolisiert durch die Pickelhaube)
- Aussageabsicht: Bewertung des Versailler Vertrags als Ursache für den Aufstieg Hitlers

f) Urteil über die historische Stimmigkeit der Karikatur:
- einseitige Sichtweise auf die durchaus wichtige massenpsychologische Wirkung des Versailler Vertrags: negative Zuordnung der abgelehnten Vertragsbedingungen zur neuen Demokratie durch großen Teil der Bevölkerung; Verhinderung einer dauerhaften Legitimierung des demokratischen Systems
- Übersehen der wichtigeren Hintergründe: Weltwirtschaftskrise; autoritäre Staatsvorstellungen Hindenburgs und seines Umfeldes; grundlegende antidemokratische Einstellungen in der Bevölkerung und vor allem in den Eliten; Rückzug der Bürgerlichen aus dem demokratischen Lager; mangelnde Reaktion der konservativen Staatsführung auf die Agitation der Nationalsozialisten; Schwächen der Weimarer Verfassung; spätere Bereitschaft eines Teils der Bürgerlichen und Konservativen zum Bündnis mit Hitler

Die nationalsozialistische Diktatur

ufgabe 45 Etappen der Machtergreifung der Nationalsozialisten:
- Machtübergabe durch Hindenburg an Hitler als Kanzler einer Koalitionsregierung mit konservativen Kräften
- Auflösung des Reichstags zur Erringung der absoluten Mehrheit im Parlament durch Neuwahlen
- Ernennung der SA zur „Hilfspolizei“: Straßenterror der SA, Aufbau wilder und seit März 1933 offizieller Konzentrationslager
- Zerschlagung des Rechtsstaats mithilfe Hindenburgs durch dessen „Notverordnung zum Schutz von Volk und Staat“ (28. 2. 1933)
- Selbstausschaltung des Reichstags in der Zustimmung zum „Ermächtigungsgesetz“ (23. 3. 1933) gegen den Widerstand der SPD: legale Konzentration der politischen Macht in den Händen der Reichsregierung

ufgabe 46 Absicht und Ablauf der Gleichschaltung:
- Kern der Gleichschaltung: Unterwerfung aller politischen, gesellschaftlichen und wirtschaftlichen Macht unter den Willen der Nationalsozialisten; Errichtung einer totalitären Diktatur mit dem Anspruch auf die Verfügung über jeden Deutschen

- Säuberung des Beamtenapparates und der Universitäten; „Arierparagraf" zur Entfernung jüdischer Beamter aus dem Staatsdienst
- Selbstunterwerfung der mehrheitlich konservativen Justiz
- Beseitigung des Föderalismus durch die Abschaffung der Länder
- Verbot aller politischen Parteien; Errichtung eines Einparteien-Staates
- Ermordung innerparteilicher Rivalen im sogenannten „Röhm-Putsch"
- Übernahme des Präsidentenamts durch Hitler als „Führer und Reichskanzler"
- Unterordnung der Reichswehr bzw. Wehrmacht bis 1938
- Kontrolle des Kultursystems durch das Reichspropagandaministerium (Goebbels)
- Zerschlagung der Gewerkschaften
- politische Neutralisierung bzw. Spaltung der Kirchen

Aufgabe 47 Charakter der NS-Ideologie:

- Konsequent vereinfachtes Konglomerat ideologischer Versatzstücke des 19. Jahrhunderts: aggressiver Nationalismus, Sozialdarwinismus, Rassismus, Antisemitismus
- Radikalisierung zum „eliminatorischen Rassenantisemitismus" mit dem „internationalen Judentum" als Hauptfeind
- „totalitäre politische Erlösungsreligion" zur Befreiung der Welt von den Juden

Elemente:

- Glaube an die Existenz biologisch unterscheidbarer menschlicher Rassen mit unterschiedlichem Wert (Rassismus): Höherwertigkeit der „Arier" als „Herrenrasse"
- „Recht des Stärkeren" als natürliches Prinzip im Kampf der Rassen (Sozialdarwinismus)
- Antisemitismus: Glaube an eine jüdische Weltverschwörung zur „Zersetzung" der höherwertigen arischen Rasse; Juden als „Sündenböcke" für alle negativen historischen Entwicklungen in Deutschland
- Hauptziel: Eroberung von Lebensraum in Osteuropa für die Deutschen
- „nationaler Sozialismus": Einigung der Deutschen in einer klassenübergreifenden „Volksgemeinschaft" mit dem Ausschluss alles „Artfremden"
- Bruch mit der europäischen Aufklärung: Ablehnung der Menschen- und Grundrechte, der Gewaltenteilung und des demokratischen Prinzips
- Vorstellung eines mythischen „Dritten Reichs" als Endpunkt der deutschen Geschichte
- Führerprinzip

ufgabe 48 Gründe für die schnelle Etablierung des NS-Systems:

- Wirkung des propagandistisch aufgebauten Mythos vom „unfehlbaren Führer“, verstärkt durch wirtschaftliche und außenpolitische Erfolge des NS-Regimes
- Bereitschaft einer großen Mehrheit der Deutschen zur Kooperation oder Akzeptanz des NS-Systems trotz offener Gewalt gegen politische Gegner und Minderheiten
- Korrumpierung großer Bevölkerungsteile durch Teilhabe an der Macht oder materielle Vorteile: staatlich finanzierte Konjunkturpolitik (Aufrüstung) zur Verbesserung des Lebensstandards, Karrierechancen für Akademiker und Militärs, Arisierung und Weitergabe jüdischer Vermögen und Sachwerte, Vorteile durch die Ausbeutung der besetzten Länder im Krieg
- Konsequente Okkupation des Staates und seiner Legitimität durch die Nationalsozialisten; Willfährigkeit der konservativen und bürgerlichen Eliten in Verwaltung, Justiz und Armee
- Wirkung der NS-Propaganda mit ihrem Informationsmonopol
- Durchdringung der Gesellschaft durch NS-Einrichtungen und -Ideologie
- Einschüchterung und brutale Gewalt durch das NS-Terrorsystem: Justiz, Sondergerichte, Konzentrationslager-System, SS-Staat

ufgabe 49 Verhältnis von Partei und Staat im NS-System:

- Übernahme der wichtigen Regierungs- und Verwaltungsämter durch Nationalsozialisten
- parallel arbeitende Parteiämter und Sonderbeauftragte des Führers
- insgesamt polykratisches Machtsystem mit Kompetenzwirrwarr zwischen einzelnen Personen, Gruppen und Cliquen
- autoritäre Anarchie mit Hitler als über allen Teilen stehendem Machtzentrum
- dynamische Radikalisierung als Politikstil ohne innere Machtkontrolle oder strukturelle Barrieren

ufgabe 50 Aspekte des totalitären Zugriffs auf die Gesellschaft:

- soziale Kontrolle durch die NSDAP
- Einbindung der Bevölkerung in zivile NS-Organisationen
- staatliche Organisation und ideologische Beeinflussung der Kinder und Jugendlichen
- Kontrolle des Kultursystems und Durchsetzung des eigenen Welt- und Menschenbildes in Kunst, Film und Alltagskultur
- alles überlagernde und kontrollierende, monopolisierte NS-Propaganda

Aufgabe 51 Elemente des SS-Staats:

- „Sonderorganisation“ unter der Leitung von Heinrich Himmler, die zum Kampf gegen politische Gegner und Minderheiten aller staatlichen Normen entbunden war; absolute Unterordnung unter den Führerwillen
- Kontrolle der Konzentrationslager seit 1934; europaweites KZ-System mit Vernichtungslagern in Polen seit 1941
- Verschmelzung mit der staatlichen Geheimen Staatspolizei (Gestapo) und der allgemeinen Polizei
- Zentrale der Vernichtungspolitik in Osteuropa seit 1939 und des Holocaust („Reichssicherheitshauptamt“)

Aufgabe 52 Erklärung und Bewertung der wirtschaftlichen Erfolge des NS-Regimes:

- Ausgangspunkt: schnelle Beseitigung des Arbeitslosigkeit als Bedingung der großen Akzeptanz des Nationalsozialismus in der Bevölkerung
- allgemeine Erholung der Weltwirtschaft seit 1932
- staatliche Investitionen in die Infrastruktur (z. B. Autobahnbau)
- massive Aufrüstung und im Folgenden explodierende Staatsverschuldung und verdeckte Zerrüttung der Staatsfinanzen; Aufbau einer teueren staatlichen Rüstungsindustrie („Vierjahresplan“ 1936)
- Bewertung: schneller Wechsel von der rationalen, Arbeitslosigkeit bekämpfenden „antizyklischen Konjunkturpolitik“ zur völlig unseriösen Kriegsvorbereitung, deren Kosten der spätere Eroberungskrieg decken sollte

Aufgabe 53 Rolle der Großwirtschaft im Nationalsozialismus:

- finanzielle Unterstützung der Nationalsozialisten schon vor der Machtübernahme
- Kooperation mit dem NS-Regime als eigenständiges, nicht gleichgeschaltetes Machtzentrum
- Profiteur der Ausschaltung der Gewerkschaften, staatlich niedrig gehaltener Löhne, der Investitionsprogramme, der Arisierung jüdischer Unternehmen
- Einordnung in die staatliche „Kommandowirtschaft“ seit 1936 und die Kriegswirtschaft seit 1939 als eigenständiger Bereich
- Verstrickung in den Eroberungskrieg und in die NS-Kriegsverbrechen: Ausbeutung der besetzten Länder, Einsatz von Zwangsarbeitern und KZ-Häftlingen, teilweise Beteiligung an der Infrastruktur des Holocaust
- kein Widerstand gegen den Nationalsozialismus

fgabe 54 Rolle Hitlers in der NS-Außenpolitik:

- Hitler als entscheidender Gestalter und Vorantreiber der deutschen Außenpolitik; taktisches Geschick als „Genie der Improvisation“
- breite Basis seiner aggressiven Revisions- und Expansionspolitik in den Eliten und in der Bevölkerung; Ausnutzen des „Revisionskonsenses“
- Größenwahn und radikale Vorstellungen in der nationalsozialistischen Gefolgschaft Hitlers

Außenpolitische Konzeption Hitlers:

- grundsätzlich rassistisches und sozialdarwinistisches Denken
- Leitmaxime: Eroberung von Lebensraum im Osten für „arische Herrenrasse“
- wirtschaftliche Autarkie (Unabhängigkeit vom Ausland)
- Revision des Versailler Vertrags und Bildung eines Großdeutschland als Voraussetzung
- Bündnis mit Großbritannien zur Absicherung seiner Eroberungspolitik

ufgabe 55 Gründe für den Erfolg der NS-Außenpolitik bis 1938:

- Deckungsgleichheit der Kriegsvorbereitungspolitik mit der traditionellen Revisionspolitik
- Risikobereitschaft beim wiederholten Bruch des Versailler Vertrags und taktisches Geschick Hitlers
- Unterstützung der Expansionspolitik durch die Eliten und die Bevölkerung (Großmachtrolle, Mitteleuropa-Idee)
- günstige weltpolitische Bedingungen: Belastungen der Weltwirtschaftskrise seit 1929; innere Spannungen zwischen linken und rechten politischen Lagern in vielen europäischen Ländern, z. B. in Frankreich; Spanischer Bürgerkrieg (1936–1939)
- Etablierung aggressiver faschistischer Regime in Italien und Japan und deren kriegerischer Imperialismus (China, Abessinien)
- Schwächung Großbritanniens durch die Verluste im Ersten Weltkrieg, Unabhängigkeitsbestrebungen in den Kolonien und die Expansion Japans in Asien: Bereitschaft Großbritanniens zur Appeasement-Politik gegenüber Hitler seit 1936
- Schwäche des Völkerbunds und der internationalen Friedensbemühungen

ufgabe 56 Deutschlands Weg in den Zweiten Weltkrieg:

- Besetzung der „Rest“-Tschechoslowakei 1938
- Ende der Appeasement-Politik und Garantieerklärungen der Großmächte für den Bestand Polens

- Stahlpakt mit Italien 1939
- Nichtangriffspakt mit der Sowjetunion mit geheimem Zusatzprotokoll („Hitler-Stalin-Pakt"): Vereinbarung über die Teilung Polens und die Interessensphären in Osteuropa
- Ablehnung westlicher Vermittlungsbemühungen
- Überfall auf Polen am 1. September 1939: Beginn des Zweiten Weltkriegs

Entscheidender Faktor für den Überfall auf Polen:
„Hitler-Stalin-Pakt": Vermeiden eines Zweifrontenkriegs; Sicherung des Rohstoffnachschubs

Aufgabe 57 Verlauf des Zweiten Weltkriegs aus deutscher Sicht:

- erfolgreicher deutscher Angriffs- und Eroberungskrieg gegen Polen, Frankreich, auf dem Balkan und gegen die Sowjetunion zwischen 1939 und 1941
- Scheitern des „Blitzkriegs" gegen die Sowjetunion im Winter 1941/42
- Kriegswende mit dem Kriegseintritt der USA im Dezember 1941
- Besatzungsherrschaft über das europäische Festland bis zum Sommer 1944 und Teile Nordafrikas bis ins Frühjahr 1943 (Kapitulation des Afrika-Korps)
- Rückzug aus der Sowjetunion vor den russischen Offensiven seit Sommer 1944
- Rückzug aus Frankreich und Westeuropa seit der Landung der Westalliierten am 6. Juni 1944 in der Normandie
- sinnlose Fortführung des Krieges auf dem Reichsgebiet mit großen Zerstörungen und Terror gegen die eigene Bevölkerung
- schwere Niederlagen der Wehrmacht an allen Fronten mit hohen Verlusten bis zur bedingungslosen Kapitulation am 8. Mai 1945

Aufgabe 58 Aspekte der Kriegführung gegen Zivilisten:

- Vernichtungskrieg: ideologisch-rassistisch motivierter Versuch der deutschen Nationalsozialisten, große ethnische Gruppen (vor allem die europäischen Juden) auszurotten und die Bevölkerung anderer Gesellschaften (vor allem Polens und der Sowjetunion) zu unterwerfen, zu dezimieren und teilweise zu vertreiben
- totaler Krieg: schrankenlose Einbindung der gesamten Gesellschaft in die Kriegführung durch Mobilisierung für den Kriegseinsatz und die Rüstungsindustrie; Erleiden des Luftkriegs und direkter Kriegshandlungen; Terror des NS-Regimes gegen das eigene Volk in der Endphase; massenhafte Zwangsarbeit von Kriegsgefangenen, von Menschen aus besetzten Ländern und jüdischen KZ-Häftlingen

- Bombenkrieg: neuartiger Luftkrieg mit Flächenbombardements gegen ganze Städte und ihre Bevölkerung auf allen Seiten
- Bevölkerungspolitik: Vertreibung großer ethnischer Gruppen als Kriegsziel und -folge; vor allem deutsche „Umvolkungspläne“ in Osteuropa, Umsiedlungen „unzuverlässiger“ Bevölkerungsgruppen innerhalb der Sowjetunion, Vertreibung von ca. 15 Millionen Deutschen bei und nach Kriegsende aus Ostpreußen, dem Baltikum, Polen, den deutschen Ostgebieten jenseits von Oder und Neiße, der Tschechoslowakei, Ungarn, Jugoslawien und Rumänien

ufgabe 59 Bedeutung des Zweiten Weltkriegs für die deutsche Geschichte:

- größte Katastrophe der deutschen Geschichte: große territoriale und Bevölkerungsverluste (7 Millionen Menschen); Vertreibung der Deutschen aus ihren Siedlungsgebieten in Osteuropa; Verlust der Eigenstaatlichkeit bis 1949, eingeschränkte Souveränität bis 1990
- materielle und kulturelle Verluste durch die weitgehende Zerstörung der deutschen Städte
- Verlust der deutschen Großmachtstellung in Europa
- andauerndes moralisches Trauma der Deutschen in der Verantwortung für Vernichtungskrieg und Holocaust

ufgabe 60 Bedingungen für den Widerstand gegen das NS-System:

- rücksichtsloser Terror von SA und SS seit der „Machtergreifung“; Willfährigkeit der Justiz bei der Verfolgung und der gnadenlosen Liquidierung der Oppositionellen
- Chancen nur auf Seiten der verbliebenen Machtträger in der Reichswehr
- zu jeder Zeit fehlende ideelle Basis in den Eliten und in der Bevölkerung
- Wirkung des Führermythos
- Zersplitterung der politischen Opposition gegen die Nationalsozialisten seit der Weimarer Republik

ufgabe 61 Politische und gesellschaftliche Gruppen des Widerstands:

- organisierter politischer Widerstand der Kommunisten und einzelner sozialistischer Gruppen mit den meisten Aktionen und sehr vielen Opfern
- Widerstandspropaganda aus dem Exil und grundlegende oppositionelle Haltung der verbliebenen Sozialdemokraten
- oppositionelle Haltung von Gruppen in beiden Kirchen; offene Verweigerung einzelner Priester und Pfarrer

- einzelne Gruppen bei den konservativen Eliten (Kreisauer Kreis, Goerdeler Kreis) und den Militärs; Putschversuch am 20. Juli 1944 als chancen- und folgenreichste Widerstandshandlung
- Einzelne und einzelne Gruppen mit hoher Opferbereitschaft: Attentat auf Hitler durch Georg Elser, „Weiße Rose" in München, Herbert-Baum-Gruppe in Berlin

Aufgabe 62 Begriffserklärung:

- Holocaust: griechisch Brandopfer, seit den 1980er-Jahren der übliche Begriff für den Völkermord der Nationalsozialisten an den europäischen Juden; synonyme Verwendung des hebräischen Begriffs „Shoa"
- Genozid: neutralerer Begriff für Völkermord
- „Endlösung": verschleiernder und beschönigender NS-Begriff (Euphemismus) für den Massenmord an den europäischen Juden
- Zivilisationsbruch: Begriff für die Singularität, die Einzigartigkeit der Dimension des Holocaust als einmaliges, jede humane Norm zersetzendes Ereignis

Aufgabe 63 Etappen der Verfolgung der deutschen Juden im Nationalsozialismus:

- Diskriminierung und Boykott: öffentliche Diffamierung, Entlassung aus dem Staatsdienst, Boykott von Praxen und Geschäften durch die SA
- Entrechtung: rechtliche Diskriminierung als „Bürger minderen Rechts", rassistisch motiviertes Verbot von Mischehen und sexuellen Kontakten
- Ausschluss aus der Gesellschaft und Enteignung („Arisierung"): staatlich organisierte offene Gewalt gegen Juden in der Pogromnacht (9. November 1938), Zwangsarisierung aller jüdischen Geschäfte und Vermögen, weitgehende Einschränkung von Mobilität und Versorgung, verpflichtendes Tragen eines „Judensterns"
- Deportation der verbliebenen 300 000 deutschen Juden in Gettos und Konzentrationslager in Polen
- Ermordung in den Vernichtungslagern

Aufgabe 64 Ablauf des Holocaust:

- erste Massenmorde nach dem Einmarsch in Polen durch die SS
- systematische Gettoisierung der Juden aus Deutschland und den besetzten Ländern seit 1939 in polnischen Städten; Zwangsarbeit für die deutsche Besatzungsmacht
- Massenerschießungen von jüdischen Männern, Frauen und Kindern durch „Einsatzgruppen" der SS nach Beginn des Russlandfeldzugs 1941

- Entscheidung zur „Endlösung" in der deutschen Führung zwischen Herbst und Winter 1941
- systematische Erfassung, Deportation und fabrikmäßige Ermordung aller für die Deutschen erreichbaren europäischen Juden in den Vernichtungslagern (z. B. Auschwitz)

ufgabe 65 Erklärungen des Holocaust:

- Antisemitismus: tief verwurzelte europäische und deutsche Tradition einer Minderheit (Glaube an den Juden als Verkörperung des „Bösen"); „Staatsdoktrin" in Deutschland seit der Machtergreifung; fanatischer „Erlösungsantisemitismus" als Triebkraft der NS-Führung und vieler Täter
- Sachzwänge im Rahmen der undurchführbaren deutschen Umvolkungspläne („Generalplan Ost") nach 1939 mit sich steigernder Eigendynamik bis zur „Endlösung der Judenfrage"
- fehlender Widerstand und Gleichgültigkeit der deutschen Eliten und Bevölkerung als Motivation der NS-Führung zur Durchsetzung des Mordplans
- Bereicherung des Staats und Einzelner an der Enteignung deportierter Juden

ufgabe 66 Tätergruppen im Holocaust:

- Hauptverantwortliche: Hitler und die wichtigen Mitglieder der NS-Führung
- akademisch gebildete Juristen und Verwaltungsfachleute im Reichssicherheitshauptamt der SS als Organisatoren des Holocaust; dabei „Schreibtischtäter" wie Adolf Eichmann
- willige, mit Freude tötende Mörder in den Einsatzgruppen, der Ordnungspolizei und anderen Einrichtungen der SS
- durch die NS-Propaganda und die Kriegssituation entmenschlichte Morde durch „normale" Männer aus angenommenem „Pflichtbewusstsein"
- Hunderttausende Mordhelfer im Hintergrund, die zum reibungslosen Ablauf der Deportationen und Ermordung in den Vernichtungslagern beitrugen
- indirekte Beteiligung der Eliten in Militär, Verwaltung, Justiz und Wirtschaft

ufgabe 67 Gründe für eine zufriedenstellende Aufarbeitung des Holocaust:

- Verfolgung und Bestrafung der Haupttäter in der NS-Führung durch die Siegermächte in den „Nürnberger Prozessen"
- 1958 Gründung der „Zentralstelle zur Aufklärung von NS-Verbrechen" in Ludwigsburg
- Frankfurter Auschwitz-Prozesse und Majdanek-Prozesse in der Bundesrepublik gegen einzelne Täter mit großer aufklärerischer Wirkung
- Aufhebung der juristischen Verjährung für Mord und Völkermord 1979

- Akzeptanz einer besonderen deutschen Verantwortlichkeit für die Aufarbeitung des Holocaust in der deutschen Politik seit den 1980er-Jahren
- Erinnerung an den Holocaust als Teil der deutschen Identität nach der Wiedervereinigung (zentrale Holocaust-Gedenkstätte in Berlin)

Gründe gegen eine zufriedenstellende Aufarbeitung des Holocaust:

- Straflosigkeit eines großen Teils der Organisatoren und Täter des Holocausts, etwa der meisten Täter und Verantwortlichen des Reichssicherheitshauptamtes, der Zentrale des Völkermords
- großzügige Amnestiegesetze in der Bundesrepublik zwischen 1949–1954; Verharmlosung der Verbrechen als „Kriegsgeschehen"; Verjährung der Mordtaten der Todesschützen als „Totschlag" schon 1960
- weitgehende Untätigkeit der Justiz in der DDR und in der Bundesrepublik bis in die 1960er-Jahre
- Verurteilung von verantwortlichen Tätern als „Gehilfen" zu relativ geringen Haftstrafen

Aufgabe 68 a) Politische Vorstellungen Papens:

- programmatischer Begriff der konservativen Revolution (Z. 53)
- antidemokratische politische Einstellung: „Ungeist der Demokratie, der jeden wahren Wert zu vernichten drohte" (Z. 8 f.), „Überwindung der pluralistischen Kräfte" (Z. 11 f.)
- Einbindung des Katholizismus in eine gemeinsame Front mit den nationalistischen Protestanten zum „geistigen Neubau" (Z. 36 f.) Deutschlands
- Errichtung eines „Sacrum Imperiums" (eines „Dritten Reiches") mit historischer Sendung
- Orientierung an vorindustriellen „ständischen", „korporativen" (Z. 44) Ordnungsmodellen
- Mäßigung und Einbindung der Nationalsozialisten in das konservative Staatsmodell (Z. 28 ff., 42–48)
- Gestaltung eines nicht politisch (dort Gleichschaltung), sondern kulturell verstandenen Föderalismus (Z. 38–41)
- Führerprinzip (Z. 49 f.): Unterordnung der „Gefolgschaft" (Z. 51)

b) Übereinstimmung mit den Zielen des Nationalsozialismus:

- Ablehnung des Liberalismus und des demokratischen Prinzips
- Begriff eines „Drittes Reich" als Endpunkt der deutschen Geschichte
- Führerprinzip

Differenz zum Nationalsozialismus:
Angestrebte staatstragende Rolle der Kirchen, Ständestaat, kultureller Föderalismus als Widerspruch zum NS-Modell einer zentralen, ungebundenen Führerherrschaft

c) Urteil über das Eintreffen von Papens Hoffnungen:
- Scheitern des „Zähmungskonzepts", des Versuchs, Hitler und seine Massenbasis für den autoritären Staatsumbau nutzen zu können
- systematische Gleichschaltung aller politischen und gesellschaftlichen Kräfte unter der Herrschaft der NS-Zentrale: totalitäre NS-Diktatur statt autoritärem Ständestaat
- politische Entmachtung der konservativen Koalitionspartner, auch Papens, bis 1934 (Ermordung konservativer Politiker im „Röhm-Putsch")
- dennoch Unterstützung des NS-Regimes durch die konservativen Eliten bis Kriegsende
- nennenswerter Widerstand nur durch kleine Minderheiten (Goerdeler-Kreis, Kreisauer Kreis) aus der Reihe der Konservativen

gabe 69 a) Verhältnis von Reichswehr bzw. Wehrmacht und Nationalsozialismus:
- vor 1933 Orientierung der Reichswehr an einer autoritären Umgestaltung der Republik
- 1933 schnelle Verständigung mit den Nationalsozialisten auf die gemeinsamen Ziele der „nationalen Revolution" und der Wiederaufrüstung
- Entmachtung der „Volksarmee" SA im „Röhm-Putsch"; Komplizenschaft der Reichswehr mit den SS-Mördern
- 1934 Vereidigung der Soldaten auf die Person Hitlers
- 1935 Einführung der Wehrpflicht und rasanter Aufbau einer kriegsfähigen Armee
- 1938 Entlassung des Kriegsministers Blomberg und des Oberbefehlshabers des Heeres, Fritsch, Übernahme des Oberbefehls über die Wehrmacht durch Hitler; damit Unterordnung der Wehrmacht unter den Willen und die aggressive Politik Hitlers
- seit 1939 nahezu widerstandslose Ausführung der Angriffskriege Hitlers
- Komplizenschaft und Teilhabe der Wehrmacht am Vernichtungskrieg in Osteuropa und am Holocaust
- Verantwortung für das Massensterben unter ca. 3,3 Millionen russischen Kriegsgefangenen
- Kriegsverbrechen an allen Fronten des Zweiten Weltkriegs

- Weiterführung des sinnlosen Kampfes bis zum letzten Moment mit großen Verlusten
- scheiternder Attentats- und Putschversuch (20. Juli) einer kleinen Minderheit von Offizieren gegen Hitler

b) Bildinhalte:
- vor Hitler paradierende Geschütze im Bildzentrum
- Ehrentribüne mit Hitler im Zentrum, umgeben von vielen Offizieren
- Umrahmung der Kernszene durch Hakenkreuzfahnen und Wappenadler im Hintergrund und Militärkapelle und weiteren Fahnen im Vordergrund

Einordnung:
- in der Parade sichtbare (auch symbolische) Unterordnung der Wehrmacht unter den Oberbefehl (seit 1938) und den Willen Hitlers und seiner nationalsozialistischen Ideologie
- weitgehende Übereinstimmung der Generäle mit der Aufrüstungs- und Großmachtpolitik und deren ideologisch motivierten expansionistischen Zielen

c) Intentionale Gestaltung des Bildes:
- bewusste Bildkomposition mit Hitler im Bildzentrum und einer doppelten Umrahmung durch im Inneren Generäle, Offizierskorps und Soldaten und im Äußeren die NS-Herrschaftssymbole (Hakenkreuz, Reichsadler)
- Wahl von motorisierter Artillerie in der Bildmitte als Symbol für den neuen Charakter der Wehrmacht als moderner, schlagkräftiger Armee
- symbolische Verdeutlichung des Führerprinzips und der Unterordnung der Wehrmacht unter Hitler durch die Bildgestaltung (inszenierte politische Fotografie)

Stichwortverzeichnis

Bildnachweis

S. 1: Plakat: Allgemeine Elektricitäts-Gesellschaft Berlin. © Deutsches Historisches Museum, Berlin/Sammlung Dr. Hans Sachs, Berlin

S. 5, 8, 12, 63, 237: Heinrich Pleticha: Deutsche Geschichte in 12 Bänden. Bd. 11: Republik und Diktatur 1918–1945. © Wissen Media Verlag GmbH, Gütersloh

S. 27: Das merkwürdige Jahr 1848. © Bildarchiv Preußischer Kulturbesitz, Berlin

S. 52: Der deutsche Michel. © Bildarchiv Preußischer Kulturbesitz, Berlin/SBB

S. 53: Wilhelm II. bei Otto von Bismarck in Friedrichsruh am 30. 10. 1888. © Bildarchiv Preußischer Kulturbesitz, Berlin/ M. Ziesler

S. 59: Verfassung Preußens von 1849/1850. Der Große Ploetz. © Ploetz, Freiburg

S. 66: Reichsverfassung von 1871. © Erich Schmidt Verlag

S. 95: Titelbild „Kolonie und Heimat" © Bildarchiv Preußischer Kulturbesitz, Berlin/SBB

S. 101, 110, 113: © Cartomedia, Karlsruhe

S. 119: Deutsche Verteidigungsstellung an einem masurischen See 1915. © Bildarchiv Preußischer Kulturbesitz

S. 126: Der Verlauf der Westfront. ©John Keegan 1998 (John Keegan: Der Erste Weltkrieg. Reinbek: Kindler 2000^2)

S. 130: Verluste der am Ersten Weltkrieg beteiligten Staaten: Markus Pöhlmann, Gerhard Hirschfeld (Hrsg.): Enzyklopädie Erster Weltkrieg. Paderborn: Schöningh 2003, S. 664

S. 137: Frauen auf dem Kurfürstendamm in Berlin 1926. Fotograf: Alex Stöcker. © Ullstein Bild

S. 138 links: Gustav Stresemann. © Bundesarchiv Bild 146-1982-092-11

S. 138 Mitte: Walther Rathenau. © Ullstein Bild

S. 138 rechts: Friedrich Ebert. © Bundesarchiv Bild 102-00013

S. 147: Weimarer Reichsverfassung. © Erich Schmidt Verlag

S. 187: Aufmarsch von SA und SS auf dem Reichsparteitag in Nürnberg 1934. © Bildarchiv Preußischer Kulturbesitz, Berlin/Heinrich Hoffmann

S. 213: Der Weg des „gleichgeschalteten" Staatsbürgers. © Erich Schmidt Verlag

S. 285: Parade zu Hitlers 50. Geburtstag am 20. April 1939 in Berlin. © SV-Bilderdienst: Scherl

Ihre Meinung ist uns wichtig!

Ihre Anregungen sind uns immer willkommen. Bitte informieren Sie uns mit diesem Schein über Ihre Verbesserungsvorschläge!

Titel-Nr.	Seite	Vorschlag

Bitte hier abtrennen

Lernen • Wissen • Zukunft
STARK

Zutreffendes bitte ankreuzen!

Die Absenderin/der Absender ist:

- ☐ Lehrer/in in den Klassenstufen: ______
- ☐ Fachbetreuer/in
  Fächer: ______
- ☐ Seminarlehrer/in
  Fächer: ______
- ☐ Regierungsfachberater/in
  Fächer: ______
- ☐ Oberstufenbetreuer/in
- ☐ Schulleiter/in
- ☐ Referendar/in, Termin 2. Staatsexamen: ______
- ☐ Leiter/in Lehrerbibliothek
- ☐ Leiter/in Schülerbibliothek
- ☐ Sekretariat
- ☐ Eltern
- ☐ Schüler/in, Klasse: ______
- ☐ Sonstiges: ______

Unterrichtsfächer: (Bei Lehrkräften!)

______

STARK Verlag
Postfach 1852
85318 Freising

Kennen Sie Ihre Kundennummer?
Bitte hier eintragen.

Absender (Bitte in Druckbuchstaben!)

Name/Vorname ______

Straße/Nr. ______

PLZ/Ort/Ortsteil ______

Telefon privat ______ Geburtsjahr ______

E-Mail ______

Schule/Schulstempel (Bitte immer angeben!)

21-V1T_GW
Bitte ausfüllen und im frankierten Umschlag an uns einsenden. Für Fensterkuverts geeignet.

Bitte hier abtrennen

(Bitte blättern Sie um)